Jewgenia Ginsburg
Marschroute eines Lebens

SERIE PIPER
Band 462

Zu diesem Buch

»Marschroute eines Lebens« dokumentiert das Erleben und Erleiden eines Opfers der Stalinschen Säuberungen. Jewgenia Ginsburg legt Zeugnis ab von ihrem Leidensweg unter namenlosen Häftlingen des NKWD und unter Deportierten in den Eiswüsten Nordsibiriens. Eine zuvor Unbekannte, die der sozialistischen Revolution zu dienen suchte, protokolliert, was eine systematisch waltende Routine-Justiz für anderthalb Jahrzehnte zur Marschroute ihres Lebens machte. Sie schildert nicht ohne Ironie das, was sie erlebte, aber ohne Stilisierung, ohne Pose, in einer klaren und bezwingenden Sprache, die zugleich den Glanz echter Volkstümlichkeit und die Beweiskraft des Authentischen besitzt. Sie beschönigt nicht fehlende Solidarität, doktrinäre Befangenheit zwischen Häftlingen verschiedener politischer Überzeugung. Sie unterschlägt nicht Beweise des Mitleids und der Milde, die sie bei den Wächtern und Aufsehern antraf. Sie rechtet nicht, sie berichtet. Sie läßt die Tatsachen sprechen mit jener Redlichkeit, die nur denen gegeben ist, die reinen Willens und wachen Gewissens sind.

Als eine Botschaft an die kommenden Generationen ist dieses Buch geschrieben. Nur einem Ziel soll es dienen: die Wiederkehr des Schreckens verhindern zu helfen. Und die Autorin bleibt standhaft in ihrem Vertrauen auf jene Wahrheitsliebe und Gerechtigkeit der Kommunistischen Partei, die nach ihrer Überzeugung allein das vielfältige Unrecht der Vergangenheit überwinden und durch eine bessere Zukunft widerlegen kann.

»Marschroute eines Lebens« wurde rasch im Samisdat verbreitet und 1967 erstmals in Italien veröffentlicht. Der zweite Teil des Manuskripts, der die Jahre 1940 bis 1956 umfaßt, erschien auf deutsch unter dem Titel »Gratwanderung«.

Jewgenia Ginsburg, 1906 in Moskau geboren, wo sie 1977 starb. Dozentin für Geschichte an der Universität Kasan; Mitglied der KPdSU; wurde 1937 des »Terrorismus« bezichtigt und vor ein Militärgericht gestellt; zweijähriger Inhaftierung im Moskauer Butyrki-Gefängnis folgte die Deportation nach Sibirien; nach achtzehn Jahren Gefängnis und Lager wurde sie 1955 rehabilitiert. Einer ihrer Söhne ist der Schriftsteller Wassilij Aksjonow.

Jewgenia Ginsburg

Marschroute eines Lebens

Aus dem Russischen
von Swetlana Geier

Piper
München Zürich

Im Jahr 1967 erschienen die russische Originalausgabe unter dem Titel »Krutoj Marschrut« (I) und die italienische unter dem Titel »Viaggio nella vertigine« (I) im Verlag Arnoldo Mondadori, Mailand, die deutsche Erstausgabe im Rowohlt Verlag, Reinbek.

Von Jewgenia Ginsburg liegt in der Serie Piper außerdem vor:
Gratwanderung (293)

ISBN 3-492-00762-7
Neuausgabe
März 1986

Umschlag: Federico Luci,
unter Verwendung einer Aufnahme von Jewgenia Ginsburg aus dem Jahre 1936
Gesamtherstellung: Clausen & Bosse, Leck
Printed in Germany

Marschroute eines Lebens

Und ich richte
an unsere Regierung
die Bitte:
Verdoppelt,
verdreifacht
an diesem Grabstein die Wachen.

Jewgenij Jewtuschenko,
‹Den Erben Stalins›

Das alles ist vorbei. Mir wie Tausenden meiner Schicksalsgefährten wurde das Glück zuteil, den XX. und den XXII. Parteitag noch zu erleben.

Im Jahre 1937, als das alles über mich hereinbrach, war ich etwas über dreißig. Heute bin ich über fünfzig. Dazwischen liegen achtzehn Jahre, die Jahre *dort.*

Die verschiedensten Gefühle haben mich in diesen Jahren gequält. Aber dominierend blieb immer das Staunen:

Ist das denn denkbar? Kann das denn wahr sein?

Und ich glaube, daß ich gerade diesem Staunen mein Leben verdanke. Ich war jederzeit nicht nur Opfer, sondern auch Beobachter:

Wie wird es weitergehen? Ist *so etwas* denn möglich – *einfach so*? Ohne gerechte Vergeltung?

Brennendes Interesse für die neuen Seiten des Lebens und des menschlichen Charakters, die sich mir damals zeigten, hat mir oft geholfen, mich über das eigene Leiden hinwegzusetzen.

Ich habe mich bemüht, alles im Gedächtnis zu bewahren, in der Hoffnung, es eines Tages jenen guten Menschen erzählen zu können, jenen echten Kommunisten, die mich irgendwann gewiß, ganz gewiß, anhören werden.

Ich habe diese Aufzeichnungen wie einen Brief an mein Enkelkind geschrieben. Ich glaubte, frühestens in den achtziger Jahren, wenn mein Enkelkind zwanzig ist, werde alles so weit überwunden sein, daß alle Menschen davon erfahren dürfen.

Wie gut, daß ich mich getäuscht habe! In unserer Partei, in unserem Land herrscht wieder die Wahrheit Lenins. Schon heute kann man den Menschen davon erzählen, was geschehen ist und was nie wieder kommen wird.

Hier sind sie – die Erinnerungen einer einfachen Kommunistin. Eine Chronik aus den Zeiten des Personenkults.

Erster Teil

Anruf im Morgengrauen

Das Jahr 1937 begann, genaugenommen, schon Ende 1934. Genauer gesagt – am ersten Dezember 1934.

Morgens um vier schrillte das Telefon. Mein Mann, Pawel Wassiljewitsch Aksjonow, Mitglied des Tatarischen Gebietskomitees der Partei, war auf einer Dienstreise. Aus dem Kinderzimmer hörte man das ruhige Atmen der schlafenden Kinder.

«Sie haben sich um sechs Uhr morgens im Gebietskomitee zu melden. Zimmer achtunddreißig.»

So befahl man mir, einem Parteimitglied.

Krieg, dachte ich.

Aber man hatte den Hörer bereits aufgelegt. Es war klar, daß etwas Ungutes geschehen sein mußte.

Ohne jemanden zu wecken, lief ich aus dem Haus. Die Stadt war noch nicht zum Leben erwacht. Ich erinnere mich an den lautlosen Schneefall und an die seltsame Leichtigkeit, mit der ich durch die Straßen eilte.

Ich möchte hier nicht pathetisch werden, aber wenn ich aufrichtig sein will, muß ich doch sagen: hätte man mir in jener Nacht, an jenem verschneiten Wintermorgen befohlen, nicht einmal, sondern dreimal für die Partei zu sterben – ich wäre dazu bereit gewesen, ohne mit der Wimper zu zucken. Es gab für mich nicht den leisesten Zweifel an der Richtigkeit der Parteilinie. Nur Stalin konnte ich nicht jene Anbetung entgegenbringen, die damals Mode wurde. Vielleicht aus Instinkt? Im übrigen versuchte ich, diesen Argwohn gegen ihn sorgfältig vor mir selbst zu verbergen.

In den Gängen des Gebietskomitees drängten sich ungefähr vierzig Genossen, alles Wissenschaftler. Ich kannte sie alle, es waren Kollegen. Mitten in der Nacht aufgestört, schienen alle blaß und stumm. Man wartete auf den Sekretär des Komitees, Ljepa.

«Was ist denn los?»

«Wie, Sie wissen nicht – Kirow ist ermordet worden...»

Ljepa, ein etwas phlegmatischer Lette, stets leidenschaftslos und undurchdringlich, Parteimitglied seit 1913, schien außer sich zu sein. Er sprach nur fünf Minuten. Er wußte nichts über die näheren Umstände des Attentats. Er wiederholte lediglich die Informationen, die auch das offizielle Kommuniqué enthielt. Man hatte uns nur deshalb hierher befohlen, um uns in die Betriebe zu schikken. Wir sollten die Arbeiter auf Versammlungen kurz unterrichten.

Mir war eine Weberei im Saretschje, dem Industriegebiet von Kasan, zugeteilt. Ich stand auf den Baumwollballen, mitten im Fabriksaal, und wiederholte gewissenhaft die Worte Ljepas, während meine aufgeschreckten und verwirrten Gedanken weit fort waren.

In die Stadt zurückgekehrt, ging ich in die Kantine des Komitees, um eine Tasse Tee zu trinken. Neben mir saß Jewstafjew, Direktor des Instituts für Marxismus. Ein schlichter, gutherziger Mann, alter Proletarier aus Rostow, Parteimitglied aus den Tagen vor der Revolution. Wir waren gut befreundet, ungeachtet des zwanzigjährigen Altersunterschieds, und hatten uns bei unseren Begegnungen stets viel zu sagen. Jetzt trank er schweigend seinen Tee, ohne mich anzusehen. Nach einer Weile sah er sich nach allen Seiten um, beugte sich zu mir, und mit einer seltsam fremden Stimme, die mich im Vorgefühl einer furchtbaren Katastrophe erschauern ließ, flüsterte er mir ins Ohr: «Der Mörder ist Parteimitglied...»

Der rothaarige Professor

Die Zeitungsartikel über das Kirow-Attentat, Spalten voll Anklagen und Verdächtigungen, riefen Entsetzen hervor, ließen aber noch keinerlei Zweifel aufkommen. Ehemalige Leningrader Komsomolzen, Nikolajew, Rumjanzew, Katalynow – das war unglaubwürdig, unwahrscheinlich, aber es stand in der *Prawda*, folglich war es über jeden Zweifel erhaben.

Aber nun zog die Affäre immer weitere Kreise, wie die Wellen, die entstehen, wenn man einen Stein ins Wasser wirft.

An einem sonnigen Februartag des Jahres 1935 besuchte mich Professor Elwow, der nach dem Zwischenfall mit der vierbändigen ‹*Geschichte der Kommunistischen Partei*› (unter der Redaktion von Jemeljan Jaroslawskij) an den Hochschulen von Kasan aufgetaucht war. In dem Artikel über das Jahr 1905, den Elwow für dieses Buch geschrieben hatte, waren Fehler in der Darstellung der Theorie der permanenten Revolution entdeckt worden. Das ganze Werk, besonders der Artikel Elwows, wurde von Stalin in dem bekannten Brief an die Redaktion der Zeitschrift *Proletarische Revolution* verurteilt. Auf diesen Brief hin wurden Elwows Fehler unmißverständlich als ‹trotzkistische Infiltration› abgestempelt.

Vor dem Attentat auf Kirow aber wurde solchen Fragen noch nicht soviel Gewicht beigemessen, und Elwow, der im Auftrag des Zentralkomitees nach Kasan gekommen war, wurde Professor am Pädagogischen Institut, Mitglied des Stadtkomitees, hielt Vorträge auf Versammlungen der Kulturschaffenden und der Parteiaktive. Elwow erstattete sogar vor dem städtischen Parteiausschuß den Bericht über das Attentat auf Kirow.

Er war ein Mann von auffallendem Äußeren. Rotgoldener krauser Haarschopf und ein sehr massiver Kopf, der direkt auf den Schultern saß. Einen Hals hatte Nikolaj Elwow nicht. Und deshalb wirkte seine große stämmige Gestalt kraftvoll – und zugleich hilflos. Wo immer er auftauchte, zog er die Aufmerksamkeit auf sich. Seine intellektuelle Leistung war ebenfalls nicht zu übersehen.

Seine glänzenden und zuweilen ein wenig prätentiösen Referate, seine bedingungslosen und scharfen Diskussionsbeiträge, die Kaskaden seiner Gelehrsamkeit, die er auf die Häupter der bescheidenen Pädagogen von Kasan niederprasseln ließ – das alles machte ihn zu einer anrüchigen Gestalt. 1935 war er ganze dreiunddreißig Jahre alt.

Und nun sitzt er vor mir an jenem frostigen, sonnigen Tag im Februar 1935. Er sitzt nicht im Sessel am Schreibtisch, sondern auf einem Stuhl in der Ecke. Er streckt die langen Beine mit den eleganten Schuhen nicht wie sonst weit von sich, sondern versteckt sie unter dem Stuhl. Und sein Gesicht ist nicht wie sonst immer und wie bei allen Rothaarigen rosig-weiß, sondern dunkelgrau.

Er hat meinen zweijährigen Wasja auf dem Schoß, der zufällig in das Zimmer gelaufen war, und über seine blauen zitternden Lippen kommen die Worte: «Ich habe doch auch einen... Serjoschka... Vier Jahre. Ein guter Junge...»

Später habe ich in vielen anderen Augen diesen Ausdruck gesehen, den an jenem Tag die Augen des rothaarigen Professors hatten. Ich weiß nicht, mit welchen Worten man solche Augen beschreiben soll. Qual liegt in ihnen, Spannung, die Müdigkeit des zu Tode gehetzten Tieres und irgendwo, ganz hinten, das halbirre Flackern der Hoffnung. Wahrscheinlich hatten meine Augen später auch diesen Ausdruck. Aber ich habe ihn nie an mir beobachten können, ganz einfach deshalb, weil ich mich jahrelang nicht im Spiegel sehen konnte.

«Was haben Sie, Nikolaj Naumowitsch?»

«Alles ist aus. Ich bin nur für einen Augenblick gekommen. Um Ihnen zu sagen, Sie sollen nicht denken, ich... Das ist doch alles nicht wahr. Ich schwöre, daß ich mich nie gegen die Partei gestellt habe.»

Ich schäme mich, wenn ich daran denke, mit wie abgegriffenen kleinbürgerlichen Phrasen ich ihn ‹trösten› wollte. Er übertreibe, sagte ich... Nun, vielleicht würde er jetzt, angesichts der gespannten Lage eine Parteirüge erhalten... und so weiter...

Und dann sagte er etwas ganz Merkwürdiges: «Es tut mir sehr weh, daß Sie wahrscheinlich wegen der Verbindung zu mir zu leiden haben werden... Das habe ich nicht gewollt...»

Jetzt sah ich ihn mit unverhohlener Besorgnis an. War er denn wahnsinnig? Wie sollte ich wegen einer Verbindung zu ihm zu leiden haben? Was für eine Verbindung überhaupt? Was für ein Unsinn! Das Schicksal hatte uns nach seiner Ankunft in Kasan zusammengeführt, ich glaube im Herbst 1932. Damals arbeitete ich am Pädagogischen Institut. Er bekam dort den Lehrstuhl für russische Geschichte. Seine Dienstwohnung befand sich im Institutsgebäude. Er plante von Anfang an einige Neuausgaben und versammelte deshalb in seiner Wohnung seine wissenschaftlichen Mitarbeiter. Ich wurde neben anderen zur Mitarbeit an einem Buch über die Geschichte der Tatarei aufgefordert.

Ein anderes Mal begegnete ich Elwow in der Redaktion der Regionalzeitung *Krasnaja Tatarija*. Nach einem heftigen Zusammenstoß zwischen dem neuen Redakteur Krasnij und den alteingesessenen Redaktionsmitgliedern war es zu dem Beschluß des Gebietskomitees gekommen, den Redaktionsstab zu verjüngen und einige Wissenschaftler an die Zeitung zu beordern. Mir wurde das Feuilleton übertragen, Elwow das Ressort ‹Aus aller Welt›.

«Seit wann ist gemeinsame Arbeit an einer sowjetischen Hochschule oder in der Presse eine ‹Verbindung›, und sogar eine Verbindung, die einem schaden kann?»

Offensichtlich fiel von Elwow in diesem schrecklichen Augenblick seines Lebens die ihm sonst eigene Wichtigtuerei und Eitelkeit ab, und er gewann dafür die Gabe, sich in die Lage anderer zu versetzen. Deshalb erkannte er mit Recht hinter meinen Worten weder Feigheit noch Heuchelei, sondern hoffnungslose politische Naivität. Ja, ich war Mitglied der Partei, hatte Geschichte und Literatur studiert, hatte einen akademischen Titel und war dennoch ein politischer Anfänger. Er spürte das.

«Sie verstehen nicht, um was es im Augenblick geht. Sie werden es schwer haben. Noch schwerer als ich. Leben Sie wohl.»

Im Flur fand er lange nicht in die Ärmel seines Ledermantels. Mein ältester Sohn Aljoscha, damals neunjährig, stand in der Tür und betrachtete den Rotkopf aufmerksam und ernst. Dann half er ihm in den Mantel. Und als die Tür hinter Elwow ins Schloß gefallen war, sagte Aljoscha: «Mamotschka, eigentlich ist das kein besonders sympathischer Mensch, aber jetzt hat er einen großen Kummer. Und jetzt tut er mir leid, wirklich.»

Am nächsten Morgen hatte ich eine Vorlesung im Pädagogischen Institut. Der alte Pförtner, der mich schon als Studentin kannte, stürzte in der Vorhalle auf mich zu.

«Unseren Professor... den Rotkopf... haben sie heute nacht geholt... Er ist verhaftet.»

Vorspiel

Die folgenden zwei Jahre könnte man als Vorspiel zu jener Symphonie des Wahnsinns und des Entsetzens bezeichnen, die für mich im Februar 1937 begann. Einige Tage nach der Verhaftung Elwows fand in der Redaktion der *Krasnaja Tatarija* eine Parteiversammlung statt, bei der mir zum erstenmal Dinge vorgeworfen wurden, die ich *unterlassen* hatte.

Es stellte sich heraus, daß ich es *unterlassen* hatte, den Trotzkisten Elwow zu entlarven. Ich hatte es *unterlassen,* über das Geschichtsbuch, das er redigiert hatte, eine vernichtende Rezension zu schreiben. Ich hatte vielmehr daran mitgearbeitet. (Mein eigener Aufsatz, der den Anfang des 19. Jahrhunderts behandelte, wurde in diesem Zusammenhang überhaupt nicht erwähnt.) Ich hatte es *unterlassen,* bei Versammlungen gegen ihn aufzutreten. Ich hatte es kein einziges Mal getan.

Jeder Versuch, an den gesunden Menschenverstand zu appellieren, war vergeblich.

«Aber nicht nur ich habe es versäumt, ihm entgegenzutreten, sondern alle anderen von unserem Gebietskomitee auch.»

«Machen Sie sich darüber keine Gedanken, dafür muß sich jeder einzelne selbst verantworten. Jetzt geht es nur um Sie.»

«Aber er hatte das Vertrauen des Gebietskomitees der Partei. Kommunisten haben ihn zum Mitglied des Stadtkomitees gewählt.»

«Sie hätten Alarm geben und auf den Fehler hinweisen sollen. Schließlich haben Sie ja akademische Bildung und einen akademischen Grad.»

«Ist es denn schon eindeutig erwiesen, daß er ein Trotzkist ist?»

Diese naive Frage rief helle Empörung hervor.

«Aber er ist doch verhaftet! Sie glauben doch wohl nicht, daß jemand ohne eindeutigen Beweis verhaftet wird.»

Alle Einzelheiten dieser Versammlung werden mir mein ganzes Leben lang unvergeßlich bleiben, denn hier stieß ich zum erstenmal auf jene Mißachtung der Logik und des gesunden Menschenverstandes, die mich die folgenden zwanzig Jahre immer wieder frappierte, bis zum XX. Parteitag oder vielleicht bis zur Sitzung des Zentralkomitees im September 1953.

Während einer Sitzungspause zog ich mich in das Redaktionszimmer zurück. Ich wollte allein sein, überlegen, wie ich mich weiter zu verhalten hätte. Was sollte man tun, um seine Würde als Mensch und Parteimitglied nicht zu verlieren? Meine Wangen glühten. Es gab Augenblicke, in denen ich glaubte, vor Schmerz über die unverdienten Beschuldigungen wahnsinnig zu werden.

Die Tür knarrte. Alexandra Alexandrowna, die Redaktionssekretärin, kam herein. Ich hatte ihr oft diktiert, wir verstanden uns gut. Nicht mehr ganz jung, verschlossen seit einer privaten Enttäuschung, zeigte sie mir gegenüber große Anhänglichkeit.

«Sie verhalten sich falsch, Jewgenija Semjonowna. Geben Sie doch alles zu, bereuen Sie es.»

«Aber ich habe doch nichts verbrochen. Ich kann doch die Partei nicht belügen.»

«Sie werden jetzt in jedem Fall eine Rüge bekommen. Eine politische Rüge. Das ist schon schlimm genug. Und nun wollen Sie nicht einmal bereuen. Das ist eine überflüssige Komplikation.»

«Ich mag nicht heucheln. Sollte ich eine Rüge bekommen, werde ich alles in Bewegung setzen, daß sie zurückgenommen wird.»

Sie sah mich an mit ihren gütigen Augen, die von einem Netz feiner Falten umgeben waren, und wiederholte die Worte, die mir Elwow bei seinem letzten Besuch gesagt hat. «Sie begreifen nicht, um was es im Augenblick geht. Sie werden es sehr schwer haben.»

Wahrscheinlich würde ich heute, wenn ich in eine vergleichbare Lage geriete, ‹alles bereuen›. Sehr wahrscheinlich sogar. Es heißt doch: ‹Jetzt bin ich anders, nicht wie früher: unbestechlich, stolz, rein, zornig.›[1]

Damals war ich noch unbestechlich, stolz, rein, zornig. Keine Macht der Welt hätte mich dazu bringen können, mich an der ‹Aktion Reue und Geständnis› zu beteiligen, die gerade begonnen hatte. Große, voll besetzte Säle und Auditorien verwandelten sich in Beichtstühle. Ungeachtet dessen, daß die Absolution nur zögernd erteilt wurde (im Gegenteil, meistens wurden die Sündenbekenntnisse für nicht ausreichend erklärt), schwoll der Strom der ‹Reuekundgebungen› von Tag zu Tag an. Jede Versammlung hatte ein eigenes Schlagwort. Man gestand sowohl falsche Auslegungen der Theorie von der permanenten Revolution als auch Indifferenz gegenüber der Opposition von 1923. Man bezichtigte sich, ein Überbleibsel des Großmacht-Chauvinismus zu sein und den zweiten Fünfjahresplan nicht genug gefördert zu haben. Man bezichtigte sich, irgendwelche Sünder gekannt zu haben und sich für das Theater Meyerholds zu begeistern.

Man schlug sich an die Brust, die ‹Schuldigen› jammerten, sie hätten ‹politisch kurzsichtig› gehandelt, die ‹politische Wachsamkeit einschlafen lassen›, ‹zweifelhafte Elemente toleriert›, ‹Wasser auf die Mühlen von ...› gegossen und ‹verfaulten Liberalismus› vertreten ... Solche und ähnliche Formeln waren in den Räumen der öffentlichen Gebäude zu hören. Die Presse war überflutet mit reumütigen Bekenntnissen. Unverhohlene, blinde Angst führte die Hand vieler ‹Theoretiker›. Von Tag zu Tag nahmen die Macht und die Bedeutung des NKWD zu.

Die Parteiversammlung in der Redaktion erteilte mir eine Rüge für das ‹Nachlassen politischer Wachsamkeit›. Ganz besonders eifrig zeigte sich dabei der neue Redakteur Kogan, der Krasnij abgelöst hatte. Er hielt eine Anklagerede wie ein richtiger Staatsanwalt und prangerte mich als ‹potentielle Mitläuferin Elwows› an.

Nach einiger Zeit stellte sich heraus, daß Kogan selbst eine oppositionelle Vergangenheit hatte und daß seine Frau persönliche Sekretärin Smilgas[2] gewesen war und an der berüchtigten ‹Abschiedsfeier› in Moskau teilgenommen hatte, als Smilga verbannt wurde. Um die Aufmerksamkeit von sich selbst abzulenken, wütete Kogan bei der ‹Entlarvung› anderer Kommunisten, auch wenn sie politisch so harmlos waren wie ich.

Ende 1936 warf sich Kogan, der inzwischen nach Jaroslawl versetzt worden war, vor einen fahrenden Zug, weil er die ständige Angst, das Warten auf die Verhaftung nicht mehr ertrug.

Ich bekam ein wenig Auftrieb, da der Sekretär des Bezirkskomitees genauso ‹unverständig› war wie ich selbst. Als ich die Rüge dem Bezirkskomitee zur Revision vorlegte, meinte er bei der Verhandlung erstaunt: «Wie kommt sie zu der Rüge? Alle haben Elwow gekannt, er genoß das Vertrauen des Gebietskomitees und des Stadtkomitees. Vielleicht, weil sie mit ihm gelegentlich dieselbe Straße entlanggegangen ist?»

Und die Rüge wurde zurückgezogen. Aber auf Drängen anderer Komiteemitglieder, die besser als der Sekretär die ‹augenblickliche Phase› durchschauten, erhielt ich statt dessen eine Verwarnung wegen ‹ungenügender Wachsamkeit›.

Die Lawine

Sieben Kilometer von der Stadt entfernt, am malerischen Ufer der Kasanka, lag das Erholungsheim des Gebietskomitees, die ‹Liwadija›. Gebaut hatte sie der ehemalige Sekretär des Gebietskomitees, Michail Rasumow, der Vorgänger Ljepas, ein kleiner dicker Mann mit durchdringenden blauen Augen und einem Profil, das an Ludwig XVI. erinnerte, Parteimitglied seit 1912. Er war ein vertrauter Freund meines Mannes Aksjonow. Deshalb kannte ich den ‹ersten Brigadier von Tatarstan› (auch eine Formel im Stile der Speichelleckerei jener Zeit) sehr gut.

Rasumow war ein Mensch, der viele Gegensätze in sich vereinte. Bei aller bedingungslosen Ergebenheit der Partei gegenüber, trotz unbestrittener organisatorischer Fähigkeiten, neigte er zu einem ‹Kult› der eigenen Person. Ich kannte ihn seit 1929, und er verwandelte sich buchstäblich vor meinen Augen. Noch 1930 wohnte er als Untermieter in der Wohnung Aksjonows und schnitt, wenn er hungrig nach Hause kam, seine Wurst mit einem Taschenmesser auf einem Stück Papier. 1931 baute er die ‹Liwadija› und daneben eine Villa für sich. Und im Jahre 1933, als die Tatarische Republik für die Erfolge beim Ausbau der Kolchosen mit dem Leninorden ausgezeichnet wurde, trug man die Bilder Rasumows singend durch die Stadt, und bei der landwirtschaftlichen Ausstellung waren sie als Mosaik aus allen möglichen Getreidesorten – vom Hafer bis zu Linsen – zu bewundern.

Wir, die nächsten persönlichen Freunde Rasumows, haben ihn aufgezogen, lange bevor Ilf und Petrow[3] analoge Situationen beschrieben haben:

«Michail Ossipowitsch, über Nacht haben Ihnen die Spatzen die Augen ausgepickt. Sehen Sie selbst nach.»

Im Sommer fuhren die Mitglieder des Gebietskomitees mit ihren Familien in die ‹Liwadija› zur Erholung. Und das ganze Jahr über konnte man dort seine Wochenenden verbringen.

An einem Frühlingstag des Jahres 1935 waren wir wieder mit der ganzen Familie dort. Am Nebentisch bemerkte ich ein unbekanntes Gesicht.

«Was ist das für ein Itzig?» flüsterte ich meinem Mann zu.

«Das ist kein Itzig, sondern Genosse Bejlin, der neue Vorsitzende des Parteikollegiums der KPK.»

Ich hätte mir damals nicht träumen lassen, daß sich hinter der Erscheinung eines gutmütigen kleinstädtischen Schneiders mein erster Inquisitor verbarg.

Wir wurden miteinander bekannt gemacht. In seinen Augen blitzte es kurz auf, als er meinen Namen hörte, aber dann blickte er gleich wieder auf seinen Teller mit den berühmten Liwadija-Pasteten. Später stellte sich heraus, daß mein ‹Fall› bereits auf seinem Schreibtisch lag.

Einige Tage später saß ich im Büro des Genossen Bejlin und blickte in die brennenden Augen eines Sadisten und Fanatikers, der mit dem Fingerspitzengefühl eines Talmudisten Formulierungen für meine ‹Verbrechen› drechselte. Die Lawine rollte, sie wuchs erschreckend an und drohte mich zu begraben.

Genosse Bejlin hatte eine leise Stimme. Er sprach mich mit dem Partei-Du an: «Hast du etwa den Aufsatz des Genossen Stalin nicht gelesen? Du bist eine qualifizierte Akademikerin, und es ist ausgeschlossen, daß du ihn nicht verstanden hast.»

«Sollte es dir etwa verborgen geblieben sein, daß Elwow wesentliche Fehler in der Darstellung der permanenten Revolution unterlaufen sind.»

«Du wolltest deine Schuld bei der Parteiversammlung nicht zugeben. Das bedeutet, daß du der Partei gegenüber nicht abrüsten willst.»

Ich konnte nicht begreifen, was ‹abrüsten› heißen sollte, und versuchte Bejlin zu beweisen, daß ich mich nie gegen die Partei gerüstet hatte.

Seine Lider senkten sich langsam über die brennenden Augen, und mit leiser Stimme begann er das Gespräch von neuem.

«Jeder, der vor der Partei nicht abrüsten will, wechselt objektiv in das Lager ihrer Feinde über ...»

Und ich versuchte wieder verzweifelt, mich über Wasser zu halten. Ich entgegnete meinem gestrengen Seelsorger, ich hätte mir eigentlich nichts anderes zuschulden kommen lassen als eine kollegiale Zusammenarbeit mit Elwow, wie alle anderen Mitarbeiter unserer Hochschule auch.

«Du willst immer noch nicht einsehen, daß eine versöhnlerische Haltung gegenüber den parteifeindlichen Elementen einen objektiv zum Überläufer macht...»

Ohne auf meine Einwände einzugehen, schob er die Lawine vor sich her, nach einem bestimmten, wohlüberlegten Plan, den ich damals noch nicht durchschaute.

Bald fanden unsere täglichen Unterhaltungen nicht mehr unter vier Augen statt. Aus Moskau kam noch ein Genosse, dessen Namen ich vergessen habe, den ich aber in Gedanken immer Maljuta Skuratow [4] nannte. In der Taktik des Verhörs war er der Antipode Bejlins, aber gleichzeitig sein Doppelgänger in allem, was das sadistische Raffinement betraf. Bejlins Augen leuchteten unter den geschwollenen Lidern in kaum gedämpfter Lust an den Qualen des anderen Menschen. Maljutas Augen funkelten unverhohlen. Bejlin sprach mit einer leisen, weichen Stimme. Maljuta brüllte. Er beschimpfte mich sogar. Freilich waren seine Beschimpfungen noch weit, weit von dem entfernt, was ich später beim NKWD zu hören bekam. Damals waren es politische Schimpfwörter. «Versöhnler! Nicht Fisch, nicht Fleisch! Rechtskrüppel! Trotzkistische Mißgeburt! Schäbige Kompromißlerin!»

Sie quälten mich zwei ganze Monate lang, und im Frühjahr hatte ich einen richtigen Nervenzusammenbruch, der durch Malariaanfälle noch verschlimmert wurde.

Wenn ich heute meine Erlebnisse aus der Zeit des ‹Vorspiels› mit dem vergleiche, was ich später durchstehen mußte, vom Jahre 1937 bis zum Tode Stalins, genauer gesagt, bis zum Juli-Plenum des ZK im Jahre 1953, das Berija entlarvte, so wundere ich mich immer über das Mißverhältnis zwischen meinen inneren Reaktionen und den äußeren Anlässen, die sie auslösten. Im Grunde habe ich bis zum 15. Februar 1937 nur moralisch gelitten. Die äußeren Bedingungen meines Lebens blieben unverändert: meine Familie war noch unangetastet, meine geliebten Kinder waren noch um mich. Ich wohnte in der vertrauten Wohnung, ich schlief in sauberer Bettwäsche, ich konnte mich satt essen und meinen gewohnten intellektuellen Beschäftigungen nachgehen. Dennoch litt ich während dieser Zeit sehr viel mehr als in den folgenden Jahren, wenn ich in der steinernen Strafzelle eingeschlossen wurde oder uralte Bäume in der Taiga von Kolyma zu fällen hatte.

Wie läßt sich das erklären? Vielleicht damit, daß das Warten auf ein unabwendbares Unglück schlimmer ist als das Unglück selbst. Oder damit, daß physische Leiden den seelischen Schmerz verdrängen. Oder ganz einfach damit, daß der Mensch sich an alles gewöhnt, sogar an die niedrigste Gemeinheit, und daß ihn deshalb die wiederholten Schrecken von Hetze, Inquisition und Folter weniger treffen als die ersten Begegnungen mit einem solchen System.

Wie dem auch sei, das Jahr 1935 war für mich ein furchtbares Jahr. Meine Nerven versagten. Unablässig verfolgte mich der Gedanke an Selbstmord.

Heilsam wirkte in dieser Beziehung – wenn auch nur vorübergehend – die tragische Geschichte der Genossin Pitkowskaja, die sich Anfang Herbst 1935 zutrug. Pitkowskaja arbeitete in der Volksbildungsabteilung des Gebietskomitees. Sie war eine von jenen, die bis in die dreißiger Jahre sämtliche Gewohnheiten aus der Zeit des Bürgerkriegs beibehalten hatten. Eine von denen, über die Pilnjak sagt: «Bolschewiki ... Lederjacken ... energisch ... funktionierend ...»

An ihren Vornamen kann ich mich nicht erinnern. Kein Mensch nannte sie beim Vornamen. Die Pitkowskaja! Man konnte ihr die vierfache Arbeit aufbürden, sie um Geld anpumpen, ohne es ihr je zurückzugeben, man konnte sich über sie lustig machen. Ihren Genossen nahm sie nichts übel. Für sie war die Partei eine große Bruderschaft! Eine völlig selbstlose Natur, litt sie ständig unter einem Schuldgefühl der Partei gegenüber, weil ihr Mann, Donzow, sich im Jahre 1927 vorübergehend der Opposition angeschlossen hatte. Pitkowskaja liebte ihren Mann zärtlich, verurteilte jedoch seine politische Vergangenheit entschieden und erbarmungslos. Sogar ihrem fünfjährigen Sohn versuchte sie wiederholt auf eine ihm verständliche Weise zu erklären, wie groß die Schuld seines Vaters vor der Partei sei. Sie forderte von ihrem Mann, daß er sich einem ‹proletarischen Umwandlungsprozeß› unterziehe. So verbot sie ihm, in einer so großen Stadt wie Kasan zu leben, und verlangte, daß er als Arbeiter in einer Schiffswerft in Seljonodolsk blieb.

Im Herbst 1935 wurden alle verhaftet, die seinerzeit mit der Opposition in Verbindung gestanden hatten. Damals durchschaute noch keiner, daß Aktionen dieser Art nach einem strengen Plan durchgeführt werden, völlig unabhängig davon, wie die betroffenen Personen sich wirklich verhalten haben: sie sind einfach eine Kategorie von Menschen, die es zu vernichten gilt. Pitkowskaja konnte das am wenigsten durchschauen.

Als Donzow, der gerade das Wochenende in Kasan verbrachte,

mitten in der Nacht vom NKWD geholt wurde, führte sie eine Szene auf, die einer antiken Tragödie würdig war. Natürlich zerriß ihr Herz vor Schmerz um den geliebten Mann, den Vater ihres Kindes, aber sie unterdrückte diesen Schmerz. Pathetisch rief sie aus: «Er hat mich belogen. Er hat sich also doch gegen die Partei gestellt.»

Die Männer vom NKWD lächelten unbestimmt und knurrten: «Sie sollten ihm die Wäsche richten ...»

Sie war nicht bereit, auch nur einen Handgriff für den ‹Parteifeind› zu tun. Als Donzow an das Kinderbett trat, um von seinem schlafenden Sohn Abschied zu nehmen, stellte sie sich ihm in den Weg.

«Mein Sohn hat keinen Vater.»

Dann drückte sie den Männern vom NKWD die Hände und versicherte ihnen, daß ihr Sohn in Treue zur Partei erzogen werden würde.

Das alles hat sie mir selbst erzählt. Ich schließe von vornherein die geringste Spur von Berechnung oder Heuchelei im Verhalten dieser Frau aus. Ihre Handlungsweise war bei aller Unsinnigkeit von den aufrichtigen Regungen einer naiven Seele bestimmt, die bedingungslos den Ideen ihrer kampferfüllten Jugend nachhing. Der Gedanke an die Möglichkeit einer Entartung, die Vorstellung von Verbrechern, die rücksichtslos ihren Machtkomplex ausleben, der Gedanke an Tücke und an Napoleons im Taschenformat hatten keinen Platz in ihrem reinen, arglosen Herzen.

Bereits am Tage nach Donzows Verhaftung verlor die Pitkowskaja ihren Arbeitsplatz im Gebietskomitee. Einen Beruf hatte sie nicht. Und selbst wenn sie einen Beruf gehabt hätte, wäre es ihr wohl kaum gelungen, als ‹Angehörige eines Volksfeindes› eine andere Arbeit zu bekommen. Mit derselben Begründung wurde sie kurz darauf aus der Partei ausgeschlossen.

Ich muß gestehen, daß ich ihr meinen Mantel und das Reisegeld für eine Fahrt nach Moskau gegeben habe, wo sie um ihre Rehabilitierung kämpfen wollte. Aber sie wurde nicht rehabilitiert.

Nach Kasan zurückgekehrt, arbeitete sie kurze Zeit in einer Schreibmaschinenfabrik, bis sie sich die rechte Hand schwer verletzte.

Sie hatte nichts mehr zu essen. Der Junge durfte nicht mehr in den Kindergarten. Einer nach dem anderen grüßte sie nicht mehr. An dem vorsichtigen und unsicheren Klingeln erkannte ich sofort: das ist die Pitkowskaja. Wir trösteten sie, fütterten sie durch.

Und dann sagte mir mein Mann, daß ich selbst unter Verdacht stünde und daß der Kontakt mit der Pitkowskaja sich ungünstig auf den Ausgang meiner eigenen Sache auswirken werde. Ich quälte mich. Der selbstverständliche Wunsch, einer guten Kollegin, einer aufrichtigen Kommunistin zu helfen, stieß auf gemeine kleinliche Angst: Wenn bloß Bejlin und Maljuta nichts von den täglichen Besuchen der Pitkowskaja erfahren, sie werden mich zerfleischen!

Aber eines Tages kam sie nicht mehr. Ein, zwei, drei Tage vergingen. Am vierten sprach sich herum, daß die Pitkowskaja – nachdem sie an Stalin einen Brief abgeschickt hatte, der ein einziger Ausdruck der Liebe und Ergebenheit war – ein Glas Essigessenz getrunken hatte. Sie hinterließ einen Brief, in dem sie alle von jeglicher Schuld freisprach, das Geschehene als ein Mißverständnis entschuldigte und die Nachwelt beschwor, sie als Kommunistin anzusehen.

Hinter ihrem Sarg gingen der fünfjährige Wowka, die Putzfrau vom Gebietskomitee, der die Verstorbene häufig mit Geld ausgeholfen hatte, und zwei oder drei ‹Tollkühne› von ihren früheren Arbeitskollegen.

Als ich vor dem ärmlichen Grabhügel stand, den weder ein Kreuz noch ein Stern schmückte, wußte ich: Nein, das wird mir nicht passieren. Ich werde um mein Leben kämpfen. Mögen sie mich umbringen, wenn sie wollen, aber ich werde ihnen dabei nicht behilflich sein.

Im Herbst verkündeten Bejlin und Maljuta den Beschluß: strenge Verwarnung wegen des Kontakts zu feindlichen Elementen, mit dem Verbot, weiter zu unterrichten.

Selbstverständlich war das noch nicht das Ende. Die Lawine rollte weiter.

«Deine Klugheit reicht für eine Ratsstube, aber deine Dummheit – für ein weites Feld»

Meine Schwiegermutter, Awdotja Wassiljewna Aksjonowa, die noch in der Zeit der Leibeigenschaft geboren war, war ein einfaches, schlichtes, ungebildetes ‹Dorfweib›, zeichnete sich aber durch eine echte spekulative Begabung aus und durch eine erstaunliche Fähigkeit, ihre eigene Meinung zu den verschiedenen Erscheinungen des Lebens nahezu dichterisch treffend und mit aphoristischer Knappheit zu formulieren. Sie sprach den singenden südrussischen Dialekt, und ihre Rede war reich durchsetzt mit Sprüchen und Sprichwörtern. Wie Salomon, der in kritischen Augenblicken des Lebens sein ‹Alles ist eitel› verkündete, pflegte unsere Großmutter, wenn sie von irgendeinem außergewöhnlichen Ereignis hörte, zu sagen: «Auch das hat es schon einmal gegeben.»

Ich weiß noch, wie wir über ihre Reaktion auf die Ermordung Kirows bestürzt waren, die sie bei Tisch äußerte: «Auch das hat es schon einmal gegeben!»

«Wann soll denn das gewesen sein?»

«Doch. Den Zaren hat man ja auch schon umgebracht...» (Sie meinte nicht mehr und nicht weniger als das Attentat auf Alexander II.) «Damals war ich noch ein junges Ding... Diesmal haben sie bloß auf den Falschen gezielt, denn bei uns ist nicht Kirow Zar, sondern Stalin... Warum haben sie denn auf Kirow geschossen? Nun, wir werden ja sehen, wie es weitergeht...»

Bis in jede Einzelheit erinnere ich mich an den 1. September 1935, an dem ich mich unter wahren Tantalusqualen in meinem Zimmer eingeschlossen hatte, weil das Parteikollegium das Unterrichtsverbot für mich ausgesprochen hatte. Mein ganzes Leben lang hatte ich gelernt oder andere unterrichtet. Der 1. September war für mich stets ein weit bedeutungsvollerer Tag gewesen als Neujahr. Und nun saß ich an diesem Tag allein, verstoßen, und von draußen kam der vertraute Lärm des nach den Sommerferien wiedererwachenden Lebens in den Schulen und Hochschulen. Die Stimme von Kasan – einer Studentenstadt. Mir aber war es nicht mehr erlaubt, unter das Säulendach der heimatlichen Universität zu treten.

Großmütterchen Awdotja schlurft vor der Tür meines Zimmers auffällig laut hin und her und seufzt. Aber ich komme nicht, und ich rufe sie nicht. Ich kann jetzt keinen Menschen sehen. Nicht einmal meine Kinder. Ich will allein sein wie Robinson Crusoe.

So sitze ich bis zum Mittagessen, dann höre ich die Türklingel und die aufgeregte Stimme der Großmutter: «Das ist für dich, Jewgenija, mein Täubchen. Komm für einen Augenblick...»

An der Tür ein unbekannter Botenjunge. Er hält mir einen großen Strauß trauriger Herbstblumen hin. Astern. In dem Strauß ein Brief mit ein paar herzlichen Zeilen von meinen Schülern aus dem letzten Semester.

Als der Junge gegangen ist, kann ich mich nicht mehr beherrschen. Mir kommen die Tränen, und ich weine laut, ich heule und klage wie ein Dorfweib, bis Großmutter Awdotja ebenfalls in Tränen ausbricht und klagt: «Ach du geliebtes, ach du mein armes Täubchen...»

Unvermittelt verstummt die Großmutter, schließt vorsichtig alle Türen und flüstert: «Draufgänger sind sie, diese Studenten... Sie werden diese Blumen zu verantworten haben. Jewgenija, mein Täubchen, ich will dir etwas sagen. Und du solltest auf mich hören, auch wenn ich alt und ungebildet bin... Eine Falle ist das, Jewgenija, ringsum Fallen. Lauf fort, solange es geht, solange die Schlinge nicht zugezogen ist. Es gibt doch das Sprichwort: ‹Aus den Augen, aus dem Sinn.› Wenn es nun so steht, dann solltest du fort von hier. Wir wollen dich zu uns, in mein Heimatdorf Pokrowskoje bringen...»

Ich schluchzte immer noch laut, ohne den Sinn ihres Vorschlages zu erfassen.

«Das ist das Wahre... Dort braucht man solche wie dich, die richtig lesen und schreiben können. Unser Haus steht leer. Türen und Fenster sind zugenagelt. Und der Garten ist voller Apfelbäume... fünfzehn Stämmchen.»

Ich höre zu.

«Aber wo denkst du hin, Awdotja Wassiljewna. Ich kann doch nicht alles im Stich lassen: die Kinder, die Arbeit.»

«Von der Arbeit haben sie dich sowieso fortgejagt. Und auf deine Kinder wollen wir schon aufpassen.»

«Aber ich will doch vor der Partei mein Recht vertreten. Wie kann ich, eine Kommunistin, mich vor der Partei verstecken?»

«Jewgenija, mein Täubchen... Du solltest nicht soviel Wind machen. Ich bin ja keine Fremde. Vor wem willst du dein Recht vertreten? Der liebe Gott ist zu hoch und Stalin zu weit weg...»

«Nein, was sagst du, was sagst du bloß... Lieber sterben, als auf mein Recht verzichten! Ich werde nach Moskau fahren. Ich werde kämpfen...»

«Ach, Jewgenija, mein Täubchen! Deine Klugheit reicht für eine Ratsstube, aber deine Dummheit – für ein weites Feld!»

Mein Mann lächelte überlegen, als ich ihm von Großmutters Vorschlag erzählte. Selbstverständlich! Wir waren im Besitz der absoluten Wahrheit. Sie dagegen war nur ein ‹einfaches Dorfweib›.

Später, als ich in Moskau war und dort der Kommission für Parteikontrolle die Türen einrannte, wurde mir noch einmal ein Vorschlag gemacht, der mir wie eine Variante des Plans von Awdotja Wassiljewna vorkam.

Dort, auf der Iljinka, traf man zahlreiche Kommunisten, die ersten, die sich in ‹Luzifers Netz› verfangen hatten. Im Vorzimmer eines Parteirichters begegnete ich einem Bekannten, dem jungen Arzt Dikowizkij. Er war Zigeuner von Geburt. Wir kannten uns seit unserer frühesten Kindheit. Jetzt erzählte er mir vertraulich von seinem eigenen ‹Teufelstanz›. Er habe ebenfalls ‹mangelnde Wachsamkeit› gezeigt und im Sinne des ‹verfaulten Liberalismus› gehandelt. Er sei ebenfalls ‹objektiv abgerutscht...› und so weiter.

«Weißt du, Schenja», sagte er, «bei Licht besehen, steht es verdammt schlecht um uns. Unsere Besuche auf der Iljinka werden uns wenig nützen. Man sollte sich nach anderen Möglichkeiten umtun. Was würdest du zum Beispiel sagen, wenn ich dir das beliebte Lied vorsänge: ‹Laß uns ziehn, mein Freund, laß uns ziehn, in das Lager der Zigeuner›?»

In seinen Augen funkelte der alte Schalk.

«Du kannst noch Witze machen.»

«Ganz und gar nicht. Hör zu. Ich bin ein echter Zigeuner, und du könntest zur Not auch als Zigeunerin durchgehen. Laß uns für eine Zeitlang von der Bildfläche verschwinden. Für alle, sogar für unsere Familien. Wenn dann in der Zeitung, zum Beispiel, eine schwarzumrandete Anzeige steht: P. W. Aksjonow teilt tieferschüttert das allzu frühe Ableben seiner Frau und Lebensgefährtin mit... und so weiter und so fort, dann bliebe auch deinem Bejlin nichts anderes übrig, als deinen Fall zu den Akten zu legen. Und wir würden in einer Zigeunersippe untertauchen und zwei Jahre durch das Land ziehen, als freie Touristen sozusagen, so lange, bis dieser Kurs vorbei ist. Was meinst du dazu?»

Dieser im Grunde genommen vernünftige Vorschlag kam mir abenteuerlich vor, und ich konnte nur darüber lächeln. Jahre später stellte ich mit Erstaunen fest, daß viele Menschen sich tatsächlich auf diese Weise gerettet haben. Manche zogen in weit entlegene, damals noch exotische Gebiete von Kasachstan oder des Fernen Ostens. So machte es zum Beispiel der ehemalige Chef vom Dienst der Kasaner Zeitung, Pawel Kusnezow, der in dem Urteil über meinen ‹Fall› als ein Angehöriger der ‹Gruppe› angeführt wurde, aber der Verhaftung entging, da man ihn in Kasachstan nicht so leicht finden konnte und die Nachforschungen bald aufgab. Er veröffentlichte später in der *Prawda* seine Übersetzungen folkloristischer Gedichte der Kasachen, in denen ‹Batyr Jeschow› und der ‹große Stalin› verherrlicht wurden.

Andere ‹verloren› ihre Parteipapiere und wurden deswegen aus der Partei ausgeschlossen, worauf sie schleunigst in andere Städte oder Dörfer übersiedelten. Manche Frauen hatten den naiven Glauben, eine Schwangerschaft könne sie vor der ‹Rechtsprechung› Jeschows und Berijas retten. Die Armen hatten sich bitter getäuscht, und ihre Bemühungen trugen lediglich dazu bei, die Zahl der verlassenen und verwaisten Kinder zu vermehren.

Ja, die Menschen suchten nach irgendeinem Ausweg. Und manchmal fanden ihn jene, die sich ihren gesunden Menschenverstand, ihre unbestechliche Beobachtungsgabe und die Fähigkeit, selbständig zu denken, bewahrt hatten und noch nicht dem schematischen Denken, das von der demagogischen Erziehung gefördert wurde, und der mystischen suggestiven Macht der ‹Formulierung› erlegen waren. Der Wahrheit zuliebe will ich nicht verhehlen, daß ich die unsinnigste aller möglichen Varianten der Selbstbehauptung gewählt habe: glühende Beteuerungen meiner Schuldlosigkeit, inständige Versicherungen meiner Ergebenheit der Partei gegenüber, die ich entweder Sadisten vortrug oder subalternen Beamten, die von der phantastischen Realität jener Tage verwirrt waren und um die eigene Haut zitterten. Ja, Großmutter Awdotja hatte recht. Ich kann nicht sagen, ob meine Klugheit ‹für eine Ratsstube› ausreichte, aber meine Dummheit reichte wirklich für ein ‹weites Feld›.

Das letzte Jahr

Es war ein Jahr voller Widersprüche, dieses letzte Jahr meines ersten Lebens, das im Februar 1937 zu Ende gehen sollte. Es war eindeutig, daß ich mit vollen Segeln in einen Abgrund steuerte. Am politischen Horizont zogen immer düsterere Wolken auf. Der Prozeß gegen Sinowjew und Kamenjew. Der Prozeß gegen Radek und Pjatakow.

Die Zeitungsblätter ätzten, verwundeten und vergifteten das Herz, wie der Stachel eines Skorpions. Nach jedem Prozeß wurde die Schlinge enger gezogen. Das Leben wurde bestimmt durch den neuen furchtbaren Terminus ‹Volksfeind›. Jedes Gebiet und jede nationale Republik mußten, irgendeiner ungeheuerlichen Logik entsprechend, ihre eigenen ‹Volksfeinde› haben, um mit Moskau Schritt halten zu können, genau wie bei jeder anderen Kampagne – sei es für die Steigerung der Getreideproduktion oder der Milcherzeugung.

Und ich war eine Gezeichnete. Jede Sekunde fühlte ich das... Fast das ganze Jahr verbrachte ich in Moskau, weil ich an die KPK appelliert hatte und mein ‹Fall› den häufigen Besuch in der Iljinka erforderlich machte.

Mein Mann war immer noch Mitglied des ZIK, des Zentralen Vollzugsausschusses der UdSSR, deshalb wohnte ich in einem komfortablen Appartement des Hotels ‹Moskwa›, und bei meinen ständigen Reisen zwischen Kasan und Moskau holte mich der Wagen der Tatarischen Vertretung am Bahnhof ab. Dasselbe Auto brachte mich zur Iljinka, wo über Sein oder Nichtsein entschieden werden sollte. Auch ein Zeichen für die verzerrten Züge der Zeit und die groteske Verworrenheit der Verhältnisse.

In diesem Sommer starb Gorkij, und bei seinem Begräbnis sah ich zum ersten und zum letzten Male in meinem Leben Stalin. Ich ging in der Gruppe des Schriftstellerverbandes und konnte ihn aus der Nähe beobachten.

Es wäre eine Übertreibung, wenn ich heute rückblickend behaupten wollte, ich hätte schon damals tiefschürfende Gedanken über die Rolle Stalins in der um sich greifenden Tragödie der Partei und des Landes gehegt. Diese Gedanken stellten sich später ein, je mehr ich den Stalinismus in Aktion kennenlernte. Aber ich lüge nicht, wenn ich behaupte, daß ich damals ohne jede Verehrung sein Gesicht betrachtete. Ich war überrascht, wie häßlich es war und wie wenig es jenem majestätischen Antlitz ähnelte, das von Millionen von Bildnissen gütig auf uns herabblickte. Von Verehrung konnte bei mir wirklich keine Rede sein, eigentlich nur von verhohlener Feindseligkeit, wenn auch noch nicht bewußt, nur unzulänglich motiviert, instinktiv.

Welche Szenen spielten sich vor mir ab! Neben mir ging Fjodor Gladkow, schon damals ein Greis. Man hätte die religiöse Verzückung auf seinem Gesicht sehen sollen, wenn er Stalin ansah. An meiner anderen Seite ging eine junge Schriftstellerin aus Wologda. Ich erinnere mich an die Ekstase, mit der sie flüsterte: «Ich habe Stalin gesehen. Jetzt könnte ich sterben ...»

Und ich erinnere mich gut an meine Empörung und an das Wort, das deutlich in mir aufstieg: ‹Idiotin!›

Wahrscheinlich fühlte ich mit einer Art sechstem Sinn, daß dieser Mensch mein und meiner Kinder Henker werden würde. Wie dem auch sei, als Makarowskij, Leiter der Volksbildungsabteilung des ZK, der mir sehr wohlgesonnen war, mir einmal eine Audienz bei dem ‹Hausherrn› in Aussicht stellte, damit ich ihm persönlich meinen ‹Fall› vortragen könnte, geriet ich in helles Entsetzen. Nein, er sollte mich nicht persönlich kennenlernen! Die Vorstellung des naiven Monarchismus vom guten König, der über die Missetaten seiner bösen Beamten nicht unterrichtet ist, fand bei mir schon damals, bei den ersten Schritten auf meiner Marschroute, nicht das geringste Verständnis. Ich weiß nicht, ob Makarowskij, der ebenfalls verhaftet wurde, sich später je Gedanken darüber machte, wie recht ich damals hatte.

Unter den ‹Gezeichneten›, die in den Korridoren der Iljinka Sturm liefen, traf man die verschiedensten Typen. Es gab dort schluchzende Frauen und schimpfende Männer. Es gab dort Menschen, die demütig der Entscheidung über ihr Schicksal harrten, und Menschen, die zum Angriff auf die Parteirichter übergingen. Jetzt sitzt neben mir auf der kleinen unbequemen Bank der Direktor eines Betriebs in Charkow.

«Bitte!» Er hält mir sein offenes Zigarettenetui hin.

«Danke. Ich rauche nicht!»

«Sie rauchen nicht? Wie ist denn das möglich in unserer Lage? Und wie bringen Sie es fertig... dieses...» Er klopft mit der Hand gegen die Brust: «Womit betäuben Sie das da?»

«Theater. Jeden Tag ins Theater. Gestern im Ochlopkow. Heute ins Kleine.»

«Und das soll helfen?»

«Doch, es geht...»

Ein etwa vierzigjähriger Arbeiter mit gütigen hellbraunen Augen und einem weichen, kindlichen Mund, mischt sich in unser Gespräch ein.

«Ihr könnt noch lachen, Genossen. Mir ist das Lachen vergangen... Meine Frau hat Rheumatismus. Schon seit zwei Jahren kann sie sich nicht rühren. Drei Kinder. Und mich haben sie an die Luft gesetzt – aus der Partei und aus dem Betrieb... Für mich gibt es kein Theater. Mein letztes Geld bringe ich hier in Moskau durch. Ich komme aus Saporoschje. Setzer. Alter Druckereiarbeiter.»

Der Direktor aus Charkow hält ihm das Zigarettenetui hin.

«Rauche, Brüderchen. Und nimm uns den Spaß nicht übel. Galgenhumor. Was liegt bei dir vor?»

Der Arbeiter schweigt eine Weile, dann kippt er plötzlich nach vorn wie unter einem unerträglichen Druck, schlägt auf den Schaft seiner abgetragenen Stiefel und stößt verzweifelt hervor: «Wegen Plechanow gehe ich zugrunde!»

«Wieso?»

«Wir hatten einmal einen Arbeitskreis zur politischen Weiterbildung. Politische Grundlehre sozusagen. Und da bekamen wir eines Tages den Abschnitt über die Partei vom neuen Typus auf. Und ich... Zugegeben, ich habe es natürlich nicht gelernt. Die Kinder, weißt du, und sie, die Frau, sie liegt im Bett, wie ein Brett. Ich bin fix und fertig. Ich habe ganz andere Dinge im Kopf als das Lernen. Und abends fragen sie mich im Arbeitskreis ab: ‹Wer›, fragen sie, ‹war der Begründer der Partei vom neuen Typus?› Hätte ich Dummkopf damals doch einfach gesagt: ‹Verzeihen Sie großmütig, ich bin nicht vorbereitet, ich kann keine Antwort geben, ich habe das Buch nicht in die Hand nehmen können wegen meiner schwierigen Familienverhältnisse.› Aber ich... Der Teufel hatte seine Finger im Spiel. Ich glaubte, jemand hätte mir etwas zugeflüstert, vorgesagt: ‹Plechanow!› Und ich platzte heraus: ‹Plechanow hat sie begründet!› Da hat es angefangen. Zunächst bekam ich eine Rüge, und dann kam jeden Tag etwas Neues dazu. Eines Tages nannten sie mich einen Menschewik, ob Sie es glauben wollen oder nicht. Früher hätte es viele von dieser Sorte unter den Druckern gegeben, ‹und du bist›, sagen sie, ‹auch ein Verseuchter›. Ausgestoßen haben sie mich, gekündigt. Die Kinder hungern. Und sie ...»

Sein Gesicht verzerrte sich vor unterdrücktem Stöhnen.

«Sie wird es nicht durchstehen. Sterben wird sie ...»

Er schwieg eine Weile und fügte hinzu: «Und das alles wegen Plechanow.»

Er wurde als erster aufgerufen, und wir hörten, wie an ihn hinter der Tür die Frage gerichtet wurde: «Bekennen Sie sich schuldig, den Arbeitskreis zur politischen Weiterbildung zum Zweck parteifeindlicher menschewistischer Propaganda mißbraucht zu haben?»

Damals glaubte ich eine Zeitlang, mein Schicksal hätte sich zum Guten gewendet. Bei einem Mitglied des Parteikollegiums, Sidorow, fand ich Aufmerksamkeit und ein gewisses Verständnis. Er war empört über die Formulierungen der von Bejlin verfaßten Rüge, in der es unter anderem hieß: «Die Propaganda des Marxismus und Leninismus ist zu unterlassen.»

«Weiß der Teufel, was das zu bedeuten hat! Wie kann man einer Kommunistin marxistische Propaganda verbieten! Das paßt ja auf keinen Leisten. In diesem Fall war der Eifer größer als der Verstand.»

Er stellte mir in Aussicht, daß die Rüge gemildert würde. Und tatsächlich, im November wurde mir ein Aktenauszug zugestellt, aus dem zu ersehen war, daß die «Strenge Rüge mit Verwarnung» abgemildert worden war («entgegen dem Beschluß des Tatarischen Parteikollegiums») in eine «Rüge ohne Verwarnung». Das Unterrichts- und Propagandaverbot war gestrichen und die Begründung: «Versöhnlertum gegenüber parteifeindlichen Elementen» war ebenfalls durch eine mildere ersetzt: «Nachlassen politischer Wachsamkeit».

«Sobald sich die Wogen wieder geglättet haben, so in einem Jahr etwa, werden Sie eine Revision beantragen», beschwichtigte mich Sidorow beim Abschied, und an seinem aufrichtigen Gesichtsausdruck sah man, daß dieser ernsthafte Mann mit einer großen politischen Vergangenheit tatsächlich mit der Möglichkeit einer ‹Beruhigung› rechnete. Ja, selbst erfahrene Parteifunktionäre haben das tatsächliche Ausmaß der kommenden Ereignisse nicht abschätzen können. Man braucht sich also nicht zu wundern, daß die glückliche Besitzerin einer ‹Rüge ohne Verwarnung›, die ich jetzt war, sofort nach Kasan zurückreiste und sich nahezu versöhnt fühlte.

Leider haben sich die Illusionen sehr bald verflüchtigt! Ich war buchstäblich noch nicht dazu gekommen, meinen Koffer auszupacken, als ich ein Telegramm vom Komitee für Parteikontrolle erhielt.

«Neue Verhandlung über Ihren Fall am ... Sofort nach Moskau kommen. Jemeljan Jaroslawskij [5].»

Später erfuhr ich, daß Bejlin, der sich zufällig zum Zeitpunkt der Urteilsrevision in Moskau befand, den Schlag gegen seine Eitelkeit nicht verwinden konnte, sich an Jaroslawskij mit einer Beschwerde gegen Sidorow wandte und gegen die Änderung seines, Bejlins, Beschlusses protestierte. Außerdem konnte er Jaroslawskij weitere Anklagepunkte gegen mich vorlegen. Ich war schuldig, so stellte sich heraus, wegen meiner Verbindung nicht nur zu dem «gegenwärtig unter Anklage stehenden Elwow», sondern auch zu dem «gegenwärtig unter Anklage stehenden Michail Korbut».

Und wieder sagte Großmutter Awdotja zu mir: «Fahre nicht nach Moskau, wirklich, fahre nicht! Geh lieber nach Pokrowskoje, still und heimlich ...»

Und wieder antwortete ich: «Aber was sagst du da, Großmütterchen! Wie kann sich ein Kommunist vor seiner Partei verstecken!»

Und noch am selben Abend fuhr ich wieder nach Moskau. Ich fuhr zu Jemeljan Jaroslawskij, der gegen mich den Vorwurf erhob, daß ich die Fehler in dem Aufsatz von Elwow nicht ‹entlarvt› hätte. Dabei hatte er selbst diesen Artikel in der von ihm redigierten vierbändigen Geschichte der KP veröffentlicht. Man hatte allen Grund, sich an den Kopf zu fassen.

Die Zeit wird nach Augenblicken gezählt

Von diesem Augenblick an überstürzten sich die Ereignisse. Die letzten zweieinhalb Monate vor der Verhaftung verbrachte ich in einer qualvollen Spannung zwischen logischen Überlegungen und jener unbestimmten Empfindung, die Lermontow ‹prophetischen Schmerz› nennt.

Meine Vernunft sagte mir, daß für eine Verhaftung absolut kein Anlaß bestehe. Selbstverständlich spürte man deutlich in jenen ungeheuerlichen Beschuldigungen, die täglich in den Zeitungen gegen die ‹Volksfeinde› erhoben wurden, das Hyperbolische, das Unreale. Dennoch – dachte ich – irgend etwas, etwas winzig Kleines muß doch gegen sie vorgelegen haben, und wenn ihnen nur ein einziges Mal ein falsches Wort unterlaufen ist. Ich aber hatte niemals zur Opposition gehört, ich hatte niemals, niemals auch nur den leisesten Zweifel an der Richtigkeit der Generallinie gehabt.

«Wollte man solche wie dich verhaften, dann müßte man die ganze Partei verhaften», bestätigte mich mein Mann in meinen Schlußfolgerungen. Und dennoch, trotz aller Schlußfolgerungen, verließ mich nie die Vorahnung einer wachsenden Gefahr. Ich glaubte in der Mitte eines eisernen Ringes zu stehen, der sich immer enger schloß und mich bald erdrücken würde.

Wie entsetzlich war meine letzte Reise nach Moskau auf das Telegramm von Jaroslawskij hin. Damals war ich nahe am Selbstmord.

Wir waren zu zweit im Schlafwagenabteil: ich und eine Bekannte, die junge Kinderärztin Makarowa, die nach bestandener Promotion in Kasan nach Moskau zurückkehrte. Sie war eine wohltuend schweigsame Frau mit weichen Bewegungen und einem sehr aufmerksamen Blick.

Ich glaubte, es sei mir gelungen, meine Verfassung durch eine belanglose Plauderei geschickt zu überspielen. Aber plötzlich streichelte sie ohne jeden Anlaß meine Hand und sagte leise: «Ich bedaure die Parteimitglieder unter meinen Freunden sehr. Sie haben es jetzt schwer. Jeder kann überraschend angeklagt werden.»

Nachts überkam mich ein so unerträglicher Schmerz, daß ich geräuschlos das Abteil verließ. Ich ging durch den leeren Gang und trat auf die Plattform hinaus. Ich meinte an nichts zu denken. Aber plötzlich kristallisierte sich aus dem ununterbrochenen Fluß des Bewußtseins Nekrassows Vierzeiler:

Jener, dessen Leben endgültig zerschellt,
kann durch den Tod noch beweisen,
daß ein kühnes Herz in seiner Brust schlug,
daß er verstand, zu lieben und ...

So pochten die Räder, so pochten die winzigen Hämmer, die gegen meine Schläfen klopften. Ich war auf die Plattform hinausgetreten, um dieses aufdringliche Pochen loszuwerden. Im ersten Augenblick nahm mich der Novemberwind gefangen, der meinen leichten Morgenrock flattern ließ. Ich spürte eine Erleichterung. Dann überkam es mich wieder.

Ich öffnete die Waggontür einen Spalt. Kalte Luft sprühte mir ins Gesicht. Ich schaute nach unten, in die polternde Dunkelheit der Räder. Die Wirklichkeit verschmolz endgültig mit einem qualvollen Traum. Ein Schritt... Ein Augenblick... Und ich brauche nicht mehr zu Jaroslawskij. Und ich brauche mich vor nichts mehr zu fürchten.

Jemand hielt mich mit einem behutsamen, aber kräftigen Griff am Ellenbogen. Sie sollte nicht Kinderärztin sein, sondern Neuropathologin oder Psychiaterin, diese Makarowa! Sie schrie nicht auf, sie überschüttete mich nicht mit Redensarten, sondern führte mich energisch in das Abteil zurück, hieß mich niederlegen, strich mir über das Haar. Und sie sagte einen einzigen Satz: «Das wird alles vorbeigehen, das Leben aber ist unwiederholbar.»

Ich hätte niemals für möglich gehalten, daß Jaroslawskij, den man allgemein das Gewissen der Partei nannte, mit so verlogenen Syllogismen arbeitete. Aus seinem Mund habe ich zum erstenmal die Theorie vernommen, die sich seit 1937 größter Beliebtheit erfreute: «Das Objektive und das Subjektive sind ihrem Wesen nach dasselbe.»

Ob du selbst ein Verbrecher bist oder nur durch Unaufmerksamkeit, durch mangelnde Wachsamkeit ‹Wasser auf die Mühle› eines Verbrechers gegossen hast – schuldig bist du in jedem Fall. Auch dann, wenn du völlig ahnungslos gewesen bist. In meinem Fall ergab sich folgende ‹logische› Schlußkette: Elwow beging in seinem Artikel theoretische Fehler. Ob mit Absicht oder ahnungslos – das spielt keine Rolle. «Sie, eine Mitarbeiterin von Elwow, wußten, daß er der Autor war, und haben ihn nicht entlarvt. Und das ist Begünstigung des Feindes.»

Das ‹Nachlassen der Wachsamkeit›, das mir der gewissenhafte und humane Sidorow zugesprochen hatte, wurde abermals durch eine neue Formulierung ersetzt. Sie übertraf sogar noch die von Bejlin. Jetzt bezichtigte mich Jaroslawskij, ‹Mithelferin der Volksfeinde› zu sein.

Das war das Pünktchen auf dem i. Mithilfe bei volksfeindlicher Tätigkeit: das war ein strafrechtlich zu ahndendes Delikt. Ich verlor die Beherrschung. Ich schrie diesen ehrwürdigen alten Mann an. Ich sprang auf und stampfte mit den Füßen. Ich war drauf und dran, mit Fäusten auf ihn loszugehen – aber zwischen uns glänzte die breite polierte Tischplatte. Ich kann mich nicht mehr erinnern, was ich damals eigentlich geschrien habe, aber im wesentlichen waren meine Worte eine Gegenanklage. Ja, ich war so verzweifelt, daß ich ihm die einfachen Fragen, die der gesunde Menschenverstand mir diktierte, ins Gesicht schleuderte. Und solche Fragen galten damals als ganz schlechter Stil. Alle mußten so tun, als gäben die barbarischen Syllogismen die selbstverständliche Überzeugung der Allgemeinheit wieder. Es genügte, an irgend jemanden eine Frage zu richten, die sich auf den herrschenden Wahnsinn bezog, und alle ringsum empörten sich oder lächelten herablassend und behandelten den Fragesteller wie einen Idioten.

Aber in meinem Wutanfall damals im Sprechzimmer von Jaroslawskij schrie ich ihm entgegen: «Nun gut, ich habe nichts gesagt. Aber Sie, Sie haben nicht nur nicht protestiert, sondern haben diesen Artikel auch noch redigiert und ihn in das vierbändige Geschichtsbuch aufgenommen! Warum sitzen nun Sie über mich zu Gericht und nicht umgekehrt? Ich bin dreißig Jahre, und Sie sind sechzig. Ich bin doch ein junges Parteimitglied, und Sie sind das Gewissen der Partei! Warum muß ich verurteilt werden und warum dürfen Sie sich hinter diesem Tisch verschanzen? Schämen Sie sich denn nicht?»

Für einen Augenblick blitzte in seinen Augen Angst auf. Er hielt mich offensichtlich für eine Wahnsinnige. Allzu verwegen waren die Worte, die ich in diesem Zimmer herausschrie, das an einen kultischen Raum oder an ein Tribunal erinnerte. Aber gleich fiel wieder über das Gesicht die gewohnte Maske von geheuchelter Strenge und der Gradlinigkeit eines Quäkers. Und dann sagte er mit einem fast echten Beben in der Stimme: «Keiner kennt meine Fehler besser als ich selbst. Ja, ich bin ein Mensch, der ohne die Partei undenkbar ist, und in diesem Sinne bin ich der Partei gegenüber schuldig.»

Ich hatte schon die nächste vermessene, verrückte Frage auf der Zunge: ‹Wieso kann denn Ihr Fehler durch bloße Einsicht gesühnt werden, während ich dafür mit meinem Blut, mit meinem Leben, mit meinen Kindern zu zahlen habe?›

Aber ich sprach diese Worte nicht aus. Der Affekt war vorüber. Angst trat an seine Stelle: Was habe ich alles gesagt? Was werden sie jetzt mit mir tun? Und dann, nach der Angst, die erbarmungslose Einsicht: alles ist gleichgültig, alles ist sinnlos. Jetzt ist der Augenblick gekommen, zu sterben oder schweigend den Weg nach Golgatha anzutreten, zusammen mit den anderen, mit tausend anderen. Als man mir sagte, ich sollte nach Kasan zurückfahren, der Beschluß werde mir nachgeschickt, machte ich mich eilig auf den Weg. Jetzt wußte ich mit Bestimmtheit, daß mein Leben nicht mehr nach Jahren und nicht einmal mehr nach Monaten gezählt wurde. Es wurde nach Augenblicken gezählt, und ich mußte mich beeilen, zu den Kindern zurückzukehren. Was würde aus ihnen werden, aus meinen kleinen Waisen.

Das Jahr 1937 beginnt

Und nun brach es an, dieses neunzehnhundertsiebenunddreißigmal verfluchte Jahr, das zu einem Rubikon für Millionen wurde. Ich begegnete diesem letzten Neujahr meines ersten Lebens in der Nähe von Moskau, in dem Erholungsheim des ZIK der UdSSR in Astafjewo bei Podolsk. Als ich nach dem Gespräch mit Jaroslawskij nach Kasan zurückkam, fand ich Aljoscha, meinen Ältesten, schwer an Malaria erkrankt. Die Ärzte rieten zu einem Klimawechsel. Die Winterferien standen vor der Tür. Wir konnten sofort verreisen. Mein Mann bekam für uns die Einweisungen nach Astafjewo. Er war sehr zufrieden, daß ich wieder fortfuhr.

«Es ist für dich im Augenblick das beste, wenn du dich in Kasan so wenig wie möglich zeigst.»

Jetzt ließ die quälende Sorge auch ihn nicht mehr los. Die Zahl der Verhaftungen nahm ständig zu. Schon waren gute Bekannte von uns unter den Betroffenen. Als einen der ersten verhaftete man den Direktor des Instituts für Tuberkuloseforschung, Professor Aksjanzew, ein altes Parteimitglied. Bald darauf den Direktor der Universität, Wekslin, dessen bedingungslose Treue zur Partei sprichwörtlich war. Dieser Mann hatte den ganzen Bürgerkrieg mitgemacht und war in seinem zerrissenen Soldatenmantel von einer Front zur anderen gezogen. Er war ein ‹Held von Perekop›.

Mein Mann blieb jetzt immer häufiger zu Hause. Er war erschöpft von den vielen Sitzungen, denen er als Präsidiumsmitglied des Gebietskomitees beiwohnen und bei denen er schweigend anhören mußte, wie der Fall Elwow in allen Tonarten durchgehechelt wurde, in dem auch ich als Mitwisserin figurierte. Er war nicht gewohnt, abends zu Hause zu sitzen. Schweigend wanderte er im Zimmer hin und her, blieb von Zeit zu Zeit stehen und sprach vor sich hin: «Wer kennt ihn schon, diesen Wekslin... Er ist ja ein Fanatiker! Vielleicht hat er tatsächlich im Eifer des Gefechts irgend etwas angestellt...»

Er beobachtete jetzt aufmerksam die Kinder, mit denen er früher nur gescherzt hatte. Es fiel ihm sogar auf, daß Wasjas Mäntelchen abgetragen war, daß er ein neues brauchte.

Aber kaum fing ich ein offenes Gespräch über die augenblicklichen Ereignisse an, zog er sich sofort auf eine orthodoxe Position zurück. Selbstverständlich hatte er uneingeschränktes Vertrauen zu mir und wußte: ich hatte mir nichts zuschulden kommen lassen. Aber meine Ansicht über unsere Lage, die mir immer deutlicher bewußt wurde, konnte er als Mitglied des Gebietskomitees nicht teilen. Er war eher geneigt, anzunehmen, daß in meinem persönlichen Fall ein Fehler unterlaufen sei. Auf den zahlreichen Versammlungen, bei denen von ihm gefordert wurde, sich von seiner Frau ‹loszusagen›, verhielt er sich sehr ritterlich. Dort beteuerte er immer wieder, daß er seine Frau als aufrechte Kommunistin kenne. Aber zu Hause manchmal...

«Was geht in unserer Partei eigentlich vor, was meinst du, Pascha?»

«Das ist natürlich kompliziert, Schenjuscha. Aber was soll man da machen? Ein besonderer Abschnitt in der Entwicklung der Partei...»

«Ein schöner Abschnitt, wenn man allen Parteimitgliedern das Wasser abgräbt», sage ich bitter. Er fährt auf.

«Entschuldige, Schenjuscha, aber solche Witze haben einen üblen Beigeschmack. Du solltest dich über eine persönliche Kränkung hinwegsetzen können. Der Partei darf man nichts übelnehmen.»

Zuweilen kam es zwischen uns zu ernsthaften Auseinandersetzungen. Ich erinnere mich an eine deprimierende Szene spätabends, in dem menschenleeren Ljadskij-Garten, direkt gegenüber von unserem Haus. Wir wollten vor dem Schlafengehen etwas frische Luft schöpfen. Ganz unbeabsichtigt kamen wir immer wieder auf dasselbe Thema zurück. Ich sagte etwas Böses und Spöttisches über Jaroslawskij. Mein Mann brauste auf: «Was redest du da wieder! Deinetwegen wird man noch wirklich ins Gefängnis wandern.»

«Oh, da kannst du ganz ruhig sein! Das wird auch ohne mich geschehen...»

Ich zog meine Hand von ihm weg. Er bereute seine Schärfe, wollte mich festhalten, aber ich riß meine Hand noch einmal los, und zwar so heftig, daß meine kleine goldene Armbanduhr in den Schnee fiel, der sich zu beiden Seiten der Gartenwege türmte. Wir suchten über eine Stunde lang, fanden sie aber nicht wieder.

Während wir gebückt mit bloßen Händen den Schnee durchwühlten, zeichnete sich in unseren Gesten und in unseren vom Streit erhitzten Gesichtern schon die bevorstehende Katastrophe ab. Das Schreckliche war, daß jeder im Gesicht des anderen deutlich lesen konnte: Wir tun nur so, als nähmen wir den Verlust der Uhr ernst, als wollten wir sie um jeden Preis wiederfinden. In Wirklichkeit geht es uns gar nicht um diese Uhr, sondern um das Leben, das zerbrochen ist. Und noch etwas: Jeder von uns tut nur so, als würde er den Streit ernst nehmen und sich ereifern. In Wirklichkeit ist *jetzt* ein Ehestreit belanglos. Denn wir sind bereits jenseits des Lebens, jenseits der üblichen menschlichen Beziehungen. Aber das waren unausgesprochene Gedanken, die man damals nicht einmal sich selbst eingestand.

Astafjewo, ein Ort, der den Namen Puschkin heraufbeschwor, ehemaliger Besitz des Fürsten Wjasemskij, war damals ein ‹Liwadija› im Großformat. Während der Winterferien kamen die Kinder der Funktionäre dorthin zur Erholung. Sie teilten ihre Umgebung streng nach Automarken ein: wer einen Lincoln oder Buick fuhr, stand hoch im Kurs, ‹die Fords› wurden verachtet. Wir gehörten zu den letzteren, und Aljoscha bekam das sofort zu spüren.

«Sie sind abscheulich», sagte er. «Du solltest hören, Mamotschka, wie sie über ihre Lehrer sprechen.»

Obwohl in Astafjewo wie in den besten Restaurants gekocht wurde und in jedem Zimmer Obstkörbe auf den Tischchen standen, die nach Bedarf gefüllt wurden, mäkelten die anwesenden Damen, die sich im Kursaal versammelten, über das Essen und verglichen die Bedienung hier mit der im ‹Sosny› und im ‹Barwicha›. Es war wahrhaftig ein Fest in der Pestzeit.[6] Das Urteil über neunzig Prozent der damaligen Gäste in Astafjewo war bereits gefällt. Während der folgenden Monate mußten sie fast alle die komfortablen Zimmer in Astafjewo gegen die untere oder obere Pritsche im Butyrki-Gefängnis tauschen. Ihre Kinder, die sich so gut in Automarken auskannten, kamen in Spezial-Kinderheime. Und sogar ihre Chauffeure hatten sich für die ‹Mithilfe› bei irgend etwas zu verantworten. Aber vorläufig dachte noch niemand an die drohende Seuche, und das Fest ging weiter.

Dann kam Silvester. Im Saal wurde eine prächtige Tafel gedeckt. Die Damen machten sich schön. Aljoscha bestand darauf, daß ich mein neues Kleid anzog.

«Aber wie stellst du dir das vor, Mamotschka. Du kannst doch nicht das alte anziehen. Ich mag es gern, wenn du schön bist.»

Fünf Minuten vor zwölf, als der Sekt bereits in den Kelchen schäumte, wurde ich plötzlich ans Telefon gerufen. Vergnügt lief ich hin, ich dachte, es sei mein Mann. Für Anfang Januar war eine Konferenz des ZIK einberufen worden. Er war wahrscheinlich nach Moskau gefahren und wollte mir Glück wünschen. Statt dessen tönte aus dem Telefon die tiefe Stimme eines mir nicht sehr sympathischen Bekannten, der aus irgendeinem Grunde auf die Idee gekommen war, mir ein gutes neues Jahr zu wünschen. Bis ich ihn angehört, bis ich in den Saal zurückgelaufen war, hatte das neue Jahr bereits angefangen. Beim zwölften Gongschlag kam ich an unseren Tisch zurück. Aljoscha hatte sich gerade nach der anderen Seite gewandt und stieß mit jemandem an. Als er sich nach mir umdrehte, waren die ersten zwei Minuten des Jahres 1937 bereits verstrichen.

Ich konnte es nicht mit Aljoscha zusammen beginnen, und es hat uns für immer getrennt.

Parteiausschluß

Anfang Februar kehrten wir nach Kasan zurück, und als erstes erfuhr ich, daß ich mich im Bezirkskomitee der Partei zu melden hätte. Warum Jaroslawskij meinen ‹Fall› zur weiteren Bearbeitung wieder nach Kasan zurückgegeben hatte, weiß ich nicht. Vielleicht wollte er es vermeiden, mir nach meinem letzten Auftritt noch einmal zu begegnen. Wahrscheinlich aber war es eine allgemeine Regelung, Fälle von Parteiausschluß den lokalen Parteiorganen zu überlassen. Solche Fälle nahmen von Tag zu Tag zu. Die KPK war nicht mehr in der Lage, die Arbeit zu bewältigen.

Es geschah am 7. Februar. Der Sekretär des Bezirkskomitees war Biktaschow, ein ehemaliger Schüler von mir an der Tatarischen Kommunistischen Universität. Man hätte sehen sollen, wie sein Gesicht sich zu einer schmerzlichen Grimasse verzog, als mein ‹Fall› vorgetragen wurde. Ich kann mich nicht mehr erinnern, welche Beschuldigungen diesmal gegen mich erhoben, welche neuen Formulierungen an Stelle der letzten Moskauer Fassung verwendet wurden. Ich habe kaum zugehört. Sowohl ich als auch alle anderen Mitglieder des Bezirkskomitees wußten, daß der Ausschluß beschlossene Sache war. Sowohl mir als ihnen lag daran, die deprimierende Prozedur nach Möglichkeit abzukürzen.

«Fragen?»

Keine.

«Wortmeldungen?»

Keine.

«Vielleicht möchten Sie etwas sagen, Jewgenija Semjonowna?» fragt Biktaschow mit heiserer Stimme, ohne die Augen von meinen Akten zu heben. Er hat offensichtlich Angst, daß ich zu sprechen anfangen könnte. Ist denn nicht deutlich zu sehen, daß er selbst leidet und nicht helfen kann?

Aber ich verstehe alles. Ich will nichts mehr sagen. Ich gehe langsam zur Tür und sage flüsternd: «Entscheidet ohne mich ...»

Wir alle wissen, das ist gegen die Statuten. Über ein Parteimitglied darf nicht in dessen Abwesenheit verhandelt werden. Aber jetzt geht es nicht mehr um die Statuten! Und Biktaschow hat jetzt nur das eine im Sinn: «Der Ausweis... Haben Sie ihn bei sich?» Er räuspert sich, als hätte er sich verschluckt: «Lassen Sie ihn hier...»

Pause.

Jetzt blicken wir uns in die Augen. Vor uns ziehen die gleichen Bilder aus der Vergangenheit vorüber... Vor zehn Jahren... Ich, eine blutjunge Anfängerin, gebe ihm, einem Analphabeten, einem Bürschchen, das gerade aus seinem tatarischen Dorf in die Stadt gekommen ist, Unterricht. Dieses Bürschchen ist heute Sekretär des Bezirkskomitees. Das hat er zu einem guten Teil meinem Eifer zu verdanken. Wieviel Mühe gab es, Schwierigkeiten, Freude am Erreichten, wie viele verbesserte Hefte! Wie vergnügt und wißbegierig waren sie früher – diese schmalen Mongolenaugen! Und wie trüb und blutunterlaufen sind sie jetzt...

Das alles zieht vor mir vorüber und auch vor ihm, ich bin davon überzeugt. Seine Stimme zittert bereits unüberhörbar, als er wiederholt: «Lassen Sie den Ausweis hier... Vorläufig...»

In dem knappen ‹vorläufig› drückt sich der schwache Versuch zu trösten aus, eine Hoffnung zu geben. Das ist nur vorübergehend, vorläufig, später bekommst du ihn wieder. Es wird ja nicht in alle Ewigkeit so weitergehen.

Ich habe plötzlich Mitleid mit meinem Schüler Biktaschow, diesem tüchtigen, wißbegierigen Jungen. Er hat es jetzt schwerer als ich. In diesem Theater des Entsetzens bekommen die einen Schauspieler die Rollen der Opfer, die anderen die der Henker. Die letzteren haben es am schwersten. Ich habe wenigstens ein reines Gewissen.

«Ja, ich habe den Ausweis dabei.»

Er ist noch funkelnagelneu. Erst 1935 fand im ganzen Land der Umtausch der Parteiausweise statt. Wie habe ich ihn gehütet, wie fürchtete ich mich, ihn zu verlieren! Ich lege ihn auf den Tisch.

Auf der Straße, vor dem Eingang, wartete mein Mann. Wir gingen zu Fuß. Man konnte mit solchen Gesichtern nicht in die Straßenbahn einsteigen. Den halben Weg legten wir schweigend zurück, dann fragte er: «Und nun?»

«Meinen Parteiausweis haben sie einbehalten...»

Ihm stockte der Atem. Jetzt wurde ihm klar, wie nahe wir am Abgrund standen.

Dieser Tag

Zwischen dem Parteiausschluß und meiner Verhaftung vergingen acht Tage. Während dieser Tage blieb ich zu Hause und schloß mich in mein Zimmer ein. Ich nahm den Telefonhörer nicht ab. Ich wartete... Und alle meine Lieben warteten auch. Worauf warteten wir? Wir erklärten einander, daß wir auf den Urlaub meines Mannes warteten, der ihm trotz der so ungewöhnlichen Zeit zugesichert worden war. Sobald er beurlaubt ist, wollen wir nach Moskau fahren, um weiter zu kämpfen. Wir werden uns an Rasumow wenden, er ist Mitglied des ZK. Aber insgeheim wußten wir ganz genau, daß alles das nicht eintreten würde, daß wir auf etwas anderes warteten. Mama und mein Mann wichen nicht von meiner Seite. Mama machte mir Bratkartoffeln. «Iß, Kindchen, du hast sie immer so gern gegessen, als du klein warst!»

Wenn mein Mann nach Hause kam, klingelte er auf eine verabredete Weise und rief außerdem laut: «Ich bin es, ich, macht auf!» Und aus seiner Stimme klang heraus: ‹Ich bin es, noch sind es nicht *sie*.›

Wir inspizierten unsere Bibliothek. Njanja schleppte eimerweise Asche aus der Wohnung. In den Ofen wanderten die *‹Porträts und Pamphlete›* von Radek, die *‹Geschichte Westeuropas›* von Friedland und Sluzkij, die *‹Politische Ökonomie›* von Bucharin. Unter Tränen beschwor mich Mama, auch die *‹Geschichte des modernen Sozialismus›* von Kautsky zu verbrennen. Der Index schwoll von Tag zu Tag an. Das Autodafé nahm ungeheure Ausmaße an. Selbst Stalins Schrift *‹Von der Opposition›* mußte man in den Ofen werfen. Unter den gegebenen Umständen war auch sie illegal.

Einige Tage vor meiner Verhaftung holte man den zweiten Sekretär des Stadtkomitees der Partei, Biktagirow, direkt aus einer Sitzung, die er zu leiten hatte. Seine Sekretärin kam herein: «Genosse Biktagirow, Sie werden verlangt!»

«Ich habe jetzt Sitzung. Was will man von mir... Sagen Sie, ich habe zu tun...»

Die Sekretärin kam zurück.

«Sie bestehen darauf.»

Er ging hinaus. Man schlug ihm vor, den Mantel anzuziehen und «ein Stückchen mitzukommen».

Diese Verhaftung überraschte und erschütterte meinen Mann noch mehr als mein Parteiausschluß. Der Sekretär des Stadtkomitees! Und nun war «auch er...»

«Nein, da haben unsere Tscheka-Leute über das Ziel hinausgeschossen. Sie werden viele wieder laufenlassen müssen.»

Er wollte sich selber einreden: das ist eine Kontrollmaßnahme, ein Mißverständnis, nicht von langer Dauer und geradezu komisch. Und daß wahrscheinlich am nächsten Wochenende Biktagirow wieder in der ‹Liwadija› am gleichen Tisch sitzen und lächelnd erzählen würde, wie man ihn um ein Haar für einen ‹Volksfeind› gehalten hatte.

Aber nachts war es sehr schwer. Wie viele Autos fuhren unter den Fenstern unseres Schlafzimmers vorbei, das zur Straße lag! Und bei jedem horchte man auf und erstarrte, weil man glaubte, es halte vor unserem Haus. Nachts wich sogar der Optimismus meines Mannes der Angst, der großen Angst, die dem ganzen Land die Kehle zuschnürte.

«Pawel! Ein Auto!»

«Was ist schon dabei, Schenjuscha. Die Stadt ist groß, und es gibt viele Autos...»

«Es hält. Bestimmt, es hält...»

Barfuß läuft mein Mann zum Fenster. Er ist blaß. Mit einer betont ruhigen Stimme sagt er: «Siehst du – ein Lastwagen!»

Sie aber kommen immer mit Personenwagen, nicht wahr?

Erst gegen sechs Uhr morgens schliefen wir ein. Und vormittags wieder Nachrichten von Menschen, die «auch»...

«Haben Sie gehört. Petrow war auch ein Volksfeind! Denken Sie nur, wie geschickt er sich getarnt hat!»

Das bedeutete, daß Petrow in der vergangenen Nacht verhaftet worden war.

Dann kam ein Berg Zeitungen, und man konnte nicht mehr unterscheiden, welche die *Literaturnaja* und welche, sagen wir, die *Sowjetskoje Iskusstwo* war. Sie alle zeterten und schrien auf dieselbe Art über Feinde, Verschwörungen, Erschießungen...

Die Nächte waren schrecklich. Aber dann geschah es mitten am

Tag. Wir waren im Eßzimmer: ich, mein Mann und Aljoscha. Meine Stieftochter Majka war auf der Eisbahn. Wasja im Kinderzimmer. Ich bügelte. Jetzt hatte ich oft ein Bedürfnis nach körperlicher Arbeit. Sie half mir, mich über meine Gedanken hinwegzusetzen. Aljoscha frühstückte. Mein Mann las laut vor, eine Erzählung von Valerija Gerassimowa.

Plötzlich klingelte das Telefon. Es schrillte genauso wie im Dezember vierunddreißig.

Einige Minuten zögern wir. (Noch heute zucken wir zusammen, wenn das Telefon klingelt.) Dann sagt mein Mann mit der gleichen unnatürlich ruhigen Stimme, mit der er jetzt so oft spricht: «Das ist wahrscheinlich Lukownikow. Ich habe ihn gebeten, mich anzurufen.»

Er nimmt den Hörer ab, hört, wird weiß wie die Wand und fügt noch ruhiger hinzu: «Das ist für dich, Schenjuscha, Wewers ... NKWD ...»

Wewers, der Leiter der geheimen politischen Abteilung des NKWD, war reizend und liebenswürdig. Seine Stimme plätscherte wie ein Frühlingsbächlein.

«Seien Sie gegrüßt, Genossin. Sagen Sie, bitte, wie ist es heute um Ihre Zeit bestellt?»

«Jetzt habe ich doch immer Zeit. Worum geht es?»

«Oh! Immer Zeit! Sie lassen ja den Kopf hängen. Das geht alles vorbei. Wir könnten uns also heute treffen? Wissen Sie, wir brauchen noch einige Informationen über diesen Elwow. Zusätzliche Informationen. Ei, ei, der hat Sie aber reingelegt! Nun, das ist nicht so schlimm! Wir werden das bald klären.»

«Wann soll ich kommen?»

«Wann es Ihnen am besten paßt. Wenn Sie wünschen – sofort, wenn Sie wünschen – erst nach dem Essen.»

«Wird es lange dauern?»

«Nun, vielleicht vierzig Minuten, vielleicht eine Stunde ...»

Mein Mann, der neben mir steht und alles hört, gibt mir Zeichen und flüstert mir zu, daß ich sofort hingehen soll, um nicht den Eindruck zu erwecken, ich fürchtete mich. «Du hast nichts zu befürchten.»

Und ich sage Wewers, daß ich sofort kommen werde.

«Vielleicht sollte ich vorher bei Mama hereinsehen.»

«Das ist nicht nötig. Gehe gleich hin. Je eher alles geklärt ist, desto besser.»

Ich ziehe mich eilig um, mein Mann hilft mir dabei. Aljoscha schicke ich auf die Eisbahn, er geht, ohne sich von mir zu verabschieden ... Ich habe ihn nicht wiedergesehen.

Durch irgendeinen seltsamen Zufall kommt Wasja, der sich an meine häufige Abwesenheit inzwischen gewöhnt hat und sonst beim Abschied gelassen blieb, in den Flur gelaufen und fängt an, mich hartnäckig auszufragen: «Und du, Mamotschka, wohin? Nein, wohin gehst du? Ich möchte nicht, daß du fortgehst ...»

Aber ich darf die Kinder jetzt nicht ansehen, ich darf sie nicht küssen. Sonst werde ich sofort, in diesem Augenblick sterben. Ich lasse Wasja stehen und rufe: «Njanja, so holen Sie doch den Jungen! Ich kann ihn jetzt nicht sehen ...»

Vielleicht ist es wirklich besser, auch Mama nicht zu sehen. Das Unabwendbare geht seinen Gang und ist durch nichts aufzuhalten. Die Tür fällt ins Schloß. Heute noch höre ich diesen Ton. Aus ... Nie mehr habe ich diese Tür geöffnet, hinter der ich mit meinen geliebten Kindern gelebt habe.

Auf der Treppe begegnete uns Majka. Sie kam von der Eisbahn. Dieses Mädchen hat immer alles intuitiv verstanden. Sie sagte kein Wort, sie fragte nicht neugierig, wohin wir zu einer so ungewöhnlichen Zeit gehen wollten. Sie preßte sich eng an die Wand und riß die Augen auf. Sie waren riesengroß, blau. Und so viel Entsetzen und unkindlicher Schmerz waren in diesem zwölfjährigen Gesicht, daß es mir später jahrelang im Traum erschien.

Unten, im Hauseingang, holte uns unsere gute Njanja Fima ein. Sie war hinter uns hergelaufen, um mir noch irgend etwas zu sagen. Aber sie schaute mir nur ins Gesicht und sagte nichts, schlug nur das Kreuz über mir.

«Zu Fuß?»

«Ja, laß uns bis zuletzt zusammengehen.»

«Rede kein dummes Zeug. So wird man nicht verhaftet. Sie brauchen lediglich Informationen.»

«Aber ich kann ihnen keine Informationen geben.»

Wir gehen schweigend. Es ist herrliches Wetter. Ein klarer Februartag. Am Morgen hatte es geschneit. Der Schnee ist noch ganz rein.

«Wir gehen jetzt zum letztenmal zusammen, Pascha. Ich bin schon eine Staatsverbrecherin.»

«Laß die Dummheiten, Schenjuscha, ich habe dir doch gesagt, wollte man solche wie dich verhaften, dann müßte man die ganze Partei verhaften.»

«Manchmal habe ich denselben wahnsinnigen Gedanken. Vielleicht haben sie tatsächlich die Absicht, die gesamte Partei zu verhaften.»

Ich warte auf die gewohnte Reaktion meines Mannes. Er wird mich gleich zur Räson bringen für solche lästerlichen Reden. Aber plötzlich ... plötzlich bricht aus ihm eine ‹häretische› Anklage hervor, ein Bekenntnis zu der Redlichkeit vieler der verhafteten ‹Volksfeinde›, und zornige Worte gegen ... gegen sehr hochgestellte Persönlichkeiten. Und ich freue mich, daß wir wieder gleich denken. Damals bildete ich mir ein, daß ich fast alles begriffen hatte, aber in Wirklichkeit erwarteten mich noch viele schmerzliche Entdeckungen!

Da ist es schon, das berüchtigte Haus: «Tschornoje Osero.»

«Schenjuscha, wir erwarten dich zum Mittagessen ...»

Wie kläglich ist sein Gesicht, wie seine Lippen zittern! Ich denke an seinen früheren zuversichtlichen, ruhigen Ton, den Ton des alten Kommunisten, des Parteifunktionärs.

«Leb wohl, Pascha. Wir haben uns immer gut verstanden ...»

Ich sage nicht einmal: ‹Gib auf die Kinder acht›. Ich weiß, er wird nicht auf sie achtgeben können. Er versucht mich wieder mit irgendwelchen allgemeinen Redensarten zu beruhigen. Ich höre sie nicht mehr. Ich gehe zur Anmeldung, aber plötzlich höre ich eine sich überschlagende Stimme: «Schenjuscha!»

Ich drehe mich um.

«Auf Wiedersehen, Schenjuscha!»

Und ein Blick ... Der durchdringende Blick eines zu Tode gehetzten Tieres, eines gemarterten Menschen. Derselbe Blick, dem ich später so oft begegnet bin, *dort*.

Hauptmann Wewers

Ich öffnete mutig die Tür. Mit dem Mute der Verzweiflung. In den Abgrund springt man am besten mit Anlauf, ohne am Rand zu zögern und ohne sich nach der schönen Welt umzusehen, die man für immer verläßt.

Aber die alltägliche bürokratische Gemächlichkeit, mit der mein Laufzettel ausgestellt wurde, mit Angabe der Uhrzeit, zu der ich gekommen war, und dem freien Kästchen daneben für die Eintragung der Uhrzeit, zu der man das Gebäude wieder verließ – das alles gab mir für einen Augenblick eine flüchtige Hoffnung. Vielleicht wollte er mich wirklich nur nach Elwow ausfragen.

Ich steige die Treppen hinauf. Zweiter Stock. Dritter Stock.

In den Fluren geschäftiges Hin und Her, hinter einer Glastür das Klappern von Schreibmaschinen. Ein junger Mann, dem ich schon einmal irgendwo begegnet bin, nickt mir zerstreut zu und sagt: «Tag.» Eine ganz gewöhnliche Behörde!

Und ich steige völlig beruhigt bis in den vierten Stock hinauf und bleibe für eine Sekunde vor der Tür des Zimmers 47 stehen. Ich klopfe an und öffne, da ich keine Antwort höre, die Tür. Und begegne sofort dem Blick von Wewers. Auge in Auge.

Man hätte sie in Großaufnahme auf der Leinwand vorführen sollen, diese Augen. Ganz nackt. Ohne jeden Versuch, den Zynismus zu verbergen, die Grausamkeit, die lüsterne Vorfreude auf die Qualen, die dem Opfer nun gleich bevorstanden. Dieser Blick bedurfte keines Kommentars.

Aber noch ergebe ich mich nicht. Ich tue immer noch so, als wäre ich Mensch, Kommunistin, Frau. Ich begrüße ihn höflich und frage erstaunt, da er mir keinen Stuhl anbietet: «Darf ich mich setzen?»

«Sie können sich setzen, wenn Sie müde sind», läßt er verächtlich fallen. Sein Gesicht zeigt die gleiche Grimasse – eine Mischung von Haß, Verachtung und Spott –, die ich später Hunderte von Malen bei anderen Vollzugsbeamten und bei den Leitern der Gefängnisse und Lager beobachtet habe.

Diese Grimasse gehörte, wie sich später herausstellte, zur beruflichen Ausbildung dieser Leute und wurde vor dem Spiegel geübt. Damals aber war ich überzeugt, daß sich in ihr eine persönliche Feindschaft gegen mich ausdrückte.

Einige Minuten vergehen in absolutem Schweigen. Dann nimmt er ein leeres Blatt Papier und schreibt darauf mit großen Buchstaben langsam, damit ich es gut sehen kann: «Vernehmungsprotokoll ...» und meinen Familiennamen. Ich korrigiere ihn, indem ich meinen Mädchennamen nenne.

«Ach so, Sie wollen Ihren Mann schonen. Zwecklos ...»

Er hebt den Blick und sieht mich wieder an. Jetzt sind seine Augen randvoll mit grauer, träger Langeweile.

«Nun, und wie stehen Sie jetzt mit der Partei?»

«Sie wissen es doch. Man hat mich ausgeschlossen.»

«Es wäre ja auch noch schöner, wenn man das nicht getan hätte! Verräter gehören nicht in die Partei.»

«Warum beschimpfen Sie mich?»

«Was heißt da beschimpfen? Man hätte Sie totschlagen sollen! Renegatin! Agentin des internationalen Imperialismus!»

Macht er sich über mich lustig? Das kann doch nicht sein Ernst sein. Doch, er meint es ernst. Er kommt immer mehr in Fahrt, er brüllt durch das ganze Zimmer und beschimpft mich auf immer plumpere Weise. Immerhin, vorläufig sind es nur politische Schmähungen. Es ist ja erst Februar 1937. Bereits im Juni wird er die Häftlinge mit den vulgärsten Gossenausdrücken traktieren.

Er beschließt eine lange Tirade mit einem Faustschlag auf die Tischplatte. Das Glas auf dem Tisch klirrt. Dieses Klirren begleitet im Diskant den Schlußakkord einer zweijährigen Folter, den kurzen Satz, der jetzt über mich hereinbricht: «Ich hoffe, Sie verstehen, daß Sie verhaftet sind.»

Die goldgrünen Kringel auf der Tapete des Zimmers hüpfen vor meinen Augen. Das ganze Zimmer schwankt.

«Das ist widerrechtlich. Ich habe nichts verbrochen», sage ich mit fast versagender, trockener Stimme.

«Was heißt hier widerrechtlich? Was soll das heißen? Hier ist der Haftbefehl, vom fünften Februar. Und heute ist der fünfzehnte. Ich bin nicht eher dazu gekommen. Heute kam bereits eine telefonische Anfrage. Wie kommt es, wurde gefragt, daß Sie Volksfeinde ungeschoren in der Stadt herumlaufen lassen?»

Ich stehe auf und will auf das Telefon zugehen.

«Lassen Sie mich zu Hause Bescheid sagen.»

Er lacht belustigt: «Ein Witz! Ein Häftling und telefonieren!»

«Dann rufen Sie selbst an!»

«Lassen Sie das meine Sorge sein. Aksjonow wird sich nicht soviel daraus machen. Er hat sich schon von Ihnen losgesagt. Die Situation entbehrt nicht einer gewissen Pikanterie. Ein Mitglied der Regierung, ein Mitglied des Büros des Gebietskomitees – und solch eine Frau! Aber darum geht es jetzt nicht, jetzt muß das Protokoll aufgesetzt werden. Antworten Sie auf meine Fragen.»

Er schreibt etwas auf, dann liest er mir die Frage vor:

«Der Anklage ist bekannt, daß Sie an der terroristischen Untergrundorganisation in der Redaktion der *Krasnaja Tatarija* mitgewirkt haben. Geben Sie das zu?»

«Das ist doch Wahnsinn. Eine solche Organisation hat es nie gegeben. Ich habe niemals irgendwo mitgewirkt.»

«Schweigen Sie!» Wieder ein Faustschlag, wieder der klägliche Diskant. «Lassen Sie diesen überheblichen Ton! Die Zeiten sind vorbei. Jetzt kommen Sie hinter schwedische Gardinen!»

«Sie haben kein Recht, mich anzuschreien und auf den Tisch zu schlagen. Ich verlange eine Gegenüberstellung mit dem Leiter der Gebietsverwaltung, dem Genossen Rudj!»

«Ach so, Sie verlangen. Nun, dann wollen wir Ihnen zeigen, was Sie damit erreichen!»

Er drückt auf einen Knopf, eine Frau erscheint, sie trägt die Uniform einer Gefängnisaufseherin. «Leibesvisitation!»

Ich habe noch keine Erfahrungen als Häftling. Alle meine Kenntnisse über die Gefängnissitten habe ich aus den Erinnerungen der alten Bolschewiki und aus den Büchern über ‹Narodnaja Wolja›[7]. Deshalb verfolge ich nicht nur angewidert, sondern auch erstaunt die Bewegungen dieser schamlosen Hände, die meine Taschen durchwühlen und die wie glitschige Schnecken über meinen Körper kriechen.

Die Leibesvisitation ist abgeschlossen. An Terrorwaffen hat man nur das zufällig in meine Handtasche geratene Nagelscherchen gefunden.

Hauptmann Wewers drückt auf einen anderen Knopf. Es erscheint ein Wachsoldat. Wewers sieht mich wieder mit Haß und Verachtung in seinen bleiernen Augen an.

«Und jetzt in die Zelle! In den Keller! Und Sie werden dort so lange bleiben, bis Sie alles zugeben und unterschreiben.»

Der Keller im ‹Schwarzen See›

‹Tschornoje Osero›, ‹Der Schwarze See›, so heißt eigentlich einer der Stadtparks von Kasan. Einst, vor der Revolution, war das ein beliebter Ort für die Gelage der jungen Kaufleute. Hier gab es ein teures Restaurant und ein Kabarett. Heute beherbergt der Garten alle möglichen Ausstellungen, und im Winter wird dort eine Eisbahn angelegt.

Aber seit die Gebietsverwaltung des NKWD sich in der Tschornooserskaja-Straße angesiedelt hatte, direkt dem Park gegenüber, benutzte man die Bezeichnung ‹Schwarzer See› nicht mehr für den Garten. Das Wort bekam die gleiche Bedeutung wie ‹Lubjanka›[8] für Moskau.

«Du sollst den Mund halten, sonst kommst du in den ‹Schwarzen See›.»

«Haben Sie schon gehört, heute nacht wurde er zum ‹Schwarzen See› geholt.»

Keller im ‹Schwarzen See› – diese Worte riefen schieres Entsetzen hervor. Und nun gehe ich, begleitet von einem Wachsoldaten, in eben diesen Keller. Wie viele Stufen führen hinab? Hundert? Tausend? – Ich kann mich nicht erinnern. Ich erinnere mich nur, daß bei jeder Stufe mein Herz sich schmerzlich zusammenzog, obwohl durch meinen Kopf ein fast komischer Gedanke zuckte: Genauso fühlen sich wahrscheinlich jene Sünder, die während ihres Lebens oft leichtfertig das Wort ‹Hölle› im Munde führten und nach dem Tode plötzlich die Hölle vor sich haben.

Die schwere Eisentür kreischt laut. Aber das ist erst die Vorhölle. Ein verqualmter fensterloser Raum, von einer elektrischen Birne beleuchtet, die direkt unter der Decke hängt. Hinter einem Tisch ein bleicher Mann in der Uniform eines Gefängnisaufsehers. Er hat dicke Tränensäcke unter seinen Augen, die beleidigend gleichgültig sind wie die Augen eines marinierten Herings. Er sieht mich an, als sei ich Luft. Das einzige, was ihn an mir interessiert, ist meine Uhr. Einen Gürtel habe ich nicht – ich bin ja eine Frau. Er muß sich dafür interessieren, weil Uhren und Gürtel zu konfiszieren sind. Der neue Häftling soll nicht wissen, wie spät es ist, und er soll nichts haben, womit er sich aufhängen kann. Meine Uhr gefällt ihm. Es ist eine schöne Uhr, sie stammt aus dem Ausland. Mein Mann schenkte sie mir, nachdem wir damals meine alte im Schnee verloren hatten. Er betrachtet die Uhr beifällig, und in seinen Fischaugen glimmen lebendige Funken. Dann füllt er einen Fragebogen aus. Selbst vor dem Höllentor muß ein Fragebogen ausgefüllt werden! Darauf folgt ein kurzer Wortwechsel, bei dem es offenbar darum geht, in welcher Zelle ich untergebracht werden soll.

Und nun komme ich in die Hölle selbst: eine zweite Eisentür führt in einen schmalen Gang, der von einem trüben Lämpchen unmittelbar unter der Decke beleuchtet wird. Das Lämpchen gibt ein ganz besonderes Licht, Gefängnislicht, es glüht in einem unbestimmten dunklen Rot. Rechts – eine feuchte, graue, schimmlige Mauer. Es fällt einem schwer zu glauben, daß es eine Mauer desselben Hauses ist, in dem sich das komfortable Arbeitszimmer von Hauptmann Wewers befindet. Und links ...

Links sind Türen, Türen, Türen ... Sie haben alle einen Riegel und riesige rostige Vorhängeschlösser. Gewichtige vorsintflutliche Schlösser, mit denen wahrscheinlich vor der Revolution irgendwelche Warenlager in der tiefsten Provinz verschlossen wurden. Und hinter diesen Türen Menschen. Natürlich! Kommunisten, meine Genossen, die schon vor mir in die Hölle gekommen sind. Professor Aksjanzew, Biktagirow, der Sekretär des Stadtkomitees, Wekslin, der Direktor der Universität ... und noch viele andere. Die kalte Verzweiflung, die sich meiner bemächtigt, gibt mir eine äußerliche Ruhe. Mit dem Gedanken an Einzelhaft habe ich mich längst abgefunden. Darum fasse ich es als ein unverhofftes Geschenk meines Schicksals auf, daß ich, als eine Tür, an der Nr. 3 steht, sich mit Getöse öffnet, im Inneren der Zelle die Silhouette einer menschlichen Gestalt erkenne. Ich werde also nicht allein sein. Schon das ist Glück.

Die Tür wird mit dem gleichen Getöse wieder verschlossen, die Schritte entfernen sich hallend, und ich sage mit ruhiger Stimme zu einer jungen Frau, die an der Wand gelehnt steht: «Guten Tag, Genossin!»

Sie verharrt noch einige Sekunden in der gleichen Haltung, in der ich sie angetroffen habe. Sie ist schön, sie trägt einen teuren gutgeschnittenen Sealmantel, von dem sich ihre golden schimmernden Haare wirkungsvoll abheben. Dann sieht sie mich aufmerksam und unruhig an, als suche sie in meinem Gesicht nach einer Antwort auf irgendeine Frage, lächelt traurig und sagt: «Guten Tag. Setzen Sie sich hierhin, auf den Hocker. Ziehen Sie den Mantel nicht aus. Hier ist es kalt... Sie sind so ruhig... Sie haben wahrscheinlich zu Hause niemanden zurücklassen müssen.»

«Kinder... drei Kinder. Zwei Söhne und eine Stieftocher. Der Jüngste ist viereinhalb.»

«Ach, was für ein Unglück! Sie Arme!»

Sie kommt rasch auf mich zu, kauert sich nieder und schaut mit forschendem Blick direkt in meine Augen.

«Was möchten Sie mich denn fragen?»

Sie zögert eine Sekunde, dann nimmt sie meine beiden Hände und sagt lachend: «Ich brauche nichts zu fragen, ich sehe es Ihnen schon an. Sie sind gut. Wissen Sie, es geht darum: ich fürchte mich schon die ganze Zeit davor, daß man mir einen Spitzel in die Zelle bringt, der mich ausfragen und zu Aussagen verleiten soll, gegen mich und gegen Papa. Mein Vater sitzt auch hier und mein Bruder auch... Und Mama ist allein zurückgeblieben. Sie ist krank. Ihre Hände sind verstümmelt, seit die Chunchusen [9] uns überfallen haben.»

Ich kann sie vorläufig nicht verstehen. Alles, was diese Frau sagt, ist so weit entfernt von meiner abgeschlossenen kleinen Welt der wissenschaftlich und literarisch orientierten Parteiintelligenz! Vielleicht ist sie eine Ausländerin. Und was erzählt sie da von den Chunchusen? Aber ich finde sie immer sympathischer. Dieses schöne offene Gesicht, diese aufrichtigen braunen Augen können keinem bösen Menschen gehören. Und ich drücke die schmalen Hände, die sich mir entgegenstrecken. Ich sage beschwichtigend: «Nein, ich bin kein Spitzel. Ich werde Sie nicht ausfragen. Sie brauchen mir nichts von sich zu erzählen, wenn Sie nicht wollen. Doch ich werde Ihnen alles von mir erzählen, damit Sie sich nicht vor mir fürchten. Wir sind ja beide in großer Not... Ich heiße Schenja. Nennen Sie mich so, auch wenn Sie jünger sind als ich. Und wie heißen Sie?»

Sie hieß Ljama Schepel. Ihr wirklicher Name war Lidija, aber sie wurde mit dem Kosenamen genannt, den sie sich selbst als Kind gegeben hatte.

«Ich bin eine Kaweschedinka [10].»

«Was sind Sie?»

Ich war ganz sicher, weder von einem solchen Beruf noch von einer solchen Nationalität je gehört zu haben. In einigen Monaten sollte ich im Butyrki-Gefängnis mit einigen Dutzend Menschen zusammenkommen, die sich alle diese seltsame Bezeichnung gaben. Kurz, es waren Russen, in der Mehrzahl hochqualifizierte Arbeiter, die bei der Ostchinesischen Eisenbahn angestellt gewesen und in ihre sowjetische Heimat zurückgekehrt waren, nachdem wir diese Eisenbahnlinie verkauft hatten. Viele von ihnen hatten mehrere Jahre dort gelebt und kamen in ihre Heimat tief bewegt und voll Liebe zurück, mit dem Willen, etwas Positives zu leisten. Sie wurden fast alle als Spione verhaftet. Man beschuldigte sie, für den japanischen oder mandschurischen Geheimdienst gearbeitet zu haben.

Ljama war zweiundzwanzig. Sie hatte das Gymnasium in Charbin besucht und später als Stenotypistin bei der Eisenbahn gearbeitet. Ihr Vater war ein alter Eisenbahner. Ihr Bruder, der einige Jahre älter war als sie, sympathisierte mit den Kommunisten und wurde deshalb in der Mandschurei verfolgt. Er kehrte schon vor der übrigen Familie in die UdSSR zurück und zog in die Nähe von Kasan, in den kleinen Industrieort Seljonodolsk. Ljama war mit ihren Eltern erst vor wenigen Monaten, nach dem Verkauf der Ostchinesischen Eisenbahn, zurückgekommen. Einen Monat ist es schon her, seit ihr Vater und ihr Bruder verhaftet wurden. Sie alle sind der Spionage angeklagt.

«Sie haben einen ganzen Roman erdichtet! Papa wird das nicht überstehen. Er hat ein schwaches Herz. Und Mama, ich habe es Ihnen ja schon erzählt, kann für ihren Unterhalt nicht selbst aufkommen. Die Chunchusen haben ihr die Hände verstümmelt, jeden Finger einzeln gebrochen.»

Alles, was ich Ljama von mir erzählte, überstieg ihr Verständnisvermögen. Trotz meiner pädagogischen Routine war ich nicht in der Lage, diesem Kind einer anderen Welt klarzumachen, was mir vorgeworfen wurde. Alle uns inzwischen geläufigen Begriffe wie ‹mangelnde Wachsamkeit›, ‹Versöhnlertum›, ‹verfaulter Liberalismus› kamen ihr wie Chinesisch vor, vielmehr wie Abrakadabra, denn Chinesisch konnte sie ja. Aber sie war bereits ein erfahrener Häftling und weihte mich sofort in alle Einzelheiten meiner künftigen Lebensweise ein.

Jetzt erst fielen mir zwei eiserne Klappbetten auf, die an der Wand befestigt waren. Sie durften erst abends um elf auf ein besonderes Signal hin heruntergelassen werden. Um sechs Uhr morgens war Wecken, und dann durfte man sich bis elf Uhr abends nicht wieder hinlegen. Man mußte stehen oder auf einem Hocker sitzen.

«Heute haben wir einen netten Aufseher. Er gibt uns immer etwas mehr Grütze. Der andere, das Schielauge, läßt einen hungern. Heute ist das Austreten wahrscheinlich erst nach dem Abendessen. Heute haben sie am anderen Ende des Korridors angefangen.»

Bald hörte man vom Gang ein rhythmisches Klopfen, begleitet vom Gerassel der Schlösser. Nach und nach drang in die Zelle der üble Geruch von verdorbenem Kochfisch. Er war noch stärker als der alles durchdringende Gestank nach Moder und Kübel und rief einen kaum zu überwindenden Brechreiz hervor.

Ich sah mit Erstaunen zu, wie die elegante schöne Ljama mit Appetit zuerst die eigene und dann meine Portion von diesem Fisch und einer krümeltrockenen Hafergrütze verspeiste.

«Ich schlage Ihre Portion heute nicht aus. Ich weiß, daß man in den ersten Tagen nichts essen mag.»

Nach dem Essen blieb Ljama an der Tür stehen, und sobald man den kurzen Befehl «Geschirr» vernahm und die schwere Tür einen Spalt aufgemacht wurde, stellte sie das Geschirr auf den Fußboden.

«Wir dürfen ihnen nichts in die Hand geben.»

Auf das Abendessen folgte das ‹Austreten›. Wir mußten hintereinander durch den Flur gehen in absolutem Schweigen. Der Waschraum war ganz am Ende des Korridors, wir kamen also an sämtlichen Zellen vorbei. Mein Blick blieb gierig an jeder Tür haften, als ob es möglich wäre, durch sie hindurch die in Zellen schmachtenden Menschen zu sehen.

Ljama unterrichtete mich sorgsam über alle Feinheiten in den Regeln dieses seltsamen Klosters und über die Möglichkeiten, Aufseher und Untersuchungsrichter zu hintergehen.

«Stellen Sie sich mit dem Rücken gegen die Tür, schnell», zischte sie mir zu, sobald wir zu zweit im Waschraum waren. Sie streute mit einer blitzschnellen Bewegung ein wenig Zahnpulver auf das kümmerliche Holzbrett, das über dem Waschtisch angebracht war, und schrieb dann ebenso hastig mit der Zahnbürste meine Initialen in die weiße Schicht.

«Einer von denen, die nach uns kommen, wird es lesen und vielleicht erraten, falls es jemand aus Kasan ist, daß Sie hier sind.

Er wird es den Nachbarn weitersagen. Man muß eine Verbindung herstellen – das ist das Wichtigste.»

«Und wie kann man es den Nachbarn weitersagen?»

«Durch Klopfen.»

«Können Sie das auch?»

«Ich bin dabei, es zu lernen. Ein Nachbar gibt mir jeden Tag nach dem Essen, wenn die Aufseher abgelöst werden, Unterricht. Noch etwas: wenn Sie in die Zelle zurückgehen, versuchen Sie leicht, aber deutlich mit den Absätzen aufzutreten, damit man hören kann, daß eine Frau geht, und wenn Sie bei Nummer fünf sind, hüsteln Sie, dort sitzt, glaube ich, ein führender Parteifunktionär von Kasan. Vielleicht erkennt er Sie ...»

Vor dem Fenster der Zelle ist außer dem massiven Gitter auch noch ein hohes Holzschild angebracht, das nur ein winziges Stückchen Himmel freiläßt.

«Am Tag ist es hier dunkel. Man kann nicht lesen.»

Ljama lächelt über meine Naivität. Natürlich ist es hier dunkel. Wir sind hier im Keller. Außerdem sind die Fenster mit Holzblenden zugesperrt... Über das Lesen braucht man sich nicht den Kopf zu zerbrechen. Lesen ist hier sowieso verboten. Und Ljama flüstert plötzlich ganz leise: «Sehen Sie sich einmal das Brett vor unserem Fenster an. Fällt Ihnen nichts auf?»

Nein, mir fällt entschieden nichts auf. Gitter... Bretter... Die Welt ist zu. Aber jetzt sehe ich: hier ist ein winziger Spalt in die Welt hinaus. Zwischen dem zweiten und dem dritten Brett ist eine schmale Ritze, ungefähr einen Finger breit.

«Hoffentlich bemerken sie das nicht. Wir werden – wir sind ja jetzt zu zweit – durch diese Ritze die Menschen aus allen Zellen beim Hofgang beobachten können und erfahren, wer hier alles sitzt. Und dann wird sich schon eine Verbindung herstellen lassen. Das ist die Hauptsache. Man muß in Erfahrung bringen, wer nach was ausgefragt wird. Und wer was ausgesagt hat. Denn sie lügen ja, diese Untersuchungsrichter. Sie lügen immer...»

Und Ljama, die nach einem Monat Einzelhaft des Sprechens nicht müde wird, erzählt mir lange, bis zum Abendsignal, flüsternd, sich überstürzend, von den tückischen Untersuchungsrichtern, von den Picknicks an dem chinesischen Fluß Sungari und von den Kleidern, die hier verderben, besonders dieser Mantel. Echter Seal, heute bekommt man so etwas gar nicht mehr, und nun verschleißt er hier, man hat ihn an, wenn man den Kübel hinausträgt, wenn man tagaus, tagein in dieser Feuchtigkeit sitzt...

Ich höre ihr aufmerksam zu, voller Mitgefühl und mit einer seltsamen Verlegenheit gegenüber diesem reizenden Mädchen aus einer mir fremden Welt. Auch wenn ich jetzt mit ihr zusammen eingesperrt bin, so glaube ich immer noch, als Kommunistin mitverantwortlich dafür zu sein, daß das so heiß ersehnte Land der Väter für Ljama, dieses fröhliche, gescheite, gute russische Mädchen, nichts anderes bereit hatte als diese Zelle.

Signal zum Hinlegen. Das ohrenbetäubende Kreischen der Eisenbetten erfüllt den ganzen Keller mit einer satanischen Musik. Ich inspiziere meine neue Bettstatt. Ich bin noch sehr empfindlich und breite sorgfältig am Kopfende über den grauen Strohsack meinen Schal und ein Taschentuch. Ljama tröstet mich: «Vielleicht wird man Ihnen ein Päckchen von zu Hause erlauben.»

Wir legen uns hin. Ljama schläft mit einem glücklichen Lächeln ein. Vor dem Einschlafen sagt sie zu mir: «Gute Nacht, liebe Schenjetschka! Wie bin ich froh, daß Sie bei mir sind! Ich merke erst jetzt, wie furchtbar das war, einen ganzen Monat allein zu sein. Oh, ich Törin, was habe ich nur gesagt, wie dumm! Froh! Natürlich freue ich mich nicht, daß Sie verhaftet, sondern nur, daß Sie in meiner Zelle sind. Sie verstehen doch, ja?»

Ich verstehe alles. Das heißt, ich verstehe nichts mehr. Dieser Tag brachte zu viel. Ich schließe die Augen, und an mir ziehen Bilder vorüber: die Gesichter meiner Kinder, der letzte Blick meines Mannes, der Blick eines gehetzten Tieres, die brennenden Augen von Wewers, der ‹marinierte Hering›, in die Betrachtung meiner Armbanduhr versunken, das chinesische Flüßchen Sungari mit Booten darauf, voll von seltsamen Menschen, die alle zum Stamm der Kaweschediner gehören ... was für ein komischer Name ... Ljama ... noch vor einigen Stunden wußte ich nichts von ihrer Existenz, und jetzt ist sie mir wie eine Schwester ...

Schon will ich in den unruhigen, flachen Gefängnisschlaf versinken, der einen Albdruck nach dem anderen bringt. Aber in dieser ersten Gefängnisnacht war es mir nicht beschieden zu schlafen. Wieder Getöse, Kreischen, Rasseln und eine gelangweilte, betont leise Stimme:

«Fertigmachen zum Verhör.»

Die Anklage verfügt über exakte Beweise

Ich habe oft über die Tragödie jener Menschen nachgedacht, die die Aktion des Jahres 1937 durchführten. Wie ist ihnen zumute gewesen? Sie verhielten sich alle wie Sadisten. Und nur wenige unter ihnen fanden den Mut, ihrem Leben ein Ende zu machen.

Schritt für Schritt stiegen sie bei der Erfüllung immer neuer Direktiven die Stufenleiter vom Menschen zum Tier hinab. Ihre Gesichter ließen sich immer weniger beschreiben. Ich jedenfalls finde keine Worte, um den Gesichtsausdruck derjenigen zu schildern, die bereits Unmenschen geworden.

Aber dazu kam es erst allmählich. In jener Nacht sah der Untersuchungsrichter Liwanow, zu dem ich geholt wurde, noch wie ein durchschnittlicher Angestellter mit einem leichten Hang zum Bürokratismus aus: ein ruhiges, wohlgenährtes Gesicht, eine saubere, gestochene Schrift, mit der er bereits die linke Seite des Protokolls (Fragen) ausgefüllt hatte, eine etwas kleinbürgerliche Ausdrucksweise, echt Kasaner Dialekt. Seine Art zu sprechen erinnerte mich an unsere Njanja Fima und weckte eine ganze Welt von Erinnerungen.

Für einen Augenblick flackert von neuem die Hoffnung auf, der Wahnsinn könne ein Ende nehmen, er herrsche nur dort unten, bei den rasselnden Schlössern, in den leiderfüllten Augen des goldlockigen Mädchens vom Sungari. Ist hier nicht wieder die gewöhnliche Welt der normalen Menschen? Dort draußen, hinter dem Fenster, scheppern die alten Straßenbahnen des vertrauten Kasan. Und hier hat das Fenster kein Gitter, keine Holzblende, sondern eine schöne Gardine. Und der Teller, von dem der Untersuchungsrichter zu Abend gegessen hat, steht nicht auf dem Fußboden, sondern auf einem Tischchen in der Ecke des Zimmers.

Vielleicht ist er ein anständiger Mensch, dieser Liwanow, der langsam meine Antworten auf seine bedeutungslosen, fast oberflächlichen Fragen notiert: von welchem Jahr an ich dort und dort beschäftigt gewesen sei, wann ich diesen oder jenen kennengelernt hätte... Aber nun ist das Blatt voll, und der Untersuchungsrichter reicht es mir zur Unterschrift herüber.

Was ist das? Er hat mich vorhin gefragt, seit wann ich Elwow kenne, und ich habe geantwortet: «Seit 1932.» Aber hier steht: «Seit wann kennen Sie den *Trotzkisten* Elwow.» Und meine Antwort: «Den *Trotzkisten* Elwow kenne ich seit 1932.»

«Das habe ich nicht gesagt.»

Der Untersuchungsrichter Liwanow sieht mich erstaunt an, als ginge es tatsächlich nur um eine Formulierung.

«Aber er ist doch Trotzkist.»

«Das weiß ich nicht.»

«Aber *wir* wissen es. Wir haben es festgestellt. Die Anklage verfügt über exakte Beweise.»

«Aber ich kann doch nicht etwas bestätigen, was ich nicht weiß. Sie können mich fragen, wann ich *Professor* Elwow kennengelernt habe. Ob er Trotzkist ist oder ob ich ihn für einen Trotzkisten halte – das ist eine ganz andere Frage.»

«Entschuldigen Sie, aber die Fragen stelle ich. Es steht Ihnen nicht zu, mir die Formulierungen vorzuschreiben. Sie haben nur zu antworten.»

«Dann dürfen Sie meine Antwort nicht umdeuten und müssen sie so niederschreiben, wie ich sie formuliert habe. Übrigens, wo ist die Stenotypistin? Das wäre das Richtigste.»

Meine Worte sind von unüberbietbarer Naivität und lösen ein homerisches Gelächter aus. Liwanow lacht natürlich nicht! Aber der Wahnsinn ist jetzt auch in diesem Zimmer. Er war hereingekommen in der Gestalt des Leutnants vom Staatssicherheitsdienst Zarewskij.

«Aha, Sie sitzen schon hinter Gittern. Und erst vor kurzem haben Sie noch in unserem Clubhaus einen Vortrag über Dobroljubow gehalten. Wissen Sie noch?»

«Ich weiß noch. Das war wirklich sehr dumm von mir. Was bedeutet Ihnen schon Dobroljubow.»

Der Sinn meiner Antwort bleibt diesem struppigen hochaufgeschossenen Jungen mit dem Gesicht eines Besessenen verborgen.

«Sie verlangen also eine Stenotypistin – nicht mehr und nicht weniger. Sie haben Humor! Ich glaube, Sie bilden sich ein, daß Sie wieder in der Redaktion sitzen.»

Mit raschen, tänzelnden Schritten geht er auf den Tisch zu, überfliegt das Protokoll und sieht mich an. Seine Augen unterscheiden sich von Wewers Augen, weil in ihnen außer der Lust am Quälen auch noch irgendeine dunkle Unruhe zittert, eine unbestimmte, verdrängte Angst.

«Also, Sie sitzen schon hinter Gittern», wiederholt er noch einmal höhnisch, und in seiner Stimme liegt so viel brennender Haß, als hätte ich sein Kind ermordet oder sein Haus angezündet. Dann fährt er etwas ruhiger fort: «Es ist Ihnen doch klar, daß Ihre Verhaftung im Einvernehmen mit dem Gebietskomitee vorgenommen wurde. Wir wissen alles. Elwow hat Sie verraten. Und Ihr Mann, Aksjonow, sitzt ebenfalls und hat alles gestanden. Er ist auch ein Trotzkist.»

Ich vergleiche in Gedanken seine Worte mit Wewers' Behauptung, Aksjonow habe sich von einer ‹solchen Frau› losgesagt.

Ja, Ljama hat recht. Sie lügen immer.

«Ist Elwow hier?»

«Ja! Gleich neben Ihnen in der Nachbarzelle. Und er hat alles gegen Sie unterschrieben.»

«Dann stellen Sie mich ihm gegenüber. Ich möchte hören, was er über mich ausgesagt hat. Er soll das vor mir wiederholen.»

«Ach, Sie möchten wohl Ihren Liebsten wiedersehen!» sagt er und fügt etwas abscheulich Zynisches hinzu. Zum erstenmal in meinem Leben muß ich mir so etwas anhören.

«Was erlauben Sie sich! Ich verlange, daß Sie mich zum Abteilungsleiter bringen. Dies ist eine sowjetische Behörde. Hier darf niemand einen Menschen verhöhnen.»

«Volksfeinde sind für uns keine Menschen. Mit denen kann man machen, was man will. Das sind mir die richtigen Menschen!»

Und wieder bricht er in sein schmutziges Lachen aus. Und dann brüllt er mich aus vollem Halse an, schlägt auf die Tischplatte, mit der gleichen Bewegung wie Wewers, und droht mir mit Erschießen. Er verlangt, daß ich das Protokoll unterschreibe.

Ich beobachte mit Erstaunen, daß der ruhige, höfliche Liwanow bei diesem Anfall völlig gleichgültig bleibt. Das ist für ihn offensichtlich nichts Neues.

«Wieso erlauben Sie ihm, sich in ein Verfahren einzumischen, das Sie führen?» frage ich ihn.

Liwanow lächelt fast gutmütig.

«Aber Zarewskij hat doch recht. Offenherzige Reue könnte Ihre Lage erleichtern. Hartnäckigkeit ist zwecklos. Die Anklage verfügt über exakte Beweise.»

«Über welche eigentlich?»

«Über Ihre konterrevolutionäre Tätigkeit in der Untergrundorganisation, die von Elwow geleitet wurde. Es ist am besten, Sie unterschreiben das Protokoll. Dann werden Sie höflich behandelt, können sich von zu Hause Päckchen schicken lassen, und Ihr Mann und Ihre Kinder dürfen Sie besuchen.»

Während Liwanow sprach, hielt sich Zarewskij zurück, um sich dann mit neuen Kräften auf mich zu stürzen. Nach drei oder vier Stunden solcher Gemeinschaftsarbeit bin ich endgültig davon überzeugt, daß das Erscheinen von Zarewskij, das ich zunächst für einen Zufall gehalten habe, ein wohlüberlegter methodischer Schachzug war.

Der frühe blaue Februarmorgen schimmert schon kühl durch das Fenster, als Zarewskij endlich einen Wachsoldaten beordert. Hinter meinem Rücken poltern die gleichen Worte, mit denen mich Hauptmann Wewers am Vortage verabschiedet hatte. Nur daß Zarewskij eine Fistelstimme hat.

«In die Zelle! Und Sie bleiben dort so lange, bis Sie alles unterschrieben haben!»

Während ich die Stufen in den Keller hinuntersteige, ertappe ich mich dabei, daß ich mich beeile, in die Zelle zu kommen. Dort, so stellt sich jetzt heraus, ist es am besten. Dort schauen mich menschliche Augen, die Augen einer Leidensgenossin, an. Und das Kreischen der Schlösser ist besser als das Kreischen der rasenden Unmenschen.

Zuckerbrot und Peitsche

Nach einer Woche kannte ich mich in den herrschenden Regeln und in dem Gebäude so gründlich aus, daß ich auf dem Weg zum Verhör von selbst, ohne den Befehl des hinter mir gehenden Wachsoldaten abzuwarten, rechts um die Ecke bog, zum Zimmer von Liwanow, wo ich zuweilen statt von Liwanow von Zarewskij erwartet wurde und manchmal von beiden zusammen. Deshalb war ich sehr überrascht, als ich einmal im zweiten Stock die gedämpfte, aber deutliche Stimme des Wachsoldaten hinter mir hörte:

«Links.»

Das neue Zimmer war luxuriöser als das von Liwanow. Vor den breiten Spiegelfenstern waren aus irgendeinem Grund die Gardinen nicht zugezogen, und ich konnte einen leisen Aufschrei des Entzückens und Staunens nicht unterdrücken, als ich hinter diesen Fenstern wie auf eine Filmleinwand die Eisbahn im ‹Schwarzen See› sah. Bunte Lämpchen schmückten sie mit festlichen Girlanden. Ich konnte deutlich die Empore mit dem Blasorchester erkennen und sogar die einzelnen Schlittschuhläufer unterscheiden.

Für eine Sekunde stockt mir der Atem, und ich finde nicht die Kraft, mich von diesem Schauspiel abzuwenden. Daß es so etwas noch gibt in der Welt! In dieser Welt der ‹Stehzellen› und der ‹besonderen Maßnahmen›, die mir täglich angedroht werden.

«Schön, nicht wahr?» tönt hinter mir ein samtener Bariton.

Erst jetzt sehe ich einen mittelgroßen stämmigen Uniformierten an einem der Seitenfenster.

«Heute ist Feiertag, der ‹Tag der Roten Armee›. Ein großes Wettrennen der Schlittschuhläufer», erklärt er in einem Ton, als säßen wir am Teetisch. Und dann fügt er hinzu: «Ihre beiden Ältesten sind sicher auch dabei: Aljoscha und Maja, Sie laufen doch auch gern Schlittschuh.»

Ist das eine Halluzination? Wer hat hier die Namen meiner Kinder ausgesprochen. Und ich halte nicht durch. Wie oft habe ich mir geschworen, daß ‹sie› mich nie weinen sehen sollen. Aber jetzt kommt der Schlag völlig unerwartet, und meine Tränen fließen in Strömen.

«Oh, oh, oh, entschuldigen Sie, wenn ich Sie betrübt habe. Bitte, nehmen Sie doch Platz. Hier bitte, im Sessel – hier ist es am bequemsten.»

Mein Gesprächspartner hat nichts mit ‹denen› gemeinsam. Am ehesten erinnert er mich an die verlassene Welt der Universität. Der Blick seiner hellen Augen ist voll Verständnis. Er beginnt ein zwangloses Gespräch, das scheinbar nichts mit meinem ‹Fall› zu tun hat. Über Beruf und Berufung. Er ist überzeugt, daß ich einen Fehler gemacht habe, als ich mich für den Beruf des Lehrers und Wissenschaftlers entschied.

«Sie sind die geborene Schriftstellerin. Man hat mir gestern die Mappe mit Ihren Artikeln gegeben.»

Ich verstehe immer noch nicht, worauf das alles hinzielt. Aber es soll sich bald zeigen.

«Ein so leidenschaftlicher, emotioneller Charakter. Es ist kein Wunder, daß Sie der falschen Romantik dieser in ihrem Kern verderbten Verschwörung verfallen sind.»

Major Jelschin beobachtet mich abwartend. Aber ich habe im Laufe dieser Woche viel gelernt. Ich weiß jetzt ganz genau, daß die leidenschaftlichste Rechtfertigung keinen zu überzeugen vermag und nur neuen Anlaß zu Spott und Hohn gibt. Ich habe begriffen, daß hier Schweigen Gold ist, daß man nur auf eine ausdrückliche Frage antworten soll, und auch das so kurz wie möglich.

«Nun ja ...» fährt der Major fort, «wir waren alle einmal jung, waren rasch entflammt und sahen uns dann getäuscht.»

Zum Teufel. Er glaubt, daß ich nie einen Roman oder eine Erzählung über die Anfänge der Revolution gelesen habe. In diesen Erzählungen reden sämtliche Gendarmerierittmeister mit den gleichen Worten den jungen Studenten und Terroristen ins Gewissen.

«Rauchen Sie?» Er hält mir liebenswürdig das Zigarettenetui hin und redet weiter, als führe er ein Selbstgespräch: «Romantik ... Auguste Blanqui[11] ... Stepnjak-Krawtschinskij[12] ... erinnern Sie sich, *‹Das Häuschen am Wolgaufer›*?»

Man merkt, der Major nimmt die Gelegenheit wahr, seine

glänzende Allgemeinbildung ins rechte Licht zu rücken. Er kommt in Fahrt und hält mir eine lange Rede – etwa zehn Minuten –, deren Ziel es ist, mich von der Unsinnigkeit meines Verhaltens zu überzeugen. Ich sei doch nicht in die Hände der Gestapo gefallen. Dort wäre die stolze Verschwiegenheit angebracht, die Weigerung, Protokolle zu unterschreiben oder Gleichgesinnte zu nennen. Hier aber sei ich in meinem ‹eigenen› Gefängnis. Er sei überzeugt, daß ich in meiner Seele Kommunistin geblieben sei, ungeachtet der schwerwiegenden Fehler, die ich begangen hätte. Jetzt sei es angebracht, abzurüsten, vor der Partei niederzuknien und die Namen jener zu nennen, die mich, eine leidenschaftliche und emotionelle Natur, verleitet hätten, mich an dieser verbrecherischen Verschwörung zu beteiligen. Und dann – heim zu den Kindern, die übrigens grüßen ließen. Erst gestern habe er mit dem Genossen Aksjonow telefoniert. Dieser aufrechte Kommunist leide Qualen, seit er erfahren habe, daß seine Frau auf den einmal begangenen Fehlern durch unangebrachtes und – wenn er, der Major, aufrichtig sein solle – direkt antisowjetisches Verhalten beharre.

Ich schweige wie eine Tote, ich bemühe mich, immer in dieselbe Ecke zu starren, an dem Kopf des Majors vorbei. Er legt meinen Blick falsch aus. Er nimmt an, er gelte dem Teller mit belegten Broten, der auf dem Tischchen in der Ecke steht.

«Entschuldigen Sie vielmals, ich habe ganz vergessen, Ihnen etwas anzubieten. Bitte schön! Vielleicht haben Sie Appetit. Sie sind ein wenig blaß. Das steht Ihnen übrigens gut. Sie sind eine attraktive Frau. Es ist nicht weiter verwunderlich, daß Elwow den Kopf verloren hat, nicht wahr?»

Und dann steht vor mir ein kleiner Berg belegter Brote, mit zartrosa Schinken und noch tränenden Scheiben Schweizer Käse.

Ob ich Appetit hätte? Ich habe während dieser ganzen Woche fast nichts zu mir genommen, außer einem Stück Schwarzbrot und etwas heißem Wasser, weil ich den Ekel vor dem Gefängnisgeschirr und dem verdorbenen, stinkenden Fisch nicht überwinden konnte.

«Danke. Ich habe keinen Hunger.»

«Eijeijeijei! Das ist eben das Schlimme. Sie halten uns für Ihre Feinde. Sie weigern sich, ein Stück Brot von uns anzunehmen.»

Wieder schweige ich und bin jetzt bemüht, mit meinem Blick nicht nur den Major, sondern auch die belegten Brote zu meiden. Darauf stellt er den Teller mit einem kurzen Seufzer zur Seite und legt statt dessen ein paar Bogen Papier und einen Füllfederhalter vor mir auf den Tisch.

«Schreiben Sie alles auf. Alles, von Anfang an. Ich werde inzwischen arbeiten, und Sie beschreiben alles so genau wie möglich. Charakterisieren Sie die Rädelsführer. Zählen Sie auf, welche Ihrer Kollegen in der Redaktion und an der Universität sich durch Kritik an der Parteilinie besonders hervorgetan haben. Und auch welche tatarischen Schriftsteller ... Aber mir steht das ja nicht zu, Ihnen zu sagen, wie man schreibt.»

«Ich fürchte, Major, das ist nicht mein Genre.»

«Warum denn nicht?»

«Ach, Sie haben doch selbst vorhin aufgezählt, auf welchen Gebieten ich arbeite. Publizistik, Übersetzungen – aber der Kriminalroman liegt mir nicht. Ich habe mich noch nie darin versucht. Es wird mir kaum gelingen, das zusammenzudichten, was Sie gern lesen möchten.»

Major Jelschin lächelt gezwungen, aber er bleibt nach wie vor liebenswürdig. Offenbar beschränkt sich seine Rolle streng auf ‹Zuckerbrot›, und der Gebrauch der ‹Peitsche› ist ihm versagt.

«Schreiben Sie.»

«Was kann ich über meine Kollegen an der Universität noch schreiben? Sie sind doch längst alle verhaftet.» Ich versuche meinem liebenswürdigen Gesprächspartner irgendwelche Neuigkeiten abzulisten.

«Wieso denn alle? Nehmen wir zum Beispiel Professor Kamaj, wer soll ihn verhaften? Es liegt einfach nichts gegen ihn vor. Ehemaliger Lastträger, ein Tatare. Jetzt Chemiker, Professor. Treues Parteimitglied.»

«Ja, das ist wohl der letzte Professor, der einmal Arbeiter gewesen ist. Heute seid ihr ja dabei, die Professoren zu Arbeitern umzuschulen.»

Ich habe nichts mehr zu verlieren – jetzt bin ich davon überzeugt – und erlaube mir deshalb ab und zu eine kleine Ausfälligkeit.

«Eijeijeij», mahnt Major Jelschin väterlich. «Finden Sie nicht selbst, daß Ihre Witze einen leichten trotzkistischen Hautgout haben, daß sie dem verfaulten trotzkistischen Arsenal entstammen?»

Immerhin, das Papier und der Füller sollen nicht unbenützt bleiben. Und ich beginne zu schreiben. Ich schreibe vier Stunden lang eine Beschwerde an den Verwaltungsleiter des NKWD, den ich hier noch nicht zu Gesicht bekommen, den ich aber früher auf einem Parteiaktiv kennengelernt hatte. Ich schildere die unzulässigen Methoden beim Ermittlungsverfahren, die Drohungen und die schlaflosen Nächte, Zarewskij und Wewers. Ich bitte um eine Gegenüberstellung mit Elwow und um den Besuch meines Mannes. Ich beschreibe die Geschichte meines ‹Falles›, zuerst vor den Instanzen der Partei, dann in dem Keller. Ich erkläre schließlich meinen festen Vorsatz, die Partei nicht zu belügen und weder mir selbst, geschweige denn anderen Kommunisten irgendwelche erdichteten Untaten zuzuschreiben, die von den Untersuchungsrichtern aus einem mir nicht ersichtlichen Grund erfunden werden.

Major Jelschin ist schon sehr müde. Nach ungefähr zwei Stunden telefoniert er, und als Ablösung erscheint – Zarewskij in eigener Person. Ausgerechnet ihm muß ich nun meine Beschwerde übergeben.

Er gerät außer sich: er geifert, überschlägt sich in Schimpftiraden, greift nach dem Revolver. Aber ich weiß, daß sie nicht töten dürfen, schon gar nicht während der Untersuchungshaft. Ljama, meine reizende Gefängnismentorin, hat mich ausführlich darüber unterrichtet.

Ich schweige. Ich schweige und sehne mich in meine Zelle zurück. Aber er entläßt mich nicht, bis zum Wecken, bis sechs Uhr früh.

Erst später wurde mir klar, welche Glücksnummer ich in dieser Lotterie gezogen hatte. Mein Ermittlungsverfahren war bereits im April abgeschlossen, das heißt bevor Wewers und Zarewskij das Recht erhielten, sich nicht nur in unbeschreiblichen Beschimpfungen zu ergehen, sondern auch physisch zu foltern, ja den Körper ihrer Opfer zu verunstalten.

Die Wände werden lebendig

Und dann holte man mich plötzlich nicht mehr zum Verhör. Ein Tag nach dem anderen verging, das Gefängnisdasein bekam einen gewissen Rhythmus, der durch die Ausgabe von heißem Wasser am Morgen, den viertelstündigen Gang im Hof (zwei Bajonette im Rücken), durch das Mittagessen und das Austreten bestimmt wurde. Für die Untersuchungsrichter schien ich nicht mehr zu existieren.

«Das machen sie absichtlich», sagte Ljama. «Mich haben sie schon seit drei Wochen nicht mehr geholt. Man bekommt den Gefängniskoller und ist schließlich bereit, jeden Unsinn zu unterschreiben.»

Aber ich hatte unter meiner ersten Begegnung mit der ‹Rechtspflege› im ‹Schwarzen See› so sehr gelitten, daß mir diese Pause sehr willkommen war.

«Wir wollen uns vornehmen, keinen Koller zu bekommen, Ljama. Wir wollen diese Zeit ausnützen, um unsere Umgebung kennenzulernen. Sie haben doch selbst gesagt, wie wichtig es sei, Verbindungen herzustellen. Er klopft doch noch, nicht wahr?»

Ja, er klopfte noch, unser Nachbar zur Linken, jeden Tag nach dem Mittagessen. Aber ich war durch die Verhöre so angegriffen, daß ich auf das Klopfen nicht richtig achten konnte. Und Ljama verzweifelte an den schier unüberwindlichen Schwierigkeiten des Gefängnisalphabets.

Allmählich fanden wir eine gewisse Regelmäßigkeit heraus: an den Tagen, an denen unser Nachbar zur Linken vor uns zum Austreten hinausgeführt wurde – und das konnten wir mit Sicherheit an den Schritten im Gang feststellen –, entdeckten wir im Waschraum auf dem Holzbrett jedesmal eine feine weiße Schicht Zahnpulver, in die mit einem spitzen Gegenstand, vielleicht einer Stecknadel, das Wort ‹Gruß› hineingeschrieben war. Und sobald wir in unsere Zelle zurückgekehrt waren, klopfte unser Nachbar kurz und lakonisch und verstummte gleich darauf. Dieses Klopfen unterschied sich durch seine Kürze von den ausführlichen Nachmittagssendungen, mit denen er uns offensichtlich das Klopfalphabet beibringen wollte.

Das wiederholte sich mehrere Male, bis mir endlich aufging: «Das muß ‹Gruß› heißen! Er klopft ‹Gruß›! Er schreibt und klopft dasselbe Wort. Jetzt, wo wir dieses Wort verstehen, können wir uns ausrechnen, wie die einzelnen Buchstaben geklopft werden. Wir wollen zählen.»

«Jetzt habe ich verstanden», flüsterte Ljama begeistert. «Auf jeden Buchstaben kommen zwei Klopfzeichen – langsame und schnelle. Im ganzen hat er sechs Buchstaben durchgegeben. Sechs, ja? Das heißt ‹p-r-i-v-e-t›[13].»

Später, in den vielen Monaten und Jahren meiner Haft konnte ich oft beobachten, was für virtuose Leistungen das menschliche Gedächtnis vollbringen kann, geschärft durch Einsamkeit und völlige Abgeschlossenheit von allen äußeren Eindrücken. Mit größter Klarheit erinnert man sich an alles, was man einmal gelesen hat. Man repetiert auswendig ganze Textseiten, die scheinbar längst vergessen waren. Dieses Phänomen bleibt für mich unerklärbar. Jedenfalls war ich an jenem Tag, als ich den geklopften Gruß erkannt hatte, bestürzt über die Deutlichkeit, mit der vor meinem inneren Blick eine Seite aus Wera Figners Buch *‹Das versiegelte Werk›* erstand. Es war die Stelle, wo sie das Gefängnisalphabet erklärt. Ich preßte meine Hände an die Schläfen und sagte zu Ljama mit der Stimme einer Schlafwandlerin, von meinen eigenen Worten überrascht: «Das gesamte Alphabet wird in fünf Reihen eingeteilt. Jede Reihe hat fünf Buchstaben. Auf jeden Buchstaben kommen zwei Klopfzeichen – langsame und schnelle. Die ersten bezeichnen die Reihe, die zweiten die Stelle des Buchstabens in der gegebenen Reihe.» Ganz erfüllt von dieser Entdekkung vergaßen wir für einen Augenblick die Gefahr und klopften hastig unsere erste Sendung. Sie war nur kurz.

«Wer sind Sie?» fragten wir den Nachbarn.

Es klappte. Es war richtig. Durch den dicken Stein spürten wir die Begeisterung unseres Partners: endlich haben sie es begriffen. Seine beispiellose Geduld wurde durch den Erfolg belohnt.

Tam-tam-tam-tam-tam! Dieses fröhliche Trommeln sollte uns zeigen, daß er uns verstanden hatte. Und von da an blieb es das Zeichen dafür, daß man den andern verstanden hatte.

Aber nun kam eine Antwort. Jetzt klopfte er nicht mehr für

Narren, denen man tausendmal das Wort ‹Gruß› senden muß, sondern für verständige Menschen, denen er seinen Namen nannte.

«S-a-g-i-d-u-l-l-i-n»

Wie? Sagidullin?

Ljama sagte dieser Name nichts, aber mir...

Ich klopfte wesentlich forscher:

«Etwa der...?»

Ja, er bestätigte, er sei *der*: Garej Sagidullin, dessen Name bereits seit einigen Jahren in Kasan nur mit der Endung ‹...stschina› genannt wurde: Sagidullinstschina [14].

Das war die Bezeichnung für einen Abschnitt des Unterrichtsprogramms: Bourgeoiser Nationalismus. ‹Sultangalejewstschina› und ‹Sagidullinstschina›. Aber er war bereits 1933 verhaftet worden. Wie war er denn jetzt hierhergeraten?

Durch die Mauer hindurch muß er meine Verwirrung gespürt haben. Er begreift die Ursache, und ich bekomme die Antwort: «Ich war und bleibe ein Anhänger Lenins. So wahr ich im siebten Gefängnis sitze...»

Und dann etwas, was mich völlig verblüfft: «Glauben Sie mir, Schenja!»

Woher weiß er, daß ich Schenja heiße? Wie konnte er bei so strenger Isolierung durch die Mauer hindurch erraten, wer in der Nebenzelle ist? Ljama und ich wechseln einen erschrockenen Blick. Wir brauchen uns nichts zu sagen. Es ist ohnehin alles klar. Das Gespenst der Provokation steht vor uns.

Und wieder spürt er, was unsere Verwirrung bedeutet. Geduldig erklärt er uns alles. Es stellt sich heraus, daß die Holzblende vor seinem Fenster ebenfalls einen Spalt hat. Er hat uns längst beim Hofgang beobachtet. Er kannte mich vom Sehen, auch wenn wir nicht persönlich miteinander bekannt waren. Und zwar hatte er mich in Moskau gesehen, im Institut der Roten Dozenten.[15] Jetzt ist er in Einzelhaft. Sie haben ihn hierhergebracht zu einem neuen Ermittlungsverfahren. Zusätzliche Anklagepunkte. Die Aussichten sind schlecht.

Von jenem Augenblick an wurde unser Gefängnisalltag interessant, obwohl sich äußerlich nichts verändert hatte. Vom frühen Morgen an wartete ich sehnsüchtig auf die Wachablösung am Nachmittag, wenn die Wachen ihre Gefangenen übergaben und keine Zeit hatten, zu spähen und zu horchen. Das war der geeignete Zeitpunkt für unsere Wandtelegramme.

Garejs lakonische Klopfzeichen zeigten mir eine neue Welt. Die Welt der Lager, der Verbannungen und der Gefängnisse, die Welt tragischer Schlußapotheosen, eine Welt, die entweder zu seelischem Ruin und völliger Abstumpfung des Menschen führt oder echten Mut entstehen läßt.

Ich erfuhr von Garej, daß alle, die man im Jahre 1933 und 1935 verhaftet hatte, jetzt hier zu einem – wie es hieß – Wiederaufnahmeverfahren versammelt waren. Neue Gesichtspunkte, nach denen ein Wiederaufnahmeverfahren erforderlich war, lagen nicht vor. Und es konnte sie gar nicht geben. Es ging einfach darum, alle diese Prozesse ‹in die Sprache des Jahres 1937 zu übersetzen›, wie die Untersuchungsrichter zynisch sagten, das heißt, die einst ausgesprochenen Strafmaße von drei oder fünf Jahren Haft zu verschärfen.

Wichtiger war jedoch eine andere Absicht: man wollte diese ‹Experten› unter den Oppositionellen Listen unterschreiben lassen, die von den Untersuchungsrichtern zusammengestellt worden waren und sogenannte ‹Angeworbene› aufzählten. Bei manchen dieser ‹Experten› bestand die ganze ‹oppositionelle Tätigkeit› in einem neuen, noch nicht einmal ausgereiften theoretischen Gedanken, wie das zum Beispiel bei Wassilij Slepkow mit seiner Methodologie der naturwissenschaftlichen Untersuchungen der Fall war. Die Unterschriften wurden durch Drohungen, Beschimpfungen, lügnerische Versprechungen und Einzelhaft erpreßt (geschlagen wurde erst vom Juni oder Juli an, nach dem Prozeß gegen ‹Tuchatschewskij und andere›).

Garej haßte Stalin leidenschaftlich, und auf meine Frage nach dem Grund für das, was geschehen war, klopfte er kurz und bestimmt: «Koba.[16] 18. Brumaire. Physische Vernichtung der besten Männer der Partei, die sich seiner Tyrannei entgegenstellen oder entgegenstellen könnten.»

Zum erstenmal in meinem Leben stand ich vor der Aufgabe, die gegebene Lage selbständig zu analysieren und zu entscheiden, wie ich mich verhalten wollte.

«Sie sind hier doch nicht bei der Gestapo», klangen in meinen Ohren die Worte von Major Jelschin.

Wieviel einfacher und leichter wäre für mich alles gewesen, wenn es die Gestapo gewesen wäre! Ich wußte ganz genau, wie sich ein Kommunist zu benehmen hatte, der ihr in die Hände fiel. Aber hier? Hier mußte man sich erst einmal klarmachen, wer die Menschen waren, die einen gefangenhielten. Waren es verkleidete Faschisten? Oder waren es Opfer eines ungeheuren Betrugs, einer raffinierten Intrige? Und wie hatte sich ein Kommunist in seinem ‹eigenen› Gefängnis zu verhalten, wenn man an die Worte des Majors dachte?

Diese quälenden Fragen klopfte ich Garej zu, der gut zehn Jahre älter war als ich und fünfzehn Jahre länger der Partei angehörte.

Aber das, was er mir zu sagen hatte, leuchtete mir nicht ein und rief bei mir Erstaunen hervor. Wie konnte er mir so etwas raten? Ich kann bis auf den heutigen Tag nicht begreifen, was ihn, Slepkow und viele andere von den ‹Altrepressierten› bewogen hat, sich so zu verhalten, wie er es mir damals empfahl:

«Sprich unverhohlen von deinem Bruch mit Stalin und nenne möglichst viele Gleichgesinnte. Man kann nicht die ganze Partei verhaften. Sobald einige Tausende solcher Protokolle zusammengekommen sind, wird man einen außerordentlichen Parteitag einberufen. Und dann ist der Anlaß für ‹seine› Absetzung gegeben. Glaube mir, er ist im Zentralkomitee nicht weniger verhaßt als in unseren Zellen. Möglicherweise wird sich dieses Vorgehen für uns selbst als verhängnisvoll erweisen, aber es ist der einzige Weg, die Partei zu retten.»

Nein, so konnte ich mich nicht verhalten. Obwohl ich dunkel ahnte, ohne es mit Bestimmtheit sagen zu können, daß kein anderer als Stalin selbst den Terror auslöste, unter dem die Partei stand, brachte ich es nicht fertig, mich gegen die Parteilinie zu stellen. Ich wäre mir unaufrichtig vorgekommen. Schließlich bin ich selbst leidenschaftlich und aufrichtig für die Industrialisierung unseres Landes und die Kollektivierung der Landwirtschaft eingetreten. Und das war doch die eigentliche Grundlage unserer Parteilinie.

Und schon gar nicht wäre ich imstande gewesen, Namen zu nennen, da ich doch mit Sicherheit wußte, daß die bloße Erwähnung eines Namens innerhalb dieser Mauern genügen konnte, einen Menschen zu vernichten und seine Kinder zu Waisen zu machen.

Nein. Wenn die demagogischen Prinzipien, die den Grundzug meiner gesamten Erziehung ausmachten, in meinem Bewußtsein schon so tiefe Wurzeln geschlagen haben, daß ich mir heute kein selbständiges Urteil mehr über die Lage im Land und in der Partei bilden kann, dann werde ich mich von der Stimme meines Gewissens leiten lassen. Und das heißt ganz einfach: die Wahrheit sagen und keine Unterschriften unter provozierende Märchen über sich und andere setzen. Niemals einen Namen nennen. Keinem Sophisma Glauben schenken, das die Lüge und den Brudermord rechtfertigen will. Denn das konnte nicht im Sinne der Partei sein, der ich so sehr vertraute und für die ich bereit war, mein Leben hinzugeben.

Das alles habe ich, natürlich etwas kürzer, Garej zugeklopft.

Nach zwei, drei Tagen war mir die Technik des Klopfens vertraut, und nach einer Woche beherrschte ich sie so selbstverständlich, daß Garej und ich uns sogar Gedichte zugeklopft haben. Wir verstanden oft schon nach den ersten Silben. Das vereinfachte die Unterhaltung, da man dann manchmal ganze Worte auslassen konnte. Ein Faustschlag gegen die Wand bedeutete ‹Gefahr›. Um der Gerechtigkeit willen muß gesagt werden, daß Garej dieses Signal weit häufiger gab als ich. Mir wäre es wahrscheinlich manchmal schlecht ergangen, wenn er nicht aufgepaßt hätte. Er blieb immer auf der Hut, selbst bei dem interessantesten Gespräch.

Ich habe ihn niemals gesehen. Er wurde erschossen. Ich hatte keine Gelegenheit mehr, mit ihm über seine politischen Ansichten zu diskutieren. Mit vielem, was er sagte, war ich nicht einverstanden, aber eines weiß ich: mit unerschütterlichem Mut ertrug er sein siebtes Gefängnis, die Einzelhaft, die Gewißheit, daß man ihn erschießen würde. Er war ein starker, ein wirklicher Mensch.

«Kannst du mir verzeihen?»

Der zweite Monat im Gefängnis war vergangen. Nach den ersten Verhören ließ man mich nun warten. Nur einmal wurde ich zum Untersuchungsrichter Krochitschew gerufen, der mir einen Brief von Mama aushändigte. Der Brief bestand aus zwei Worten: «Kinder gesund.» Dann teilte Krochitschew mir mit, daß ich die Erlaubnis bekommen hätte, mir ein Päckchen schicken zu lassen, und schließlich knurrte er undeutlich, und dabei musterte er mich mit rotunterlaufenen Augen, wie sie alle Untersuchungsrichter hatten, daß inzwischen ein Plenum des Zentralkomitees stattgefunden habe, das Februar/März-Plenum, und daß vielleicht noch nicht alles verloren sei, man solle sich nur vernünftig verhalten.

Ich kam allerdings gar nicht dazu, mich in Illusionen zu wiegen. Bereits am nächsten Tag gab Garej durch, die örtlichen Größen hätten den Plenumsbeschluß mißverstanden, indem sie ihn wörtlich genommen hätten, aber inzwischen seien zusätzliche Instruktionen eingegangen. Alles sei genau umgekehrt: überall fänden neue Verhaftungen statt und bei den Verhören würden mehr und mehr brutale Methoden angewandt.

An einem Nachmittag, zu einer ungewöhnlichen Stunde, knirschten das Schloß und der Riegel an unserer Tür. Zwei Aufseher kamen herein. Sie stellten mitten in der Zelle ein eisernes Klappbett auf.

«Die dritte», flüsterte Ljama aufgeregt.

«Hochsaison, die Ferienplätze werden rar», witzelte ich.

Zehn Minuten später quietschte die Tür, und in der Zelle erschien eine junge Frau mit roten Flecken im Gesicht und schreckgeweiteten Augen. Das Gesicht kam mir bekannt vor. Es war Ira Jegerewa – Aspirantin am Lehrstuhl für Biologie, Hydrobiologin. Ich war ihr öfter in den Gängen der Universität begegnet und wußte, daß sie die einzige verwöhnte Tochter einer Professorenfamilie war. Was konnte sie mit politischen ‹Verbrechern› gemeinsam haben? Auf welchem verschlungenen Weg war sie hierhergeraten? Vor vier Jahren hatte sie an einem Seminar von Slepkow teilgenommen und sogar ein wenig mit dem gut aussehenden und begabten Professor kokettiert. Jetzt war sie verhaftet und der Teilnahme an der Rechtsopposition angeklagt worden. Dabei war sie ein völlig unpolitischer Mensch und hatte überhaupt keine Ahnung, wodurch sich die Rechte von der Linken unterscheidet und ‹was mit Pfeffer oder Salz gegessen wird›.

Kaum hatte Ira uns ihre tragikomische Geschichte erzählt, da hörten wir ein kurzes Klopfzeichen: «Ich bin nicht mehr allein», klopfte Garej.

Sein neuer Zellengenosse war Bari Abdullin, der zweite Sekretär des Gebietskomitees der Partei.

Kurz bevor ich aus der Partei ausgeschlossen wurde, hatten wir eine unangenehme Begegnung im Gebietskomitee. Ich beschwerte mich dort, weil meine Mitgliedsbeiträge zurückgewiesen wurden. Der Sekretär des Ortskomitees scheute sich, die Beiträge einer Verfemten zu kassieren. Er weigerte sich, das Geld anzunehmen, so sehr ich ihn auch zu überzeugen versuchte, daß ich zur Zahlung verpflichtet sei, da ich noch nicht aus der Partei ausgeschlossen wäre.

Abdullin empfing mich im Gebietskomitee. Ich fragte ihn um Rat: «Soll ich mich noch als Parteimitglied betrachten, obwohl meine Beiträge nicht mehr angenommen werden? Oder soll ich meinen Parteiausweis auf den Tisch legen und damit einen weiteren Anklagepunkt schaffen?»

Ohne den Blick von den Akten zu heben, antwortete er in einem Ton, der jede Möglichkeit einer weiteren Diskussion ausschloß: «Die Partei hat ihre Gründe, Ihnen zu mißtrauen, besonders nachdem Sie sich geweigert haben, die begangenen Fehler einzugestehen.»

Bis dahin waren wir Freunde und während einiger Jahre sogar Nachbarn in der Sommerfrische gewesen. Und nun sitzt er neben mir im Keller des ‹Schwarzen Sees›, zusammen in einer Zelle mit Sagidullin, dessen Namen er früher nur im Ton rechtgläubiger Empörung nannte. Sekretär des Gebietskomitees, ein Mann, der der Stolz der Arbeiterklasse Tatariens war. Sollte Garej tatsächlich recht haben, wenn er behauptete, Stalin habe sich entschlossen, die Spitzen der Partei zu vernichten?

Gegen Abend erfuhren wir aus Garejs aufgeregtem Klopfen,

daß Abdullin des Pantürkismus, der Pflege verräterischer Beziehungen zur Türkei und der Spionage beschuldigt werde und außerdem wahrscheinlich der Tatsache, daß der Bey von Algier eine Warze unter der Nase habe.[17]

«Die Anklage vertritt die Ansicht, daß Abdullin das ehemalige Gouvernement Kasan dem großtürkischen Reich eingliedern wollte.»

Einige Tage später war uns das Lachen allerdings vergangen. Garejs Mitteilungen hatten plötzlich einen anderen Akzent.

«Abdullin war achtundvierzig Stunden auf dem Fließband. Und als er dann noch immer nicht bereit war, den Unsinn zu unterschreiben, wurde er nicht in die Zelle gebracht, sondern in den Stehkarzer.»

Dieser ‹Stehkarzer› gehörte zu jenen ‹besonderen Maßnahmen›, die mir Zarewskij ständig angedroht hatte. Er lag im ‹Keller des Kellers›, das heißt, tief unter der Erde, wohin nicht ein einziger Lichtstrahl drang. Ich hatte immer geglaubt, eine Stehzelle sei eine Zelle, in der es keine Sitzgelegenheit gebe. Das war eine naive Vorstellung. Der Raum der Stehzelle war so bemessen, daß ein Mensch darin *nur* stehen konnte und das auch nur, wenn er seine Arme eng an den Körper preßte. Zum Sitzen war dort einfach *kein Platz.*

«Das heißt, daß man dort sozusagen eingemauert wird?»

«So ist es!»

Wir waren sehr bedrückt und verbrachten zwei Tage fast in völligem Schweigen. Selbst Ira hörte auf zu fragen, was Rechtsopposition, die ihr vorgeworfen wurde, denn überhaupt sei. Garej klopfte nicht mehr. Die Stimmung wurde auch nicht besser, als man mir das von Krochitschew angekündigte Päckchen brachte. Stumpfsinnig starrte ich auf den Bademantel, den mir meine Mutter geschickt hatte und mit dem sich die Vorstellungen des Badestrandes, des Meeres und wohlmeinender, lächelnder Menschen verbanden. Vor dem Hintergrund dieser Erinnerungen zeichnete sich um so plastischer die Gestalt eines eingemauerten Menschen ab, nicht irgendeines Menschen, sondern die Bari Abdullins, der erst vor kurzem noch auf einer Parteiversammlung einen Vortrag über die internationale politische Lage gehalten hatte, der über die Gartenwege rannte, mit seinem kleinen Töchterchen auf der Schulter, und am Wochenende mit mir in derselben Mannschaft Volleyball spielte.

Endlich klopfte Garej wieder: «Er war ohnmächtig, als sie ihn gebracht haben. Sie haben erlaubt, das Bett für ihn herunterzulassen. Sie haben ihm eine Kampferspritze gegeben. Jetzt geht es ihm besser. Er möchte eine Zigarette. Hast du eine?»

Ja, ich hatte Zigaretten, zwei Päckchen. Ich weiß nicht, wieso Mama auf die Idee gekommen war, sie in das Päckchen zu tun. Ich habe nie geraucht. Vielleicht nahm sie an, in dieser Umgebung müsse man rauchen. Vielleicht dachte sie an meine Leidensgenossen? Wie dem auch sei, ich hatte Zigaretten. Aber wie konnte man sie ihm zukommen lassen?

Garej gab uns genaue Instruktionen. Wenn man uns morgen vor ihnen zum Austreten holte, sollten wir die Zigaretten unter dem Handtuch mitnehmen. Diejenige von uns, die sie tragen wollte, sollte als erste gehen, die beiden anderen, die im Gänsemarsch folgten, sollten so weit wie möglich Abstand halten. In dem kleinen Vorraum zwischen Toilette und Dusche sollte die erste sich bücken und die Zigaretten rasch in die kleine Vertiefung unter der Tür zum Duschraum legen. Links. Die letzte von uns, die dritte, sollte direkt an der Tür über die Schwelle stolpern und dadurch den begleitenden Aufseher ablenken.

Nun begannen die Vorbereitungen zu dieser wichtigen und nicht ungefährlichen Operation. Als erstes entbrannte in unserer Zelle eine Diskussion. Die vorsichtige Ira äußerte Bedenken gegen ein ganzes Päckchen Zigaretten. Es könne auffallen, es sei zu groß für die Öffnung unter der Tür, und dann kämen wir alle in Einzelhaft. Ljama dagegen war für das ‹Maximalprogramm›: «Was sind schon ein paar Zigaretten für einen Mann in diesem Zustand. Beide Päckchen – und noch die Seife dazu! Ja, Schenja soll ihm das Stück Toilettenseife, das sie von ihrer Mama bekommen hat, dazulegen. Soll er, der Ärmste, sich wenigstens doch einmal richtig waschen können nach dieser Folter. Sie bekommen wahrscheinlich noch kümmerlichere Seifenreste als wir.»

Ich war mehr für die goldene Mitte. «Entweder beide Zigarettenpäckchen ohne Seife oder ein Päckchen und die Seife. Sonst fallen wir bestimmt rein.» Nach langen Debatten wurde beschlossen: ein Päckchen Zigaretten und die Seife.

«Dann wollen wir wenigstens ein Stückchen Butter dazulegen. In dem Päckchen waren doch 300 Gramm. Sie wissen doch, wie wichtig das für ihn jetzt ist. Phosphor. Gehirnnahrung. Er muß jetzt bei Kräften bleiben.»

Die gute Ljama. Sie wußte nichts vom marxistischen ‹Minimum›, im Gegensatz zu Ira, die erst vor kurzem promoviert hatte.

Sie war eine ganz einfache Stenotypistin. Und in der Zelle verbrachte sie einen großen Teil der Zeit damit, ihre ausländische Garderobe zu beschreiben, die sie nun verloren hatte. Aber später, immer wieder, wenn ich mit dem Abschaum der Menschheit in Berührung kam, tröstete ich mich mit den Erinnerungen an Ljama, an ihren echten Mut, an ihre Großzügigkeit und Selbstlosigkeit.

Das Verpacken unserer Gaben verlangte ebenfalls viel Scharfsinn. Der Ausdruck ‹Zigarettenpäckchen› war nur noch bedingt richtig, da die Umhüllung von den Aufsehern aufgerissen und weggeworfen worden war. Die Zigaretten bekam man ohne Hülle, nach sorgfältiger Kontrolle – in jeder hätte ein Zettel versteckt sein können. Auch die Seife war ausgepackt und an mehreren Stellen mit einem Taschenmesser angebohrt. Die Butter mußte in einem Glasgefäß sein. Das kleinste Stückchen Papier galt hier als ein schwerwiegendes Indiz.

Womit sollten die Zigaretten zusammengebunden werden? Wir versuchten es mit Haaren. Ljama und ich rissen uns gegenseitig eine ganze Strähne aus. Aber die Haare rutschten, der Knoten hielt nicht.

«Ach, wir sind ja dumm!» Ljama schlug sich vor die Stirn. «Wir haben ja jede beliebige Menge Fäden ...»

Gemeint war mein Bademantel...

Wir zupften mehrere schöne feste Fäden aus. Die Zigaretten wurden gut verschnürt. An der köstlich nach Erdbeeren duftenden Seife befestigten wir zwei dünne Scheiben Brot, die wir dick mit Butter bestrichen hatten.

Die Aktion selbst verlief reibungslos. Ljama übernahm die verantwortungsvollste und schwierigste Aufgabe, als erste zu gehen und das Päckchen unter die Tür des Duschraums zu schieben. Ich sollte die dritte sein, so weit wie möglich Abstand halten und – das war das Wichtigste – möglichst überzeugend stolpern, um den Aufseher aufzuhalten. Ira sollte zwischen uns gehen und eine – sozusagen – negative Aufgabe übernehmen: sie durfte kein entsetztes Gesicht machen und sollte ihren natürlichen Gang beibehalten.

Alles verlief wie am Schnürchen. Ljama schlängelte sich in den Vorraum, als Ira, ich und der Aufseher noch ziemlich weit entfernt waren. Sie hatte Zeit genug, die Sachen in der Öffnung unter der Tür zu verstauen und sich auch noch zu vergewissern, daß es nicht auffiel. Und ich markierte so vollendet ein schmerzendes

Knie, nachdem ich über die Schwelle gestolpert war, daß der Aufseher sogar murmelte: «Besser aufpassen ...»

Die sieben oder acht Minuten, die zwischen unserer Rückkehr aus dem Waschraum und der Rückkehr der Nachbarn in ihre Zelle verstrichen, kamen uns wie eine Ewigkeit vor. Aber dann dröhnte das Schloß. Wenn sie bloß schneller machen würden. Jetzt! Die Schritte des Aufsehers entfernten sich im Gang.

Tam-tam-tam-tam-tam!

Freudiges Klopfen von Garej. Und darauf langsam und gut verständlich: «Ihr Klugen! Ihr Mutigen! Ihr Guten!»

Wir fühlen uns wie Soldaten nach der Schlacht. Erschöpfung und Verwunderung über die eigene Heldentat. Ljama wird als erste wieder sachlich. Sie fragt mich nach Abdullins Frau aus, ob sie gut aussehe und sich chic kleide.

Gegen Abend sprach die Wand auf ganz ungewohnte Weise. Jemand klopfte langsam, vorsichtig, mit ungeübter Hand.

«Schenja, Schenja», ruft die Wand.

Das ist Abdullin. Seine zögernden Klopfzeichen fügen sich endlich zu einem Satz, dessen Sinn nur ich verstehen kann: «Kannst du mir verzeihen?»

«Warum bittet er Sie um Verzeihung? Haben Sie vielleicht etwas mit ihm gehabt, Schenjetschka?»

Aber Abdullin ist offensichtlich durch all die Ereignisse bis auf den Grund seiner Seele erschüttert und kann sich nicht beruhigen. Er klopft und klopft.

«Du hast soviel riskiert. Und das, nachdem ich so hartherzig zu dir war. Was wäre geschehen, wenn man euch erwischt hätte?»

«Man darf sich eben nicht erwischen lassen. Man soll die Gefängnistechnik beherrschen. In der Periode des Aufbaus entscheidet die Technik bekanntlich alles.»

Auf dem Fließband

Ich war wieder an der Reihe. Sie nahmen mich auf das ‹Fließband›. Ununterbrochenes Verhör. *Sie* wechseln sich ab – ich muß bleiben. Sieben mal vierundzwanzig Stunden ohne Schlaf und Essen. Ohne in die Zelle zurückgebracht zu werden. Frisch rasiert, gut ausgeruht, tauchen sie nacheinander wie im Traum vor mir auf. Liwanow, Zarewskij, Krochitschew, Wewers, Jelschin und sein ‹Assistent›, Leutnant Biktschentajew – ein untersetztes, rotbäckiges Jüngelchen mit krausem Haar, das auffallend an einen wohlgemästeten jungen Truthahn erinnerte.

Das Fließband hatte den Zweck, die Nerven zu zerrütten, den Körper zu entkräften, den Widerstand zu brechen und den Menschen schließlich so weit zu bringen, daß er alles, was man wollte, unterschrieb.

In den ersten Tagen bin ich noch in der Lage, auf die individuellen Eigenarten der einzelnen Untersuchungsrichter zu achten. Liwanow bleibt nach wie vor ruhig und formell. Er beharrt darauf, daß ich einen unbeschreiblichen Unsinn unterschreibe, und er tut so, als ginge es um eine selbstverständliche und überdies ganz unbedeutende Formalität.

Zarewskij und Wewers brüllen und drohen. Wewers schnupft ein weißes Pulver – Kokain. Sobald er genug hat, droht er nicht nur, sondern macht sich auch noch über mich lustig.

«Hahahaha! Wie sieht jetzt unsere Schöne von der Universität aus! Wie vierzig! Aksjonow würde sein Schätzchen einfach nicht wiedererkennen. Und wenn Sie noch länger zögern, werden wir Sie zu einem richtigen Großmütterchen machen. Haben Sie schon die Gummizelle kennengelernt? Nein? Dann haben Sie ja das Beste noch vor sich ...»

Major Jelschin bleibt unverändert galant und ‹human›. Er spricht gern über meine Kinder. Er habe gehört, ich sei eine gute Mutter, und nun stelle sich heraus, daß mir meine Kinder überhaupt nicht leid täten. Er erkundigt sich, weshalb ich denn so ‹zart› geworden sei, und als er hört, daß ich seit vier oder fünf Tagen, ohne Schlaf und Essen, verhört werde, kann er ‹nur staunen›.

«Lohnt es sich überhaupt, sich so zu plagen, statt diese belanglose kleine Formalität zu erledigen? Unterschreiben Sie einfach und legen Sie sich schlafen. Gleich hier, auf dem Sofa. Ich werde anordnen, daß man Sie nicht stört.»

Die ‹belanglosen› Protokolle enthielten das Geständnis, daß ich im Auftrag von Elwow innerhalb des Schriftstellerverbandes Tatariens eine terroristische Gruppe gegründet und folgende Personen dafür geworben hätte: es folgte eine Liste tatarischer Schriftsteller, angefangen mit dem damaligen Verbandsvorsitzenden Kawi Nadschimi.

«Sie wollen Nadschimi schonen? Er hat Sie aber nicht geschont...» läßt der Major fallen.

«Darüber hat sein Gewissen zu entscheiden.»

«Sind Sie etwa eine Christin? Im Sinne des Evangeliums?»

«Nein, einfach ein ehrlicher Mensch.»

Der Major läßt sich die Gelegenheit nicht entgehen, noch einmal sein Wissen glänzen zu lassen, und hält einen kurzen Vortrag über das Thema: Moral in marxistisch-leninistischer Sicht. Ehrlich ist nur das, was nützlich ist für das Proletariat und dessen Staat.

«Für den proletarischen Staat kann die Ausrottung der ersten Generation der sowjetischen Kulturschaffenden Tatariens nicht nützlich sein, zumal da es sich um Parteimitglieder handelt.»

«Aber wir verfügen über sichere Beweise, daß diese Leute Volksfeinde sind.»

«Wozu brauchen Sie dann auch noch meine Angaben, etwa als Ergänzung Ihrer sicheren Beweise?»

«Als dokumentarischen Beleg.»

«Ich bin nicht imstande, etwas, was ich nicht weiß, dokumentarisch zu belegen.»

«Sie wollen uns nicht vertrauen?»

«Wie soll ich Ihnen vertrauen, wenn Sie mich eingesperrt halten und unter ungesetzlichen Bedingungen verhören.»

«Was heißt hier ungesetzlich?»

«Sie lassen mich seit mehreren Tagen weder schlafen noch essen und trinken, um falsche Angaben zu erpressen.»

«Aber ich bitte Sie, essen Sie doch. Es wird gleich serviert. Sie brauchen nur zu unterschreiben. Es liegt ganz bei Ihnen...»

Leutnant Biktschentajew, der den Major jetzt ständig begleitet, macht offensichtlich seine Lehrzeit durch, er steht immer ‹in Bereitschaft› und wiederholt jedesmal die letzten Worte, wie ein einjähriges Kind, das sprechen lernt.

«Es liegt ganz bei Ihnen ...» sagt der Major.

«... bei Ihnen», wiederholt der Leutnant wie ein Echo.

Einmal schrieb Major Jelschin ein Protokoll über meine Beziehungen zur tatarischen Intelligenz.

«Sie beherrschen doch die französische und die deutsche Sprache, wozu mußten Sie auch noch Tatarisch lernen?»

«Für literarische Übersetzungsarbeiten.»

«Aber das ist doch eine primitive Sprache ...»

«Primitiv? Sind Sie derselben Meinung, Leutnant?»

Der Truthahn schweigt und lächelt verlegen.

Nach diesem Präludium legt man mir das Protokoll zur Unterschrift vor. Es heißt darin, daß ich im Auftrage des trotzkistischen Zentrums zusammen mit den bourgeoisen nationalistischen Elementen der tatarischen Intelligenz einen Block habe bilden wollen. Noch kann ich spotten: «Ja, ein Leben lang träumte ich davon, die mohammedanische Welt zum Triumph des Islam zusammenzuschließen.»

Der Major lacht leise vor sich hin, aber er gibt mir weder etwas zu essen noch etwas zu trinken, und er läßt mich auch nicht schlafen.

Ich glaubte damals, daß ich über alle Maßen litt. Aber einige Monate später erfuhr ich, daß das ‹Fließband› ein Kinderspiel war, verglichen mit den Methoden, die seit dem Juni 1937 angewandt wurden. Man gab mir nichts zu essen und zu trinken, aber ich durfte sitzen und brauchte nicht zu stehen. Zuweilen bekam ich etwas Wasser aus der Karaffe des Untersuchungsrichters. Ich wurde nicht geschlagen.

Einmal allerdings hätte Wewers mich beinahe umgebracht, aber das geschah unter der Einwirkung von Kokain, also im Zustand der Unzurechnungsfähigkeit, und Wewers war hinterher selbst furchtbar erschrocken.

Es war, glaube ich, in der fünften oder sechsten Fließbandnacht. Ich war nur noch halb bei Bewußtsein. Um ‹auf die Psyche einzuwirken›, ließ man den Häftling möglichst weit entfernt vom Untersuchungsrichter sitzen, manchmal am anderen Ende des Zimmers. Damals ließ mich Wewers an der gegenüberliegenden Wand sitzen und brüllte seine Fragen durch den Raum. Er wollte wissen, seit wann ich Professor Korbut kannte, der sich im Jahre 1927 der trotzkistischen Opposition angeschlossen hatte.

«Ich weiß das Jahr nicht mehr genau, aber ich kannte ihn lange, bevor er sich für die Opposition entschieden hat.»

«Wa-a-a-a-s?» Unter der Wirkung des Kokains und aufgebracht durch meine Hartnäckigkeit beginnt Wewers zu rasen. «Opposition. Sie bezeichnen diese Mörderbande, diese Spione, als Opposition. Sie...»

Der große marmorne Briefbeschwerer fliegt auf mich zu.

Erst als ich das Loch in der Wand sah, höchstens einen Zentimeter von meinem Kopf entfernt, begriff ich, in welcher Gefahr ich gewesen war.

Wewers selbst war so erschrocken, daß er mir ein Glas Wasser reichte. Seine Hände zitterten. Noch durften die Häftlinge während der Untersuchungshaft nicht umgebracht werden. Er hatte sich hinreißen lassen.

Am siebten Tag wurde ich einen Stock tiefer zu einem Oberst gebracht, an dessen Namen ich mich nicht mehr erinnern kann. Hier wurde mir zum erstenmal gesagt, daß ich während des Verhörs zu stehen hätte. Ich schlief trotzdem ein, im Stehen. Darauf stellten sich links und rechts von mir zwei Wachsoldaten auf, die mich immer wieder anstießen und dabei jedesmal sagten: «Schlafen verboten!»

Plötzlich sah ich eine Szene aus dem Film ‹*Schloß und Festung*› vor mir. Genauso wurde Karakosow verhört. Genauso hatte man ihn am Schlafen gehindert und gequält. Dann verwirrten sich meine Gedanken. Wie durch einen dichten Schleier sah ich das angewiderte Gesicht des Obersts und den Revolver, der auf dem Tisch lag, wahrscheinlich zur Einschüchterung. Ich weiß noch, wie mich die Kringel auf der Tapete, es war die gleiche wie bei Wewers, irritierten. Sie tanzten ununterbrochen vor meinen Augen auf und ab.

Was ich dem Oberst antwortete, weiß ich nicht mehr. Ich glaube, ich habe meistens geschwiegen und nur ab und zu wiederholt: «Ich werde nichts unterschreiben.» Abwechselnd drohte er und redete mir zu, versprach mir den Besuch meines Mannes, meiner Kinder. Dann wurde alles dunkel. Ich brach zusammen.

Die Ohnmacht war so tief und dauerte so lange, daß sie gezwungen waren, ihre Maschinerie anzuhalten. Als ich zu mir kam, lag ich auf meinem Bett in der Zelle. Ich öffnete die Augen und sah über mir das tränenüberströmte, liebe Gesicht von Ljama. Sie flößte mir tropfenweise Apfelsinensaft ein, den Ira gerade in einem Päckchen bekommen hatte.

Bald hörte man an der Wand besorgtes Klopfen. Garej und Abdullin erkundigten sich nach mir.

«Wieder bei Besinnung? Wunderbar. Geben Sie ihr einen Kuß in unserem Namen.»

Das Abendessen wurde gebracht. Ich aß zwei Portionen von dem abscheulichen Eintopf. Als Nachtisch schenkte Ira mir feierlich zwei Stückchen Schokolade aus ihrem Päckchen.

Ich dachte gerade darüber nach, wie gute Menschen es gibt, als ich von neuem zum Verhör geholt wurde. Das Fließband lief.

Gegenüberstellungen

Die zweite Runde auf dem Fließband dauerte nur fünfmal vierundzwanzig Stunden und verlief unter milderen Umständen. Ich wurde täglich für etwa drei Stunden in die Zelle zurückgebracht. Allerdings geschah das jedesmal erst nach sechs Uhr morgens, wenn in der Zelle die Betten bereits hochgeklappt waren und ich keine Möglichkeit mehr hatte, mich hinzulegen. Aber schon die Aussicht, ruhig auf dem Hocker sitzen zu können, den Kopf an Ljamas Schulter gelehnt, und ein paar Stückchen Würfelzucker zu essen (an diesen Tagen schenkten mir Ljama und Ira ihre Ration, so daß ich sechs Stückchen hatte), schenkte mir neue Kraft. Allerdings achteten die Aufseher sorgfältig darauf, daß ich die Augen offenhielt. «Tagsüber darf nicht geschlafen werden», hieß es.

An einem jener Tage erfuhren wir durch Garej vom Tod Ordschonikidses. Ich weiß bis auf den heutigen Tag nicht, woher er seine Informationen bezogen hat, aber ich erinnere mich, daß 1956, nach dem XX. Parteitag, nach meiner Rehabilitation und Wiederaufnahme in die Partei, in einer Mitgliederversammlung der Bericht Chruschtschows verlesen wurde, der dieselbe Version über den Tod Ordschonikidses enthielt, die ich bereits 1937 durch die ‹Wandtelegramme› von Garej erfahren hatte.

Die zweite Runde auf dem Fließband verfehlte ihren Zweck ebenfalls. Ich war nicht bereit zu unterschreiben – weder die Variante Jelschins über die ‹Blockbildung mit der tatarischen nationalistischen Intelligenz›, noch das Elaborat von Wewers über die angeblich geplanten Terroranschläge gegen den Sekretär des Gebietskomitees.

Ich möchte hier nicht als Heldin oder als Märtyrerin erscheinen. Ich bin weit davon entfernt, die Beharrlichkeit, mit der ich mich weigerte, die verlogenen, herausfordernden Protokolle zu unterschreiben, als besondere Heldentat hinzustellen. Und ich möchte keinen Vorwurf gegen die Genossen aussprechen, die unter dem Druck furchtbarer Qualen alles unterschrieben haben, was man von ihnen verlangte.

Ich habe ganz einfach Glück gehabt. Das Ermittlungsverfahren gegen mich war abgeschlossen, noch ehe die ‹besonderen Maßnahmen› allgemein angewandt wurden. Bei meiner Verurteilung allerdings brachte mir meine Hartnäckigkeit nicht den geringsten Vorteil. Ich bekam zehn Jahre, ebenso wie die anderen, die auf die Provokation hereingefallen waren und die ‹Listen der Angeworbenen› unterschrieben hatten. Aber ich hatte doch einen großen Vorteil – ein reines Gewissen, das Bewußtsein, daß nicht ein einziger Mensch durch meine Schuld oder durch meinen Kleinmut in das ‹Netz Luzifers› geraten war.

Da die Verantwortlichen auf ‹ein offenes Geständnis› von mir verzichten mußten, überließen sie meinen Fall Leutnant Biktschentajew, der ihn auf irgendeine Weise zum Abschluß bringen sollte. Jetzt wurde ich nur tagsüber verhört. Und nachdem er zwei- oder dreimal ‹klares Wasser gesiebt› hatte, erklärte mir Biktschentajew mit bedeutungsvoller Miene, daß ich am folgenden Tag durch Gegenüberstellungen ‹überführt› werden sollte. Diese Ankündigung war interessant und aufregend, während man sonst über die Aussprüche des Truthahns nur lächeln konnte. Mit operettenhafter Würde thronte er hinter dem Tisch mit den drei Telefonapparaten, und sein glänzendes rundes Gesicht troff vor Dummheit wie ein Hammelbraten vor Fett.

Gegenüberstellungen! Ist es möglich, daß Elwow wirklich hier ist? Es ist nicht ausgeschlossen. Vielleicht zu einem ‹Wiederaufnahmeverfahren›? Wird er sich mir gegenüberstellen lassen? Ist es denkbar, daß er gegen mich aussagt? Man kann noch begreifen, daß jemand eine falsche Selbstbezichtigung unterschreibt, aber wie kann man von Angesicht zu Angesicht einen Genossen verraten? Doch es war nicht Elwow, mit dem ich am nächsten Tag im Zimmer von Biktschentajew zusammentraf. Es war ein Mitarbeiter der Feuilletonredaktion, die ich früher geleitet hatte.

Wolodja Djakonow. Was tut er hier? Ist er etwa auch verhaftet? Abgesehen von diesen Fragen, freute ich mich, Wolodja wiederzusehen. Wir sind alte Freunde. Unsere Väter sind heute noch Duzfreunde. Sie kennen sich von der Schulbank her. Ich hatte seinerzeit dazu beigetragen, daß Wolodja in die Redaktion aufgenommen wurde. Eifrig, fast liebevoll, half ich dem etwa fünf Jahre jüngeren, in die Arbeit des Journalisten hineinzuwachsen. Mehr als einmal hatte er gesagt, er liebe mich wie eine Schwester. Wie schön, ein vertrautes Gesicht zu sehen. Und noch bevor Biktschentajew den Wachsoldaten, der mich gebracht hatte, entläßt, strecke ich Wolodja beide Hände entgegen.

«Wolodja, was machen meine Kinder, sagen Sie schnell...»

Biktschentajew erhebt sich von seinem Stuhl. Es sieht so aus, als ob er jeden Augenblick vor Empörung platzen würde. Ein unerhörter Verstoß gegen die Ordnung! Eine Angeklagte, die einem Belastungszeugen um den Hals fällt? Denn Wolodja war – so unglaublich das auch schien – als Zeuge meiner ‹Verbrechen› vorgeladen worden. Er war hierhergekommen, um sich mir gegenüberstellen zu lassen.

«Die Geschäftsordnung», erklärt Biktschentajew und verstümmelt unbarmherzig alle Worte, die er sagt: «Ich stelle die Fragen. Dann antwortet zuerst der Zeuge Djakonow und dann die Angeklagte...»

Meinen Namen betonte er auf der letzten Silbe, mit einem unmöglichen kehligen ‹G›.

«Was, Wolodja, Sie wollen gegen mich aussagen? Was wollen Sie denn gegen mich vorbringen? Oder sind auch Sie verhaftet, haben Sie nicht durchgehalten und irgendeinen Unsinn gegen sich selbst und gegen mich unterschrieben?»

Biktschentajew schlägt mit der Faust auf den Tisch, aber das wirkt nur komisch und überhaupt nicht schrecklich. Er hat eine kleine Faust, mollig, mit Grübchen.

«Angeklagte! Unterlassen Sie es, den Zeugen zu beeinflussen. Und Sie, Djakonow, verhalten Sie sich so, wie es sich gehört, sonst lasse ich Sie auch verhaften und stecke Sie ins Gefängnis.»

Aha! Wolodja ist also nicht verhaftet. Was hat dann diese Komödie zu bedeuten? Aber Wolodjas Gesicht schließt jeden Gedanken an eine Komödie aus. Es ist kreidebleich, die Lider zucken, die blauen Lippen zittern unaufhörlich. Statt die Frage nach meinen Kindern zu beantworten, stottert er: «I-i-i-ich... Ich bin krank, Schenja. Ich hatte Gehirnhautentzündung.»

«Zeuge Djakonow», verkündet Biktschentajew feierlich, «beim gestrigen Verhör haben Sie ausgesagt, daß in der Redaktion der Zeitung *Krasnaja Tatarija* eine konterrevolutionäre terroristische Untergrundgruppe existiert hat und daß die Angeklagte Mitglied dieser Gruppe war. Bestätigen Sie Ihre Aussagen in Gegenwart der Angeklagten?»

Es ist erschreckend, zu beobachten, was jetzt mit Wolodja vorgeht. Seine regelmäßigen Züge verzerren sich in einem nervösen Zucken. Plötzlich ist sein Gesicht ganz entstellt. Er würgt an kaum verständlichen Worten.

«Das heißt... das heißt... eigentlich habe ich nur gesagt, daß die Personen, nach denen Sie fragten, in der Redaktion leitende Posten hatten. Mehr weiß ich nicht.»

Biktschentajew runzelt furchterregend jene Stelle, wo sich bei anderen Menschen die Augenbrauen befinden, und wendet sich zu mir.

«Können auch Sie das bestätigen?»

«Was soll ich denn da bestätigen? Er hat nur einfach alle Abteilungsleiter der Redaktion aufgezählt. Von einer Untergrundorganisation und von Terror sprechen Sie und nicht der Zeuge. Er hat nichts davon erwähnt.»

Biktschentajew lächelt unheilverkündend und schreibt das Protokoll. Zuerst trägt er seine Frage ein, dann Djakonows Antwort in folgender Fassung: «Ja, ich bestätige, daß in der Redaktion der *Krasnaja Tatarija* eine konterrevolutionäre Untergrundgruppe existierte.» Und dann reicht er das Blatt Wolodja.

«Bei der persönlichen Gegenüberstellung wird jede Frage und Antwort einzeln unterschrieben. Unterschreiben Sie!»

Wolodja kann den Federhalter mit seinen zitternden Fingern kaum halten. Er zögert.

«Wolodja», sage ich sanft, «das ist doch Betrug. Sie haben überhaupt nichts Derartiges ausgesagt. Wenn Sie das unterschreiben, fällen Sie das Todesurteil über viele Menschen, über Ihre Genossen, mit denen Sie sich früher so gut verstanden haben.»

Biktschentajews kleine Schafsaugen quellen hervor.

«Wie können Sie es wagen, auf einen Zeugen Druck auszuüben. Ich werde Sie sofort in die Strafzelle sperren lassen! Und Sie, Djakonow, haben das alles bereits gestern unterschrieben, als Sie allein hier waren, und jetzt weigern Sie sich! Ich werde Sie sofort wegen falscher Aussagen verhaften lassen.»

Und er tut so, als ob er auf den Knopf drücken wollte, um die Wachen zu rufen. Wolodja, ein Kaninchen vor einer Boa Constrictor, unterschreibt, aber mit der Schrift eines Paralytikers, die nichts mehr mit jenem schneidigen Namenszug gemein hat, den er unter seine Artikel über Probleme der neuen Moral zu setzen pflegte. Und dann flüstert er kaum hörbar: «Verzeihen Sie, Schenja. Ich habe eben eine Tochter bekommen. Ich darf mein Leben nicht aufs Spiel setzen.»

«An *meine* drei Kinder denken Sie nicht, Wolodja? Und an die Kinder derer, die Sie verraten haben?»

Biktschentajew brüllt wieder und schlägt mit der Faust auf den Tisch, aber vor ihm habe ich überhaupt keine Angst. Solche komischen Dicklinge sind der Rolle des Folterknechts nicht gewachsen. Das ‹Plan-Soll› wird nicht erfüllt. Ich füge hinzu: «Vor allem, Wolodja, haben Sie nicht an sich selbst gedacht, denn wenn Sie wirklich von der Existenz dieser Organisation gewußt und das nicht gemeldet haben, bevor man Sie dazu verhört hat, das heißt, in den Jahren von 1934 bis 1937, dann läßt sich an den fünf Fingern abzählen, daß Sie diese Organisation begünstigt haben. Und das ist ein Verbrechen!»

Wolodja wird noch bleicher und läuft sogar bläulich an. Jetzt rollten über seine Wangen dicke Tränen. Biktschentajew, am Ende seiner Geduld, drückt diesmal tatsächlich auf die Klingel und befiehlt dem eintretenden Wachsoldaten, mich in die Strafzelle zu sperren.

Aber es kommt nicht dazu, denn in diesem Augenblick tritt Zarewskij in das Zimmer und flüstert Biktschentajew etwas ins Ohr. Man führt mich aus dem Zimmer in den Flur, und als ich nach fünf Minuten zurückgebracht werde, sehe ich, daß Wolodja verschwunden ist, und an seiner Stelle ...

Ja, das war wirklich ein Tag der großen Überraschungen. An Wolodjas Stelle steht jetzt meine langjährige Freundin Nalja Koslowa vor mir. Auch ihr habe ich seinerzeit zu einer Stellung in der Zeitungsredaktion verholfen, ebenfalls in meiner Abteilung. Während des Studiums waren wir unzertrennlich. Die ewig dichtende und schreibende Nalja hatte den Spitznamen ‹Natascha Koslete›. Unzählige Semesterprüfungen und Examina haben wir zusammen durchgestanden. Unzählige Gedichte zusammen gelesen, unzählige ‹kalte Beobachtungen und schmerzliche Erfahrungen des Herzens›[18] ausgetauscht! Und nun ist auch sie, nach Wolodja Djakonow, hierhergekommen, um meinen Folterknechten zu helfen.

Der Atem stockt mir. Haben sich denn alle Dämonen gegen mein dreißigjähriges Herz verschworen, um mich auf einen Schlag in eine Hundertjährige zu verwandeln? Sollte ich nur die Worte von Alexander Herzen[19] wiederholen dürfen: ‹Alles ist hin, die Freiheit der Welt und persönliches Glück›?

Aber vielleicht hat Nalja einen Plan, der mich retten soll, und macht jetzt nur einen listigen Schachzug, den ich noch nicht durchschaue. Mit aufflackernder Hoffnung suche ich ihren Blick. Aber sie schaut zur Seite. Jetzt ist Leutnant Biktschentajew restlos zufrieden, jetzt braucht er sich nicht mehr aufzuregen, wie bei dem willensschwachen, weinerlichen Djakonow. Die Zeugin, in der Journalistik erfahren, liefert so unmißverständliche Formulierungen, daß Biktschentajew nichts weiter zu tun braucht, als eifrig und eilig mit der Feder über das Papier zu kratzen. Schon bestätigt sie durch ihre Unterschrift, daß in der Redaktion eine terroristische Untergrundorganisation am Werk war und daß ich in ihr aktiv mitarbeitete. Sie konkretisiert ihre Angaben sogar. Sie behauptet, daß Kusnezow, der Redaktionssekretär, hauptsächlich die organisatorische Arbeit in dieser erdichteten Gruppe besorgte, während ich die Aufgaben des Agitators erfüllte.

Mit einem tückischen Lächeln stellt Biktschentajew ihr eine Frage, die mein Schicksal besiegeln soll: «Halten Sie die konterrevolutionären Verbindungen der Angeklagten für zufällig, oder haben diese bereits während ihrer Studienzeit bestanden?»

Und meine Freundin, Nalja, die reizende, lustige, künstlerisch begabte und ein wenig leichtsinnige ‹Natascha Koslete›, trägt fließend vor, als habe sie es auswendig gelernt: «Nein, ihre Beziehungen zur trotzkistischen Untergrundorganisation können nicht als zufällig angesehen werden. Bereits seit ihrer frühesten Jugend ist sie befreundet mit Michail Korbut und Grigorij Woloschin, die zur Zeit ebenfalls unter Anklage stehen. Ihre Beziehungen lassen sich am ehesten auf übereinstimmende politische Ansichten zurückführen.»

Plötzlich klingeln alle drei Telefone auf dem Tisch vor Biktschentajew auf einmal. Unser Julius Caesar hält an jedes Ohr einen Hörer und spricht, berauscht von seiner Rolle in diesem historischen Prozeß, in beide zugleich, nachdem er in den dritten hineingerufen hat: «Moment!»

Ich nehme die günstige Gelegenheit wahr. Einst, während unseres Studiums, waren wir beide die Besten in Französisch. Und halblaut sage ich zu Nalja auf französisch: «Da hast du dir eine schöne Rolle ausgesucht! Wie in einem Film oder in einem Roman von Dumas père! Du bist wohl verrückt?»

Ohne die Augen zu heben antwortet sie trocken, ebenfalls auf französisch: «Wenn du mich nicht in Ruhe läßt, erzähle ich auch noch von Grischa Berdnikow.»

Grischa war Parteimitglied seit 1917. Während der letzten Jahre arbeitete er in Swerdlowsk. Jetzt war er offenbar verhaftet worden, denn die Koslowa wollte mich durch die Erwähnung seines Namens einschüchtern. Wahrscheinlich kam unsere Beziehung Nalja besonders gefährlich vor, weil Grischa bei der *Iswestija* unter Bucharin mitgearbeitet hatte. Ich kannte ihn genausogut wie alle anderen Mitglieder unserer Redaktion. Aber die Koslowa wußte, daß die bloße Erwähnung eines weiteren Namens meine Lage wesentlich verschlechtern würde. Empörung stieg in mir auf.

«Tu das nur», zische ich, «dann werde ich sofort meine Taktik gegenüber dem Untersuchungsrichter ändern. Ich werde das ganze dumme Zeug, das sie erfinden, unterschreiben und dich zum aktiven Mitglied dieser Gruppe erklären. Ich werde sagen, ich hätte dich persönlich angeworben ...»

Erst in diesem Augenblick fing mein weiser Untersuchungsrichter, der seine Telefonhörer wieder aufgelegt hatte, die Klänge einer fremden Sprache auf.

«In welcher Sprache beeinflussen Sie die Zeugin?»

«In Französisch.»

Wieder ein Schlag mit der molligen Faust auf die Tischplatte, und wieder das Geschrei von der Strafzelle.

«Entschuldigen Sie, Leutnant», sage ich sehr liebenswürdig, «ich habe mich gerade an ein Sprichwort erinnert. Es heißt: ‹Man lernt nie aus ...› Ich habe nicht geahnt, daß Sie Französisch nicht verstehen.»

Die Zeugin Koslowa starrt mich erschrocken an. Wie kann man sich über jemanden lustig machen, von dem das eigene Schicksal abhängt? Aber ich weiß mit Sicherheit, daß ich nichts aufs Spiel setze. Ich habe die geistigen Fähigkeiten des Leutnants Biktschentajew lange genug studiert, um ganz sicher zu sein, daß er meine Antwort wörtlich nimmt.

So geschieht es auch. Er sagt versöhnlich: «Wer hat denn gesagt, daß er etwas nicht versteht? Aber die offizielle Verhandlungssprache ist Russisch, und ich bitte, sich an diese Sprache zu halten. Ihr Sprichwort können Sie auch russisch sagen ...»

Die gute Laune verläßt den Leutnant nicht mehr, und als er die Protokolle abgeschlossen hat, reicht er sie der Zeugin Koslowa zur Unterschrift herüber. Ich sehe einen winzigen Tintenklecks neben den mir seit frühester Jugend vertrauten Schriftzügen. Biktschentajew wiegt sorgfältig einen schweren Löscher darüber und händigt darauf Nalja mit einer galanten Geste den Passierschein aus. «Sie sind frei, Genossin Koslowa.»

In der Tür zögert Nalja plötzlich, auf ihrem Gesicht zeigen sich rote Flecken. Dann hält sie mir eine zusammengefaltete Zeitung entgegen. «Nimm. Die ist von heute.»

«Danke. Zeitungen sind im Gefängnis verboten. Bücher auch.»

Wieder schrillt das Telefon, und Biktschentajew kommt nicht dazu, seinen Zorn zu entladen. Er nimmt den Hörer ab und drückt gleichzeitig auf den Knopf, um den Wachsoldaten zu rufen. Nalja zögert immer noch. Dieses Detail (Leseverbot!) macht sie offensichtlich auf etwas aufmerksam, woran sie nicht gedacht hat.

«Dann kennst du die letzten Neuigkeiten überhaupt nicht?» sagt sie plötzlich, während Biktschentajew telefoniert. «Ordschonikidse ist gestorben. Und Ilf auch.»

«Sie sind zu beneiden. Sie sind von allein gestorben. Und ich habe jetzt auf Grund deiner und Wolodjas Aussagen den Tod durch Erschießen zu erwarten.»

Naljas Augen füllen sich mit Entsetzen. Sie bewegt sich rückwärts auf die Tür zu. Ja, nur in Anwesenheit des Truthahns Biktschentajew konnte man sich solche Freiheiten erlauben. Wewers oder Zarewskij hätten mich für den bloßen Versuch eines solchen Gesprächs eine Woche lang in die Strafzelle gesteckt. Aber der Truthahn kreischte nur ein bißchen und forderte – jetzt ohne jede Galanterie – die Koslowa auf, sofort nach Hause zu gehen, «bevor ich Ihnen den Passierschein entziehe!» Er verzichtete sogar darauf, mich in die Strafzelle bringen zu lassen, so erfolgreich war die ‹Gegenüberstellung›.

Erschüttert komme ich in die Zelle zurück und antworte nicht auf Ljamas Fragen, antworte nicht auf Garejs Klopfen. Es wird Nacht. Es gibt nichts Grausameres als Schlaflosigkeit im Gefängnis. Ich lernte sie nach dem Fließband kennen.

Meine Zellengenossinnen atmen ruhig. Gleichmäßig knarren die Stiefel der Aufseher im Gang. Von Zeit zu Zeit das Quietschen der Schlösser, die Schritte, das Flüstern. Jemand wird zum Verhör geholt. Jedes Geräusch hallt hinter den Schläfen wider.

Nalja! Wie oft sind wir in der Sommerfrische bei Wassiljewo um die Wette geschwommen. Und wie oft haben wir uns ‹schwarz› in die Symphoniekonzerte eingeschlichen! Damals waren wir achtzehn und waren Freundinnen.

Langsam wird es hell. Durch das Gitter, durch die Holzblende vor dem Fenster dringt Sonnenlicht in die Zelle. Ein winziger Sonnenstrahl. Auf der schmutziggrauen Wand wirkt er wie ein kleiner goldener Käfer, der auf einem großen Misthaufen gelandet ist. Es ist schon April. Frühling. Der Frühling des Jahres 1937.

Abschiede

Dieser Morgen begann wie üblich. Kontrolle. Austreten. Heißes Wasser. Brot. Vielleicht sogar ein wenig günstiger als sonst, denn Ljama vollbrachte eine Glanzleistung, indem sie dem Oberaufseher eine Nähnadel stahl. Nähnadeln bekam man nur für fünf Minuten und nicht häufiger als einmal in der Woche. Sie wurden vom Oberaufseher ausgegeben, der stets mehrere an die Brusttasche seines Uniformrockes gesteckt bei sich hatte. Der Oberaufseher kam jeden Morgen, um seinen ‹Menschenbestand› zu prüfen und sorgfältig das bescheidene Zelleninventar zu untersuchen. Er zog die Schublade des kleinen Tisches heraus, hob die Strohsäcke hoch und kontrollierte sogar den Inhalt des Kübels.

So war es auch an jenem Tag. Und während er sich über die kleine Schublade beugte, gelang es Ljama, mit einer besonders geschickten blitzschnellen Bewegung eine der Nadeln herauszuziehen. Wir zupften mehrere Fäden aus meinem Bademantel und stopften heimlich unsere Strümpfe, als plötzlich, zu einer ungewohnten Zeit, das Schloß unserer Zellentür knirschte.

«Mit Gepäck!»

Ich! Mit Gepäck ... Also für immer. Eine furchtbare Aufregung überfiel uns.

«Sie werden entlassen, nach Hause», platzte Ira heraus, die am meisten von uns zu Illusionen neigte. «Sie müssen meine Eltern besuchen. Und dann sollen sie als Zeichen dafür, daß Sie bei ihnen waren und ihnen alles von mir erzählt haben, in das nächste Päckchen eine Praline ‹Schneeflöckchen› legen.»

Ljama wurde blaß und fuhr Ira an: «Hören Sie mit dem Quatsch auf! Wie soll denn das zugehen, zuerst Gegenüberstellung und dann nach Hause? Ob man Sie in die Strafzelle bringt?»

Des Rätsels Lösung brachten uns die Klopfzeichen von Garej, der wie stets ausgezeichnet informiert war: «Ein ‹Schwarzer Rabe› im Hof. Sie wollen alle Personen, gegen die das Ermittlungsverfahren abgeschlossen ist, in das Gefängnis in der Krasinstraße bringen. Hier wird Platz für Neueingänge gebraucht.»

An diesem Tage habe ich zum erstenmal jenen besonderen seelischen Schmerz erlebt, den ein Abschied im Gefängnis auslöst. Es gibt keine innigere Freundschaft als jene, die im Gefängnis entsteht. Und nun zerreißen diese engen Bande. Die gleichen erbarmungslosen Hände, die mir die Kinder, den Mann, die Mutter genommen haben, nehmen mir jetzt meine liebe Schwester Ljama und den treuen Freund Garej. Wir gehen für immer auseinander, wir werden uns nie wiedersehen. Wir gehen fort wie in den Tod und vielleicht tatsächlich in den Tod. Denn jeder von uns, außer Ljama, hat Aussicht auf das ‹höchste Strafmaß›.

«Ein Tüchlein, Schenja, Liebe, zur Erinnerung!» Mit zitternden Händen steckt mir Ljama ein chinesisches Seidentüchlein zu. Ich lasse ihr meinen Schal. Schluchzend umarmen wir uns.

Das Tüchlein – wunderschön, aus dem Ausland – wurde mir später, im Arbeitslager, von den Kriminellen gestohlen. Ich habe Ljama nie wieder gesehen. Und ich habe nichts von ihrem weiteren Schicksal gehört. In meinem Gedächtnis bleiben für immer das golden schimmernde Haar, die guten geschickten Hände und die Augen, «rund und braun, glühend wie Feuer»[20].

Garejs Aufregung – er ist wieder allein, Abdullin wird gerade auf dem immer perfekteren Fließband gequält – ist sogar durch die dicke Wand zu spüren. Worte dringen hindurch, voll Freundschaft und Ergebenheit, ein wenig pathetisch, wie Garej immer ist.

«Leb wohl, Liebe! Sei mutig und stolz. Ich glaube an die Unzerstörbarkeit der im Gefängnis geschmiedeten Bande. Ich werde dich bis zum Tode nicht vergessen. Er ist wohl nicht mehr weit. Doch wer weiß ... Plötzlich – die schweren Ketten werden fallen, Gefängnismauern stürzen ein ...»[21]

Im Gang herrscht reges Leben. Der Transport wird vorbereitet. Türen knallen, Riegel knarren, die Wärter tuscheln. Bei diesem Lärm kann Garej ungestört klopfen ...

Unsere Tür ... hinter mir! Zu meiner Überraschung bekomme ich meine Uhr zurück. Sie ist seit jenem denkwürdigen Tag nicht wieder aufgezogen worden, sie zeigt immer noch zwei Uhr. 15. Februar 1937. Das Datum meines Untergangs. Denn alles, was darauf folgte, war eine Höllenfahrt. Vielleicht doch nur ein Purgatorium? Vielleicht hat Garej recht, und die schweren Ketten werden fallen? Was wäre aus uns allen geworden, wenn uns nicht das trügerische Licht dieser ständigen Hoffnung geleuchtet hätte!

Neue Begegnungen

Das ist also der ‹Schwarze Rabe›. Ein geschlossener dunkelblauer Lastwagen für den Gefangenentransport. Wie oft habe ich solche Wagen auf der Straße gesehen, ohne weiter auf sie zu achten. Ich dachte an Wurst oder Milch.

Das Innere des Wagens ist unterteilt in winzige, vollkommen dunkle Käfige. In jeden wird ein Mensch hineingezwängt. Man kann kaum atmen. Das Gepäck wird in dem schmalen Gang in der Mitte aufgestapelt.

Nun bin auch ich in eine solche Hundehütte eingesperrt. Aber ich bin jetzt ein erfahrener Häftling, eine Schülerin von Garej. Und ohne mich in Betrachtungen über die entsetzliche Lage zu verlieren, versuche ich sofort, irgendwelche Verbindungen herzustellen. Solange draußen die Stiefel der Wachsoldaten poltern, klopfe ich nach rechts und nach links. Wer? Wer? Und von links eine Antwort: «Jefrem Medwedew.»

Ein unwahrscheinlicher Glücksfall. Der gute Bekannte, Jefrem Medwedew, Aspirant vom Institut für Marxismus.

«Wann?»

«Am 20. April.»

Also erst seit ganz kurzem. Jetzt kann ich erfahren, wie es in der Stadt aussieht und wer nach mir verhaftet wurde.

Es stellt sich heraus, daß das Klopfen überflüssig ist, man kann sich einfach flüsternd unterhalten. Man versteht jedes Wort. Und das Motorengeräusch übertönt für den Wachsoldaten, der in dem Gang Posten bezogen hat, unser Flüstern. Ich höre die lebendige, die wirkliche Stimme Jefrems.

«Ich bin gesund, Schenja. Aksjonow habe ich Anfang April auf der Straße getroffen. Er war gerade aus Moskau zurück. Er hat deinetwegen dort alle Hebel in Bewegung gesetzt, aber nichts erreicht. Deine Kinder sind gesund. Die beiden älteren sind sehr traurig.»

«Wer ist nach mir verhaftet worden?»

«Du solltest lieber fragen, wer nicht verhaftet ist.»

Und er zählt Dutzende von Verhafteten auf, aus dem städtischen Parteiaktiv, Wissenschaftler, Ingenieure.

Durch die andere Wand hört man tatarische Klagelaute. Ich bekomme lange keine Antwort, schließlich überwindet mein Nachbar seine Angst und nennt seinen Namen. Ich kenne ihn nicht. Er sagt, er sei Vorsitzender eines Bezirkskomitees in der Provinz.

Wir fahren ziemlich lange. Ich bekomme keine Luft und bin sehr niedergeschlagen, aber die Stimme Jefrem Medwedews lenkt mich von meinen Empfindungen ab.

«Jagoda sitzt bereits», erzählt Jefrem. «Jetzt ist Jeschow am Ruder. Derselbe, der früher Organisationsleiter des Zentralkomitees gewesen ist. Er scheint sich zu einer ganz unheimlichen Type zu entwickeln.»

Der ‹Schwarze Rabe› hält. Man holt uns einzeln heraus. Einzeln werden wir von dem weit aufgerissenen schwarzen Maul der Gefängnistore verschlungen, durch die schon die Anhänger Pugatschows [22] gegangen sind.

Wieder alles genau wie im ‹Schwarzen See›. Fragebogen. Abermalige Konfiszierung der Uhr. (Ich habe sie umsonst aufgezogen!) Durch eine Unachtsamkeit der Aufseher kommt es zu einem ‹Verkehrsunfall› – zu der Begegnung zweier Häftlinge. Ich sah den Direktor des Tuberkulose-Instituts, Aksjanzew, mit einem schwarzen Stoppelbart. Zum Sprechen sind wir nicht gekommen: die entsetzten Wachsoldaten rissen uns buchstäblich auseinander.

Jedes Kloster hat seine eigenen Regeln. Hier wird nicht nur die Uhr, sondern auch der Strumpfgürtel konfisziert. Eine Krankenschwester mit einer Feldapotheke, die auch die Leibesvisitationen der inhaftierten Frauen vornehmen muß, rümpft vor Mitleid ihr kurzes sommersprossiges Näschen.

«Was haben wir früher hier für Frauen gehabt, und wie geht es jetzt bei uns zu! Früher waren es Dirnen und Diebinnen, jetzt sind es alles so feine Damen, daß sie einem leid tun. Hier haben Sie ein Stück Mull, Sie können damit Ihre Strümpfe festmachen. Wie sollen die denn sonst halten? Sie dürfen sich bloß nicht erwischen lassen!»

Verstohlen blickt sie nach allen Seiten, und sobald sie sich vergewissert hat, daß wir in der winzigen Ambulanz, wo die Leibesvisitation stattfindet, einen Augenblick ungestört sein werden, erkundigt sie sich eilig: «Wie sind Sie denn dazu gekommen? Wie sind Sie dazu gekommen, sich gegen die sowjetische Regierung aufzulehnen? Ich weiß, Sie sind doch Frau Aksjonow, die Frau des Stadtratsvorsitzenden. Sie haben doch alles gehabt. Sie hatten ein Auto und eine Dienstvilla. Und Ihre Kleider haben Sie doch sicher nur in den Kommissionsgeschäften gekauft. Und überhaupt...»

Weiter reichen ihre Vorstellungen vom luxuriösen Leben offenbar nicht. Ich lächle müde.

«Es ist ein Mißverständnis. Ein Versehen der Untersuchungsrichter.»

«Sch-sch-sch», sie schielt nach der Tür, «ist es denn wahr, was mein Vater sagt, daß ihr Idealisten seid, daß ihr für das arme Volk eingetreten seid, für die Kolchosbauern, und ihnen Erleichterung verschaffen wolltet?»

Zum Glück tritt eine Aufseherin ein und befreit mich von der Verpflichtung, zu antworten. Aber allgemein gesehen sind solche Versuche, irgendeinen einleuchtenden Grund für das, was geschieht, zu finden, sehr aufschlußreich.

Ich gehe mit der Aufseherin die ausgetretene Steintreppe hinauf, bis in den zweiten Stock. Das ist nun zwar kein Keller mehr, aber der Gestank von Moder, Schmutz und Kübeln ist noch schärfer als im ‹Schwarzen See›. Ich zähle hier die Bestandteile dieses Gestanks einzeln auf. Insgesamt bilden sie zusammen mit einem anderen, undefinierbaren Geruch den charakteristischen Gefängnisgestank.

Hier stinkt es mehr und hier ist es schmutziger als im ‹Schwarzen See›, aber man bemerkt auch sofort die weniger strenge Ordnung. Dieses Gefängnis war lange Jahre hindurch nur für Kriminelle bestimmt und hat sich noch nicht den Erfordernissen des Tages angepaßt. Im ‹Schwarzen See› mit seinen stummen Aufsehern wäre ein Gespräch, wie ich es bei der Leibesvisitation gehabt habe, nicht denkbar.

Hinter den Zellentüren hört man laute Stimmen. Der Aufseher, der mich im zweiten Stock in Empfang nimmt, sieht nicht unfreundlich aus. Er betrachtet mich mit einem belustigten und zugleich neugierigen und mitleidigen Gesichtsausdruck.

«In die sechste mit dir! Dort sind die Weiber von den Besseren.» Sein Duzen klingt gutmütig. Im ‹Schwarzen See› war auch das verboten.

Später fand ich ein absolut zuverlässiges Gesetz heraus: Je

schmutziger das Gefängnis, je schlechter das Essen, je ungenierter und plumper die Aufseher und die Wachen, desto geringer ist die unmittelbare Lebensgefahr. Je sauberer das Gefängnis, je besser das Essen, je höflicher die Aufseher – desto näher ist man dem Tod. Die Türen der Zellen sind hier nicht aus Eisen, sondern aus Holz, mit großen staubbedeckten Spionen. Vorhängeschlösser auch hier, aber nicht mehr überdimensionale.

«Ihr kriegt Zuwachs!» Die Ankündigung des Aufsehers klingt familiär, er lächelt sogar dabei. Die Tür wird verschlossen. Ich sehe mich um.

Oh! Hier ist ja eine ganze Gesellschaft versammelt. Alle überschütten mich mit Fragen. Aus der einen Ecke kommt plötzlich ein seltsamer, fast triumphierender Ausruf: «Das ist ja toll! Die Frau von Aksjonow!»

Eine magere, etwas gebückte, weißhaarige Frau, mit einer Zigarette zwischen den Lippen, empfindet offensichtlich Genugtuung darüber, daß ich im Gefängnis bin. Sie steht auf und streckt mir die Hand entgegen.

«Derkowskaja. Mitglied der Sozialrevolutionären Partei. Ich kenne Ihren Mann. Ich habe ihn als Bittstellerin aufgesucht. Damals hätte er sich nicht träumen lassen, daß in einigen Monaten seine eigene Frau mit mir in einer Zelle sitzen würde. Ja. Offengestanden, ich freue mich, daß die Kommunisten endlich eingesperrt werden. Vielleicht werden sie in der Praxis lernen, was sie in der Theorie nicht einsehen konnten. Aber wir können uns später noch unterhalten – machen Sie es sich doch bequem.»

Das war leichter gesagt als getan. Die Zelle war überfüllt. Sie war für drei Personen bestimmt und beherbergte fünf. Ich kam als sechste dazu. Außer den drei Holzpritschen an den Wänden war in der Mitte quer durch den Raum eine lange Holzbank aufgestellt. Während die anderen ihre Habseligkeiten zur Seite schieben, um mir Platz zu machen, öffnet sich noch einmal knarrend die Tür, und Ira Jegerewa kommt in die Zelle.

Der ‹Schwarze Rabe› hatte inzwischen eine zweite Fahrt gemacht und vom ‹Schwarzen See› eine weitere Gruppe von Häftlingen gebracht, deren Voruntersuchung abgeschlossen war oder dem Ende entgegenging. Iras Erscheinen lenkt sofort die Aufmerksamkeit von mir ab. Ira ist noch gut gekleidet. Zarewskij, der die Ermittlungen gegen sie leitete, hatte ihr ein Päckchen pro Woche zugestanden, entweder aus verdrängter Bewunderung für das verzärtelte Professorenkind, ein Wesen aus einer ihm unbekannten Welt, oder aus Dankbarkeit, weil die politisch unerfahrene Ira sehr bald auf seine primitiven Syllogismen hereinfiel und bereit war, jeden Unsinn zu unterschreiben.

Während Ira sich auf der Pritsche einrichtet und ihre Sachen auspackt, führt sie ihren neuen Leidensgenossinnen ihre Kleider vor und erzählt zu jedem eine Geschichte. Wohlriechende Namen erfüllen die stinkende Zelle.

«Dieses habe ich letztes Jahr in Sotschi immer beim Tennis getragen. Eine Zeitlang war es mir zu eng, jetzt sitzt es wieder. Ich habe abgenommen.»

Den größten Anklang finden Iras Erinnerungen an Sotschi und an Tennis bei einer großen, etwas fülligen jungen Frau, deren rundes Gesicht an die Boule de suif von Maupassant erinnert. Das ist Anjetschka. In der Zelle wird sie Anja die Große genannt, zum Unterschied von Anja der Kleinen, die ihren Platz an der gegenüberliegenden Wand hat.

Anja die Große stammt aus Moskau und arbeitete bis jetzt in Kasan, bei der Eisenbahndirektion. Sie ist achtundzwanzig. Sie hat weder Kinder noch einen Mann, aber dafür einen gewissen Wowka, aus dessen Bett sie vor einem Monat beim Morgengrauen geholt wurde, von dem Untersuchungsrichter, der auch die Verhaftung vornahm. Wowka erbleichte. «Was hast du angestellt?»

«Gar nichts», die mutige Boule de suif zuckte mit den Schultern, gab ihrem zitternden Wowka einen Abschiedskuß und folgte unbekümmert dem Untersuchungsrichter. Sie wurde in einem Personenwagen hierhergebracht.

«Ich frage ihn: Was wird mir denn vorgeworfen? Etwas Unmoralisches oder etwas Antisowjetisches? Er antwortet: Antisowjetisches. Aha, sage ich, dann werden Sie sich entschuldigen müssen. Der hat aber nur gegrinst. Dieses Biest! Und was war es in Wirklichkeit? Was denken Sie? Witze, zwei Witze. Sieben Jahre soll ich dafür kriegen – dreieinhalb für jeden.»

Und dann erzählt sie uns beide. Der Untersuchungsrichter hatte zwei wundervolle Protokolle verfaßt. In dem einen ging es um Majestätsbeleidigung (Stalin), in dem anderen um Verleumdung des Kolchossystems. Die lustige Boule de suif war empört und schrie den Untersuchungsrichter an: «Na schön, ich habe sie erzählt, aber was soll's? Ich habe sie doch nicht öffentlich erzählt, sondern zu Hause, bei Tisch, im engen Bekanntenkreis. Und im übrigen – stimmen sie etwa nicht? Würden Sie zum Beispiel um irgendeinen Preis in eine Kolchose eintreten?»

Und dann hatte sie beide Protokolle unterschrieben.

Jetzt wartete Anja die Große auf die Gerichtsverhandlung. Sie hatte mindestens mit sieben Jahren zu rechnen. Anja die Große war die erste Vertreterin des vielköpfigen Stammes der Witzeerzähler, die mir begegnet ist, eine der sogenannten ‹Schwätzer›, die Anspruch auf den ‹milden› Artikel 58/10 hatten und als Parteilose uns gegenüber, den Terroristen, Diversanten, Spionen usw., im Vorteil waren. Im Gefängnis bewährte sich Anja die Große als reizender Mensch, immer wohlgelaunt und verträglich, mit einer Neigung zu einem etwas zynischen, aber gutmütigen Humor.

Wenn die anderen bedrückt waren und sich nicht mit ihr unterhalten mochten, nahm sie es ihnen nicht übel. Dann begann sie zu singen. Ihre Lieblingslieder waren ‹Bananen und Zitronen von Singapur› und das etwas schwermütige ‹In der Laube›. Wenn Anja von ihrem natürlichen Sopran zu einem tiefen Alt überging und dröhnte: «Du kommst nicht wieder», fing ihre nächste Nachbarin, Lidija Georgijewna, zu stöhnen an, als hätte sie Zahnschmerzen.

Lidija Georgijewna Menzinger war schon siebenundfünfzig. Sie saß bereits zum drittenmal im Gefängnis. Sie stammte von deutschen Kolonisten ab, war früher Deutschlehrerin gewesen und war eine fanatische Anhängerin der ‹Adventisten vom Siebenten Tage›.

Noch heute sehe ich ihre großen braunen, von tiefer Verzweiflung erfüllten Augen. Wenn ich in diese Augen schaute, mußte ich an Leonid Andrejews[23] Erzählung von der Auferweckung des Lazarus denken. In dieser Erzählung wird geschildert, wie alle um den Tisch saßen und über das Wunder der Auferstehung des Lazarus frohlockten, während Lazarus selbst unter all den fröhlichen Menschen stumm blieb und sie mit den gleichen Augen anblickte, wie Lidija Georgijewna sie hatte, da er bereits wußte, was der Tod ist.

Ich habe am Anfang dieser Aufzeichnungen gesagt, daß meine Neugierde, mein brennendes Interesse für das Leben und alle seine Erscheinungsformen, auch für Entartung, Grausamkeit und Dummheit, mir oft geholfen hat, mich über das eigene Leiden hinwegzusetzen. Das gleiche Phänomen beobachtete ich bei vielen meiner Gefährten auf diesem Leidensweg. Andere lebten noch von Illusionen. Was geschah, war zu absurd, als daß es lange dauern konnte – so dachten viele. Und diese Erwartung, daß das gigantische Mißverständnis jeden Augenblick berichtigt, daß die Türen weit geöffnet werden und jeder zu seinem erkalteten Herd zurückeilen könne – diese Erwartung gab ihnen Mut.

Lidija Georgijewna hatte weder jene Neugierde, noch machte sie sich Illusionen. Sie wußte ganz genau, daß es keine Hoffnung mehr gab. Sie wußte auch, daß es für sie nichts Neues mehr geben würde, denn sie hatte alles bereits hinter sich.

Später begegnete ich vielen Vertretern verschiedener religiöser Anschauungen. Sie alle kämpften und warben für ihren Glauben. Lidija Georgijewna tat dies nicht. Sie schwieg tagelang, hockte mit hochgezogenen Füßen auf ihrer Pritsche und blickte mit den Augen des Lazarus von Andrejew über uns hinweg.

Anja die Kleine war Aktivistin.

«Ich hab immer mit der Partei gelebt», sagte sie und strich sich eine kurze Strähne ihrer à la Aktivistin geschnittenen glatten blonden Haare aus der Stirn. «Zuerst war ich Oktoberkind[24], dann Pionierin, dann Komsomolzin, später Parteimitglied.»

In der Tat: außerhalb der Partei, außerhalb des eigenartigen Lebensstils, der das Parteimilieu der zwanziger und dreißiger Jahre bestimmte, konnte man sich Anja die Kleine auch gar nicht vorstellen. Selbst jetzt vergaß sie immer wieder, wo sie sich in Wirklichkeit befand.

So erzählte sie begeistert, wie es ihr gelungen war, die Arbeiterinnen einer Weberei politisch zu organisieren, und sie machte Pläne, was man noch unternehmen könne und wer von den Arbeiterinnen gefördert werden müsse, oder sie bedauerte, daß sie einen Posten in einem Bezirkskomitee mit besseren Arbeitsmöglichkeiten abgelehnt hatte, der ihr von dem Sekretär des Komitees angeboten worden war. Dieser Sekretär saß inzwischen in demselben Gefängnis, direkt unter uns im zweiten Stock.

Nur nach den Verhören kam Anjetschka mit fahlen Lippen zurück, legte sich hin, mit dem Gesicht zur Wand, und schwieg, bis es Nacht wurde. Nachts kam sie zu mir, legte sich neben mich und flüsterte aufgeregt: «Tsch-sch, Schenja ... Die Parteilosen dürfen es auf keinen Fall hören. Verstehst du, bei einem so zusammengewürfelten Publikum ... Hier gibt es sogar Sozialrevolutionäre. Sie würden alles falsch auslegen. Aber dir will ich es erzählen ...»

Man beschuldigte sie ‹parteifeindlicher Umtriebe› und der ‹Beziehung zu einem Volksfeind›. Dieser ‹Volksfeind› war der Sekretär eines Parteikomitees in Kasan und im übrigen Anjas Mann.

Der heißgeliebte, blendend aussehende Mann der schlichten, nicht einmal hübschen Anja.

«Ich habe mich ja selbst immer gewundert, daß Wanja sich in mich verliebt hat. Die Mädchen sind ihm nachgelaufen. Aber wir sind seit sieben Jahren zusammen, und er liebt mich immer noch. Ich seh doch, daß er mich liebt. Er liebt mich meiner Seele wegen und wegen meines Herzens, das der Partei gehört. Und der Untersuchungsrichter ...»

Anja schluchzt. Der Untersuchungsrichter hatte ihr, wie sich herausstellte, gesagt, daß selbst ihre Ehe verdächtig sei. Ein blendend aussehender Mann heiratet ein Aschenbrödel! Wahrscheinlich, sicher sogar, war es eine Scheinehe, die auf Befehl eines Schädlingszentrums geschlossen worden war.

«Und woher kommen dann Borka und Lidotschka? Aus der Scheinehe, oder wie?»

Ich streichle ihre mageren, fast kindlichen Schultern.

«Hör nicht auf diesen Herodes! Das ganze Parteiaktiv weiß, wie sehr Wanja dich liebt.»

«Tsch-sch, schimpf hier nicht so laut über den Untersuchungsrichter. Nina könnte es hören – eine parteilose Arbeiterin. Sie könnte sagen: Wenn schon die Kommunisten über den Untersuchungsrichter schimpfen, was soll ich dann erst tun?»

Aber Nina Jeremenko hatte einen festen Schlaf. Nur ab und zu stieß sie einen kurzen erschrockenen Schrei aus. Tagsüber ging sie allen Zelleninsassen auf die Nerven. Sie saß im Schneidersitz auf der Pritsche, wiegte sich hin und her und wiederholte dabei immer denselben Satz: «Wann ist das bloß zu Ende?»

Die Diskussionen über grundsätzliche Fragen, die uns von unseren trüben Gedanken ablenkten, interessierten Nina nicht. Aber auch die Ferienerinnerungen von Ira Jegerowa fanden bei ihr keinen Widerhall. Der Strand des Schwarzen Meeres und Tennis – das alles war so unvorstellbar weit entfernt für eine Hilfsarbeiterin aus der Lederfabrik ‹Spartak›, für das klobige Mädchen mit den verfärbten Händen und dem typischen Geruch von rohem Leder, der ihr nach zwei Monaten noch immer anhaftete.

Nina war zwanzig Jahre alt, fünf davon hatte sie in der Lederfabrik ‹Spartak› verbracht. Eine Namenstagsfeier wurde ihr zum Verhängnis. Ja, die rothaarige Ljolka hatte sie zum Namenstag eingeladen, und sie war auch wirklich hingegangen, aus Dummheit. Oder vielmehr – um die Wahrheit zu sagen – wegen Mitka Bokow. Der hat schon mehrere Male mit ihr anzubändeln versucht, nicht bloß so, sondern er hat dabei immer von Familienleben gesprochen. Wenn es soweit ist, hat er gesagt, werde ich nicht zulassen, daß meine Frau arbeitet. Sie soll Hausfrau sein. Nun, sie war also hingegangen, um ihn wiederzusehen. Und für Ljolka hat sie beim Juwelier eine Nadel gekauft. Eine gute, vergoldete Nadel. Aber dort, bei der Namenstagsfeier, haben die jungen Männer zuviel getrunken. Und irgend jemand hat anscheinend etwas über Stalin gesagt... «Und wenn ich mich auf den Kopf stelle, ich habe es nicht gehört. Und jetzt geht es um Paragraph 12. ‹Versäumte Meldung!› Als sowjetische Proletarierin wärst du verpflichtet gewesen, sagen sie, gleich am nächsten Tag die Verleumder beim NKWD zu melden. Statt dessen hast du sie gedeckt.»

Und nun sitzt Nina bereits seit zwei Monaten im Schneidersitz und sagt immerfort: «Wann ist das bloß zu Ende?» Sonst gibt es für sie nichts. Nicht einmal eine Praline nimmt sie an, wenn Ira ihr etwas aus ihrem Päckchen anbietet. Wenn Anja die Große herzzerreißend das Lied von der ‹Laube› singt, schluchzt Nina, weil sie fürchtet, Mitka Bokow werde nicht auf sie warten, er werde eine andere heiraten und der blaue Vogel[25], das glückliche Los einer Hausfrau, werde ihr davonfliegen.

Manchmal versuchen wir, Nina zu trösten und sagen ihr, daß Mitka Bokow aller Wahrscheinlichkeit nach auch im Gefängnis sitzt. Denn er hat es ebenfalls unterlassen, jemanden anzuzeigen. Aber dann wird das Gesicht des langweiligen Mädchens hübsch und strahlt von einem inneren Licht wie eine Perle im matten Kerzenschein, und sie beteuert leidenschaftlich, daß Mitka Bokow unmöglich verhaftet werden kann, daß man im Betrieb ohne ihn gar nicht auskommt. «Gott behüte! Dann soll er lieber Ljolka heiraten! Hauptsache, daß ihm nichts geschieht.» Dann wolle sie, Nina, lieber allein zugrunde gehen.

Und Anja die Kleine, die im Umgang mit solchen Ninas erfahren ist, fürchtet am meisten, daß sich bei Nina eine «ungesunde Einstellung» zur Partei herausbilden könnte. Deshalb vertraut sie nach den Verhören ihren Kummer nur mir an, sozusagen ‹von Parteimitglied zu Parteimitglied›. Noch mehr aber fürchtet sich Anja vor den Ohren der Derkowskaja, der Sozialrevolutionärin.

«Weißt du, Schenja, genaugenommen ist sie ein echter Klassenfeind. Diese Menschewiken und Sozialrevolutionäre! Natürlich habe ich sie mir nach den Lehrbüchern anders vorgestellt.

Eigentlich ist es eine erstaunlich nette und unglückliche Alte. Aber man darf sich nicht durch Mitleid weich machen lassen... Und man darf ihnen kein Material gegen die Partei liefern.»

Ja, auch ich werde durch Mitleid ‹weich›, besonders wenn von Wowka die Rede ist, dem zwanzigjährigen Sohn von Nadjeschda Derkowskaja. Wowka wurde 1915 geboren, in der Einzelzelle eines zaristischen Gefängnisses. Seine Eltern, beide Sozialrevolutionäre, saßen mit kurzen Unterbrechungen seit dem Jahr 1907. Der Februar 1917 brachte der Familie die Freiheit, und der zweijährige Wowka sah die Heimat seiner Mutter – Petrograd... Aber schon 1921 wurden sie wieder verbannt, und Wowkas Vater starb auf Solowki. Wowka begleitete seine Mutter auf ihrem Weg von einem Verbannungsort zum anderen und kam schließlich nach Kasan. Hier verbrachte er die letzte helle Zeit seines Lebens, und hier war er, als das Jahr 1937 begann. Gott allein weiß, zum wievielten Mal Nadjeschda, Wowkas Mutter, verhaftet wurde. Es war mindestens das zehnte Mal. Aber diesmal wurde – zusammen mit ihr – auch der zweiundzwanzigjährige Wowka geholt, der gerade zur Freude seiner Mutter als Student am Pädagogischen Institut aufgenommen worden war.

«Wowkas einzige Schuld besteht darin, daß er in einem zaristischen Gefängnis geboren wurde und in der Verbannung aufgewachsen ist», sagt Derkowskaja. «Er ist kein Sozialrevolutionär. Er ist völlig unpolitisch. Ein hervorragender Mathematiker. Er ist mir nachgereist, weil er mich sehr liebt. Wir haben doch nur uns...»

Ganz deutlich sehe ich an Stelle von Wowka den heranwachsenden Aljoscha vor mir. Der Gedanke ist unerträglich. Es ist immer noch möglich, irgendwie weiterzuleben und innerlich durchzuhalten, wenn man selbst von einer ungewissen bösen Macht gepackt und davongetragen wird, von einer Macht, die einem die Gesundheit, den Verstand nehmen will, die einen in einen lebenden Leichnam oder in ein stummes Arbeitstier verwandeln möchte. Aber wenn das alles mit dem eigenen Kind geschieht, dem Kind, das man aufgezogen und behütet hat...

Und ich empfinde für die Derkowskaja ein brennendes, schmerzendes Mitleid, obwohl sie die erste Sozialrevolutionärin ist, die ich leibhaftig vor mir sehe, obwohl sie aus ihren Gedanken keinen Hehl macht.

«Aksjonow, Ihr Mann, hat mir so gut gefallen wie kein anderer unter den Kommunisten in hoher Stellung», erzählt sie mir, während sie eine Zigarette an der anderen ansteckt. «Ich war bei ihm, nachdem man mich entlassen hatte. Er hat anständig mit mir gesprochen. Nicht wie Pilatus. Sie persönlich bedauere ich, aber im allgemeinen freue ich mich, das sage ich ganz ehrlich, daß die Kommunisten endlich das zu spüren bekommen, was wir lange vorausgesagt haben...»

Ich würde gern erfahren, was die zeitgenössischen Sozialrevolutionäre unserem Programm entgegenzustellen haben. Nach vielen Diskussionen wird mir klar, daß sie keinerlei positive Vorschläge haben. Alles, was die Derkowskaja sagt, ist von der negativen Haltung unserem Programm gegenüber bestimmt. Was sie untereinander zusammenhält, sind in erster Linie die alten Verbindungen, die bei den zahllosen Aufenthalten in Verbannung und Gefängnis gefestigt wurden. Später, im Lager, konnte ich mich oft überzeugen, wie stark diese Bindungen waren.

Eines Tages gingen der Derkowskaja die Zigaretten aus. Sie war Kettenraucherin und litt unerträglich. Ausgerechnet zu dieser Zeit bekam ich ein Päckchen von meiner Mutter mit zwei Schachteln Zigaretten.

«Jetzt sind Sie gerettet», sagte ich fröhlich, als ich die Zigaretten entdeckte. Aber ich sehe, daß sie sich plötzlich errötend umdreht, dankt und die Zigaretten nicht annehmen will.

«Einen Augenblick. Gleich.»

Sie setzt sich an die Wand und beginnt zu klopfen. In der Nebenzelle sitzt Muchina, Sekretärin eines (tatsächlich bestehenden!) Gebietskomitees im Untergrund. Die Derkowskaja klopft drauflos. Sie weiß nicht, daß ich alles mühelos verstehe.

«Eine Kommunistin bietet Zigaretten an, soll ich sie nehmen?»

Die Muchina klopft zurück und erkundigt sich, ob es eine oppositionelle Kommunistin sei oder nicht. Nachdem ich eine entsprechende Frage der Derkowskaja verneint habe, klopft Muchina kategorisch: «Nicht annehmen!»

Die Zigaretten bleiben auf dem Tisch liegen. Nachts höre ich die Derkowskaja herzzerreißend seufzen. Für sie, die so spindeldürr ist, wäre es leichter gewesen, auf Brot zu verzichten. Ich liege mit offenen Augen auf der mittleren Pritsche, und ketzerische Gedanken gehen mir durch den Kopf: wie relativ ist doch die Grenze zwischen unbestechlicher Prinzipientreue und engstirniger Intoleranz, wie relativ sind alle menschlichen Anschauungen und wie absolut, im Gegensatz dazu, die furchtbaren Qualen, die die Menschen sich gegenseitig bereiten!

Vollwaisen

Das Gefängnis, in dem ich mich nun befand, hatte – wie bereits erwähnt – zwanzig Jahre nach der Oktoberrevolution zum erstenmal politische Häftlinge aufgenommen. Bis 1937 konnten sie alle im Keller des ‹Schwarzen Sees› untergebracht werden. Aber jetzt waren alle drei Gefängnisse von Kasan mit ‹Volksfeinden› überfüllt. Die Traditionen, die sich in dem ehemaligen Strafgefängnis herausgebildet hatten – Schmutz, plumper Umgangston und eine gewisse Großzügigkeit –, bestanden jedoch weiter fort, dem Gesetz der Trägheit zufolge.

Hier konnte man fast ungehindert klopfen, denn der leise Ton ging unter in dem allgemeinen Getöse, das in dieser übervölkerten, glühenden, stinkenden Hölle herrschte (während im ‹Schwarzen See› sogar der feine Ton der Stecknadel, mit der Garej klopfte, laut zu hallen schien). Die Verweise, die wir deswegen von den Aufsehern bekamen, klangen lässig und waren offenbar nicht sehr ernst gemeint.

Dank dieser Freizügigkeit konnten wir fast mit dem ganzen Gefängnis Verbindung aufnehmen. In den brüchigen Fensterrahmen waren die Scheiben zerbrochen, und die Holzblende vor dem Fenster hatte eine andere Form als dort im Keller. Sie bildete mit dem Fenster einen weiten Winkel, ließ also sehr viel mehr Licht in die Zelle und diente gleichzeitig als Lautverstärker. Man brauchte nur vor das Fenster zu treten und mit lauter Stimme gegen die Blende zu sprechen, dann wurde man in der unteren Zelle mühelos verstanden.

Ein Gespräch in dieser Lautstärke wäre dennoch gefährlich gewesen. Deshalb erfanden wir die sogenannte ‹Opernmethode›. Der Initiator saß in der Zelle direkt unter uns und war der bereits erwähnte Sekretär eines Bezirkskomitees der Partei. An seinen Familiennamen kann ich mich nicht erinnern. Er wurde Sascha genannt.

Eines Abends, nach einem heißen, qualvollen Tag, als die Aufseher mit der Essenausgabe beschäftigt waren, hörten wir einen recht schönen Bariton die Arie des Torero singen, mit folgendem ungewöhnlichen Text:

«Wie viele seid ihr, liebe Frauen dort?
Wie viele denn, singt es uns vor!
Singt es uns vor, um eure Namen geht es jetzt,
Alle wollen wir das
Wissen, wissen wollen wir das, wissen!»

Wir begriffen sehr bald, was wir zu tun hatten. Zu verschiedenen Melodien wurden erst unsere, dann die Namen der anderen gesungen. Wir knüpften eine enge musikalische Verbindung, die es uns ermöglichte, stets die letzten Neuigkeiten zu erfahren, und Neuigkeiten gab es viele. Täglich hörten wir so die Namen von Neuverhafteten, welche Anklagen gegen sie erhoben und wie die ‹besonderen Maßnahmen› bei den Verhören verschärft wurden. Es gelang uns sogar, in der Toilette eine Art Postverkehr zu organisieren. Mit dem Bleistiftstummel, den Ljama einmal dem Untersuchungsrichter gestohlen und mir zum Abschied geschenkt hatte, und auf dem Papier von aufgerollten Zigaretten, hauchdünnen, winzigen Blättchen, schrieben wir den anderen Briefe.

Sascha, der Sekretär des Bezirkskomitees, war zuerst von ‹grandioser Selbstachtung› erfüllt. Alles, was geschah, sah er als ein vorübergehendes Mißverständnis an. In seinen gesungenen Dialogen mit Anja der Kleinen wiederholte er sogar sein früheres Angebot, sie solle in ‹seinen› Bezirk überwechseln, wenn sie ‹hier› herausgekommen sei.

Mit der samtenen Stimme eines Grandseigneurs schilderte er die Vorzüge ‹seines› Bezirks im Vergleich zu dem, wo Anja die Kleine bis zu ihrer Verhaftung gearbeitet hatte. Auch jetzt, während er die Pritsche mit zwei parteilosen Ingenieuren teilen und abwechselnd mit ihnen den Kübel hinaustragen mußte, konnte er den herablassenden Ton diesen Menschen gegenüber nicht aufgeben.

Ich will damit nicht sagen, Sascha sei dumm gewesen. Ich möchte bloß auf die Macht der Trägheit und die zwingende Gewalt der Vorstellungen hinweisen, die sich in der Jugend herausbilden. Die Ernüchterung – bei Sascha und bei Tausenden seinesgleichen – kam nach der Einführung ‹aktiver Methoden› bei den Verhören. Eines Tages sang der eine der parteilosen Ingenieure eine Arie aus ‹*Fürst Igor*›, der wir entnahmen, daß Sascha nach dem Verhör mit aufgeschlagenen, geschwollenen und blutenden Lippen zurückgebracht worden war. Ob wir nicht etwas Linderndes hätten – Vaseline zum Beispiel? Und es wäre gut, wenn wir auch ein paar Zigaretten für ihn hätten ...

Wir hatten Zigaretten, aber wie konnten wir sie ihm zukommen lassen? Die Toilette kam dafür nicht in Betracht, es war eine regelrechte Kloake – wie könnte man etwas in den Mund nehmen, das dort gelegen hatte? So kamen wir auf den Gedanken, die Zigaretten an einem Faden vom Fenster aus hinunterzulassen. Wieder zupften wir Fäden aus meinem inzwischen schon fadenscheinig gewordenen Bademantel. Die Zigaretten wurden an den Fäden befestigt, wie Würmer an der Angel, und durch den Spalt am unteren Ende der Holzblende hinuntergelassen. ‹Die Unteren› holten sehr geschickt zwei Zigaretten mit einem Holzlöffel herein. Aber die dritte blieb zwischen den Fenstern der beiden Stockwerke hängen, und beim Spaziergang im Hof konnten wir sehen, daß sie hell in der Sonne schimmerte. Als wir in unsere Zelle zurückgekehrt waren, sangen wir zur Melodie eines bekannten Studentenliedes:

«Sascha, Sascha, überm Fenster
Weißes Zigarettchen flattert.
Hol's geschwind mit einem Löffel,
Sonst wird uns der Kopf gewaschen.»

Als Antwort ertönte der vertraute wohlklingende Bariton:

«Ja, ich höre,
Hab's begriffen,
Und ich werde sie mir holen,
Spätestens am frühen Abend.»

In solchen Augenblicken kamen wir uns wie unartige Schulmädchen vor.

Ausgerechnet in einem solchen Moment, als wir, allen Widrigkeiten zum Trotz, sehr vergnügt lachten, traf mich ein neuer Schlag. Es war fast dunkel, als Sascha mich ans Fenster rief.

«Nun, wie geht's, wie steht's um unser Zigarettchen?» sang ich scherzend.

Aber als Antwort hörte ich keinen Gesang, sondern gesprochene Worte: «Schenja, nimm dich zusammen. Ein neues Unglück. Dein Mann ist hier. Er ist vor ein paar Tagen verhaftet worden...»

Ich sank auf meine Pritsche...

Noch heute kann ich nicht ruhig darüber schreiben, wie mir in diesem Augenblick zumute war: seit meiner Verhaftung hatte ich mir selbst streng verboten, an die Kinder zu denken. Jeder Gedanke an sie nahm mir den Mut. Besonders schrecklich waren die konkreten Erinnerungen an die Kleinigkeiten aus ihrem Alltag.

Wasja schlief am liebsten auf meinem Schoß ein und sagte beim Einschlafen: «Mamotschka, deck mir die Füßchen mit dem roten Tuch zu...» Was mag er denken, wenn er das rote Tuch zusammengeknüllt und unbenutzt in der Sofaecke liegen sieht?

Aljoscha und Maja beschwerten sich um die Wette über Wasja und neckten ihn: «Wasja – Ferkel! Wasja – Ferkel! Muttersöhnchen! Petzer!...» Manchmal telefonierte Wasja und fragte in den Hörer hinein: «Ist da die Univesitut? Rufen Sie meine Mama...»

Wie richtig heißt es bei Vera Inber[26]: «Tödlich verletzendes, schon bei leiser Berührung, der Erinnerung stachliges Land...»

Bis zu diesem Tag vertrieb ich die tödlich verletzenden Erinnerungen, die mich umlauerten, durch den kurzen Bannspruch: «Der Vater ist bei ihnen!» Und nun... Ich hatte in dem naiven Glauben gelebt, daß dieser Kelch an unserem Haus vorübergehen werde. Durch die Gefängnistelegramme hatte ich erfahren, daß er seines Postens als Vorsitzender der Stadtverwaltung enthoben, aber nicht aus der Partei ausgeschlossen worden war und sogar eine neue Arbeit zugewiesen bekommen hatte – als Bauleiter bei dem Neubau der Oper. Ich glaubte daraus schließen zu können, daß ihm nichts geschehen werde. Die andern hatte man nicht degradiert oder abgesetzt, sondern gleich ins Gefängnis gebracht. Aber es war ein törichtes Unterfangen, nach irgendwelchen Gesetzmäßigkeiten im Verhalten Wahnsinniger zu suchen.

Die Nacht wälzte sich schon über mich, die dumpfe, undurchdringliche Nacht, die nach Kübeln und nach den Ausdünstungen der eingepferchten, seit langem ungewaschenen Menschen stank und erfüllt war vom Stöhnen und von den Rufen der Schlafenden, durchtränkt von Verzweiflung.

Ich versuche vergeblich, meine Gedanken auf ‹Weltweite› einzustellen. Nein, heute fehlt mir das Verständnis für das Schicksal der Welt. Meine Kinder! Vollwaisen. Hilflose, kleine vertrauensvolle Wesen, die in dem Glauben an das Gute im Menschen erzogen wurden. Ich erinnere mich, wie Wasja einmal fragte: «Mamotschka, wer ist das schlimmste Raubtier?» Ich bin eine Törin, eine wirkliche Törin. Warum habe ich ihm damals nicht geantwortet, daß der Mensch das schlimmste Raubtier ist und daß man sich vor ihm am meisten in acht nehmen sollte.

Ich gebe der Verzweiflung nach, sie überwältigt mich und beißt sich in mir fest. Besonders qualvoll ist die Erinnerung an eine nichtige Episode, die sich kurz vor meiner Verhaftung abgespielt hat. Der Kleine schlich sich in mein Zimmer, holte sich vom Frisiertisch eine Flasche teuren Parfums, ließ sie fallen, und sie zerbrach. Ich überraschte ihn beim Aufsammeln der Scherben, unerträglichen Wohlgeruch um sich verbreitend. Er sah mich verlegen an und sagte mit einem unsicheren Lächeln: «Ich habe nur die Tür laut zugemacht, und das Parfum ist von allein runtergefallen.»

«Du sollst nicht lügen, du abscheulicher Junge», schrie ich und gab ihm einen kräftigen Klaps. Er fing an zu weinen.

Jetzt ist dieser Zwischenfall für mich ein sengender höllischer Schmerz. Es kommt mir so vor, als ob ich keine größere Untat auf meinem Gewissen hätte, als diesen Klaps. Mein Kleines, mein Armes, mein ganz Verlorenes in dieser schrecklichen Welt. Was bleibt ihm von seiner Mutter in der Erinnerung? Daß sie ihn einmal schmerzhaft geschlagen hat wegen eines idiotischen Parfums. Wie konnte ich es damals nur über mich bringen. Und das Schlimmste – es gibt keine Möglichkeit mehr, es je wiedergutzumachen...

Der Schmerz jener Nacht war so herb, daß er eine Reihe künftiger Jahre überflutete und bis zum heutigen Tage reicht, an dem ich, nach mehr als zwanzig Jahren, darüber schreibe. Aber ich muß es schreiben. Wie Vera Inber: «Ohne Mitleid und ohne Nachsicht mit sich selbst durchschreiten diese Minenfelder.»

Selbstverständlich wird es mir nie gelingen, mich so exakt und aphoristisch auszudrücken wie Vera Inber. Ich kann mir nicht denken, daß wir in unseren Gefängnisnächten mehr gelitten haben als sie in der Finsternis der Leningrader Blockade. Ihr Leiden war sinnlos, aber sie wußten, daß sie gegen den Faschismus kämpften. Wir jedoch, gefoltert hinter einer vertrauten Kulisse, entbehrten sogar dieses Trostes. Das Böse schlechthin, beinahe eine mystische Offenbarung durch seine Unerklärlichkeit, schnitt grauenhafte Fratzen. Träume ich, wache ich? Die Ungeheuer aus den Bildern Goyas fallen über mich her.

Ich setze mich auf die Pritsche und blicke mich um. Alle schlafen. Nur der Platz von Lidija Georgijewna ist leer. Sie steht neben mir. Sie sieht mich an, die Augen einer Besessenen strahlen mich jetzt mit dem Ausdruck schlichter menschlicher Wärme an. Sie streichelt mir über den Kopf und wiederholt einige Male auf deutsch die Worte des biblischen vielgeprüften Hiob: «Denn was ich gefürchtet habe, ist über mich gekommen, und was ich sorgte, hat mich getroffen.»

Das war die Erlösung. Die ganze Nacht hatte ich nach Tränen gedürstet und nicht weinen können. Im trockenen Schmerz verdorrten Herz und Augen. Jetzt ließ ich mich in die Arme dieser fremden Frau aus einer mir unbekannten Welt fallen und schluchzte. Sie strich mir über das Haar und wiederholte auf deutsch: «Gott ist der Vater der Waisen. Gott ist der Vater der Waisen.»

Tuchatschewskij und andere

Es war uns schon länger aufgefallen, daß man in der Frühe, an klaren Tagen, durch die zerbrochenen Scheiben unseres Zellenfensters Radiogeräusche von der Straße hören konnte. Der Lautsprecher mußte irgendwo in der Nähe sein, und die Holzblende vor dem Fenster diente wieder als Verstärker.

An jenem klaren Sommermorgen hörten wir deutlich die sich immer wiederholenden, mit Emphase gesprochenen Worte: «Rote Armee», «Streitkräfte» in Verbindung mit dem Wort «Volksfeinde».

«Schon wieder etwas los», meinte Anja die Große und rieb sich die Augen. «Wirklich schade, daß ich mich früher nie um Politik gekümmert habe. Eine recht unterhaltsame Angelegenheit, wie man sieht. Jeden Tag eine neue Finte!»

«Mißstände in der Armee deuten stets darauf hin, daß die eigentlichen Grundlagen des gegebenen Staatssystems erschüttert sind», erklärte die Derkowskaja erregt.

«Sie hoffen wohl, daß die Zeiten der Konstituierenden Versammlung noch einmal wiederkommen», fuhr Anja die Kleine sie hitzig an. Dann drückte sie mir verstohlen die Hand und flüsterte: «Sollte es tatsächlich auch in der Armee Volksfeinde geben?»

Wir stehen alle am Fenster und halten den Atem an. Aber der Wind trägt uns nur kümmerliche Fetzen zu. Jetzt kam etwas Ähnliches wie «wachsam» und jetzt, wie es schien, «Verräter». Und darauf, wie zum Spott, ganz deutlich die beiden Worte «Wir sendeten». Dann Knacken und Marschmusik.

Was ist geschehen? Wir klopfen rechts, wir klopfen links. Alle sind in höchster Erregung, aber keiner weiß etwas Genaues. Erst gegen Abend erfuhren wir nähere Einzelheiten. Das geschah unter folgenden Umständen.

Auf dem Höhepunkt der Mittagshitze, als wir alle, vor Gestank und Schwüle erstickend, nur mit Höschen und Büstenhalter bekleidet, auf unseren Pritschen lagen, ging die Zellentür auf, und wir hörten den gutmütigen Baß unseres Aufsehers, der den Spitznamen: ‹Der Fesche› hatte:

«Platz machen, Mädchen! Es kommt noch eine!»

Wir protestierten. Das ist undenkbar. Wir sind schon sieben in einer Zelle, die für drei bestimmt ist. Und jetzt noch eine achte. Derkowskaja drohte mit Hungerstreik, aber der ‹Fesche›, in der Geschichte der Revolution wenig beschlagen, grinste noch freundlicher: «Eng, aber gemütlich.»

Er gab der Neuen einen leichten Schubs und schloß hinter ihr die Tür. Sie blieb wie angewurzelt an der Tür stehen.

Es vergingen einige Minuten, bis ich hinter dem Entsetzen, das das Gesicht der Neuen verzerrte, die bekannten Züge von Sina Abramowa (oder Sinaida Michailowna) entdeckte, der Frau des Vorsitzenden des Sownarkom Tatariens, Kijam Abramow.

So weit waren sie also schon, daß sie Leute wie Abramow holten: Mitglied des ZK der Partei, Mitglied des Präsidiums des ZK der UdSSR.

«Sina!»

Nein, es ist völlig unmöglich, in dieser bis in ihr Innerstes erschütterten Frau die ‹Sownarkomscha› von früher zu erkennen, die eine wahrhaft imposante Erscheinung war. Jetzt erinnert sie eher an jenes tatarische Landmädchen, das im Laden Zigaretten verkaufte, jenes Mädchen, das Kijam Abramow vor zwanzig Jahren geheiratet hatte. Das Entsetzen hat jede Schminke weggewischt. Jetzt waren die Züge der Klasse (einfache Bäuerin) und die Züge der Nation freigelegt. Der tatarische Akzent, gegen den Sina so verbissen gekämpft hatte, trat jetzt schon beim ersten Wort deutlich hervor.

«Nein, nein, ich bin hier nur für einen Moment!»

Als Antwort die giftige Replik von Anja der Großen: «Ach so, für einen Moment. Nun, dann brauch ich ja gar nicht zur Seite zu rücken. Dann können Sie solange dort stehenbleiben.»

Der Sarkasmus kam nicht an.

«Ja, ja, ich werde hier stehenbleiben, das macht nichts.»

Ich hatte die Würdenträgerin Sinaida Michailowna niemals besonders sympathisch gefunden. Sie war weit weniger angenehm als ihr Mann, der zwar sehr gern trank und ein wenig bürokratisches Fett angesetzt hatte, dabei aber stets ein herzensguter Mensch blieb und seine proletarische Vergangenheit nicht vergaß. Sina jedoch, die sich aus einer Bibi-Sjamal in eine Sinaida Michailowna verwandelt hatte, löste sich von allem, was sie mit dem tatarischen Dorf verband. Kleider, Empfänge, Kuraufenthalte füllten ihr Leben aus. Sie dosierte ihr Lächeln streng im Einklang mit Rang und Würde ihres Gegenübers. Mir wurde stets etwas mehr Freundlichkeit gewährt, als es dem bescheidenen Rang meines Mannes entsprochen hätte. Der Grund dafür lag in Sinas Vorliebe für das gedruckte Wort. Von Zeit zu Zeit schrieb sie einen Artikel für die Zeitung oder für die Zeitschrift *Rabotniza*. In solchen Fällen brauchte sie meine Hilfe.

Jetzt fiel das alles nicht mehr ins Gewicht. Jetzt ging es darum, diese erschütterte, fast bis zum Wahnsinn verwirrte Frau, die sich an den Türrahmen klammerte, zu beruhigen und zu trösten, soweit das möglich war.

Ich konnte mich noch gut erinnern, wie mich in meinen ersten Gefängnistagen Ljamas Güte getröstet und wie sie mir geholfen hatte. Ich trat auf Sina zu, umarmte sie und gab ihr einen Kuß.

«Beruhige dich, Sina. Komm, leg dich solange auf meinen Platz. Dann wollen wir uns überlegen, wie wir dich unterbringen können.»

Zu meiner Überraschung reagierte Sina auf meinen Kuß wie auf den Biß einer Giftschlange. Sie schrie wild auf und sprang mit einem Satz zur Seite, wobei sie um ein Haar den Kübel umgestoßen hätte. Ich dachte im ersten Augenblick an einen krassen Fall von Psychose, aber bei den nächsten Worten von Sina wurde mir alles klar.

«Die Tür hat ein Fensterchen. Die Wachen sehen uns. Man könnte denken, wir seien alte Freunde... Und du bist doch... Man hat über dich in den Zeitungen geschrieben...»

Diese Worte brachten alle Zelleninsassen gegen Sina auf.

«Das ist also das moralische Niveau bei den Mitgliedern Ihrer Partei!» rief Derkowskaja pathetisch aus.

«Sie scheinen unseren Zeitungen noch zu glauben», sagte Ira und kniff die Augen zusammen. «Über mich schrieb man, ich sei eine ‹Rechte›, dabei bin ich parteilos und habe, bevor ich ins Gefängnis kam, überhaupt nicht gewußt, was ‹rechts› oder ‹links› ist.»

«Ich nehme an, für Madame ist das beste Sofa im Zimmer von Wewers reserviert. Wir brauchen uns nicht um sie zu kümmern», sagte Anja die Große und drehte sich demonstrativ zur Wand.

Ungefähr drei Stunden blieb Sina wie eine Gekreuzigte vor der Tür stehen. Keiner bot ihr einen Platz auf der Pritsche an, und sie blickte sich nur furchtsam und angewidert um, offensichtlich bemüht, nichts zu berühren. Ihre schneeweiße duftige Bluse wirkte in der Zelle wie eine zarte Möwe, die sich aus einem unerklärlichen Grund in einer Abfallgrube niedergelassen hat. Dann wurde Sina geholt. Ihr Gesicht strahlte vor Freude. Man hatte ihr gesagt: «Wir sind gezwungen, Sie für einige Stunden hierzubehalten.» Sie warf uns sogar zum Abschied ein Lächeln zu.

«Eine Vollidiotin!» resümierte Anja die Große. «Sie hat sich tatsächlich eingebildet, man würde sie entlassen! Aber wo sollen wir sie bloß unterbringen? Auf diese Pritsche kann sich kein Spatz mehr hinsetzen. Und da kommt so eine massive vierzigjährige Tante ...»

Es vergingen einige Stunden. Als wir nach dem Austreten zurückgebracht wurden, hörten wir ein Stöhnen, das aus unserer Zelle kam. Sina Abramowa lag auf dem Fußboden, direkt neben dem Kübel. Ihre weiße Bluse, verknüllt und zerrissen, war mit Blut bedeckt und erinnerte jetzt an eine verwundete Möwe. Auf der entblößten Schulter sah man einen riesigen Bluterguß.

Wir erstarrten vor Entsetzen. Das war der Anfang! Das war (zumindest soweit wir das feststellen konnten) der erste Fall, daß man eine Frau beim Verhör mißhandelt hatte.

Sina war beinahe bewußtlos, sie antwortete auf keine Frage. Wegen der Enge gelang es uns nicht, ihren geschwollenen Körper auf die Pritsche zu legen. Wir legten ihr ein nasses Handtuch auf die Stirn und gingen wortlos schlafen.

«Schenitschka!» kam es plötzlich aus Sinas Ecke.

Jetzt klang es ganz tatarisch: «Schenitschka!»

«Schenitschka, Liebe! Schlaf nicht, ich habe Angst! Sag, werden sie uns erschießen? Ja?»

Bis heute kann ich mir die kleinliche Rachsucht nicht verzeihen, die mich damals antworten ließ: «Du hast doch Angst, mit mir zu sprechen! Man hat doch über mich in der Zeitung geschrieben!»

Ich sagte das – und schämte mich im gleichen Augenblick. So kindlich gekränkt zitterten ihre geschwollenen Lippen, die eine schamlose Hand blutig geschlagen hatte.

«Komm, leg dich auf meinen Platz, Sinotschka. Ich werde bei dir sitzen bleiben. Beruhige dich. Überleg dir, was jetzt geschieht. Unser Schicksal hängt von dem allgemeinen Lauf der Ereignisse ab. Heute morgen warst du noch frei. Sprich. Was ist heute früh im Radio gekommen? Was ist in der Roten Armee geschehen?»

«Oh, Schenitschka, Liebe, ich habe Angst! Oh, Dschanym, hier darf man das gar nicht sagen ... Nun, ich will es doch sagen ...

Du sollst hier bleiben... Aber ich sage es nur dir... Tuchatschewskij war ein...»

«Und wer noch?»

Aber sie wurde von neuem von einer schrecklichen Angst überfallen.

Ohne auf meine Frage einzugehen, drückt sie krampfhaft meine Finger und wiederholt: «Wir werden erschossen. Wir werden erschossen.»

Anja die Große erwacht und richtet sich auf der Pritsche auf. Sie holt unter dem Strohsack das Brillenetui von Lidija Georgijewna heraus. Das Etui ist blank poliert. Es ersetzt Anja den Spiegel, den man ihr genommen hat. Jedesmal, wenn sie aufwacht, greift sie als erstes danach. So auch jetzt. Sie reißt die Augen auf und wischt über das Etui. Sie betrachtet ihre Zähne und versucht, die hoffnungslos aufgelöste Dauerwelle in Ordnung zu bringen.

«Das ist gut!» sagte sie gähnend. «Jetzt hat unsere Nina Verstärkung bekommen. Die beiden sollten ein Duett einstudieren. Nina singt im Kontraalt: ‹Wann ist das bloß zu Ende.› Und die neue Dame im Sopran: ‹Schenitschka, wir werden erschossen.› Und zum Schluß unisono: ‹Ach, wir Jammerlappen, Jammerlappen.›»

Sina tut mir wirklich leid. Außerdem ist mir fast physisch übel vor Zorn bei dem Gedanken, daß irgendein Bandit vom Typ Zarewskijs oder Wewers' diese vierzigjährige Frau, Mutter zweier Kinder, mit Fäusten ins Gesicht geschlagen hat. Aber noch zwingender als das Mitleid ist der Wunsch, alles zu erfahren, was heute in unserem Land, in der Armee, in unserem irrsinnigen Gefangenendasein geschehen ist. Und ich reagiere kühl auf Sinas Stöhnen: «Um deine Fragen beantworten zu können, müßte man über die Zustände im Land unterrichtet sein. Du mußt mir erzählen, wer zusammen mit Tuchatschewskij verhaftet wurde und was ihnen vorgeworfen wird. Dann erst kann ich das Ausmaß des Geschehenen beurteilen. Dann kann man sagen, ob wir persönlich davonkommen werden oder ob sie uns erschießen.»

«Oh, Schenitschka, Liebe! Wie kann ich denn das erzählen, die Wachen werden es hören... und dann werden sie melden, ich hätte den Häftlingen Informationen gegeben. Dann geht es uns noch schlechter.»

Sina steht von meinem Platz auf, schleppt sich ächzend in die Ecke und legt sich wieder neben den Kübel, direkt auf den Fußboden.

«Schlaf, Schenja. Wozu gibst du dich mit dieser Kreatur ab.

Morgen werden die Männer alles wissen und es uns durch das Fenster singen», brummte Anja die Große.

Aber noch habe ich die Augen nicht geschlossen, als Sina sich wieder aufrichtet und auf dem Fußboden sitzen bleibt. Sie sieht erschreckend aus. Der ganze Körper ist geschwollen; sie hat alle Merkmale der sozialen Schicht, des Alters, ja sogar des Geschlechts verloren. Sie ist nur noch stöhnendes, blutendes Fleisch.

«Ich habe Angst, Schenitschka, Liebe. Du hast studiert, du bist gebildet, sag mir nur eins: Sie werden uns erschießen.»

«Hören Sie, Bürgerin», mischt sich plötzlich Derkowskaja aufgebracht ein. «Warum haben Sie sich denn in die Politik gedrängt, wenn Sie vor Angst um ihr kostbares Leben zittern? Und warum suchen Sie moralischen Halt bei Personen, denen Sie mißtrauen? Sie haben Schenja gekränkt, Ihre Parteigenossin, Sie haben sie von sich gewiesen, als sie Ihnen freundlich entgegenkam. Sie wollen jetzt nicht einmal ihre Fragen beantworten. Dabei sitzt sie bereits seit fünf Monaten, und es ist für sie ungemein wichtig, zu erfahren, was außerhalb der Gefängnismauern vorgeht.»

Sina winkt ab, mit einer Bewegung, als wollte sie eine Mücke vertreiben.

«Sei still, Großmütterchen. Warum bist du hier? Für deinen Glauben wahrscheinlich. Du bist wohl eine Gottgläubige...»

Derkowskaja lächelt verächtlich.

«Jetzt hat mir das Schicksal eine Enkelin geschenkt! Ich heiße Derkowskaja und bin Mitglied des Gebietskomitees der Sozialrevolutionären Partei.»

«Mitglied des Gebietskomitees. Das ist gelogen, Großmütterchen. Das Gebietskomitee kenne ich wie meine Tasche... Du siehst gar nicht aus wie eine alte Bolschewikin. Du sprichst auch anders als wir.»

Natürlich, mit Sina muß man eine andere Sprache sprechen. Ich kauere mich in die Ecke, wo neben dem schmutzigen rostigen Kübel die ehemalige ‹First Lady von Tatarien› liegt und suche angestrengt nach tatarischen Vokabeln, deren Vorrat bei mir äußerst beschränkt ist, bis es mir schließlich gelingt, einen Satz zusammenzuzimmern:

«Beruhige dich, schlaf eine Weile. Fürchte dich nicht vor mir. Das sind ja alles Lügen, was über mich geschrieben wurde. Jetzt wird man genau das gleiche auch über dich schreiben. Morgen werde ich dir viel erzählen, und du wirst mir auch viel erzählen.»

Ich streiche ihr mit der Hand über das Haar und nenne die Namen ihrer Kinder. Remik... Aljetschka... Sie muß sich ihretwegen schonen.

Ja, so mußte man sie behandeln. Sina wischt sich mit dem nassen Handtuch über das schrecklich geschwollene Gesicht und beginnt plötzlich hastig und leidenschaftlich auf tatarisch zu flüstern. Der brennende Wunsch, alles zu verstehen, wirkt nahezu magisch auf meine dürftigen Kenntnisse der tatarischen Sprache. Ich verstehe fast alles.

Jetzt hat Sina endlich eingesehen, daß alles, was man über mich gesagt hat, Verleumdung gewesen ist. Hat man doch sogar von ihr behauptet, sie sei eine bourgeoise Nationalistin und Kijam ein türkischer Spion! Und heute, vom frühen Morgen an, im Radio... Keiner konnte das verstehen. Tuchatschewskij, Garmarnik, Uborewitsch, Jakir und noch viele andere. Lauter Kommandeure von Wehrkreisen. Wie ist das zu verstehen? Auch bei uns in Kasan sind viele verhaftet worden. Der Vorsitzende des ZIK, der erste Sekretär des Stadtkomitees und fast alle Mitglieder des Büros des Gebietskomitees.

Mehr weiß Sina nicht zu sagen. Sie hat ohnehin für ihren Horizont überraschend viel beobachtet. Sie verstummt, blickt sich im Kreis um und begreift plötzlich mit unbarmherziger Klarheit ihre eigene Lage. Sie sieht in Großaufnahme die Schaben auf dem Fußboden und ihre zerrissenen Kleider.

«Ach, Schenitschka, Herzchen! Wenn du nur wüßtest, in was für Betten ich geschlafen habe!» Offensichtlich steigen in ihrer Erinnerung die Bilder der königlichen Schlafgemächer in den teuren Appartements des Hotels ‹Moskwa› und der Regierungssanatorien auf.

Schlaf, arme Sina. Du hast jene Prunkbetten genausowenig verdient wie diesen schmutzigen Gefängnisfußboden mit den Schaben und dem Kübel neben dir. Du hättest als die fröhliche, rundbackige Bibi-Sjamal in deinem Dorf bleiben sollen. Gras mähen. Brot backen. Aber nein, irgend jemandem hat es gefallen, dich zuerst zu einer Madame Pompadour [27] zu machen und dich jetzt hierher zu verbannen.

Wir alle werden in die Geschichte eingehen unter der Rubrik ‹und andere›. Zum Beispiel: ‹Bucharin, Rykow und andere›, oder ‹Tuchatschewskij, Gamarnik und andere.›

Ein Sinn? Ich hätte damals viel darum gegeben, den Sinn all dessen, was geschah, zu erkennen.

Nach Moskau

Das Gefängnis dröhnte. Man hatte den Eindruck, die dicken Mauern müßten zusammenbrechen unter dem Ansturm der unerhörten Neuigkeiten, die durch die Wände telegrafiert wurden.

«Jetzt haben sie die ganze Regierung von Tatarien verhaftet.»

«Bei den Verhören sind jetzt Folterungen erlaubt.»

«In Irkutsk hat man auch die führenden Kommunisten festgenommen.»

Was in Irkutsk geschah, interessierte uns Kasaner besonders, weil der ehemalige Sekretär unseres Gebietskomitees, Rasumow, 1933 Sekretär des Ostsibirischen Parteikomitees geworden war und einen ganzen ‹Schwarm› von Mitarbeitern aus Kasan mitgenommen hatte. Wiederholt hatte er auch Aksjonow und mich aufgefordert, mit nach Irkutsk zu kommen. Über unsere Absage war er sehr gekränkt. Als ich ihn einmal in Moskau traf, bei einem meiner Bittgänge in der Zeit vor meiner Verhaftung, sagte er triumphierend: «Nun, haben Sie sich inzwischen überzeugt, wie Sie ohne Ihren Sekretär zurechtkommen? Wären Sie bei mir gewesen, dann hätte ich niemals zugelassen, daß man Sie so behandelt.»

Während der zwei Monate, die ich nun schon in dem alten Gefängnis saß, hatte man mich nicht ein einziges Mal verhört. Um so beunruhigter war ich, als ich am Tage nach Sinas Einlieferung zu einem Verhör im ‹Schwarzen See› abgeholt wurde.

Alle redeten von der ‹neuen Welle›, von den Mißhandlungen und Folterungen. Würde auch dieser Kelch nicht an mir vorübergehen?

Als hätte sie meine Gedanken erraten, sagte Derkowskaja in einem Ton, der keinen Widerspruch duldete: «Sie haben absolut keinen Grund zu irgendwelchen Befürchtungen. Erstens ist es jetzt zwei Uhr mittags und die Sonne steht hoch am Himmel. Und dafür bevorzugen sie die Nacht. Zweitens ist Ihr Fall klar. Man holt Sie wahrscheinlich, um Ihnen mitzuteilen, daß die Voruntersuchung abgeschlossen ist.»

Sie hatte recht. Ich wurde geholt, damit ich ein Protokoll unterschrieb, in dem es hieß, daß die Voruntersuchung abgeschlossen sei und daß meine Verbrechen unter Artikel 58 Paragraph 8 und 11 fielen. Mein Fall werde jetzt dem Militärkollegium des Obersten Gerichtshofes übergeben, teilte mir der bereits erwähnte Biktschentajew mit.

Er war in bester Stimmung. Die Sonne spiegelte sich in der Wasserkaraffe und in den emaillierten Puppenaugen des ‹Truthahns›. Emsig füllte er Formulare aus und schob sie mir zur Unterschrift herüber. Hin und wieder blickte er mich vergnügt und fragend an, als erwarte er von mir ein Lob für seine unermüdliche Betriebsamkeit. Er meinte offenbar, ich müßte in Entzücken darüber geraten, wie leicht ihm alles von der Hand ging.

«Also», erklärte er schließlich wohlgelaunt, «Ihr Fall kommt jetzt vor das Militärkollegium des Obersten Gerichtshofes der UdSSR. Das bedeutet, daß Sie in den nächsten Tagen nach Moskau gebracht werden.»

Wieder sah er mich fragend an, fast erstaunt, daß ich auf diese Eröffnung nicht freudig reagierte. Er fügte hinzu, als erwarte er dennoch eine Antwort von mir: «Sie haben keinen Grund, sich über mich zu beklagen. Ich habe Ihren Fall objektiv untersucht und habe sogar über ihre Beziehungen zu dem japanischen Spion Rasumow hinweggesehen. Dabei hätte ich auch darüber ein nicht uninteressantes Protokoll aufsetzen können.»

«Zu wem? Zu einem japanischen Spion? Meinen Sie etwa den Sekretär des Ostsibirischen Parteikomitees? Parteimitglied seit 1912 und Mitglied des ZK?»

«Jawohl, dem Spion Rasumow ist es geglückt, die Wachsamkeit der Partei einzuschläfern und sich einige Spitzenpositionen zu erschleichen. In der Tat, bereits vor der Revolution war er Parteimitglied. Im Auftrag des zaristischen Geheimdienstes ...»

Wie oft hatten Zarewskij und Wewers mir damit gedroht, ein Protokoll aufzusetzen über meine Versuche, ‹die Führung des Gebietskomitees in der Person des ehemaligen Sekretärs, des Genossen Rasumow, zu diskreditieren!› Vergeblich hatte ich beteuert, daß ich mit Rasumow befreundet war und daß das, was sie Diskreditierung der Führung nannten, nichts anderes gewesen war als freundschaftliche Vertraulichkeiten. Sie hielten an ihrer Version fest, auch wenn sie kein Protokoll darüber verfaßten. Sie hatten es ja gar nicht nötig. Sie waren der Meinung, sie verfügten auch so über genügend Material, um meinen Fall vor das Militärkollegium bringen zu können. Und jetzt...

So verwandelten sich die Sekretäre des Gebietskomitees aus Personen, die Objekte terroristischer Verschwörungen waren, vor unseren Augen in Subjekte, die diese Verschwörungen angezettelt hatten. Wir wußten, daß in unserem Gefängnis ein sechzehnjähriger Schüler saß, den man beschuldigte, er habe ein Attentat auf den Sekretär des Gebietskomitees, Ljepa, vorbereitet. Inzwischen waren alle Mitglieder des Gebietskomitees und sogar Ljepa selbst verhaftet worden.

Die Nachricht von meinem bevorstehenden Abtransport nach Moskau war in unserer Zelle eine Sensation. Man sah sich an und schwieg. Endlich fragte Derkowskaja: «Hat er Ihnen erklärt, was das heißt, Paragraph 8?»

«Nein. Ich habe ihn auch nicht danach gefragt. Ist denn das nicht gleichgültig?»

«Absolut nicht. Es bedeutet Anklage auf Terror. Und Paragraph 11 bedeutet Gruppenterror. Das sind furchtbare Anklagen. Man wird Sie vor ein Militärgericht stellen.»

Später habe ich oft gedacht, daß meine Haltung damals meinen Zellengenossinnen sehr mutig vorgekommen sein muß. In Wirklichkeit aber war es nicht Mut, sondern Kurzsichtigkeit. Ich war einfach nicht imstande, zu erkennen, wie groß die Gefahr war, daß man mich zum Tode verurteilte. Es ist völlig unbegreiflich, daß Derkowskajas Worte an mir vorbeirauschten oder doch zumindest nicht in mein Bewußtsein eindrangen, als sie mir erklärte, daß diese Paragraphen im günstigsten Fall zehn Jahre strenge Haft bedeuteten. Das war das Minimum! Ich wußte: das Maximum war Tod durch Erschießen.

Die wirkliche Todesangst überfiel mich erst später, in Moskau, im Lefortowo-Gefängnis. Hier dagegen, wo sich ständig die wahnwitzigen Nachrichten überschlugen, nach denen man annehmen mußte, daß es einen Staatsstreich gegeben hatte, war für uns alles nur ein irreales Durcheinander, ein Chaos. Wir glaubten, es könne nicht mehr lange dauern, dann werde die Partei, das heißt diejenigen, die noch auf freiem Fuß waren, die rasende Hand packen, mit eisernem Griff festhalten und sagen: «Genug! Wir wollen untersuchen, wer unter uns der wirkliche Verräter ist!»

Der Abschied war herzlich und liebevoll. Die ganze Zelle nahm daran teil, ungeachtet der verschiedenen politischen Überzeugungen. Sie nähten mir Knöpfe an und stopften meine Strümpfe. Sie gaben mir Ratschläge und baten mich, die Adressen ihrer nächsten Verwandten auswendig zu lernen. Ich hörte mir alles an wie im Traum.

Ein Gedanke quälte mich.

Derkowskaja hatte mir erzählt, vor dem Abtransport dürften die Häftlinge Besuch von ihren Angehörigen empfangen. Und ich sah sie schon vor mir, die brennenden Augen meiner Mutter, die verwirrten, erschrockenen Gesichtchen meiner Kinder, wenn sie mich hinter einem Gitter erblickten. Mußte das sein? Würde die Erinnerung daran sie nicht ihr ganzes Leben lang quälen? Doch alle diese Überlegungen erwiesen sich als überflüssig. Derkowskajas Erfahrungen stammten aus zaristischen Gefängnissen und trafen nicht mehr zu. Hier war kein Platz für ‹verfaulten Liberalismus› oder für ‹falschen Humanismus›. Zu einem Wiedersehen mit meinen Angehörigen ist es nicht gekommen. Ich habe Aljoscha und meine Mutter nie wiedergesehen.

Der Transport

«Mit Gepäck!»

Was alles verbirgt sich hinter dieser kurzen Formel! Du bist wieder in die Speichen eines Teufelsrades geraten! Es dreht sich und reißt dich mit, fort von allem, was dir teuer und vertraut ist, auf einen namenlosen Abgrund zu. Du bist deiner Freiheit beraubt, du wirst mitgeschleppt wie ein lebloses Ding, ganz nach dem Wunsch deiner Herren.

Lidija Georgijewna, die Adventistin vom Siebenten Tage, nimmt endlich die Gelegenheit wahr, um für ihre Anschauung Propaganda zu machen.

«Wir sind immer ein Sandkorn, das der Wind ins Ungewisse trägt. Jetzt ist Ihnen eine Prüfung auferlegt, damit Sie erkennen, in wessen Hand Ihr Schicksal liegt.»

«Aber wenn Schurken wie Zarewskij zum Herrn über Leben und Tod werden – dann ist das erniedrigend. Sich ihnen zu unterwerfen ist schmachvoll. Man müßte Schluß machen können. Aber dazu reicht meine Kraft noch nicht aus.»

«Gott bewahre Sie vor diesem Schritt. Sie würden eine lebende Seele morden.»

Derkowskaja, die die prinzipielle Unduldsamkeit der Sozialrevolutionäre den Kommunisten gegenüber aufgegeben hat, wischt sich die Tränen aus den Augen: «Jetzt wird es öde in unserer Zelle werden. Keiner wird uns mehr Gedichte vortragen. Sie haben mich dazu gebracht, Blok zu lieben.»

«Wieso beweinen Sie mich jetzt, ohne Muchina vorher um Erlaubnis gefragt zu haben?» frage ich im Spaß. «Würde sie Ihnen erlauben, eine Kommunistin zu beweinen, die sich nie der Opposition angeschlossen hat?»

Sie winkt ärgerlich mit der Hand ab und schneuzt sich laut in ein Handtuch. Und ich spreche ihnen zum Abschied die schwermütigen Verse von Ossip Mandelstamm vor:

«Die Pferde schreiten so langsam,
Und spärlich ist das Licht der Laternen...
Die Fremden wissen, wahrscheinlich,
Wohin sie mich bringen werden...»

Der für das Militärkollegium am Obersten Gerichtshof bestimmte Gefangenentransport scheint recht umfangreich zu werden. Das kann unser geschärftes Gehör mit ziemlicher Sicherheit feststellen. Aus etlichen Zellen werden Häftlinge ‹geholt›. Aus unserer – zwei: ich und Ira. Alle sind empört, auch Ira selbst.

«Bei Ihnen ist es ja eine klare Sache», sagt sie. «Sie sind wenigstens Parteimitglied! Aber was habe ich mit dem Militärkollegium zu tun?»

Die Vorstellung, daß die Zugehörigkeit zur Kommunistischen Partei einen erschwerenden Umstand bedeutete, war bereits tief in das allgemeine Bewußtsein eingedrungen.

«Was soll das alles bedeuten? Der 18. Brumaire von Josef Stalin? Oder wie soll man das sonst nennen?»

Und nun sind wir fertig. Unsere Habseligkeiten sind verpackt. Wir haben uns die letzten Ratschläge und Wünsche sagen lassen. Wir haben die geklopften und gesungenen Abschiedsgrüße empfangen. Ira und ich sitzen immer noch auf unseren Pritschen, aber wir sind schon nicht mehr da. Wie im Schlaf höre ich das Gejammer von Sina Abramowa:

«Du hast es gut, Schenitschka, mein Herz! Du hast höhere Schulbildung. Du wirst dir zu helfen wissen. Aber ich...»

Wenn sie gewußt hätte, wie wenig mir in der folgenden Zeit meine höhere Schulbildung nützte und wie sehr mir meine körperliche Stabilität zustatten kam!

Die Tür geht auf. Wir werden in den Flur hinausgeführt und dann die Treppe hinunter. Was ist das? Ein Versehen der Wachen? Unten, direkt an dem eisernen Gittertor, sitzen auf ihren Bündeln zwei gute Bekannte von mir, beides Kollegen von der Universität. Julija Karepowa, Biologin, und Rimma Faridowa, Historikerin.

Nein, es war kein Versehen. Man hat uns absichtlich hier zusammengeführt: wir alle werden nach Moskau gebracht. Gierig fragen wir uns gegenseitig aus. Es stellt sich heraus, daß Julija und Ira in denselben ‹Fall› verwickelt sind. Beide haben an dem Seminar von Professor Slepkow teilgenommen. Jetzt ist es für die

Untersuchungsrichter bedeutungslos, ob sie sich sehen oder nicht, denn die Voruntersuchung ist abgeschlossen.

Meine Vermutung, daß Rimma als ehemalige Assistentin von Elwow den gleichen ‹Fall› habe wie ich, erweist sich als unrichtig.

«Nein», sagt Rimma unbekümmert, «ich bin Tatarin, und es ist für sie vorteilhafter, mich als bourgeoise Nationalistin einzustufen. Anfangs haben sie mich tatsächlich zu den Trotzkisten gezählt, aber später hat Rudj umgeschaltet, er sagte, das Plansoll an Trotzkisten sei bereits überfüllt, während sie mit den Nationalisten etwas im Rückstand seien, obwohl viele tatarische Schriftsteller bereits verhaftet worden sind.»

Alle diese originellen Redewendungen gebrauchte Rimma ohne jede Ironie, als ginge es um die Erfüllung eines ganz gewöhnlichen Wirtschaftsplans.

Rimma schien an allem, was geschah, nichts Besonderes zu finden. Im übrigen sah sie blühend aus, besser als wir alle. Erst später erfuhr ich, woran das lag. Bereits beim ersten Verhör war Rimma bereitwillig auf alles eingegangen. Dutzende von tatarischen Intelligenzlern und Mitgliedern des Parteiaktivs der Hochschule wurden die Opfer für ihr relatives Wohlbefinden im Gefängnis. Unter ihnen war auch Rimmas Mann, der ehemalige Kulturpropagandist des Gebietskomitees, ein kluger, zurückhaltender, schweigsamer Mann, der wie ein Chinese aussah und den Spitznamen ‹Konfuzius› hatte. Die ‹Geständnisse› seiner eigenen Frau waren ausschlaggebend dafür, daß man über ihn das Todesurteil verhängte. Rimma bekam für ihre Hilfeleistungen dreißig reale Silberlinge, nämlich die Erlaubnis, ständig Päckchen zu empfangen, und dreißig illusorische, nämlich das Versprechen, sie werde als eine ‹aufrichtig Reumütige, die durch ihre Haltung die Voruntersuchung wesentlich gefördert hat›, ihre Strafe nicht im Gefängnis oder im Arbeitslager absitzen müssen, sondern nur in der Verbannung, und auch das nur für drei Jahre.

Was Julija Karepowa mir über das Verhalten von Professor Slepkow berichtete, überraschte mich sehr. Man hatte ihn ebenfalls zu einem Wiederaufnahmeverfahren nach Kasan gebracht, aus Ufa, wo er nach drei Jahren Einzelhaft in der Verbannung gelebt hatte. Nach dem, was Julija erzählte, war Slepkow auf alles eingegangen, was die Untersuchungsrichter von ihm verlangten. Er lieferte ihnen eine Liste von ‹Angeworbenen›, die mehr als einhundertfünfzig Namen enthielt. Er erklärte sich zu jeder Gegenüberstellung bereit, auch mit Julija. Dabei war es zu einer widerwärtigen Szene gekommen, bei der Slepkow und der Untersuchungsrichter wie Amateurschauspieler agierten, die ihre Rollen ohne jede Glaubwürdigkeit herunterleierten.

Während er Julija mit leeren Augen anstarrte, erzählte Slepkow ausführlich, wie er einst in Moskau von Bucharin ‹terroristische Instruktionen› bekommen und wie er sie nach seiner Rückkehr nach Kasan einigen Mitgliedern des Untergrundzentrums, darunter auch Julija, weitergegeben hätte. Sie, Julija, hätte damals ihr uneingeschränktes Einverständnis ausgesprochen und sei sogar bereit gewesen, selbst terroristische Anschläge auszuführen. Julija, der es vor Verblüffung und Zorn den Atem verschlug, schrie ihn an: «Sie lügen!» Darauf habe er mit dem pathetischen Ausruf geantwortet: «Man sollte abrüsten, man sollte vor der Partei auf die Knie fallen!»

Insofern war Julijas ‹Fall› dem Anschein nach sehr viel gründlicher belegt als der meine. Während gegen mich nur ‹Zeugen› aufgetreten waren, die angeblich von der Existenz einer Untergrundgruppe wußten, ihr aber nicht selbst angehörten, stammten die Aussagen gegen Julija von dem ‹Anführer der Bucharinschen Verschwörung› in Kasan, und er höchst persönlich hatte die arme kulleräugige Julija, die fanatischste unter allen orthodoxen Kommunisten, als Mitglied der Gruppe entlarvt.

Ich kann bis auf den heutigen Tag nicht begreifen, was Slepkow dazu gebracht hat, sich so zu verhalten. Im alltäglichen Leben war er ein charmanter Mann, allgemein beliebt, nicht nur wegen seines glänzenden Wissens, sondern vor allem wegen seiner Menschlichkeit und Güte.

Ist es möglich, daß es ein schändlicher Versuch war, das eigene Leben um den Preis Hunderter anderer zu retten? Oder war es vielleicht die gleiche Taktik, die Garej mir empfohlen hatte: war es eine List, diese Bereitschaft, alles zu unterschreiben, um alles ad absurdum zu führen und eine Empörung in der Partei zu provozieren? Diese Fragen blieben unbeantwortet wie viele andere in jener unwirklichen Welt, in der zu leben – und vielleicht auch bald zu sterben – ich jetzt verurteilt war.

Wir vier sollten uns vor dem Militärgericht wegen politischen Terrors verantworten. Rimma glaubte mit Sicherheit zu wissen, daß wir vier auf diesem schrecklichen Transport die einzigen Frauen unter vielen Männern waren.

Das alles hätte uns sagen müssen, daß wir mit der Todesstrafe zu rechnen hatten. Das wäre logisch gewesen. Aber die Mißachtung der Logik, die in dieser irrsinnigen Welt zum Gesetz geworden war, schien auch uns angesteckt zu haben. Jedenfalls rechnete keine von uns mit der Möglichkeit eines solchen Ausgangs.

Ira pochte hartnäckig auf ihre Parteilosigkeit, durch die sie ihrer Meinung nach in einer erheblich günstigeren Lage war als wir, die drei Parteimitglieder.

Rimma glaubte an die von den Untersuchungsrichtern versprochene ‹Verbannung›, während Julija und ich uns gegenseitig beruhigten mit Überlegungen wie «sie können ja nicht alle erschießen» und uns trösteten mit dem, was Sinowjew, Kamenjew und Radek getroffen hatte: «Wenn diese drei nur zehn Jahre bekommen haben, dann kann man uns unmöglich zu mehr verurteilen.» Die Naivität dieser Überlegungen erklärt sich daraus, daß wir schon seit einem halben Jahr im Gefängnis saßen und keine Möglichkeit hatten, Tag für Tag jenes grauenhafte Geschehen zu verfolgen, das heute, nach Stalins Tod, unter dem akademischen Terminus ‹Mißstände in der sowjetischen Rechtsprechung› bekannt ist.

Und nun schließen sich die Tore des alten Gefängnisses wieder hinter uns. Der ‹Schwarze Rabe› ist bereits voll besetzt. Aus den verschlossenen Kabinen hört man Hüsteln und Seufzen. Da wir vier ohnehin schon zusammen sind und nicht mehr einzeln eingeschlossen zu werden brauchen, dürfen wir auf unseren Bündeln in dem engen Gang des ‹Schwarzen Raben› sitzen. Durch eine Ritze in der Tür läßt sich einiges erkennen. Natürlich nicht für ein gewöhnliches Auge, sondern nur für das im Gefängnis trainierte, das krankhaft aufmerksame und unerhört scharfsichtige. Der Geruchssinn, das Gehör, das Gefühl für die Art der Bewegung helfen dabei mit.

Es riecht nach Lindenblüten: das bedeutet, wir fahren am Lobatschewskij-Denkmal vorüber. Ein Schlagloch im Asphalt: das heißt, wir biegen in die Malaja Prolomnaja ein. Das übrige ergänzt die Phantasie. Sie läßt das Bild der mir so teuer gewordenen Stadt erstehen, meiner zweiten Heimat, «wo ich gelitten, wo ich gelebt, wo ich das Herz begraben habe ...»

Es macht nichts, wenn das ein wenig sentimental klingt. In einem solchen Augenblick darf man sich das erlauben.

Halt. Es riecht nach heißen Schienen, nach Lokomotivqualm. Man hört das hastige Schnaufen, dann kurze aufgeregte Pfiffe von Lokomotiven.

«Aussteigen. Schnell!»

Nein, das ist nicht der vertraute Bahnhof. Das ist irgendein abgelegenes Bahngelände. Und was ist mit dem Wiedersehen mit den Kindern, mit Mama? Biktschentajew hatte es mir doch versprochen. Nichts. Auf dem Bahnsteig ein ganzer Schwarm von Untersuchungsrichtern und Wachsoldaten. Nach der Dunkelheit im ‹Schwarzen Raben› blenden ihre Schulterstücke und ihre glänzenden Knöpfe. Manche von ihnen tragen auch Orden. In dieser Gruppe fällt Wewers auf: in einem eleganten taubengrauen Zivilanzug. Sein Gesicht, aufmerksam und angespannt wie stets, zeigt die nun schon bekannte Grimasse – eine Mischung von Haß und Verachtung –, die man ihnen in ihren Spezialschulen beibringt.

«Hierher! Hierher!»

Ein ganz gewöhnlicher Waggon dritter Klasse. In jedem Abteil vier Sitzplätze. An jeder Abteiltür ein Wachtposten. Nur die Tür des mittleren Abteils ist unbewacht. Dort reisen die Untersuchungsrichter, die ihre kostbare Fracht nach Moskau begleiten.

Ein Stoß. Die Lokomotive wird angekoppelt. Noch ein Stoß. Der Zug setzt sich in Bewegung ... Was wir verlassen – ich wußte es: die Kinder, die nun der Willkür des Schicksals ausgeliefert waren (ach, wenn es nur das Schicksal gewesen wäre! Nein, sie waren der Willkür des NKWD ausgeliefert, was sehr viel schlimmer war!), meine Mutter, die Universität, die Bücher, das reine helle Leben, das von dem Bewußtsein erfüllt gewesen war, daß man den richtigen Weg gewählt hatte. Wohin wir fuhren? Das wußten nur jene, die über uns zu bestimmen hatten.

Zarewskij kommt in unser Abteil. Er belehrt uns, wie wir uns unterwegs zu verhalten haben, wie wir zu essen, zu trinken, zu schlafen, zu sprechen, wie wir die Toilette aufzusuchen haben. Ich habe ihn lange nicht mehr gesehen. Und jetzt entdecke ich einen neuen Zug in seinem Gesicht: es ist erdfarben geworden und bildet einen scharfen Kontrast zu dem sonnengebleichten hellen Haar. Er wirkt alt, obwohl er nicht über fünfunddreißig ist. Seine Stimme klingt unverändert: knarrend, abscheulich, spöttisch. Aber in seinen Augen ist jetzt nicht nur Gemeinheit, sondern auch Angst.

Damals wußten wir keine Erklärung dafür, aber später erfuhren wir, daß man zu jener Zeit begonnen hatte, die ersten Verhaftungen innerhalb des NKWD selbst vorzunehmen. «Der Mohr hat seine Schuldigkeit getan, der Mohr kann gehen.» Manche der Untersuchungsrichter wurden bereits nach ‹wunden Punkten› durchleuchtet. Sie, die selbst mit allen Wassern gewaschen waren, witterten Gefahr. Und gerade Zarewskij wurde bald nach unserem

Abtransport nach Moskau verhaftet und erhängte sich kurze Zeit darauf mit einem Riemen, den er in die Zelle geschmuggelt hatte. Man erzählte sich, er habe mit seinen Nachbarn durch Klopfzeichen Verbindung aufgenommen und ihnen den Rat gegeben: «Nichts unterschreiben!»

Der fröhliche Truthahn Biktschentajew wurde zu fünfzehn Jahren Gefängnis verurteilt. Auch Rudj und Jelschin wurden verhaftet. Von meiner Begegnung mit Jelschin in Kolyma werde ich später noch erzählen. Vorläufig lag das noch in weiter Ferne. Jetzt zog sich Zarewskij, nachdem er uns über alle Verbote aufgeklärt hatte, in das mittlere Abteil zurück, zu den Schweineschnitzeln, nach denen der ganze Gang duftete, und zum Wein – die leeren Flaschen wurden von den Wachsoldaten an uns vorbeigetragen.

Das Fenster unseres Abteils war mit einer dicken Schicht weißer Farbe übermalt. Nur beim ‹Austreten› konnten wir durch die schlecht schließende Waggontür manchmal eine bekannte Silhouette an der vertrauten Strecke Kasan–Moskau erkennen.

Ich erinnere mich noch an die Episode mit den Himbeeren. Auf einem Bahnhof hatten wir bemerkt, daß die Wachsoldaten Tüten mit frischen Himbeeren untereinander verteilten. Ira Jegerewa besaß fünfzig Rubel. Irgendwie war es ihrem Vater, einem in Kasan bekannten Professor am Bauinstitut, gelungen, ihr dieses Geld zukommen zu lassen.

«Bitte, holen Sie den Untersuchungsrichter Zarewskij», bat Ira den Wachsoldaten, und als Zarewskij tatsächlich in unserem Abteil erschien, wandte sich Ira an ihn mit dem koketten Ton einer Dame von Welt: «Leutnant, ordnen Sie an, daß man uns Himbeeren holt. Hier ist das Geld ...»

Ich kann nicht sagen, was auf Zarewskij gewirkt hat: der groteske Widerspruch zwischen Iras Auftreten und unserer Situation oder die Vorahnung der eigenen Tragödie, die den Henker vom ‹Schwarzen See› vielleicht schon damals gequält hat. Jedenfalls nahm er das Geld und kam nach einigen Minuten mit zwei Tüten Himbeeren und dem Wechselgeld zurück. Sie waren ganz frisch, trocken, mit einem silbernen Flaum. Sie dufteten. Zum Essen waren sie viel zu schade. Wir zählten die Beeren und teilten sie in vier Teile. Wir speisten anderthalb Stunden. Wir nahmen jede Beere einzeln in den Mund und lachten vor Glück.

Es war uns gelungen, einen letzten Brosamen von der prächtigen Tafel des Lebens zu erbetteln, des Lebens, aus dem wir bereits ausgeschlossen waren.

Butyrki-Taufe

Als wir in Moskau ankamen, wurde uns im ersten Augenblick klar, wie gewaltig der Radius jener Aktion war, in deren Zentrum wir uns nun befanden. Alle Akteure waren überlastet. Sie liefen, sie rannten buchstäblich mit hängender Zunge. Die Transportmittel reichten nicht aus. Die Zellen waren zum Bersten voll. Die Gerichte tagten vierundzwanzig Stunden hintereinander.

Wir mußten noch lange in unserem Eisenbahnabteil warten, wir hörten eilige Schritte auf dem Bahnsteig, gedämpfte Kommandorufe, geheimnisvolles Knirschen und Klirren.

Endlich werden wir in den ‹Schwarzen Raben› verladen. Von außen wirkt er größer als der in Kasan, fast freundlich. Er ist hellblau. Die Passanten glauben gewiß, in diesem Lastwagen werde Brot, Milch oder Wurst transportiert.

Aber die Käfige, in die die Menschen gesperrt werden, sind noch enger und stickiger, noch unerträglicher als in Kasan. Sie sind mit Ölfarbe gestrichen, kein Lufthauch dringt herein, und schon nach wenigen Minuten glaubt man zu ersticken, erst recht an einem so brütend heißen Julitag, der nach aufgeweichtem Asphalt riecht.

Erschöpft und schweißüberströmt, mit verklebtem Haar und offenem Mund hocken wir in diesen Käfigen. Wir warten geduldig. Wir müssen lange warten, denn offenbar gibt es auch nicht genügend Fahrer. Um den Wagen herum ununterbrochen eilige Schritte, Flüstern, Türenschlagen, Klopfen. Diese Menschen haben wirklich kein leichtes Leben!

Mit dem sechsten Sinn erraten wir, daß die Wachen ihre Posten im Gang noch nicht bezogen haben, und fangen an, uns laut zu unterhalten. Es stellt sich heraus, daß der ganze Lastwagen voll von Menschen aus Kasan ist. Und es sind tatsächlich nur vier Frauen darunter, nämlich wir vier. Unter den Männern sind fast alle Mitglieder der letzten Regierung Tatariens und viele Mitglieder des Gebietskomitees. Auch Abdullin ist dabei, den man mit Sicherheit erschießen wird. Wir konnten uns gerade noch einen letzten Gruß zurufen.

Denn jetzt kommen die schweren Schritte näher. Die Tür wird zugeschlagen, der Motor angelassen. Wir fahren los ... Wir fahren lange. Also wahrscheinlich ins Butyrki-Gefängnis. Denn die Lubjanka liegt nahe am Kasaner Bahnhof. Es wird immer unerträglicher. Jemand schreit: «Machen Sie auf, mir ist schlecht!» Die kurze Antwort: «Das ist verboten.» Meine Hände und Füße sind eingeschlafen, das Bewußtsein trübt sich, seltsame Bilder ziehen vor mir vorüber. Ich denke daran, daß während der Französischen Revolution die Verurteilten auf offenen Karren zur Guillotine gefahren wurden. Die Luft hat man ihnen wenigstens gegönnt. Und der alte Brotteaux [28] bei Antole France las sogar, aufrecht in einem solchen Karren stehend, seinen Lukrez: bis zum letzten Augenblick.

Mit ungeheurer Willensanspannung versuche ich, das Bewußtsein mit Inhalt zu füllen, um es nicht zu verlieren, und vergegenwärtige mir das Aussehen der Straßen, durch die wir jetzt fahren. Dann schwindet alles.

Ein starker Salmiakgeruch bringt mich wieder zu mir. Der Wagen hält. Die Tür meines Käfigs ist offen, und jemand in einem weißen Kittel hält mir ein scharfriechendes Fläschchen unter die Nase. Nach diesem Schema wird eine Tür nach der anderen geöffnet, wird in jeden Käfig das Fläschchen hineingehalten. Offensichtlich haben auch die Männer bei dieser Fahrt nicht durchgehalten.

Den Weg vom ‹Schwarzen Raben› bis zum sogenannten ‹Bahnhof von Butyrki› muß ich halb bewußtlos zurückgelegt haben, jedenfalls kann ich mich an nichts mehr erinnern. Ich sehe mich erst wieder auf meinem Bündel sitzen, in einer riesigen Halle, die tatsächlich an einen Bahnhof erinnert. Ein großer, hallender, ziemlich sauberer Raum mit geschäftigen Menschen, Männern und Frauen, deren Uniformen sich nur wenig von denen der Eisenbahner unterscheiden. Unzählige Türen. Kabinen, die wie Telefonzellen aussehen. Bald darauf erfuhr ich, daß es die sogenannten ‹Hundehütten› waren, winzige, fensterlose Verschläge. Dort sperrte man die Gefangenen ein, die auf irgend etwas zu warten hatten. Das Grundgesetz in diesem Gefängnis heißt strenge Isolierung. Keiner von uns darf einen anderen sehen, außer den Zellengenossen. Klingelzeichen kündigen die Ankunft neuer Gefangenengruppen an.

Eine Aufseherin kommt auf uns zu und sagt mit ruhiger Stimme zu mir: «Folgen Sie mir.»

Einen Augenblick später bin ich in einer ‹Hundehütte›. Eingeschlossen. Allein. Man hat uns wieder getrennt. Ich habe kaum Gelegenheit, mich umzusehen. Eine gekachelte Kabine, etwas geräumiger als eine Telefonzelle. Ein Lämpchen an der Decke, ein Hocker. Wieder knirscht das Türschloß. Es geht weiter.

Jetzt befinde ich mich in einem großen Raum, der vollgepfercht ist mit nackten und halbausgezogenen Frauen. Dazwischen, wie schwarze Krähen, die Aufseherinnen in ihren dunklen Uniformen.

Ein Bad? Ärztliche Untersuchung? Nein. Leibesvisitation aller Neuangekommenen.

«Ziehen Sie sich aus. Machen Sie das Haar auf, spreizen Sie Finger und Zehen ... Machen Sie den Mund auf. Spreizen Sie die Beine.»

Mit versteinerten Gesichtern, mit exakten und sachlichen Handgriffen wühlen die Aufseherinnen in den Haaren, als wollten sie nach Läusen suchen, untersuchen sie den Mund, den After. Auf den Gesichtern mancher Frauen liegt Entsetzen, auf denen anderer Abscheu. Auffallend groß ist die Zahl der Häftlinge, die dem Aussehen nach Intellektuelle sind.

Alles läuft wie am Schnürchen. Auf dem langen Tisch häufen sich die konfiszierten Sachen: Nadeln, Ringe, Uhren, Ohrringe, Strumpfbänder, Notizbücher. Die meisten Frauen hier sind Einheimische, die erst heute verhaftet wurden. Sie kommen unmittelbar von zu Hause und haben noch eine Menge liebgewordener Kleinigkeiten bei sich. Sie haben es schwerer als ich. Ich bin ihnen gegenüber eindeutig im Vorteil: ich habe ein halbes Jahr Erfahrung, und ich habe nichts mehr zu verlieren.

«Anziehen!»

Ein junges Mädchen kommt plötzlich auf mich zu, ganz jung, mit einem Bubikopf.

«Sie sind Parteimitglied, Genossin? Wundern Sie sich nicht, daß ich hier danach frage. Ich finde, man sieht Ihrem Gesicht an, daß Sie Kommunistin sind. Antworten Sie mir, es ist sehr wichtig für mich! Ja? Nun, und ich bin Komsomolzin. Ich heiße Katja Schirokowa. Ich bin achtzehn. Ich weiß nicht, wie ich mich verhalten soll. Können Sie mir einen Rat geben? Sehen Sie, diese Deutsche dort hat Schmuck in ihrem Haar versteckt. Soll ich es der Aufseherin melden? Ich weiß nicht, was ich tun soll. Einerseits ist es Denunziation, und das ist abscheulich. Andererseits – wir sind in einem sowjetischen Gefängnis, und vielleicht ist sie wirklich eine Feindin?»

«Und was sind wir, Katja?»

«Das ist doch nur ein Versehen. Wo gehobelt wird, fallen Späne! Ich bin überzeugt, daß wir wieder entlassen werden. Aber es ist sehr schwer, zu entscheiden, wie man sich hier verhalten soll, besonders in einem solchen Fall...»

Ich betrachtete die Frau, auf die Katja mich aufmerksam gemacht hat. Ich sehe ein Gesicht von unwahrscheinlich zarter Schönheit und voller Charme. Später erfuhr ich, daß es die bekannte deutsche Filmschauspielerin Carola Neher war. Zusammen mit ihrem Mann, einem Ingenieur, war sie 1934 in die UdSSR gekommen. Die beiden Ringe, die vor der Aufseherin zu verstecken ihr geglückt war, waren eine Erinnerung an ihren Mann, von dem sie glaubte, er sei bereits tot. Mit der geübten Geste einer Schauspielerin, die öfter in Abenteuerfilmen gespielt hat, gelang es ihr, diese beiden kleinen Ringe in der goldenen Fülle ihrer Haare zu verstecken.

Das reizende und komische Gesichtchen von Katja Schirokowa ist mir noch immer erwartungsvoll zugewandt.

«Brauchen Sie eine Direktive, Katjuscha?»

«Zumindest in diesem Fall. Mit dieser Deutschen...»

«Wissen Sie, Katja, da wir jetzt nackt sind, im buchstäblichen und im übertragenen Sinne des Wortes, ist es, glaube ich, das beste, sich von dem unbewußten Trieb leiten zu lassen, den wir gemeinhin Gewissen nennen. Und das Gewissen sagt Ihnen, wie mir scheint, daß Denunziation etwas Widerwärtiges ist.»

So wurden die beiden Ringe der Carola Neher gerettet. Übrigens nicht für lange. Das gilt auch für Carola selbst. Aber davon werde ich später erzählen.

Bis weit in die Nacht hinein dauerte die Aufnahmeprozedur im Butyrki-Gefängnis. Nach der Leibesvisitation die Fingerabdrücke, eine Prozedur, die nicht weniger erniedrigend ist als die Durchsuchung. Dann wurden wir fotografiert, im Profil und en face, und schließlich folgte das langersehnte Bad. Ein freudiges, da sinnvolles Ereignis, das den Menschen vorübergehend den Kreisen der Danteschen Hölle entzieht.

Nirgendwo kommen die Menschen einander so schnell näher wie im Gefängnis, besonders bei einem solchen ‹Aufnahmeverfahren›. Die gemeinsame Angst vor der unmittelbaren Zukunft, das gemeinsame Erleben dieser menschenunwürdigen Behandlung. Gemeinsam mußten wir alle Etappen dieses Tages durchstehen: alle die vierzig Frauen, mit denen ich am Morgen während der Leibesvisitation zusammengebracht worden war. Wir warteten zusammen, bis wir an die Reihe kamen, und erzählten uns unterdessen flüsternd von unseren ‹Fällen›, nannten die Namen unserer Kinder, sprachen von unserem Schmerz und unseren Kränkungen. Wir verstanden einander sofort.

Und schon meine ich, es wäre alles viel leichter zu ertragen, wenn man mich nicht von dieser reizenden, schwarzhaarigen Soja vom Moskauer Pädagogischen Institut trennen würde. Ich weiß von ihr schon so viel, wie man sonst nach zehn Jahren inniger Freundschaft weiß. Und auch sie stürzt mit einem Seufzer der Erleichterung auf mich zu, als ich aus der ‹Hundehütte› zurückkomme, wo ich fotografiert wurde.

«Wir werden zusammenbleiben, Schenetschka! Sie werden uns wahrscheinlich in die gleiche Zelle bringen. Wäre das schön!»

Aber auch diese kleinen Freuden sind uns nicht gegönnt. Wir werden auseinandergerissen wie auf dem Sklavenmarkt, und als ich aus dem Duschraum komme, finde ich auf dem Flur weder Soja noch Katja Schirokowa, noch die blonde Carola.

«Nach links!» kommandiert der Wachsoldat. Ich werde allein durch die düsteren Gänge geführt. Dann werde ich einem anderen Wachsoldaten übergeben, und ich höre die beiden flüstern: «In die Spezialabteilung.» Dort werde ich von einer Aufseherin mit einem strengen Nonnengesicht in dunkler Uniform in Empfang genommen.

In der Spezialabteilung haben die Zellen normale Türen, ohne mittelalterliche Riegel und Schlösser, und sie werden mit einem ganz gewöhnlichen Schlüssel von außen abgeschlossen. Jetzt dreht sich der Schlüssel hinter mir im Schloß, und ich stehe mit dem Bündel an der Tür und sehe mich um.

Die riesige Zelle ist voll von Frauen. Das gleichmäßige Atmen der Schlafenden wird immer wieder von Stöhnen, kurzen Schreien und Gemurmel unterbrochen. Man braucht nur einen Augenblick an der Tür zu stehen, um zu begreifen: hier wird nicht geschlafen, hier wird schrecklich geträumt. Verglichen mit den beiden Gefängnissen in Kasan, ist es hier beinahe komfortabel. Ein großes Fenster. Hinter dem Gitter allerdings ist auch ein Blende angebracht, aber hier nicht aus Holz, sondern aus Milchglas. Statt Pritschen gibt es hier Feldbetten. Der gigantische

Kübel in der Ecke ist mit einem festen Deckel verschlossen. Die Betten sind alle belegt.

Ich warte eine Weile, dann knote ich mein Bündel auf, hole meine geliebte Biberdecke heraus (eine karierte, sie gehörte Aljoscha) und lege sie auf den Fußboden, in der Nähe des Fensters. Erleichtert strecke ich mich aus. Der ganze Körper summt vor Müdigkeit. Schon versinke ich in süße Gedankenlosigkeit, als plötzlich die Klappe in der Tür geöffnet wird und der Kopf der Aufseherin erscheint.

«Es ist verboten, auf dem Boden zu liegen. Stehen Sie auf!»

«Aber hier ist doch sonst kein Platz.»

«Dann müssen Sie bis morgen früh sitzen. Morgen früh kommen Sie in eine andere Zelle. Es ist schon bald Tag.»

Kaum hat sich die Klappe wieder geschlossen, richtet sich auf einem der Betten eine Gestalt mit wirren Haaren auf.

«Genossin! Kommen Sie her, legen Sie sich hin. Ich kann doch nicht schlafen. Sie brauchen sich nicht zu genieren. Wirklich. Ich sitze gern.»

Sie spricht mit einem starken kaukasischen Akzent. Sie macht mir schnell ihr Feldbett zurecht. Mein Gott, was für ein Luxus! Ich habe schon ganz vergessen, daß man auf etwas anderem liegen kann als auf einem nackten Strohsack. Das Kopfkissen meiner neuen Bekannten duftet nach längst Vergessenem – nach Sauberkeit.

Die Frau versteht alles, ohne daß ich ein Wort sage.

«Bei uns in Armenien hatten wir noch ‹verfaulten Liberalismus›: ich durfte mir ein Kopfkissen und etwas Bettwäsche von zu Hause schicken lassen. Hier wollte man mir das Kissen wieder abnehmen, aber der Untersuchungsrichter hat mir geholfen. Er faßt mich zur Zeit mit Samthandschuhen an. Er hofft, daß ich unterschreibe.»

Es liegt vielleicht an meiner Müdigkeit, aber plötzlich habe ich das Gefühl, diese Stimme zu kennen. Das Gesicht kann ich nicht sehen. Das Licht ist bereits ausgeschaltet, trübe Morgendämmerung sickert durch das Gitter und durch die Milchglasblende.

«Haben Sie es bequem? Nun, das ist ja wunderbar.»

Dieses Wort vertreibt meine Schläfrigkeit. Ich strenge mein Gedächtnis an. Ja, ganz bestimmt: irgend jemand von meinen Bekannten hat sehr oft und genau auf dieselbe Weise so gesagt: «Wun-der-bar!» Und dieser wirre Lockenkopf... Ich ergreife die Hände der Frau.

«Wie heißen Sie? Wie heißen Sie?»

«Nuschik», sagt sie. Im gleichen Augenblick springe ich auf und falle ihr um den Hals.

«Nuschik? Sieh doch her! Erkennst du mich denn nicht?»

«Schenja! Ach, ich Esel! Ich habe die Schenja nicht erkannt!»

Weinend und lachend tauschen wir Erinnerungen aus, wobei wir uns ständig unterbrechen. Vor acht Jahren, als junge Aspirantinnen, schliefen wir nebeneinander in dem großen Saal im Leningrader ‹Haus der Wissenschaften›.

«Das Zimmer war fast genau wie dieses! Nicht wahr?»

«Nun ja. Immerhin ...»

Es war ein großer Saal in dem ehemaligen Palast des Großfürsten Sergej Alexandrowitsch, neben der Eremitage. Hinter dem riesigen Fenster, das fast die ganze Wand einnahm, lag der Quai. Das gespenstische Licht der Laternen schien nachts in diesen Saal, der von zehn Aspirantinnen bewohnt wurde.

«Und weißt du noch, wie ich dich einmal nachts geweckt habe?»

Wie sollte ich das vergessen können! Seit dem frühen Morgen büffelte Nuschik Diamat. Sie stand vor der Prüfung. Und in der Nacht weckte sie mich, um mich zu fragen: «Sag mir doch, meine Liebe, wen hat er damals wieder auf die Beine gestellt? Hegel? Wunderbar ...»

Und wir verlieren uns in Erinnerungen an diese herrliche Zeit.

«Soll ich dir deine Hilfe von damals vergelten und dir erklären, wer jetzt alles auf den Kopf gestellt hat? Oder bist du schon selbst dahintergekommen?»

Natürlich weiß ich das längst, aber Nuschik soll es mir ruhig noch einmal sagen. Und sie flüstert mir ganz leise ins Ohr: «Stalin!»

Wir flüstern noch lange, und ich schlafe buchstäblich mitten im Wort ein. Ich wache auf, weil ich beobachtet werde. Neben Nuschik, am Fußende meines Bettes, steht eine Frau von ungefähr fünfundfünfzig Jahren. Ihr Gesicht ist von Leid gezeichnet. Als sie merkt, daß ich aufgewacht bin, setzt sie sich zu mir, preßt ihre Finger zusammen und fragt: «Sagen Sie, hat der Prozeß schon stattgefunden. Hat man schon alle erschossen, ja?»

«Wen? Welcher Prozeß?»

«Sie haben Angst, darüber zu sprechen?»

«Hör zu, Schenja», mischt sich Nuschik ein, «du brauchst keine Angst zu haben. Das ist die Frau von Rykow. Sag ihr, wie es um ihren Mann steht. Wir sitzen doch schon seit zwei Monaten ... Wir wissen überhaupt nicht, was los ist.»

Ich bemühe mich, so eindringlich wie möglich zu erklären, daß ich schon seit einem halben Jahr verhaftet bin, daß ich aus einer anderen Stadt komme und nichts von dem bevorstehenden Prozeß gegen Rykow weiß.

Aber sie glaubt mir nicht: man hat mich doch eben erst gebracht, und nach dem Bad sehe ich verhältnismäßig frisch aus. Und vor allem glaubt sie mir deshalb nicht, weil die große Angst die Menschen auch hinter Gefängnisgittern nicht losläßt. Sie sind endgültig in Luzifers Netz verstrickt, aber sie glauben immer noch an eine Rettung, sie glauben, daß der Fall ihres Zellengenossen noch schlimmer ist, daß sie vorsichtig und verschwiegen sein müssen.

Ich bin vielen solchen Gefängnisdiplomaten begegnet. Sie behaupten, schon ein Jahr vor der Verhaftung keine Zeitung mehr gelesen zu haben, um nichts erzählen zu müssen. Und wie oft bin ich Häftlingen begegnet, die mit tönender Stimme ultrapatriotische Reden geschwungen haben in dem naiven Glauben, daß der Aufseher sie belauschen und es höheren Orts melden werde.

Es kränkt mich, daß ich für so jemand gehalten werde. Aber ich komme nicht dazu, sie vom Gegenteil zu überzeugen. Die Klappe in der Tür öffnet sich, der Kopf der Aufseherin erscheint wieder: «Aufstehen. Fertigmachen zum Austreten.»

Die Zelle reagiert mit dem Quietschen von achtunddreißig Feldbetten. Alle stehen auf. Gespannt betrachte ich die Gesichter. Wer sind sie? Diese vier, zum Beispiel? Sie tragen auffällige Abendkleider mit großem Dekolleté und Schuhe mit Stöckelabsätzen. Alles ist verknautscht, schmutzig.

Nuschik kommt mir zu Hilfe.

«Aber was denkst du, Dummerchen! Das sind keine Amüsierdamen. Alle vier sind Parteimitglieder. Sie waren zu Gast bei Rudsutak. Und sind bei ihm verhaftet worden. Sie haben dort nach dem Theater soupiert. Das sind ihre Abendkleider. Jetzt haben sie sie drei Monate an, Päckchen durften sie sich nicht schikken lassen. So plagen sie sich, die Ärmsten, im Gefängnis mit diesem Dekolleté! Gestern habe ich dieser, der Älteren, mein Tuch geschenkt, damit sie ihre Blöße bedecken kann, wie man so sagt!»

Die achtunddreißig Frauen ziehen sich schnell an, sie fürchten, zum Austreten zu spät zu kommen. In der Zelle hört man gedämpfte Stimmen. Viele erzählen den Nachbarinnen ihre Träume.

«Man ist hier abergläubisch geworden», erzählt Nuschik. «Dort, am Fenster, die Alte da – jeden Morgen erzählt sie ihre Träume und fragt, was sie zu bedeuten hätten. Aber sonst nimmt sie es mit jedem Professor auf. Und siehst du diese andere? Noch ein Kind, nicht wahr? Sie ist sechzehn. Ninotschka Lugowskaja. Der Vater ist Sozialrevolutionär, er saß seit fünfunddreißig, und jetzt hat man die ganze Familie verhaftet – Mutter und drei Töchter. Und das ist die jüngste, eine Schülerin der achten Klasse.»

Und dann sind wir alle – mit mir sind es neununddreißig – (die jüngste ist sechzehn, die älteste, die alte Bolschewikin Surina, vierundsiebzig) in einer großen, nicht sehr schmutzigen Toilette, die mich auch wieder an einen Bahnhof erinnert. Und wir beeilen uns alle, als müßten wir zum Zug.

Man hat so vieles zu tun, vor allen Dingen Wäsche waschen, was übrigens streng verboten ist. Aber man muß das Risiko auf sich nehmen. Die meisten bekommen keine Päckchen und müssen mit einer einzigen Wäschegarnitur auskommen.

Ninotschka Lugowskaja wird von allen umsorgt. Man wäscht ihr die Höschen aus, kämmt ihr das Haar, sie bekommt zusätzlichen Zucker geschenkt. Man überschüttet sie mit Ratschlägen, wie sie sich bei den Verhören verhalten solle.

Mein Herz krampft sich vor Schmerz zusammen, vor Schmerz und durchdringendem Mitleid mit den Jungen und mit den Alten. Es ist fast ein physischer Schmerz. Katja Schirokowa oder diese Ninotschka, die nur wenig älter ist als unsere Majka. Oder Surina – die fast zwanzig Jahre älter ist als meine Mutter.

Sicher, ich war den meisten gegenüber im Vorteil: ein Glück, daß ich über dreißig war, und ein Glück, daß ich erst wenig über dreißig war! Ich hatte noch meine eigenen Zähne und brauchte noch keine Brille (die Brillen wurden konfisziert und die Weitsichtigen und Kurzsichtigen mußten sich furchtbar plagen!). Mein Magen, mein Herz und alle anderen Organe funktionierten ausgezeichnet. Seelisch aber war ich reifer geworden, ich würde nicht zerbrechen wie ein Rohr im Wind, wie Nina und wie Katja …

Also, Kopf hoch! Ich habe mehr Glück gehabt als die anderen. Nur: ich habe den Eindruck, daß ich mehr als die anderen unter den Demütigungen leide, denen ich, wie alle anderen, ausgesetzt bin. Ich glaube, daß ich die schlimmsten körperlichen Qualen diesem Zustand der Erniedrigung, der Kränkung, vorziehen würde.

Dagegen hilft nur eins: jeden Augenblick sich selbst klarzumachen, daß sie keine Menschen sind, ‹sie›, die mir das alles antun. Ich hätte mich doch auch nicht gedemütigt gefühlt, wenn ein Schwein oder ein Affe in meinem Haar gewühlt hätte, um dort ‹Beweisstücke für meine verbrecherischen Handlungen› zu suchen.

Die Kommunistische Internationale

Die Aufseherin hinderte mich daran, mit den anderen wieder in die Zelle zu gehen.

«Warten Sie.»

Nachdem sie die Zelle hinter den Frauen verschlossen hatte (ich hatte nicht einmal Gelegenheit, mich von Nuschik zu verabschieden), führte sie mich weiter durch den Gang und deutete auf eine offene Tür.

«Hier.»

Diese Zelle sieht genauso aus wie die, in der ich übernachtet hatte; sie ist leer. Die Insassinnen sind zum Austreten geführt worden.

«Hier schlafen Sie.» Die Aufseherin zeigt auf eines der Feldbetten, die neben der Tür stehen, also neben dem Kübel.

Aber sonst gefällt es mir hier gut. Durch das Milchglas dringt Sonnenlicht herein. Die fünfunddreißig Feldbetten sind sorgfältig gemacht, aber das auffallendste – sehe ich recht – sind Bücher. Ja, tatsächlich, auf jedem Bett liegen Bücher. Ich zittere vor Freude. Meine heißgeliebten, meine treuen Freunde. Ich habe fast ein halbes Jahr keine zu sehen bekommen. Sechs Monate lang habe ich nicht in euch blättern können und auf den herben Geruch der Druckerschwärze verzichten müssen. Ich schlage das erste beste auf. *‹Der Tunnel›* von Kellermann, in deutsch. Das zweite! Ein Bändchen von Stefan Zweig, ebenfalls in deutsch. Dann Anatole France in französisch. Dickens – englisch ... Ich vergewissere mich rasch, daß alle hier vorhandenen Bücher fremdsprachig sind. Ich betrachte die Kleider, die verstreut auf den Feldbetten liegen. Selbst diese Fetzen, zerknittert und abgetragen, scheinen aus dem Ausland zu kommen. Bin ich in eine Zelle für Ausländer geraten?

Der Schlüssel dreht sich im Schloß, die Tür öffnet sich, und in die Zelle kommen fünfunddreißig Frauen. Der ganze Schwarm zwitschert gedämpft in verschiedenen fremden Lauten. Schließlich bemerken sie mich und stellen sich im Kreis um mich auf. Ihre Gesichter sind freundlich. Es regnet Fragen auf deutsch, französich oder in gebrochenem Russisch. «Wer sind Sie? Wann haben sie Sie geholt? Was gibt es Neues in der Welt?»

Ich antworte auf russisch und frage zurück:

«Und wer sind Sie, Genossinnen? Ich sehe, daß Sie Ausländerinnen sind. Aber woher kommen Sie?»

Eine schlanke blonde Frau von ungefähr neunundzwanzig Jahren, die ganz vorn steht, streckt mir die Hand entgegen.

«Stellen wir uns vor... Greta Kästner, Mitglied der KPD, und das ist meine – wie sagt man auf russisch – Freundin? Nicht? Ja, das ist meine Freundin: Klara. Sie ist vor Hitler geflohen. Sie war lange Zeit von der Gestapo eingesperrt.»

Klara ist ein sehr dunkler Typ, sie sieht wie eine Italienerin aus, nicht wie eine Deutsche. Sie mustert mich zurückhaltend und bestätigt Gretas Worte durch Kopfnicken. Noch eine große Blonde kommt auf mich zu.

«Ich bin Mitglied der lettischen KP», sagt sie in akzentfreiem Russisch.

«Comunista italiana...»

Eine lächelnde Chinesin, deren Alter sich nur schwer schätzen läßt, legt mir beide Hände auf die Schultern und stellt sich als Mitglied der Kommunistischen Partei Chinas vor.

«Auf russisch heiße ich Schenja», sagt sie. «Schenja Kowerkowa. Ich habe in Moskau studiert, an der Sun-Jat-Sen-Universität. Wir haben dort alle russische Namen bekommen. Und wer sind Sie, Genossin?»

Alle sind außerordentlich erstaunt, als sie erfahren, daß ich Mitglied der Kommunistischen Partei der UdSSR bin. Fragen, lauter Fragen. Weiß man etwas Genaues über die Prozesse gegen das Militär? Ist Wilhelm Pieck wieder auf freiem Fuß? Trifft es zu, daß man alle lettischen Schützen festgenommen hat? Wann beginnt der Prozeß gegen Bucharin und Rykow? Stimmt es, daß ein Juli-Plenum des ZK stattgefunden hat und daß Stalin dort eine Verschärfung des Strafvollzugs in den Gefängnissen forderte?

Für mich sind alle diese Fragen Neuigkeiten. Ich erkläre ihnen, daß ich länger als sie alle im Gefängnis bin. Daß ich aus der Provinz komme und vor das Militärkollegium gestellt werden soll. Allmählich löst sich der Kreis um mich auf, und ich bleibe in der Gesellschaft der beiden Deutschen, Greta und Klara. Wenn ich deutsch spreche, mache ich die gleichen Fehler wie sie, wenn sie russisch reden. Wir unterhalten uns trotzdem blendend in beiden Sprachen zugleich. Eine Lösung, die alle befriedigt.

«Was wird Ihnen vorgeworfen, Greta?»

In den blauen, ‹arischen› Augen schimmern Tränen.

«Oh, schrecklich! Spionage ...»

In zwei, drei Sätzen berichtet sie von ihrem Mann – «einem echten Berliner Proletarier». Und sie selbst – seit dem fünfzehnten Lebensjahr Jungstürmerin. Trotzdem darf sie sich nicht beklagen. Aber Klärchen ...

Klara legt sich plötzlich auf das Feldbett, auf den Bauch, und hebt das Kleid hoch. Auf ihren Hüften und auf dem Gesäß sind furchtbare häßliche Narben zu sehen. Als hätte eine Herde von Raubtieren sie zerfleischen wollen. Klaras schmale Lippen sind fest aufeinandergepreßt. Ihre grauen Augen funkeln in dem dunklen Gesicht.

«Das war die Gestapo», sagt sie heiser. Dann richtet sie sich genauso schnell auf, streckt mir beide Hände entgegen und fährt fort: «Und das – das NKWD.»

Ihre Fingernägel sind verunstaltet, blau unterlaufen, verquollen. Mein Herz stockt.

«Was ist das?»

«Ein Spezialgerät für ... Wie sagt man auf russisch? ... Ach ja, für aufrichtige Geständnisse ...»

«Folter!»

«Oh – oh ...»

Greta wiegt sorgenvoll den Kopf: «Wenn es Nacht ist, wirst du es hören.»

Dann spricht mich jemand in reinem Russisch an: «Haben Sie einen Augenblick Zeit, Genossin?»

Es stellt sich heraus, daß außer mir noch einige andere Russen in der Zelle sind. Die Frau, die mich angesprochen hat, ist Julija Annenkowa aus Moskau, ehemalige Redakteurin der deutschsprachigen Moskauer Zeitung. Sie ist Anfang Vierzig, nicht hübsch, aber sie hat ein starkes, ausdrucksvolles Gesicht. Sie sieht aus wie eine Hugenottin. In ihren Augen leuchtet eine dunkle Flamme. Sie faßt mich am Ellenbogen, führt mich zur Seite und flüstert mir zu:

«Sie hatten absolut recht, den Fragen dieser Menschen auszuweichen. Man kann ja nicht wissen, wer ein wirklicher Volksfeind ist und wer nur einem Versehen zum Opfer gefallen ist wie wir beide. Seien Sie auch in Zukunft vorsichtig, damit Sie nicht, ohne es zu wollen, ein wirkliches Verbrechen gegen die Partei begehen. Es ist das beste, man schweigt...»

«Aber ich weiß wirklich nichts. Ich komme wirklich aus der Provinz und bin wirklich seit einem halben Jahr im Gefängnis. Vielleicht wissen Sie, was im Lande vorgeht?»

«Verrat! Furchtbarer Verrat in allen Schichten der Partei und der Regierung. Unter den Verrätern sind zahlreiche Sekretäre von Parteikomitees und den Zentralkomitees der einzelnen Republiken. Postyschew, Chatajewitsch, Eiche, Rasumow, Iwanow, der Vorsitzende der Kontrollkommission Antipow, viele Offiziere.»

«Aber wenn alle den *einen* verraten haben sollen, ist es nicht einfacher anzunehmen, er hat alle verraten?»

Julija wird blaß. Sie schweigt einen Augenblick. Dann sagt sie hart: «Verzeihung, ich habe mich in Ihnen getäuscht.»

Sie läßt mich stehen, und eine andere Russin kommt auf mich zu – Natascha Stoljarowa. Sie ist Anfang Zwanzig und sieht mit ihren blonden Zöpfen und den Sommersprossen in ihrem rundlichen Gesicht wie ein Schulmädchen aus. Natascha ist Tochter von Emigranten. Sie war fünf oder sechs Jahre alt, als sie mit ihren Eltern nach Paris kam. Dort wuchs sie zweisprachig auf. Vor einigen Jahren kehrte sie nach Moskau zurück; sie wurde repatriiert. Begeistert atmete sie wieder die russische Luft, genoß die unverwässerte russische Sprache. Sie arbeitete als Dolmetscherin. Und dann ... Auch Natascha warnt mich.

«Sie sind viel zu vertrauensvoll. Warum waren Sie so offen zu Julija? Sie sehen doch, sie hat das Gesicht einer Bilderstürmerin. Solche Menschen können einer Idee zuliebe zum Spitzel werden. Und warum wollen Sie Ihrem Untersuchungsrichter Trümpfe zuspielen?»

Natascha versichert, daß sich die Dinge ihrem ‹unvoreingenommenen Blick› viel deutlicher zeigen als uns anderen.

«Der Usurpator aus dem Kaukasus ist, glauben Sie mir das, schrecklicher als seine französischen Vorläufer. Er dreht uns einfach den Hals um.»

«Aber es ist doch nicht möglich, daß er zielbewußt die führende Schicht der Partei ausmerzen will. Auf wen wird er sich dann stützen?»

«Warten Sie ab, bis es Nacht wird – dann werden Sie hören, auf wen er sich stützt.»

«Aber die vergangene Nacht habe ich in der Nachbarzelle verbracht und nichts gehört.»

«Weil Sie erst gegen Morgen gebracht wurden. Die Zeit, in der sie foltern, ist festgelegt – bis drei. Die Deutschen hier, die die Gestapo kennen, behaupten, daß man auf deren Erfahrungen aufbaut. Es sei der gleiche Stil. Vielleicht schickt man sie zu einem Lehrgang ins Ausland.»

Nataschas qualvolle und harte Worte passen nicht zu ihren Mädchenzöpfen. Auf diesen Zöpfen liegt Sonnenlicht, das gedämpft durch das Milchglas dringt. Leben, Licht, Güte durchbrechen jeden Augenblick die düsteren Wolken, die sich über uns ballen.

Gerade beschreibt Greta ihrer Nachbarin Klara das bezaubernde Kleid, das sie am 1. Mai, bei dem Fest im Bolschoj-Theater, zum letztenmal getragen hat. Und Klaras Augen funkeln vor Neugierde. Auch sie hat etwas über das Geheimnis eines gutgeschnittenen Kleides zu berichten und zieht in der Luft die Linie eines schönen Mieders nach. Ja, sie tut das mit ihren blauen Fingern mit den verunstalteten Nägeln.

Die Chinesin Schenja Kowerkowa bringt jetzt der dürren Polin Wanda ‹ausgezeichnete Wadenübungen› bei. Beide legen sich rücklings auf den Boden, wobei sie nach der Klappe in der Tür schielen, und beginnen ‹Fahrrad zu fahren›: sie sind besorgt um ihre Linie, die im Gefängnis Schaden nehmen könnte vom Nichtstun, von dem Mangel an Bewegung, von der ewigen Grütze und Hafersuppe.

Das Mittagessen und auch das Abendessen sind vorüber. Austreten. Kontrolle. Betten machen. Alle legen sich hin und warten. Gleich wird es anfangen. Unabwendbar wie der Tod.

Die Nächte im Butyrki

Wegen eines Zwischenfalls bei der Kontrolle war die allgemeine Stimmung an diesem Abend noch gedrückter als sonst. Im Butyrki wurden beim Appell nicht die Köpfe, sondern die Teebecher gezählt. Vor dem Appell mußte jede von uns ihren Becher auf den Tisch stellen. Die Zellenälteste hatte den Vorgang zu beaufsichtigen. Die Aufseher und Oberaufseher zählten die Becher nach und gingen, nachdem sie die üblichen Bemerkungen gemacht hatten wie «Kein lautes Reden!», «Nach dem Bettenmachen schlafen!»

An diesem Tag war der Aufseher, der die Becher zu zählen hatte, besonders umständlich. Er zählte sie mehrmals nach, stellte sie symmetrisch auf, verzählte sich, fing wieder von vorn an und leckte sich dabei auf eine unbeschreiblich komische Weise den rechten Daumen.

Als erste prustete die lustige Schenja Kowerkowa los, dann die anderen. Als die Prozedur zu Ende war und die Oberaufseher mit ihrem Gefolge sich gravitätisch zurückgezogen hatten, brach in der Zelle jenes unaufhaltsame Gelächter aus, das zuweilen in Gefängnissen zu hören ist.

Die Menschen lachen aus dem nichtigsten Anlaß, als wollten sie sich für das ständige Leid, das Heimweh und die Anspannung entschädigen. Ein wahrhaft homerisches Gelächter, das in keinem Verhältnis zu dem Anlaß steht. Es ist nicht leicht, diesem Lachen Einhalt zu gebieten. Und auch an diesem Abend blieben alle Ermahnungen der wenigen Vernünftigen erfolglos.

«Schweigen Sie!» Dieser durchdringende Schrei war nicht zu überhören. Julija Annenkowa, blaß und wutentstellt, hob den Arm mit der Bewegung der Bojarinja Morosowa.[29]

«Wagen Sie es nicht, sich über ihn lustig zu machen. Er repräsentiert hier die sowjetische Regierung. Er erfüllt seine Pflicht. Sie dürfen das nicht, Sie dürfen das nicht!»

Das Lachen hörte auf, wie abgewürgt. Die große, immer vernünftige Deutsche Erna redete deutsch auf Julija ein und versuchte ihr zu erklären, das Lachen sei allein «durch die komische Erscheinung dieses Subjekts, ganz abgesehen von seiner Funktion», ausgelöst worden. Wir hätten genauso gelacht, wenn er nicht ein Aufseher, sondern ein Häftling wäre wie wir.

Aus der Ecke, in der einige Polinnen schliefen, hörte man deutlich eine Stimme: «Psja Krev!», aber es war nicht festzustellen, ob sich das auf den Aufseher oder auf Julija bezog.

Julija zog sich hastig aus, ohne zuzuhören, legte sich hin und kroch mit dem Kopf unter die Decke, um sich ausdrücklich von ihren Nachbarinnen zu distanzieren, in denen sie, eine orthodoxe Stalinistin, den ‹wirklichen Volksfeind› witterte.

Wir waren alle niedergeschlagen und legten uns schnell in unsere Betten. Neben mir lag die Lettin Milda, eine ältere Frau mit dem Aussehen einer unermüdlichen Arbeiterin. Tiefliegende Augen, flache Brust, vorstehender Leib, lange, dürre Arme, große Hände mit knotigen Adern. Wie eine Waschfrau aus einem Bild von Archipow. Dieser Frau wurde vorgeworfen, in teuren Restaurants mit Ausländern getafelt und Diplomaten verführt zu haben, um ihnen geheime Informationen zu entlocken. Denn man schrieb Juli Eintausendneunhundertsiebenunddreißig, und niemand kümmerte sich darum, ob eine Anklage auch nur den Anflug von Wahrscheinlichkeit hatte.

Bevor sie sich hinlegte, kämmte Milda sorgfältig ihr dünnes blondes Haar, holte aus ihrem Strohsack einen Wattebausch und stopfte sich die Watte in die Ohren. Dann hielt sie auch mir wortlos einen Wattebausch hin. Auf meinen erstaunten Blick hin erklärte sie: «Mich haben sie im Winter geholt. Ich habe einen Wintermantel. Diese Watte zupfe ich aus dem Mantel.»

«Aber wozu stopft man sie sich in die Ohren?»

Milda zuckte müde mit den Schultern.

«Um nichts zu hören. Damit man schlafen kann.»

Aber ich wollte mir nichts in die Ohren stopfen. Bin ich ein Vogel Strauß? Man soll den Kelch bis zur Neige leeren. Und ich habe den Kelch bis zur Neige geleert, in jener heißen Julinacht im Jahre Eintausendneunhundertsiebenunddreißig.

Es begann plötzlich, ohne jede Vorbereitung, ohne jeden Übergang. Nicht nur ein Schrei, sondern unzählige Schreie und das Stöhnen gefolterter Menschen drangen durch die offenen Fenster in unsere Zelle. Für die nächtlichen Verhöre war im Butyrki ein ganzer Seitenflügel eingerichtet, offensichtlich nach dem letzten Stand der Foltertechnik. Klara, die die Gestapo gründlich kannte, behauptete jedenfalls, daß die Folterwerkzeuge zweifellos aus Hitler-Deutschland importiert würden.

Die Schreie der Gefolterten wurden vom Brüllen und Fluchen der Folterknechte übertönt. Worte waren nicht zu unterscheiden, nur ab und zu hörte man in dieser Kakophonie des Schreckens kurz, wie einen Peitschenhieb: «Matj! Matj! Matj!» Und dazwischen das Poltern umgeworfener Stühle, das Dröhnen von Tischplatten und noch ein anderes, unbestimmbares Geräusch, das einem das Blut in den Adern stocken ließ. Es waren nur Geräusche, aber vor mir erstand ein deutliches Bild, als erlebte ich das alles unmittelbar. Sie sahen alle aus wie Zarewskij, diese Untersuchungsrichter. Und die Augen ihrer Opfer sah ich auch, sie hatten diesen ganz besonderen Ausdruck... Nein, ich finde keine Worte, ihn zu beschreiben. Noch heute erkenne ich die ‹Ehemaligen› an Spuren, die dieser Ausdruck irgendwo, auf dem Grund der Pupille, hinterlassen hat. Und noch heute, in den sechziger Jahren, verblüffe ich zuweilen Menschen, denen ich in einem Kurort oder in einem Eisenbahnabteil begegne, mit der unheimlichen Frage: «Sie waren verhaftet? Hat man Sie rehabilitiert?»

Wie lange kann es dauern? Es heißt bis drei. Aber das kann man doch nicht eine Minute ertragen! Und es geht weiter, mal schwächer und dann wieder stärker. Eine Stunde. Zwei Stunden. Drei Stunden. Vier Stunden. Jede Nacht, bis drei Uhr früh. Ich setze mich in meinem Bett auf. Ein alter östlicher Spruch kommt mir in den Sinn: «Möge Gott mich bewahren vor Dingen, an die man sich gewöhnt.» Doch man hat sich daran gewöhnt. Man hat sich sogar *daran* gewöhnt. Die meisten schlafen oder liegen zumindest ganz ruhig, die Decke über den Kopf gezogen, trotz der drückenden Schwüle. Nur ein paar Neue wie ich sitzen aufrecht in ihren Betten. Manche halten sich die Ohren zu, andere scheinen erstarrt zu sein. Von Zeit zu Zeit öffnet sich die Klappe in der Tür, und der Kopf der Aufseherin erscheint.

«Alles schlafen! Nachts ist Sitzen verboten.»

Plötzlich hört man einen verzweifelten Aufschrei, nicht *dort*, sondern in unmittelbarer Nähe.

Eine junge Frau mit einem langen aufgelösten Zopf stürzt an das Fenster. Alles vergessend, rasend, schlägt sie mit dem Kopf und den Fäusten gegen das Gitter.

«Das ist er! Er! Das ist seine Stimme! Ich habe sie erkannt...

Ich will nicht, ich will nicht, ich will nicht länger leben! Sie sollen mich totschlagen ...»

Viele springen auf. Sie umringen die Frau, sie ziehen sie vom Fenster fort, beruhigen sie, reden ihr ein, sie habe sich geirrt, das sei nicht die Stimme ihres Mannes.

Nein, nein. Man braucht ihr nichts einzureden. Seine Stimme erkennt sie unter Tausenden. Das ist er. Er wird dort gefoltert, verstümmelt, und sie muß hier liegen und schweigen. Nein! Sie wird schreien und toben. Vielleicht wird man sie dann früher totschlagen, sie hat keinen anderen Wunsch, als zu sterben. Man kann sowieso nicht mehr leben, nach allem, was geschehen ist ...

Schritte im Gang. Die Tür wird aufgestoßen. Es erscheinen die Aufseherin und der Oberaufseher. Mit einem exakten und geübten Griff dreht er der Tobenden die Hände auf den Rücken, gießt ihr gewaltsam aus einem Glas eine Flüssigkeit in den Mund und sagt:

«Trinken Sie! Das ist Baldrian.»

Kaum. Wäre es Baldrian, würde die Frau nicht so bald auf ihr Bett sinken, die Augen schließen und sofort in einen seltsamen todesähnlichen Schlaf fallen.

Die Ruhe in der Zelle ist wiederhergestellt, Milda hebt den Kopf, macht sich an ihrem Strohsack zu schaffen und bietet mir wieder Watte für die Ohren an.

«Nicht nötig. Sagen Sie mir lieber, wer die Frau ist.»

«Diese Frau? Eine Polin. Dort in der Ecke liegen sieben. Ihr Mann ist Russe, ein Sowjetrusse. Sie sind jung verheiratet. Sie hat ein drei Monate altes Kind zurückgelassen. Man mußte ihr hier die Brust hochbinden, damit die Milch zurückgeht. Am schlimmsten ist für sie der Gedanke, daß ihr Mann ihretwegen verhaftet worden ist, weil sie eine Ausländerin ist.»

Es wird drei Uhr. Die Geräusche lassen nach. Jetzt noch einmal das Poltern eines umgeworfenen Stuhls. Und noch einmal der Schrei und von allen Seiten das Echo: «Matj! Matj! Matj!» Noch einmal die halberstickte, schluchzende Stimme eines Mannes. Und dann – Stille.

Ich sehe vor mir, wie die wankenden, blutüberströmten, verstümmelten Opfer aus den Folterkammern geführt werden. Manche werden hinausgetragen. Ich sehe, wie die Untersuchungsrichter die Akten in ihren Schreibtischen verstauen.

«Geben Sie mir die Watte», bitte ich meine Nachbarin Milda.

«Jetzt brauchen Sie sie nicht mehr. Bis morgen wird nichts mehr geschehen.»

«Einerlei. Geben Sie her.»

Sie wundert sich, zuckt mit den Schultern und gibt mir ein Bällchen graue Polsterwatte. Ich stopfe sie mir in die Ohren. Ich ziehe mir die Gefängnisdecke über den Kopf, die nach Staub und nach Tränen riecht, und beiße auf den Zipfel meines Strohsacks. Das scheint zu helfen. Nichts hören und nichts sehen. Wenn es einem nur gelänge, auch nichts zu denken ...

Wenn man nicht einschlafen kann, muß man sich zehnmal, hundertmal irgendein Gedicht aufsagen. Und ich sage immer wieder vor mich hin:

> «Ich schlafe gern, bin lieber steinern noch,
> Solang das Unheil und die Schande währen.
> Mein Glück ist, nicht zu sehen, nicht zu hören;
> Darum, ach! weck mich nicht, sprich leise doch.»

Das sagte Michelangelo[30].

Gemäß dem Gesetz vom 1. Dezember 1934

Im Butyrki war die Isolierung von der Außenwelt wesentlich perfekter als in den Gefängnissen von Kasan. Die Zellen wurden nach dem Prinzip belegt: ‹Gleicher Stand der Beweisaufnahme›. Deswegen wurde bei uns nie jemand eingeliefert, der unmittelbar von draußen kam. Bei allen Neuen war, genau wie bei mir, die Voruntersuchung entweder abgeschlossen oder in ihrem letzten Stadium.

Wir waren verzweifelt, weil wir überhaupt nichts erfuhren. Dennoch bildete sich bei uns ein gewisser Alltagsrhythmus heraus. Schreckliche Nächte wechselten mit geschäftigen Tagen. Wir hatten eine Menge zu tun. Vom Wecken bis zum Bettenmachen blieb uns nicht eine einzige freie Minute. Die Zeremonie mit dem gewaltigen Kübel, das ausgedehnte ‹Austreten›, wobei man Schlange stehen mußte, die drei Mahlzeiten, die in großen Eimern gebracht wurden, Geschirrspülen und das Ausbessern der Strümpfe und der Büstenhalter – Päckchen durfte man hier überhaupt nicht bekommen –, dann der Hofgang, die Bestellungen beim Kiosk für jene Glücklichen, die auf ihrem persönlichen Konto etwas Geld hatten, Umtausch von Büchern, Kontrolle, wieder Kontrolle – das alles füllte unsere Tage reichlich aus. Tagsüber erinnerte unsere Zelle an den Kielraum eines Schiffes in Seenot, das schon lange über die stürmische See treibt. Und genau wie auf einem untergehenden Schiff gab es hier Menschen, die betont ruhig oder exaltiert und ängstlich wirkten ... Letztere waren allerdings in der Minderzahl.

Etwa zwei Tage, nachdem ich in diese Zelle gebracht worden war, kam es zu einem Zwischenfall. Popow, der Chef vom Butyrki, hatte in Erfahrung gebracht, daß wir jeden Abend Brotkrümel vor unser Fenster streuten, und daß die Spatzen sich daran gewöhnt hatten und in Schwärmen, ohne sich an den Milchglasblenden zu stören, zu uns geflogen kamen, wobei sie die Zelle mit lautem Gezwitscher erfüllten und die Häftlinge in eine fröhliche Aufregung versetzten.

Popow stürzte zu einer ungewöhnlichen Zeit in die Zelle, mit einer Ehreneskorte von Oberaufsehern, und hielt mit einer Stimme, die sich vor Zorn überschlug, eine kurze energische Ansprache, deren Leitmotiv war: «Sie sind hier nicht zur Kur.» Jeder Satz endete mit dem Refrain: «Vergessen Sie nicht, Sie sind in einem Gefängnis, und zwar im Butyrki!»

Strafzelle, Entzug des Hofgangs oder Bibliotheksverbot wurden allerdings nicht verhängt. Es hieß, Popow sei kein schlechter Mensch, er ziehe es vor, zu belehren, statt zu strafen. Die Zukunft gab ihm Gelegenheit, die Bedeutung seiner Lieblingswendung «... und zwar im Butyrki» am eigenen Leib zu erfahren. Nach zwei oder drei Monaten verwandelte er sich aus dem Gefängnischef in einen Häftling.

Von Zeit zu Zeit wurde eine von uns geholt. Hieß es: «Mit Gepäck», dann wurden alle blaß, und von trockenen Lippen kamen die Worte: «Zur Verhandlung» oder «Urteilsverkündung». Wir wußten bereits, daß einige von uns in einer Gerichtsverhandlung, andere gemäß einer sogenannten ‹Sonderverfügung› des NKWD *in Abwesenheit* des Angeklagten verurteilt werden würden. Aber über das Strafmaß war noch nichts bekannt. Das war ein ständiger Anlaß zu leidenschaftlichen Diskussionen. Manche wiederholten die frostigen Worte: «Höchststrafe», «Zehn Jahre». Die meisten aber verbaten sich solche Prognosen. Einer allgemeinen Beliebtheit erfreute sich der Syllogismus: «Wenn selbst Sinowjew und Kamenjew, Pjatakow und Radek mit zehn Jahren davongekommen sind, so werden wir, das gemeine Fußvolk, doch nicht ...»

Wurde aber jemand ‹ohne Gepäck› geholt, verbreitete sich in der Zelle eine Erregung ganz besonderer Art. Die Tür war kaum geschlossen, der Schlüssel kaum umgedreht, dann wurde in den verschiedenen Ecken der Zelle bereits unheilverkündend geraunt: «Seltsam, warum haben sie sie geholt? Die Voruntersuchung ist doch längst abgeschlossen.»

«Aber wo denken Sie hin! Sie ist doch ein anständiger Mensch.»

«Es sah so aus, trotzdem ...»

«Und ich habe ihr ausgerechnet gestern mein Herz ausgeschüttet ...»

Es war eine richtige Psychose. Gutmütige Menschen, die noch eben freundschaftlich miteinander gesprochen hatten, sahen plötzlich in ihren Zellengenossinnen verkappte Spitzel und Provokateure. Oft schämten sich die Menschen später dieser Anfälle von gegenseitigem Mißtrauen, Verdächtigungen, dieses Gefühls, ein Wolf unter Wölfen zu sein. Aber dann vergingen einige Stunden, wieder wurde jemand ‹ohne Gepäck› geholt, und wieder erstarrten alle vor Entsetzen. Was wird geschehen, wenn sie dem Richter erzählt, was gestern in der Zelle gesprochen wurde?

Als an einem klaren Sommertag die Klappe in der Tür geöffnet wurde und die Aufseherin halblaut meinen Namen rief, hatte ich zuerst nur ein unangenehmes Gefühl und dachte: Ohne Sachen! Was soll das! Jetzt werden alle in der Zelle auch von mir denken...

Es ist interessant, zu beobachten, wie verzerrt ein Häftling Situationen und Probleme sieht. Ich war schon drei Wochen im Butyrki und wurde zum erstenmal geholt. Es wäre nur selbstverständlich gewesen, wenn ich zuerst an die Gerichtsverhandlung, an das Urteil, an Leben und Tod gedacht hätte.

Aber nein! Meine einzige Sorge war, meine Zellengenossinnen könnten schlecht über mich denken. Sie hatten eine merkwürdige Art, jeden zu verdächtigen, der ohne Gepäck geholt wurde...

Fast mechanisch folgte ich den im Flüsterton gegebenen Befehlen des Wachsoldaten, der mich durch das Labyrinth der Gänge führte, bis ich endlich merkte, daß ich in die ‹Bahnhofshalle› gebracht wurde.

«Hierher!»

Das Schloß knirscht, und ich bin wieder in der ‹Hundehütte›, dem gekachelten Käfig. Wohin wollen sie mich bringen?

Ich lehne mich gegen die kalte Wand und verliere wieder das Gefühl für Zeit. Die Kacheln blitzen im Licht der starken elektrischen Birne. Auch wenn ich die Augen schließe, sind diese Kacheln noch da, sie werden nur etwas dunkler. Man wird mich doch nicht ewig hier sitzen lassen.

Wieder knirscht das Schloß. In der Tür steht ein noch sehr junger Offizier.

«Lesen Sie das!» Er drückt mir ein Papier in die Hand. Ehe ich dazu komme, etwas zu fragen, schließt er mich wieder ein.

Anklageschrift in Sachen... Unterschrieben von Wyschinskij. Er hat sie also sanktioniert. Ich sehe ihn vor mir im gestickten ukrainischen Hemd. In einem Kurort. Seine kränkliche dürre Frau, seine Tochter Sina, mit der ich jeden Tag an den Strand ging. Ob er sich an mich erinnert hat, als er dieses Papier unterschrieb? Oder verschwammen die Namen vor seinen getrübten, von einem blutigen Schleier verdunkelten Augen? Er hatte es sogar fertiggebracht, seinen alten Freund, den Sekretär des Gebietskomitees von Odessa, Jewgenij Weger, in den Tod zu schikken. Warum sollte er zögern, wenn es um eine Ferienbekannte seiner Tochter ging?

Ich überfliege die ‹Präambel› der Anklageschrift. Ich finde nichts Lesenswertes, nur Wiedergekäutes, wie in der Presse: «... eine trotzkistische, terroristische, konterrevolutionäre Organisation ... mit dem Ziel der Restauration des Kapitalismus und der Beseitigung der führenden Persönlichkeiten von Partei und Regierung.»

Millionenfach wiederholt, erregten diese Formulierungen, die uns einmal erschüttert hatten, Übelkeit und wirkten abgegriffen, wie das ‹Es war einmal ...› in einem Märchen. Niemand nahm sie ernst, sondern man wartete mit Spannung auf die eigentliche Geschichte, in der der ‹Große Menschenfresser› erscheint.

Auf das ‹Es war einmal ...› folgte eine Liste der ‹Mitglieder der konterrevolutionären trotzkistischen terroristischen Organisation› in der Redaktion der Zeitung *Krasnaja Tatarija*. Auch hier nicht ein Anflug von Wahrscheinlichkeit! In dieser Liste wurden Leute aufgeführt, die niemals in der Redaktion gearbeitet hatten oder die längst in eine andere Stadt verzogen und zur ‹Tatzeit› abwesend gewesen waren. (Später stellte sich heraus, daß diejenigen, die rechtzeitig fortgezogen waren, niemals verhaftet wurden.)

Aha, endlich tauchte er auf, der ‹Menschenfresser›. Das ist nicht mehr das ‹Es war einmal ...›, jetzt kommt das Märchen selbst: «Auf Grund des Dargelegten ... vor das Militärkollegium ... nach Artikel 58 Paragraph 8 und 11 des Strafgesetzbuches ... und gemäß dem Gesetz vom 1. Dezember 1934.»

In meinen Schläfen hämmert das Blut nicht wie ein schneller Trommelwirbel, sondern in langsamen dröhnenden Schlägen. Was ist das für ein Gesetz? Das Datum verheißt nichts Gutes.

Der junge Offizier schließt wieder die Tür der ‹Hundehütte› auf. Diesmal sehe ich ihn mir genauer an. Unter dem spitzen Näschen – ein winziger Schnurrbart. ‹Ein Narr mit Schnurrbart›, der Gendarmerieoffizier aus Gorkijs Drama *‹Feinde›*.

Wie aus weiter Ferne höre ich ihn einige Male fragen: «Haben Sie die Anklageschrift zur Kenntnis genommen? Alles klar?»

«Nein. Ich kenne das Gesetz vom 1. Dezember nicht.»

Der Offizier sieht mich erstaunt an, als hätte ich ihn gefragt, was Erde oder Wasser sei. Er zuckt mit den Schultern und erklärt: «Dieses Gesetz schreibt vor, daß das Urteil innerhalb von vierundzwanzig Stunden zu vollstrecken ist.»

Vierundzwanzig Stunden. Und weitere vierundzwanzig Stunden bis zur Gerichtsverhandlung. Man hatte mir in der Zelle gesagt, daß die Gerichtsverhandlung meistens am Tag nach der Aushändigung der Anklageschrift stattfinde. Also insgesamt achtundvierzig Stunden. Das heißt, ich habe noch achtundvierzig Stunden zu leben.

Es war einmal ein kleines Mädchen, Schenja, Schenjetschka. Die Mutter kämmte sie und flocht ihr die Zöpfchen. Es war einmal ein junges Mädchen. Das verliebte sich. Es suchte nach dem Sinn des Lebens. Es war einmal eine erblühende Frau – siebenundzwanzig, achtundzwanzig. Und es gab Aljoscha und Wasja, die Söhne.

In der Zelle herrscht Totenstille. Das war der erste Fall: von hier war noch niemand vor das Militärkollegium gestellt worden. Man kannte nur das ‹Dreiergericht›, das Sondergericht und allenfalls das Tribunal. Und niemand hatte eine Anklageschrift erhalten mit dem verhängnisvollen Hinweis auf die vierundzwanzig Stunden. Es gab keinen Zweifel, was mich morgen erwartete. Man streicht mir über das Haar. Man zieht mir die Schuhe aus. Man steckt mir ein wie durch ein Wunder durch alle Leibesvisitationen gerettetes Veronal in den Mund. Aber es hat keine Wirkung. Mein Körper weigert sich, die letzten Stunden im Schlaf zu vergeuden.

Die ganze Nacht über sitze ich am Tisch in der Mitte der Zelle, und die Aufseherin läßt es wortlos zu. Bei den Menschen, die mich umgeben, zeigt sich der ‹goldene Grund› ihrer Seele. Es ist kaum zu glauben, daß es dieselben Menschen sind, die sich eben noch gegenseitig verdächtigt haben. Sie prägen sich die Namen meiner Kinder und die Adressen meiner Verwandten ein, um ihnen, wenn sie selbst davonkommen sollten, von meinen letzten Stunden zu berichten.

Es ist schwer, es ist beinahe unmöglich, die Empfindungen eines zum Tode Verurteilten zu beschreiben. Man müßte schon ein Lew Tolstoj sein! Wenn ich an jene Nacht zurückdenke, erinnere ich mich nur noch an die seltsam scharfen Konturen aller Gegenstände und an eine quälende Trockenheit im Mund. Und würde ich versuchen, die ununterbrochene Gedankenkette exakt niederzuschreiben, so käme ich sicherlich zu einem merkwürdigen Erlebnis.

Bleibt einem, wenn man erschossen wird, Zeit, physischen Schmerz zu empfinden? Mein Gott, was werden Aljoscha und Wasja einmal in ihre Fragebogen schreiben! Wie schade um das neue seidene Kleid. Ich habe es noch nie getragen, und es stand mir so gut.

So oder ungefähr so waren meine Gedanken.

Auf dem Tisch lagen Bücher. Ich schlug eins auf: Die *‹Wirtschaftsgeographie›* von Baranskij. Das ist gut. Ich will mir noch einmal die Karte ansehen. Die Welt. Das ist sie. Und das ist Moskau. Hier bin ich geboren, und hier soll ich sterben. Da ist Kasan. Sotschi. Die Krim. Und das ist die übrige Welt. Ich habe sie noch nicht gesehen, und ich werde sie nie sehen.

In der Morgendämmerung kommen einige Spatzen, die offensichtlich noch nicht zur Kenntnis genommen haben, daß «man hier nicht zur Kur ist», daß der Gefängnischef Popow ihnen den Umgang mit den Häftlingen ausdrücklich untersagt hat. Keck setzen sie sich auf den Rand der Milchglasblende. Ihre Schwänzchen wippen vergnügt. Mit fröhlichem Gezwitscher begrüßen sie den königlichsten aller Monate. Es ist der Morgen des ersten August 1937.

Ein kurzer Prozeß und ein ‹gerechtes› Urteil

Im Lefortowo-Gefängnis öffnen sich alle Türen geräuschlos. Man geht über weiche Läufer. Die Wachen sind ausgesucht höflich. In den ‹Hundehütten› stehen Hocker, man kann sich hinsetzen, und die gekachelten Wände sind so weiß und glänzend, daß man an einen Operationssaal erinnert wird.

Die Einzelzelle, in die ich am Morgen des ersten August gebracht werde, ist sauber wie ein Krankenzimmer, und die Aufseherin erinnert an eine Wirtschafterin in einem Erholungsheim. Hier werde ich auf die Gerichtsverhandlung warten. Ich muß an Garejs Worte denken: «Je sauberer, je höflicher, desto näher der Tod.»

Trotzdem erwacht in der neuen Umgebung in mir der Wunsch, mich zusammenzunehmen. Ich hole aus meinem Bündel das blaue Kleid, streiche sorgfältig die Falten glatt, drehe mir mit dem Finger ein paar Locken und pudere mir die Nase mit Zahnpulver. Das alles tue ich fast automatisch. Es ist nichts Erstaunliches dabei. Auch Charlotte Corday hat sich schön gemacht, ehe sie zur Guillotine ging, auch die Frau von Camille Desmoulins, ganz zu schweigen von Maria Stuart. Aber alle diese Gedanken laufen wie von allein ab, während die große kalte Kröte, die sich in meiner Brust eingenistet hat, davon unberührt bleibt. Sie ist durch nichts zu vertreiben.

Und nun hat meine Stunde geschlagen. Hinter einem Tisch sitzt das Militärkollegium des Obersten Gerichtshofs. Drei Offiziere. An der Seite der Protokollführer. Ihnen gegenüber – stehe ich. Links und rechts von mir zwei Wachsoldaten. In dieser Atmosphäre der ‹breiten Öffentlichkeit› beginnt die ‹Gerichtsverhandlung›.

Gespannt beobachte ich die Gesichter meiner Richter. Ich bin erstaunt, wie ähnlich sie aussehen. Und wie sehr erinnern sie mich an den Oberaufseher im ‹Schwarzen See›, der mir damals die Uhr abgenommen hat. Sie haben alle das gleiche Gesicht, auch wenn der eine dunkelhaarig und der andere bereits ergraut ist. Ach, jetzt weiß ich, woran das liegt. Sie haben alle den gleichen Gesichtsausdruck, den Blick eines marinierten Herings. Mumien. Aber das ist völlig verständlich. Wie könnte man sonst bei einem solchen Dienst durchhalten, Tag für Tag, ohne sich abzuschirmen, wenigstens mit diesem Blick?

Plötzlich wird das Atmen leichter. Durch das weit geöffnete Fenster kommt ein Hauch sommerlicher Luft von ungewöhnlicher Reinheit. Ein schönes, hohes Zimmer. Daß es so etwas überhaupt gibt auf der Welt!

An den großen, dunkelgrünen Bäumen unter den Fenstern raschelt das Laub. Dieses Geräusch, geheimnisvoll und kühl, läßt mich erschauern. Ich bilde mir ein, es früher nie gehört zu haben. Das Rauschen der Blätter ist ergreifend. Warum ist es mir früher niemals aufgefallen?

Und die Uhr an der Wand ... Eine große Uhr, rund, mit glänzenden Zeigern. Wie lange habe ich so etwas nicht mehr gesehen! Ich achte auf den Beginn und das Ende der Prozedur.

Sieben Minuten! Diese ganze Tragikomödie dauert genau sieben Minuten – nicht mehr und nicht weniger. Die Stimme des Vorsitzenden – des Volkskommissars für Justiz der Russischen Sowjetrepublik, Dimitrijew – paßt zu seinen Augen. Wenn ein marinierter Hering sprechen könnte, müßte er genau diese Stimme haben. Da ist nichts mehr von dem Engagement, mit dem meine Untersuchungsrichter ihre Übungen absolvierten. Die Richter tun nur ihre Pflicht. Sie bekommen ein Gehalt und müssen dafür etwas tun. Vermutlich gibt es auch für sie ein Leistungssoll, und sie bemühen sich um Übererfüllung der Norm.

«Haben Sie die Anklageschrift zur Kenntnis genommen?» fragt mich der Gerichtsvorsitzende mit einer unerträglich gelangweilten Stimme. «Bekennen Sie sich schuldig? Nein? Aber die Zeugenaussagen ...»

Er blättert in den umfangreichen Akten und sagt träge: «Hier zum Beispiel der Zeuge Koslow ...»

«Koslowa – das ist eine Frau, eine niederträchtige Frau.»

«Ja, Koslowa. Und hier ein weiterer Zeuge, Djatschenko ...»

«Djakonow ...»

«Richtig. Sie behaupten ...»

Was die Zeugen behauptet haben, interessiert den Vorsitzenden nicht. Er kümmert sich nicht weiter darum und wendet sich wieder an mich: «Haben Sie Fragen an das Gericht?»

«Ja. Ich werde nach Artikel 58 Paragraph 8 angeklagt. Terroristische Umtriebe. Ich bitte, mir den Namen der politischen Persönlichkeit zu nennen, nach deren Leben ich Ihrer Meinung nach getrachtet habe.»

Die Richter bleiben eine Weile stumm, erstaunt über diese unsinnige Frage. Sie blicken vorwurfsvoll auf die vorlaute Frau, die sie bei ihrer ‹Arbeit› aufhält. Dann nuschelt der Grauhaarige gelangweilt: «Sie wissen doch, daß Genosse Kirow in Leningrad ermordet wurde?»

«Das weiß ich wohl, aber nicht ich habe ihn ermordet, sondern ein gewisser Nikolajew. Im übrigen bin ich noch nie in Leningrad gewesen. Nennt man so etwas nicht ein Alibi?»

«Sind Sie Rechtsanwältin?» Der Grauhaarige wird ärgerlich.

«Nein, Pädagogin.»

«Dann sollten Sie diese Spitzfindigkeiten unterlassen! Sie sind nicht in Leningrad gewesen ... Ihre Gesinnungsgenossen haben gemordet. Also sind auch Sie moralisch und strafrechtlich voll verantwortlich.»

«Das Gericht zieht sich zur Beratung zurück», murmelt der Vorsitzende. Und alle Akteure dieses ‹Spiels› erheben sich gemächlich und recken sich nach dem langen Sitzen.

Ich sehe wieder nach der runden Uhr. Nein, sie können nicht einmal eine Zigarette geraucht haben: nach weniger als zwei Minuten ist das hohe Gericht wieder an seinem Platz. Der Vorsitzende hält einen großen Bogen Papier in der Hand, erstklassiges Papier, von oben bis unten mit Maschinenschrift bedeckt. Ein langer Text. Man braucht mindestens zwanzig Minuten, um ihn abzuschreiben. Das ist das Urteil. Es ist ein Staatsdokument über meine Verbrechen und die mir zugemessene Strafe. Es beginnt mit den feierlichen Worten: «Im Namen der Union der Sozialistischen Sowjetischen Republiken ...» Dann folgt ein langer und verworrener Text.

Ach, das ist ja das ‹Es war einmal ...› aus der Anklageschrift. Dasselbe «... mit dem Ziel der Restauration des Kapitalismus» und «terroristische konterrevolutionäre Organisation ...» Der Unterschied besteht darin, daß es jetzt statt «wird beschuldigt» überall «es ist erwiesen» heißt.

Er spricht ein wenig durch die Nase, dieser Vorsitzende. Und wie langsam er liest! Er wendet das Blatt. Gleich ... Gleich wird er sagen: «Zur Höchststrafe ...»

Wieder rascheln draußen die Blätter. Eine Sekunde lang kommt mir das alles wie ein Film vor. Ich spiele eine Rolle. Es ist doch undenkbar, daß man mich wirklich bald töten wird. Einfach so ... Mich, Mamas Schenjuscha, Aljoschas und Wasjas Mamotschka ... Wer gibt ihnen das Recht dazu?

Habe ich die letzten Worte laut herausgeschrien? Nein. Ich schweige und höre zu. Ich stehe ganz ruhig da, und das Seltsame, was jetzt geschieht, vollzieht sich in meinem Innern.

Dunkelheit zieht sich um mich zusammen. Und durch diese Dunkelheit dringt die Stimme des Lesenden zu mir wie das Rauschen eines fernen, schmutzigen Stromes. Gleich wird mich die Dunkelheit ganz verschlingen. Und mitten in diesem Traumzustand nehme ich mit großer Deutlichkeit das Verhalten der Wachsoldaten neben mir wahr. Sie verschränken die Arme hinter meinem Rücken – damit ich nicht zu Boden stürze, wenn ich ohnmächtig werde. Werde ich denn zusammenbrechen? Wahrscheinlich, die beiden haben ja ihre Erfahrung. Viele Frauen werden wahrscheinlich ohnmächtig, wenn sie hören: «Höchststrafe.»

Wieder zieht sich die Dunkelheit zusammen. Gleich wird sie mich verschlingen. Da plötzlich ...

Was war das? Was hat er eben gesagt? Ein greller Blitz durchzuckt mich. Er hat gesagt ... Ich habe mich doch nicht verhört?

Zehn Jahre Haft in strenger Isolierung, Verlust aller Rechte für fünf Jahre ...

Plötzlich wird es um mich hell und warm. Zehn Jahre? Das bedeutet: Leben!

«... und Beschlagnahme des gesamten persönlichen Eigentums.»

Leben! Ohne persönliches Eigentum! Aber ich brauche ja auch gar nichts! Sollen sie doch alles beschlagnahmen! Ich weiß ja, daß sie Räuber sind! Sie sind doch auf fremdes Gut angewiesen! Aber mit dem, was ich besitze, werden sie nicht viel anfangen können ... Bücher, Kleider ... Wir haben uns nicht einmal ein Radio gekauft. Mein Mann ist noch ein Kommunist vom alten Schlag. Er braucht keinen Buick oder Mercedes wie ihr ... Zehn Jahre ... Ihr hofft wohl, ihr bleibt noch zehn Jahre am Ruder, ihr marinierten Heringe? Rechnet ihr allen Ernstes damit, daß sich niemand in der Partei finden wird, der euch das Handwerk legt? Ich *weiß*, daß sich jemand finden wird ... Früher oder später –

eure Tage sind gezählt... Und das will ich noch erleben! Und wenn es im Gefängnis ist! Hauptsache, ich lebe!

Wenn die Richter ihr Opfer ansehen würden, dann könnten sie jetzt in meinen Augen diese stummen Worte lesen. Aber sie sehen mich nicht an. Sie lesen ihren Text herunter und treten ab: im Gänsemarsch verlassen sie das Zimmer. Jetzt haben sie wahrscheinlich eine Zigarettenpause. Und dann wieder... Das Soll ist hoch...

Ich drehe mich nach den Wachsoldaten um, die noch immer ihre Arme hinter mir verschränkt halten. Jede Faser in mir bebt in der Freude des Seins. Die Gesichter der Soldaten kommen mir sympathisch vor. Einfache Burschen aus Rjasan oder Kursk. Sie haben keine Schuld. Man hat sie wahrscheinlich eingezogen. Und jetzt stehen sie da, um mich, wenn es nötig ist, zu stützen. Aber es ist nicht nötig. Ich werde nicht zusammenbrechen.

Ich schüttle die Locken, die ich mir vor der Verhandlung gedreht habe: ich will mich nicht blamieren vor dem Schatten der Charlotte Corday. Dann lächle ich den Wachsoldaten, die mich erstaunt ansehen, freundlich zu.

«Zuchthaus! Welche Wohltat!»

«Wollen Sie essen?» fragt mich die Aufseherin, die mich an eine Wirtschafterin in einem Erholungsheim erinnert. Auch sie hat ihre Erfahrungen. Sie weiß, daß die meisten Menschen nach der Urteilsverkündung keinen Appetit haben.

«Essen? Warum denn nicht? Ich werde unbedingt essen», antworte ich vergnügt und packe, bis das Essen gebracht wird, meine Habseligkeiten zusammen. Ich habe gehört, daß man im Lefortowo-Gefängnis, wenn man nicht zum Tode verurteilt wird, nicht lange bleibt, sondern ins Butyrki zurückgebracht wird.

Ich freue mich auf die Rückkehr, auf die Gemeinschaftszelle. Menschen. Leidensgenossen.

Das Essen wird gebracht. Hier gibt es keine Blechnäpfe, sondern Emailleschüsseln. Eine Fleischbrühe und Grießbrei mit einem Stück Butter. Grießbrei ... Aus ‹humanen› Erwägungen gibt man den zahlreichen zum Tode Verurteilten in diesem Gefängnis gutes Essen – gemäß einer Tradition, die von dem ‹verfaulten Liberalismus› übernommen wurde, von Nikolaus II.

Ich esse alles auf. In Zukunft werde ich immer alles aufessen. Ich werde gut schlafen und jeden Morgen turnen. Ich will leben. Ihnen allen zum Trotz. Ein einziges mächtiges Gefühl erfüllt mich – der Wunsch, das Ende dieser Tragödie unserer Partei zu erleben. Und in diesem Augenblick habe ich die feste Überzeugung, daß sie die Partei nicht zerstören können, daß sich den Verbrechern eine Kraft entgegenstellen und ihnen Einhalt gebieten wird. Diesen Tag will ich sehen. Ich will ihn noch erleben ... Ich werde die Zähne zusammenbeißen ...

Immer wieder sage ich diese Worte vor mich hin, und sie erinnern mich plötzlich an die Verse aus Pasternaks Poem *‹Leutnant Schmidt›*:

Die Meilensteine der Anklageschrift ...
Mütze zwischen die Zähne! Nur nicht geweint!
Der Schoß der Gruben entlang dem Trakt!
Zuchthaus! Welche Wohltat!

Plötzlich erschüttern mich diese Worte zutiefst. Die Kraft der Dichtung erweist sich gerade in solchen Augenblicken. Das Herz geht einem über vor Dankbarkeit dem Dichter gegenüber. Woher wußte er, daß man so empfindet! Er – Bewohner einer Moskauer Wohnung «voll von Melancholie» ...

... die anderen berauschten sich am Frühling und am Zuchthaus ...

Hätte er gewußt, wie sehr mir seine Verse in diesem Augenblick halfen, die Zelle, das Urteil, die Mörder mit ihren Heringsaugen zu ertragen!

Es wird Abend. Auch hier ist das Fenster nicht nur mit einem Gitter, sondern auch mit einer Blende versehen. Warum machen sie das Licht nicht an? So schnell wie möglich ins Butyrki zurück. Hier im Lefortowo-Gefängnis blickt mich aus jeder Ecke der Tod an. Ich lege den Kopf auf die Tischplatte und spreche den *‹Leutnant Schmidt›* vom ersten bis zum letzten Wort vor mich hin. Ganz besonders bewegen mich die Verse:

Der Wind liebkoste die Sterne heiß und zum Opfer bereit,
mit dem ewigen, Werden spendenden, eigenen Hauch ...

Ich wiederhole diese Worte unzählige Male und stürze plötzlich in einen dunklen, tiefen Abgrund.

Ich werde mit der rituellen Formel geweckt: «Mit Gepäck!»

Inzwischen ist es vollends dunkel geworden. Hinter dem Gitter und der Blende erkennt man die schimmernden Sterne. Dieselben Sterne, Pasternaks Sterne. Noch immer brennt in der Zelle kein Licht. Und aus den Ecken, von den dunkelrot gestrichenen Wänden grinst mich das Entsetzen an.

«Mit Gepäck!»

Ja, ja, schnell ... Ins Butyrki. Das ist für mich jetzt schon wie eine Heimkehr. Ich stelle mir schon vor, wie gemütlich die große Zelle ist, mit den vielen gleichgesinnten, mitleidigen Menschen. Mag jene Zelle auch an ein untergehendes Schiff erinnern – immerhin besteht dort noch die Chance, daß das Schiff gerettet wird. Hier, im Lefortowo-Gefängnis, gibt es diese Chance nicht, hier ist man im siebenten Kreis des Danteschen Inferno. Hier ist nur der Tod. Und ich möchte mich seiner gefährlichen Nachbarschaft so schnell wie möglich entziehen.

Für einen Augenblick überfällt mich eine panische Angst: – und wenn sie mich jetzt nicht ins Butyrki, sondern in den Keller bringen, in den berüchtigten Keller des Lefortowo-Gefängnisses, wo die Menschen erschossen werden, beim Geräusch laufender Motore... Wie oft raunte man sich das in den Zellen zu. Die Mauern dieser Keller sind wahrscheinlich mit der gleichen dunkelroten Farbe gestrichen, damit man das Blut an ihnen nicht sieht.

Mit einer unvorstellbaren Willensanstrengung versuche ich mich zu beherrschen. Unsinn! Ich habe doch selbst das Urteil gehört: Zehn Jahre, bei strenger Isolierung...

«Fertig?»

«Ja, ja!»

Ich werde durch lange Gänge geführt, an vielen Einzelzellen vorbei. Türen, Türen... Eine Treppe! Noch einmal stockt mir der Herzschlag. Vielleicht doch in den Keller? Nein! Frische Nachtluft weht mir ins Gesicht. Der Hof. Der ‹Schwarze Rabe›.

Ich werde wieder in den nach Ölfarbe stinkenden Käfig gesperrt, in dem man nur sitzen und sich nicht aufrichten kann. Der Wagen fährt los. Also ‹nach Hause›, zum Butyrki. Der Tod, der zwei Tage lang auf mich gelauert hat, weicht enttäuscht von mir. Ich bleibe am Leben.

Aber jetzt, als die Todesangst nachläßt, verliere ich jede Selbstbeherrschung. Vergeblich sage ich mir immer wieder den hilfreichen Vers von Pasternak auf: «Zuchthaus! Welche Wohltat!» Er hilft nicht mehr. Ein Kloß sitzt mir im Hals und droht mich zu ersticken. Und ich breche in ein wildes unaufhaltsames Schluchzen aus. Ich bin empört. Was machen sie mit den Menschen? Mit Kommunisten! Dieser Verbrecher!

Plötzlich wird mir bewußt, daß ich diese Worte laut herausschreie. Ich beginne zu toben. Ich hämmere mit aller Kraft mit den Fäusten gegen die Tür meines Käfigs, renne mit dem Kopf dagegen.

Der junge Soldat, der meine Tür öffnet, sieht dem Soldaten aus Pskow in dem Film ‹*Wir aus Kronstadt*› zum Verwechseln ähnlich. Ein einfältiges, gutmütiges Gesicht, hochgezogene, runde, weißblonde Brauen. Die Worte, mit denen er mich zur Vernunft bringen will, lösen mich sofort aus dem Bann des Entsetzens. Es ist wie eine bäuerliche Familienszene.

«He, Mädchen! Was machst du denn da? Wenn du so weiter heulst, geht dein Gesicht auf wie ein Pfannkuchen... und kein Bursche wird dich mehr ansehen!»

Ich freue mich, daß er mich duzt. Das bedeutet, daß wir tatsächlich die tödliche Höflichkeit des Lefortowo-Gefängnisses hinter uns gelassen haben. Ich spüre seine Güte, sein einfältiges und so menschliches Herz. Und ich schluchze noch lauter, noch verzweifelter, aber jetzt mit dem geheimen Wunsch, daß er mich tröste.

«Ich bin kein Mädchen. Mutter bin ich. Ich habe Kinder. Glaub mir, Genosse, ich habe nichts Böses getan... Aber sie... Glaubst du mir?»

«Warum denn nicht?» fragt er verwundert. «Wenn du etwas verbrochen hättest, würden wir dich dann zum Butyrki bringen? Dann wärst du dort geblieben. Aber jetzt hör endlich auf zu heulen. Ich lasse die Tür offenstehen... Hol erst mal frische Luft, los. Oder willst du Baldrian? Kannst du auch haben... los, atmen, tief atmen... Außer dir ist niemand im Wagen... Du bist die einzige, die letzte Fuhre für heute. Sie hatten dich vergessen, und dafür wirst du jetzt wie eine Prinzessin allein durch Moskau gefahren...»

«Zehn Jahre! Zehn Jahre! Wofür? Wie können sie es wagen, diese Verbrecher!»

«Was bist du bloß für ein rabiates Frauenzimmer! Sei still, sag ich dir. Natürlich bist du nicht schuld. Wenn du die geringste Schuld hättest, wärst du doch nicht mit zehn Jahren davongekommen! Weißt du, wie viele sie heute an die Wand gestellt haben? Siebzig, an einem Tag! Stell dir vor... Nur die Frauen läßt man noch am Leben... Drei habe ich vorhin fortgebracht.»

Beeindruckt von der Bilanz dieses einen Tages verstumme ich. Die Ausmaße dieser Aktion werden auch daraus deutlich, wie schlecht der Wachsoldat instruiert ist. Der Ärmste, dieses Gespräch könnte auch ihn teuer zu stehen kommen... Ich werde stumm bleiben wie ein Fisch.

«Na, hast du dich beruhigt? Dann ist ja alles in Ordnung. Du hast dich aufgeführt, als ob wir verheiratet wären...»

Er gibt mir Baldrian. Sofort werde ich schläfrig. Das Auto schaukelt. Durch den Schlaf, der sich plötzlich auf mich herabsenkt, höre ich das beruhigende Flüstern des Soldaten: «Nie im Leben wirst du zehn Jahre absitzen. Vielleicht ein Jahr, höchstens zwei. Dann wirst du irgendeine Erfindung machen – und man wird dich laufenlassen. Nach Hause, zu den Kindern...»

In seiner freundlichen und etwas wirren Art bringt er die Schrecken des heutigen Tages und die alten Gerüchte über die Begnadigung von Erfindern durcheinander. Ich möchte ihm so gern glauben. Es ist so gut, im ‹Schwarzen Raben› zu schaukeln, wenn die Tür des Käfigs offensteht und der Wachsoldat so einfältig, so gut und so nachlässig seine Pflicht gegenüber den Strafgefangenen versieht. Und jetzt sind wir gleich im Butyrki. Zuchthaus! Welche Wohltat!

Der Pugatschow-Turm

Die saubere Spezialabteilung mit den bequemen Feldbetten ist jetzt nicht mehr für mich bestimmt. Ich soll verschickt werden und gehöre darum in die Transportabteilung. Man bringt mich in den Pugatschow-Turm. Ja, hier waren einst die Anhänger Pugatschows eingekerkert. Meine Pritschennachbarin Anna Schilinskaja, eine Historikerin, erklärt mir eingehend die Architektur des Bauwerks, die schmalen Fenster, die Wendeltreppe.

Ich sage ‹Nachbarin›, aber das trifft nicht ganz zu. Sie ist nicht meine Nachbarin, sondern wir schlafen abwechselnd auf demselben Platz auf der Pritsche. Es ist eine durchgehende Pritsche. Die Zelle ist doppelt belegt. Diejenigen, die keinen Platz auf der Pritsche bekommen haben, schlafen auf dem Steinboden. Sogar der große rohe Tisch, der in der Mitte der Zelle steht, wird nachts als Lager benutzt.

Der August 1937 war in Moskau sehr heiß. Wir vergehen in der schwülen, stickigen Luft. Wieder, wie in Kasan, sitzen wir, schmutzig, schweißüberströmt, nur in Höschen und Büstenhalter da. Täglich kommen Neue dazu, und wir wissen nicht mehr, wo sie bleiben sollen.

Die Gefängnisverwaltung scheint sich nicht darum zu kümmern. Dies ist ja nur die Transportabteilung ...

Päckchen bekommen wir hier überhaupt nicht mehr. Und beim Kiosk dürfen wir uns auch nichts bestellen. Wir leben nur vom Gefängnisessen.

Der sozialen Herkunft nach sind die Häftlinge hier sehr viel ‹demokratischer› als in der Spezialabteilung. Es sind viele einfache Frauen darunter: Arbeiterinnen, Kolchosmitglieder, kleine Angestellte. Die meisten von ihnen sind ‹Schwätzer›, die nach Paragraph 10 Artikel 58 verurteilt worden sind: antisowjetische Agitation. Fast alle haben fünf bis acht Jahre Arbeitslager bekommen.

Mein Urteil, zehn Jahre Haft, noch dazu bei strenger Isolierung, ausgesprochen von einem Militärkollegium, löst in der Zelle eine kleine Sensation aus.

Es war ja noch vor dem 1. Oktober 1937, bevor die Strafen von bis zu fünfundzwanzig Jahren Haft eingeführt wurden. Noch waren zehn Jahre das Maximum, das gleich nach der ‹Höchststrafe› kam und dem Häftling eine Art Heiligenschein verlieh.

Von solchen Häftlingen wurde meist angenommen, sie gehörten der obersten Schicht der sowjetischen Gesellschaft an. So erzählte man sich, ich sei die Frau von Pjatakow, und es gelang mir nur schwer, den anderen dies auszureden.

Außer mir gab es in der Zelle nur noch eine, die zu zehn Jahren verurteilt war – das war die ‹Großmutter› Nastja, eine fünfundsechzigjährige Frau von einer Kolchose in der Nähe von Moskau. Wieso gerade sie ein so großes Los in dieser schrecklichen Lotterie gezogen hatte, ist schwer zu sagen. Selbst dem Gerede in der Zelle gelang es nicht, die unheildrohenden Worte «trotzkistische Terrororganisation» mit den weichen Gesichtszügen Großmutter Nastjas, mit den traurigen alten Augen einer echten Gläubigen, in Beziehung zu bringen. Großmutter Nastja selbst wunderte sich am meisten darüber, und als sie hörte, daß ich das gleiche Urteil bekommen hatte wie sie, schleppte sie ihr Bündel zu meinem Platz und setzte sich mir zu Füßen. Dieses Bündelchen, das soviel von der einfältigen Bauernseele und von der Weite Rußlands erzählte, und auch Großmutter Nastja selbst, die mich aufmerksam ansah, brachten mich in brennende Verlegenheit, ähnlich wie ich sie damals in der Kominternzelle empfunden hatte, als ich den Berichten der deutschen Kommunistinnen zuhörte.

«Und du, Töchterchen, du bist auch eine Traktistin?»

«Nein, Großmutter Nastja. Ich bin eine ganz gewöhnliche Frau. Eine Lehrerin. Und eine Mutter. Den ganzen Unsinn haben die Richter sich ausgedacht. Sie wollten wahrscheinlich dem Volk schaden. Wir müssen durchhalten, Großmutter Nastja. Ich denke, es wird sich alles aufklären.»

Großmutter Nastja nickt mit ihrem alten Kopf, der bis zu den Augenbrauen in ein Tuch gehüllt ist.

«So, so ... Siehst du, und von mir haben sie gesagt und geschrieben, ich sei eine Traktistin. Und dabei bin ich doch, ich schwöre es dir beim Allmächtigen, nicht einmal in die Nähe von diesem verfluchten Traktor gekommen. Wie kommen die nur auf

Traktistin... Die Alten läßt man doch überhaupt nicht an den Traktor heran...»

Einige Frauen in unserer Nähe lachen laut auf. Anna Schilinskaja murmelt verschlafen: «Und wenn du stirbst, Großmutter Nastja, du wirst es nicht besser sagen können!»[31]

Aber ich finde dabei nichts zum Lachen. Ich schäme mich. Wann werde ich endlich aufhören, mich zu schämen und mich für alles verantwortlich zu fühlen? Ich bin doch schon seit langem nicht mehr Hammer, sondern Amboß. Und hätte ich überhaupt jemals wirklich Hammer sein können?

Seit der Gerichtsverhandlung und Urteilsverkündung bin ich weinerlich geworden. Auch jetzt, beim Anblick von Großmutter Nastja, fühle ich, wie mir die Tränen kommen. Meine Mutter ist acht Jahre jünger als Großmutter Nastja. Aber ich kann sie mir in einer solchen Situation nicht vorstellen.

Damals wußte ich noch nicht, daß meine Eltern zu dieser Zeit ebenfalls in Haft waren. Man hielt sie nur zwei Monate lang eingesperrt, aber das genügte. Mein Vater starb kurz nach der Entlassung, meine Mutter erkrankte an Diabetes, und das brachte sie später ins Grab.

Bücher gibt es in der Transportabteilung nicht. Deshalb wird hier viel mehr geredet als in der Spezialabteilung. Man erzählt und erzählt... Jeder spricht nicht nur von sich selbst, sondern über alles, was er in seinem Gefängnisdasein erlebt hat. Außerdem interessiert man sich hier für Geographie. Immer wieder hört man Namen wie Kolyma, Kamtschatka, Petschora, Solowki...

Eigentlich geht mich das alles nichts an. Die Wohltat des Zuchthauses ist nicht für mich bestimmt. Auf mich wartet die Isolierung. Einige meiner Nachbarinnen sind erstaunlich beschlagen. Allmählich beginne ich mich für ihre geographischen Studien zu interessieren. Auch für einen ‹Tjursak›[32] wie mich, der nicht ins Lager, sondern ins Gefängnis kommt, gibt es gewisse geographische Schwerpunkte: Susdal, Werchne-Uralsk, Jaroslawl – seit eh und je Gefängnisse für politische Häftlinge. Einzelhaft.

Anna Schilinskaja tröstet mich. Sie hat gehört, die Zustände dort seien erträglich. Es gebe Bücher. Das Essen sei nicht schlecht.

Aber diese Illusionen sollten nicht lange dauern. An einem frühen Morgen kam eine neue Gruppe Strafgefangener in unseren Turm.

«Macht nichts, rücken Sie zusammen! Bald wird ein großer

Transport zusammengestellt», brummte die Aufseherin, als wir uns über die Enge beschwerten.

Unter den Neuen war eine Moskauer Parteifunktionärin, Raisa ... Ihren Nachnamen habe ich vergessen. Sie wußte genau, daß im Juli ein Plenum des ZK stattgefunden hatte. Der ‹Hausherr› habe eine Rede gehalten. Er habe über die Zustände in den Gefängnissen und den Strafvollzug im allgemeinen gesprochen. Er habe sich empört, daß es in den Gefängnissen «wie in einem Sanatorium» zuginge, besonders bei den Politischen. Man konnte sich leicht vorstellen, mit welchem Eifer jetzt die Schraube angezogen wurde. Werden wir es überstehen? Wir unterhalten uns zu dritt: Anna Schilinskaja, ich und Tanja Andrejewa aus Charbin.

Tanja erinnert mich an Ljama. Sie ist genauso tatkräftig und gutmütig und nimmt genauso Anteil am Schicksal ihrer Leidensgenossinnen. Mit Interesse höre ich ihr zu, wenn sie von Shanghai erzählt, wo sie lange gelebt hat, von den russischen Emigranten, von ihrer Reise in die UdSSR zu ihrem Mann, der Parteimitglied ist, und von der Verhaftung der beiden.

Tanja bekam acht Jahre Straflager, aber sie ist voller Optimismus.

«Ich werde schon durchkommen! Ich werde die Lagerleiterinnen maniküren und pediküren, ich werde ihnen Modellfrisuren machen ...» Tanja lacht und kneift ihre schmalen schwarzen Augen zusammen, von denen sie selber sagt, sie hätten sich ‹chinaisiert›. «Außerdem habe ich noch viele Seidenkleider. Ich werde sie den Lagerleiterinnen schenken, damit sie mich nicht quälen. Sehen Sie sich das an!»

Tanja packt ihr Bündel aus, und in der stinkenden Hölle des Pugatschow-Turms entfalten sich die Zauberblumen der seidenen Kimonos.

Anna ist im Gegensatz zu Tanja deprimiert, ihre unheilverkündenden Prognosen über unser Schicksal reißen nicht ab.

«Das wird man Ihnen alles auf dem Transport stehlen, Tanjuscha. Das wird Sie nicht retten. Sie werden uns alle zu Tode quälen. Es ist nur eine Frage der Zeit. Sie können das beide nicht wissen, weil Sie die Lubjanka nicht kennen. Ich habe dort drei Monate gesessen.»

«Ich war dafür im Lefortowo», verteidigte ich meine Gefängniserfahrung.

«Im Lefortowo spielt sich der letzte Akt der Tragödie ab. Dort wird man erschossen. Fast alle, außer solchen Glückspilzen wie

Sie, Schenja. Die Lubjanka ist der Ort für verschärfte Untersuchungshaft. Wenn Sie meine Untersuchungsrichterin gesehen hätten! Das war eine Frau! Ein Monstrum. Ein Caliban...»

Eines Nachts erzählte mir Anna die Geschichte ihrer Zellennachbarin in der Lubjanka, der Kommunistin Jewgenija Podolskaja.

«Hören Sie mich an, Schenja. Ich fühle, daß ich dies alles nicht überleben werde. Ich muß die Geschichte jemandem weitererzählen. Ich habe Jewgenija versprochen, alles ihrer Tochter zu berichten.»

«Ist Jewgenija tot?»

«Wahrscheinlich. Wollen Sie es sich anhören? Jeschow hat gesagt, er werde jeden erschießen lassen, der von dieser Geschichte erfährt...»

Wir ziehen uns in die Toilette zurück. Im Turm wird man nicht zum Austreten geführt, die Toilette ist in einem kleinen Raum neben der Zelle. Wir stehen an einem schmalen hohen Fenster, das mit verschlungenen schmiedeeisernen Gitterstäben verziert ist. Man fühlt sich in das 18. Jahrhundert versetzt und sieht Pugatschow und die Henker vor sich, die den Aufständischen auf dem Schafott die Köpfe abschlugen.

Anna erzählt hastig und aufgeregt, mit geweiteten glänzenden Augen. Einmal war sie nachts in der Doppelzelle der Lubjanka von einem seltsamen Geräusch erwacht. Es war Blut, das aus dem Arm ihrer Nachbarin floß. Auf dem Boden hatte sich bereits eine Lache bebildet. Annas Zellengenossin, eben jene Jewgenija Podolskaja, hatte sich mit einer Rasierklinge, die sie einem Untersuchungsrichter gestohlen hatte, die Pulsadern durchgeschnitten.

Anna schrie, und die Aufseher kamen. Man trug Jewgenija fort. Nach drei Tagen kam sie in die Zelle zurück und sagte zu Anna, daß sie auf keinen Fall weiterleben wolle. Und bei dieser Gelegenheit mußte Anna versprechen, wenn sie selbst durchkäme, Jewgenijas Geschichte ihrer Tochter zu erzählen.

Als Jewgenija zum erstenmal zum NKWD befohlen wurde, hatte sie keine Angst. Sie dachte, man wollte ihr, einem alten Parteimitglied, irgendeinen verantwortungsvollen Auftrag erteilen. So war es auch. Zuerst wurde sie von dem Untersuchungsrichter gefragt, ob sie bereit sei, einen schwierigen, nicht ungefährlichen Parteiauftrag auszuführen. Gut, dann werde sie für eine Zeitlang in eine Gefängniszelle gebracht. Nur für eine kurze Zeit. Und wenn sie ihren Auftrag erfüllt habe, werde sie neue Papiere auf einen anderen Namen bekommen. Und sie werde vorübergehend Moskau verlassen müssen.

Dieser Auftrag bestand darin: sie sollte ein Protokoll über die staatsgefährdenden Umtriebe einer konterrevolutionären Organisation unterschreiben und bestätigen, daß sie selbst zu dieser Gruppe gehörte.

«Ich soll etwas unterschreiben, was ich nicht weiß?»

«Wie, Sie trauen den Sicherheitsorganen nicht? Wir wissen ganz genau, daß diese Gruppe ungeheuerliche Verbrechen begangen hat.» Man brauche die Unterschrift der Genossin Podolskaja, um diesen Fall strafrechtlich verfolgen zu können. Und überdies könnten weitreichende Überlegungen vorliegen, die nicht unbedingt einem einfachen Parteimitglied mitgeteilt werden dürften, selbst wenn es tatsächlich bereit sei, einen gefährlichen Auftrag zu übernehmen.

Schritt für Schritt verirrte sie sich in dem Labyrinth solcher Syllogismen. Man drückte ihr eine Feder in die Hand, und sie unterschrieb. Tagsüber sperrte man sie in eine Gemeinschaftszelle, und nachts holte man sie nach oben, und wenn sie alles Erforderliche unterschrieben hatte, gab man ihr zu essen und ließ sie auf dem Sofa schlafen.

Einmal, nachdem man sie wieder geholt hatte, stand sie einem Untersuchungsrichter gegenüber, den sie noch nie gesehen hatte. Er musterte sie spöttisch und sagte: «Und jetzt, Verehrteste, werden wir Sie erschießen ...»

Und darauf machte er ihr in wenigen Worten klar, welche Rolle sie in dieser Affäre gespielt hatte. Er beschimpfte sie nicht nur auf das Gemeinste, sondern nannte sie zynisch eine ‹Fliege›, das heißt, einen Köder, und teilte ihr mit, daß ihre Angaben dazu gedient hätten, nicht weniger als fünfundzwanzig Menschen zu liquidieren. Man brachte sie in die Zelle zurück und ließ sie dort über einen Monat lang sitzen, ohne sie wieder zu holen. Da griff sie zu der Rasierklinge, die sie einmal im Zimmer des Untersuchungsrichters entwendet hatte.

«Sie war eine von denen, die ohne jeden Gedanken an den eigenen Vorteil oder an die eigene Rettung, nur aus Fanatismus, sich selbst und andere ins Verderben stürzen», erzählte Anna. «Ihre seelischen Qualen waren so unerträglich, daß ich tatsächlich zu der Überzeugung kam, es sei für sie besser, zu sterben. Ich habe es ihr nicht mehr auszureden versucht. Ich habe ihr versprochen, ihrer Tochter alles zu erzählen, wenn ich am Leben bleibe.»

Und jetzt hatte Anna dieses Geheimnis mir anvertraut, obwohl mein Urteil härter war als ihres. Ich habe ihr alles versprochen und die Adresse von Jewgenijas Tochter auswendig gelernt. Leider konnte ich mein Versprechen nicht einlösen, denn als ich 1955 – achtzehn Jahre später – nach Moskau zurückkehrte, hatte ich nicht nur die Adresse, sondern auch den Namen jenes Mädchens völlig vergessen. Zu viele Eindrücke überlagerten sich in diesen achtzehn Jahren in meinem sonst zuverlässigen Gedächtnis. Sie haben die Erinnerung an diese Adresse ausgelöscht.

Vielleicht ist es besser so. Wozu sollte die Tochter die Tragödie ihrer Mutter erfahren, die so vielen Menschen zum Verderben wurde?

Ich blieb nur zwei Wochen im Pugatschow-Turm. Aber es war eine schwere Zeit. Besonders qualvoll waren die Nächte, wenn nicht ich an der Reihe war zu schlafen, sondern Anna, und ich am äußersten Rand der Pritsche, ihr zu Füßen, sitzen und gegen den Schlaf ankämpfen mußte. Wirklichkeit, Traum, Phantasie gingen durcheinander. Diese unheimliche Anhäufung von Menschen, die stöhnten, sich kratzten, ächzten, erschien mir in solchen Augenblicken wie ein riesiges Massengrab voll Sterbender.

In einer solchen Nacht kamen plötzlich der Oberaufseher und drei Aufseherinnen mit großen Bogen in der Hand. Ein Transport wird zusammengestellt. Eine Liste wird verlesen. Die Menschen fahren auf und suchen fieberhaft ihre Habseligkeiten zusammen, als wären sie das Unterpfand ihrer Rettung. Ein großer Transport... Ein großer Transport...

Im ‹stolypinschen Waggon›

Diese Waggons haben noch immer ihren alten Namen! Nach wie vor nennt man sie die ‹stolypinschen› Waggons[33], und niemand ist darüber verwundert. Sie sind düster, aber sauber. Ich habe sie erst zwei Jahre später schätzengelernt, als ich über einen Monat lang von Jaroslawl bis Wladiwostok in einem überfüllten Güterwagen fahren mußte. Jetzt üben die festen Gitter vor den Fenstern und die verstärkten Wachen eine deprimierende Wirkung auf uns aus.

Obwohl wir selbstverständlich wieder im ‹Schwarzen Raben› transportiert und zu irgendeinem Nebengleis gefahren wurden, gelang es mir, am Horizont die Silhouette des Nordbahnhofs zu erkennen. Also nach Jaroslawl. Das war die schlimmste der drei Möglichkeiten. Im Pugatschow-Turm hatte ich viel von dem Trakt mit den Einzelzellen im Gefängnis von Jaroslawl gehört, das Nikolaus II. nach der Revolution im Jahre 1905 für besonders wichtige politische Häftlinge bauen ließ. Und auch heute genoß Jaroslawl – traditionsgemäß – als ‹politisches Gefängnis› den Ruf einer besonders strengen Haftanstalt. Ich hatte so sehr gehofft, ich würde nach Susdal kommen. Dort war das Gefängnis in dem ehemaligen Kloster untergebracht, und ich tröstete mich mit dem Gedanken, daß eine Mönchszelle doch immerhin keine Gefängniszelle sei. Auch in Werchne-Uralsk sollte es wesentlich freundlicher zugehen als in Jaroslawl.

«Ach, Genossin, wir kennen uns doch...» sagt jemand auf deutsch zu mir.

Ich erkenne plötzlich die blonde Filmschauspielerin Carola Neher, jene, die während der ersten denkwürdigen Leibesvisitation im Butyrki ihre Ringe in ihrem Haar versteckt hatte. Carola hatte sich sehr verändert. Das Gold ihrer Haare war glanzlos geworden. Schmerzliche Falten zeichneten sich um ihre Mundwinkel ab. Aber sie wirkte noch bezaubernder als früher. Das

Gesicht von einer gleichmäßigen Blässe, wie aus Elfenbein. Ein kindliches Lächeln, traurige, dunkelgelbe Bernsteinaugen.

Das Urteil Carolas war eine wortwörtliche Wiederholung meines eigenen. Allerdings ging es ihr tausendmal schlechter als mir, denn sie war zu allem anderen Unglück der Sprache nicht mächtig. In der Zelle, in die sie geraten war, konnte niemand Deutsch.

Und jetzt, in Erinnerung an die wenigen nichtssagenden Phrasen, die wir bei unserer ersten Begegnung austauschten, kann sie sich vor Freude kaum beruhigen, daß sie jemanden gefunden hat, der, wenn auch nur mangelhaft, ihre Muttersprache beherrscht.

Sie weiß nichts von ihrem Mann. Aber sie ist fest überzeugt, daß er nicht mehr am Leben ist. Es trügt nicht, dieses Gefühl unabwendbarer ewiger Einsamkeit, das Carola jetzt überall verfolgt. «Hier...» Sie deutet nicht auf das Herz, sondern auf die Kehle.

«Du solltest mit dem deutschen Palaver so lange warten, bis wir abfahren! Sonst hält man dich noch für eine Faschistin...»

Das sagt mir die dritte in unserem Abteil, eine Parteifunktionärin aus Wologda, an deren Namen ich mich nicht mehr erinnern kann. Ihre Stimme ist heiser. Man hört sofort das für ihre Gegend typische ‹O› heraus, wenn sie spricht. Ihre Lippen sind aufgesprungen, das magere lange Gesicht ist so dunkel, daß es an ein verkohltes Holzscheit erinnert. Nur die luftigen hellblonden Strähnen an den Schläfen lassen erkennen, daß sie eine Frau ist. Ihr Zustand ist ausgesprochen manisch. Sie kann nicht aufhören, sich zu rechtfertigen. Sie spricht, sie spricht unaufhörlich. Ihre Reden sind voll von Zahlen, von irgendwelchen Milchablieferungsplänen, und ständig schimpft sie auf einen gewissen Woskobojnikow, der die Statistiken ‹gepanscht› haben soll. Sie redet, als wären wir mit den Umständen und Menschen vertraut. Von Zeit zu Zeit stöhnt sie leise. Sie ist viele Tage und Nächte hintereinander in der Stehzelle gewesen und leidet jetzt unter furchtbaren Schmerzen in den Füßen.

Als vierte kommt Julija Karepowa dazu, dieselbe, mit der ich aus Kasan nach Moskau gebracht wurde. Vergeblich versucht sie, der Frau aus Wologda ins Wort zu fallen und über Kasan zu reden.

Jetzt wird der Zug auf die Hauptstrecke rangiert, und vor uns, hinter den Gittern, sehen wir ein Stückchen Leben. Jenen bezaubernden menschlichen Alltag, den wir schon so lange nicht mehr gesehen haben. Ein Winkel des Nordbahnhofs. Ein Vorortzug kommt an, und aus ihm ergießt sich eine fröhliche bunte Menschenmenge mit Blumensträußen, mit Lachen, mit Kindern, mit Gepäck. Nein, das waren nicht die unheimlichen Bündel, die bei uns im Gefängnis als ‹Gepäck› bezeichnet werden, sondern jene freundlichen, rührenden Dinge, die dort, jenseits der Mauer geblieben sind. Körbe mit Obst, Köfferchen, Spielsachen.

Wir stehen am Fenster und halten den Atem an. Der Wachsoldat läßt uns gewähren. Wir werden vom Bahnsteig aus gesehen. Ein Mädchen in einem bunten Kleid schmiegt sich erschrocken an ihren Begleiter und flüstert ihm mit weitaufgerissenen Augen etwas zu, während sie auf uns zeigt. Wir hören das Wort «Trotzkisten», und dann noch einmal «richtige, lebendige Trotzkisten ...» Sie sagt ihm wahrscheinlich, daß sie zum erstenmal im Leben Trotzkisten sieht.

Dann kommt eine Frau mit zwei Jungen an der Hand vorüber, und ich fühle, daß ich fast vergehe, nicht nur vor brennendem Neid, sondern auch vor Staunen. Es gibt also noch Menschen, die ihre Kinder an der Hand halten dürfen.

Der Zug setzt sich in Bewegung. Gierig suche ich mit den Augen die vorbeiziehende Moskauer Umgebung ab. An den Bahnhofsgebäuden hängen Plakate. Rote Plakate. Und sie sprechen alle ohne Ausnahme von Volksschädlingen und Sabotage. «Wir liquidieren die Folgen der Sabotage in unserem Transportwesen und gewährleisten ...» An einem Lagerhaus: «Wir liquidieren die Folgen der Sabotage in unserem Handelswesen und verstärken ...» An einem Elektrizitätswerk: «Wir liquidieren die Folgen der Sabotage in unserer Industrie und versprechen ...»

«Julija! Das ist doch erstaunlich: Sabotage auf allen Gebieten der Volkswirtschaft.»

«Pst! ... Der Transportleiter ... Still ...»

Der Zug braust durch das Land. Zweite Augusthälfte. Es riecht nach Feldern. Vögel sitzen auf Telegrafendrähten. Wir fahren nach Jaroslawl, einer kühlen, sauberen Stadt, die ich als hellblau in Erinnerung hatte. Ich bin dort im Jahre 1934 mit meinem Mann gewesen. Aber jetzt ist sie nicht mehr hellblau, sondern bleigrau. Die Räder rattern. Mit-je-dem-Schritt, mit-je-dem-Schritt, mit-je-dem-Schritt.

Allein. Zehn Jahre lang. Ein Tag nach dem anderen, ein August nach dem anderen. Meine Söhne werden fast erwachsene Männer sein. Und ich – eine alte Frau. Und jeden Tag werde ich nur fünf Worte hören: «Aufstehen», «Wasser», «Austreten», «Hofgang», «Schlafen» ... Ich werde das Sprechen verlernen. Ich werde vergessen, welche Farben der Himmel und die Wolga haben. In den Einzelzellen gibt es Ratten.

Ich denke an Monte Christo, an die Prinzessin Tarakanowa, an den kleinen Prinzen Iwan Antonowitsch.[34] Die Lokomotive stößt einen fröhlichen Pfiff aus. Carola klagt im Schlaf auf deutsch.

Wir kommen in Jaroslawl unter einem goldenen Abendhimmel an. Unser Waggon steht wieder irgendwo auf einem Nebengleis. Hier gibt es keinen Bahnsteig, und wir springen in den dunkelgelben feuchten Sand, der süß an die Kindheit erinnert.

Aus irgendeinem Grunde ist kein ‹Schwarzer Rabe› zur Stelle. Man hat uns nicht erwartet. Die Wachsoldaten sind nervös und flüstern. Und wir setzen uns glücklich lächelnd auf unsere Bündel und atmen gierig die frische Wolgaluft ein. Aha, offenbar ist auch im Gefängnissystem nicht alles so gut organisiert! Ganze zehn Minuten warten wir auf den Wagen, saugen uns mit den unersättlichen Augen an dem hohen Himmel fest und vergehen vor Freude beim Anblick einer Möwe, die sich von der Wolga hierher verirrte.

Die Überraschungen hören nicht auf. Plötzlich stellt sich heraus, daß wir nicht in einem ‹Schwarzen Raben›, sondern in einem gewöhnlichen Lastwagen ohne Verdeck transportiert werden. Wir trauen unseren eigenen Augen nicht. Ist es denn möglich, daß wir, Geschöpfe der Unterwelt, die das unwirkliche Leben der Gefängnisse leben, Straßen sehen werden mit den freien Menschen, die sie bevölkern?

Julija stellt sofort wieder optimistische Prognosen an. Wenn wir in einem offenen Lastwagen gefahren werden, so wird die Gefängnisordnung nicht so streng sein. Wahrscheinlich waren die im Butyrki kursierenden Gerüchte über eine krasse Verschärfung des Strafvollzugs nur ‹Latrinenparolen›.

«Einsteigen! Los!»

Und nun fahren wir durch die Straßen von Jaroslawl. Ich erkenne das Hotel wieder, in dem ich vor vier Jahren mit meinem Mann wohnte. Auf der Uferpromenade sind viele Spaziergänger. Wir sehen die Wolga und versuchen, so tief wie möglich zu atmen, auf Vorrat. Jeder Atemzug bedeutet einen Schritt ins Leben zurück.

Carolas Schönheit und ihre ungewöhnliche Aufmachung erregen allgemeine Aufmerksamkeit. Man blickt uns neugierig nach. Jemand lächelt uns zu.

«Alles Gute, Mädchen!» ruft uns ein kräftiger Bursche zu,

der mit seinen Freunden die Straße entlanggeht. Sie winken uns mit ihren Mützen. Liebe zu diesen unbekannten Menschen steigt wie eine heiße Woge in mir auf. Welch ein Glück, daß sie unbehelligt sind, daß sie jeden Abend auf der Uferpromenade spazierengehen können. Das Auto biegt scharf nach rechts ein. Wir kommen in einen großen Gefängnishof. Das ist Korowniki, das berühmte Gefängnis von Jaroslawl. Aber wir sind keine gewöhnlichen Verbrecher. Wir sind besonders wichtige Häftlinge – Staatsverbrecher. Deshalb bringt man uns in den Trakt für Einzelhaft, der durch eine hohe Mauer und viele Wachtürme von dem übrigen Gefängnis getrennt ist.

Wir treten über die Schwelle, hinter der wir fast zwei Jahre lebendig begraben sein sollten.

Fünf mal drei

Noch heute sehe ich, wenn ich die Augen schließe, jede Erhebung, jeden Kratzer an diesen Wänden vor mir, die bis zur Hälfte blutrot gestrichen waren, in der bevorzugten Farbe aller Gefängnisse, und oben schmutzig weiß.

Und manchmal spüre ich in meinen Füßen noch den einen oder anderen Riß in dem steinernen Fußboden jener Zelle: Zelle drei, dritter Stock, Nordseite.

Und noch heute erinnere ich mich an die Sehnsucht des Körpers, an die Verzweiflung der Muskeln, die ich spürte, wenn ich den Raum, der mir jetzt zum Leben zugeteilt war, mit meinen Schritten durchmaß. Fünf Schritte lang, drei Schritte breit. Und wenn man ganz kleine Schritte machte, kam man auf fünfeinviertel. Eins – zwei – drei – vier – fünf... Eine Drehung, auf den Zehenspitzen, damit sie nicht auch noch Platz beansprucht, und zurück: eins – zwei – drei – vier – fünf...

Eine eiserne Tür mit Klappe und Spion. Ein Eisenbett, das an der Wand befestigt ist, und an der gegenüberliegenden Wand ein eiserner Tisch und ein Klappstuhl, auf dem man sehr unbequem sitzen, dafür aber sehr bequem durch den Spion beobachtet werden kann. Nur Stein und Eisen!

Das Fenster, das nach Norden geht, hat noch Nikolaus II. eng vergittern lassen, weil ihm die Revolution von 1905 Furcht einjagte... Aber irgend jemand fürchtete sich noch mehr als Nikolaus und ließ vor dem Fenster eine hohe und feste Holzblende anbringen, so daß die Zelle in einem ständigen Halbdunkel liegt.

Ein Stückchen von dem blaßblauen hohen Himmel von Jaroslawl, das über dieser Blende zu sehen ist, wirkt wie ein schmales Rinnsal. Aber auch dieses Rinnsal wird oft von Krähen verdeckt. Diese unheimlichen Vögel kreisen hier in großen Schwärmen, als witterten sie reiche Beute. Weder im Winter noch im Sommer lassen sie uns in Ruhe. Und wenn ich an das Fenster in meiner Zelle in Jaroslawl denke, sehe ich es mit der schwarzen Perlenschnur der Krähen, die auf dem Rand der Blende sitzen.

Dreimal am Tag holt man uns aus der Zelle. Morgens und abends – Austreten. Vormittags oder nachmittags – Hofgang. Welch ein Glück, daß meine Zelle weit von der Toilette liegt! Ich muß fast durch den ganzen Gang gehen. Dieser Gang ist eigentlich eine Galerie, die von allen Seiten den Treppenschacht umgibt. Und über den Treppenschacht ist ein engmaschiges Netz gespannt, damit man nicht eigenmächtig handeln, sich nicht vom dritten Stock hinunterstürzen kann. Damit man nicht freiwillig stirbt, sondern erst dann, wenn es höheren Orts für richtig befunden wird.

Der ganze Gang ist mit einem wunderbaren Veloursläufer ausgelegt, in dem der Fuß versinkt und die Schritte unhörbar sind. Auf dem Weg zur Toilette bemühe ich mich, so langsam wie möglich zu gehen. Ich inszeniere einen Schwächeanfall, der ganz natürlich wirkt, wenn man in Einzelhaft ist. Ich bemühe mich, jede Sekunde auszunutzen, um mit dem gierigen, trainierten Blick des Einzelhäftlings die ganze Umgebung zu erfassen, denn im Vergleich zu meiner Zelle ist der Gang eine weite Welt.

Selbst Sherlock Holmes wäre kaum in der Lage gewesen, mehr wertvolle Beobachtungen als ich bei der Betrachtung dieser Welt anzustellen, wobei ich meine Vorstellungen über den Ort, an dem ich mich befinde, nach jedem Gang zur Toilette vervollständigen kann. Ich habe seine ‹induktive Methode› beherrschen gelernt.

Dort am Fenster im Gang die große Holzkiste: Brotreste sind darin. Ja, wir sind nicht mehr im Butyrki! Dort wäre schon der Begriff ‹Brotreste› unangebracht und lächerlich gewesen. Als könnten vom Brot Reste übrigbleiben! Aber in der Einzelhaft hat man keinen Hunger. Und ich stelle fest, daß die ‹Brotreste› von Tag zu Tag mehr werden. Manche Rationen sind noch ganz unangetastet. Vielleicht ist jemand in den Hungerstreik getreten.

Und dort auf der gegenüberliegenden Seite die offene Tür. Die Insassin dieser Zelle ist offenbar beim Hofgang. Voller Neid stelle ich fest, daß ich ein schlechtes Los gezogen habe. Die andere Seite ist günstiger. Sie liegt nach Süden. Dorthin kommen Sonnenstrahlen, wenn auch durch die Holzblende sehr gedämpft. Bei mir dagegen – ein dichtes Muster von Stockflecken unten an den Wänden. Man wird sich hier noch den Rheumatismus holen.

Der Hofgang ist der Höhepunkt und das wichtigste Ereignis des Tages. Alles geschieht mit einer Feierlichkeit, als wäre ich mindestens eine Maria Stuart. Eine Viertelstunde vorher geht die Klappe in der Tür auf, und der Kopf des Aufsehers erscheint.

«Fertigmachen zum Hofgang», flüstert er so geheimnisvoll, kaum hörbar, als läge jemand in unmittelbarer Nähe im Sterben.

Ich ziehe mich an und warte mit klopfendem Herzen sehnsüchtig darauf, daß der Schlüssel im Schloß der Eisentür umgedreht wird. Der Aufseher, der für meinen Gangabschnitt zuständig ist, bringt mich bis zum nächsten Posten, und dieser geleitet mich bis zur Treppe. Dort werde ich vom Aufseher des zweiten Stockwerks in Empfang genommen. Er bringt mich, eine wichtige Staatsverbrecherin, die Treppe hinunter bis ins Parterre. Dort wartet der nächste Aufseher, der mich in den kleinen Hof hinausführt. Über dem Hof der Wachturm, und auf dem Wachturm noch ein Aufseher, der mich während des Spaziergangs nicht aus den Augen läßt.

Auf diese Weise sind fünf kerngesunde junge Burschen, die die Natur geschaffen hat, den Produktionsplan im Betrieb oder in der Kolchose zu erfüllen, damit beschäftigt, eine so gefährliche Terroristin wie mich spazierenzuführen. Ihre Gesichter sind undurchdringlich und zeigen nichts außer dem Bewußtsein von der Wichtigkeit der eigenen Funktion und dem Stolz auf das ihnen erwiesene Vertrauen. Ich kann mir denken, was sie bei der politischen Schulung über uns zu hören bekommen!

Die kleinen voneinander getrennten Höfe, in denen man spazierengeführt wird, sind eigentlich Zellen ohne Dach. Der asphaltierte Hof ist in fünf oder sechs Kammern von etwa fünfzehn Quadratmetern eingeteilt. Die Mauern sind schmutziggrau. Kein Grashalm. Die Hände hat man beim Hofgang – obwohl man mutterseelenallein ist – auf dem Rücken zu halten. Wenn man in einem solchen Hof zehn bis fünfzehn Minuten hin- und hergeschritten ist, kommt man wieder in die Obhut der Aufseher, die den Häftling wie beim Stafettenlauf weiterreichen und ihn, diesmal in umgekehrter Reihenfolge, zu seiner Zelle zurückgeleiten.

Aber trotzdem erinnere ich mich an diese Spaziergänge mit einer gewissen Zärtlichkeit. Es war immerhin ein Stückchen Leben, das in meine Gruft eindrang. Auf den Hofgang wartet man voll Ungeduld. Abends kann man daran zurückdenken. Wird er einem entzogen – und das ist eine häufig angewandte

Strafmaßnahme – empfindet man das als ein furchtbares Unglück. Immerhin, fünfzehn Meter sind etwas anderes als fünf Schritte. Und auch der Himmel ...

Mein Leben lang werde ich diesen reinen hohen Himmel von Jaroslawl nicht vergessen. Keine andere Stadt der Welt hat einen solchen Himmel. Und außerdem segelten darin die Möwen, die von der Wolga herüberflogen.

Und die Schiffssirenen! Wie soll man das Gefühl beschreiben, das diese Sirenen in der Seele eines Einzelhäftlings hervorrufen! Und dazu kommt, daß ich von der Wolga stamme. So sind diese Sirenen für mich wie Stimmen lebendiger Freunde. Ich kenne sie ja persönlich, diese Schiffe. Die weißen, stolzen Schwäne der ehemaligen Schiffahrtsgesellschaft ‹Samoljot›. Die fleißigen Schlepper, die die Lastkähne hinter sich herziehen ... Die schrillen Pfiffe der kleinen Touristendampfer.

Die Aufseher können sich nicht einmal vorstellen, wie viele Eindrücke, Träume und süße Erinnerungen nach einem Spaziergang von fünfzehn Minuten in dieser grauen Zelle ohne Dach entstehen können.

Nach dem Hofgang hat man Appetit und würgt – wenn auch nur mit Mühe – das Mittagessen hinunter. Man gibt uns hier gerade genug zu essen, daß man nicht sterben kann, aber die Nahrung ist so beschaffen, daß man davon auch kaum leben kann. Das Essen enthält überhaupt keine Vitamine. Morgens: Brot, heißes Wasser und zwei Würfel Zucker. Mittags: Suppe und eine krümelige, völlig fettlose Grütze. Abends: Fischsuppe, die widerlich nach Lebertran riecht.

Die Grütze ist verschieden: Hafer, Graupen, Hirse. Am häufigsten gibt es die groben Graupen, die man im Butyrki ‹Schrapnell› nennt. Die Suppe ist meistens mit Buchweizen eingedickt. Wie aus den Gefängnisregeln, die an der Wand hängen, zu ersehen ist, gibt es hier Bücher – zwei in zehn Tagen. Aber während der ersten vier Wochen bleibt die Bibliothek geschlossen. Inventur.

Die sechzehn Stunden Freizeit dürfen ganz nach eigenem Belieben ausgefüllt werden. Ich versuche irgendeinen Rhythmus, irgendeine Ordnung einzuführen, um nicht wahnsinnig zu werden. Die Hauptsache ist, daß man das Sprechen nicht verlernt. Die Aufseher sind auf Schweigen trainiert. Sie sprechen täglich fünf bis sechs Worte: Aufstehen, Austreten, Wasser, Hofgang, Brot.

Ich wollte vor dem Frühstück turnen. Die Klappe ging auf: «Verboten!»

Ich wollte mich nach dem Essen hinlegen. Die Klappe ging auf: «Liegen ist verboten! Nur von elf bis sechs.»

Was bleibt dann noch! Gedichte... Nur Gedichte. Eigene und fremde...

Ich gehe wieder fünf Schritte vor und fünf Schritte zurück und versuche zu dichten:

> Ich zerschelle zwischen vier Mauern,
> Ohne einen Schrei!
> Ich zähle, ich rechne erschauernd –
> Fünf mal drei...

Nein, ohne Bleistift geht es nicht. Ein Akyn[35] sein ist schwer!

Für den Nachmittag nehme ich mir Puschkin vor. Ich halte mir einen Vortrag über Puschkin. Und dann spreche ich mir alles vor, was ich von ihm behalten habe. Es stellt sich heraus, daß das Gedächtnis, von äußeren Eindrücken befreit, sich plötzlich wie die Puppe in einen Falter verwandelt. Es ist ein Wunder! Sogar an das *‹Häuschen in Kolomna›* erinnere ich mich noch. Ich kann es ganz aufsagen. Das ist gut, das reicht bis zum Abendessen.

Das Schreckliche begann nach dem Abendessen. Die Stille verdichtete sich, wurde zu einer greifbaren dumpfen Macht. Die Verzweiflung nagte nicht, wie sonst, nur am Herzen und im Kopf. Nein, sie krallte sich am ganzen Körper fest. Wenn nur ein Ton von draußen käme!

Aber wenn dieser Ton kam, war es noch schlimmer. Jetzt der schleichende Schritt des Aufsehers, das kaum hörbare Geräusch am Spion, und jetzt irgendwo eine Maus. Nein, diese Töne vermehren nur die Verzweiflung.

Am schlimmsten ist, daß die schlaflosen Nächte während der Verhöre meinen Schlafrhythmus gestört haben. Jetzt fällt es mir schwer, einzuschlafen. Der Gedanke, daß die dem Schlaf zugemessenen Stunden umsonst vergehen und daß man tagsüber nicht schlafen darf, bringt mich zur Verzweiflung. Man möchte sich mit dem Einschlafen beeilen, man fürchtet, Zeit zu verlieren. Und dadurch vertreibt man den Schlaf endgültig. Gedichte... Nur Gedichte... Und ich dichte für mich, wie ein Akyn. Das Gedicht, das dabei entsteht, ist wie ein schmaler Pfad.

STILLE

Jeder Laut,
Jedes Wort,
Jeder Schritt
Wie ein Schuß
Blitzt und kracht...
Wie ein Netz
Reißt die Nacht.
Kommen Wachen? Klopft das Herz?
Oder war es die Ratte?
Eine Membran
Ist die Seele.
Jeder Ton – ein Orkan,
Und ein Knebel aus Watte
Undurchdringliche Nacht.
Hier, bei mir,
Steht der Schmerz.
Herz, gib acht!
Was besteht?
Was vergeht?
Jeder Laut
Ist ein Hieb,
Wie ein Dieb
Schleicht die Nacht.
Sag –
Wer blieb?
Immer dunkler die Nacht,
Böser Abgrund der Traum,
Alle Stille erwacht
In dem weltweiten Raum.

Die zweiundzwanzig Gebote des Majors Weinstock

Sie hängen an der Wand, über meinem Eisenbett. Ich bekomme noch immer keine Bücher, und diese zweiundzwanzig Gebote sind vorläufig das einzige mir zugängliche ‹gedruckte Wort›. Und ich studiere sie bis zur Übelkeit.

Das Opus besteht aus drei Teilen von unterschiedlicher Länge: «Die Strafgefangenen sind verpflichtet», «Den Strafgefangenen ist gestattet» und der dritte, der längste: «Den Strafgefangenen ist untersagt.»

Die Gefangenen sind verpflichtet, alle Anordnungen der Gefängnisverwaltung widerspruchslos zu befolgen. Sie sind verpflichtet, an den festgesetzten Tagen ihre Zelle zu säubern und zweimal täglich den Kübel zu leeren.

Gestattet war der Briefverkehr (zumindest grundsätzlich, wobei jedoch jeweils die besondere Erlaubnis des Gefängnischefs einzuholen war) mit den nächsten Angehörigen (Eltern, Kinder, Ehegatten). Man durfte zweimal im Monat schreiben und zwei Briefe im Monat empfangen, man durfte sich von seinen Angehörigen fünfzig Rubel im Monat schicken lassen und für dieses Geld beim Gefängniskiosk Lebensmittel bestellen. Man durfte einmal täglich ‹spazierengehen› (die Dauer wurde von der Gefängnisleitung bestimmt) und alle zehn Tage aus der Gefängnisbibliothek zwei Bücher ausleihen. Damit war die Menschenfreundlichkeit des Majors Weinstock erschöpft. Der Teil «Den Strafgefangenen ist untersagt» war ausführlicher und mit gründlicher Sachkenntnis zusammengestellt. Es war unter anderem verboten, sich in der Nähe des Fensters aufzuhalten oder mit dem Rücken zur Tür zu sitzen. Es war verboten, Zeichen in die Bücher zu machen oder sich mit seinen Nachbarn durch Klopfzeichen zu unterhalten. Es war verboten, zu sprechen (mit wem auch?), und es war sogar verboten, zu singen. Und noch vieles andere mehr.

Am Schluß waren die Strafen aufgeführt, mit denen die Gefangenen bei der Verletzung dieser Gebote zu rechnen hatten, ein beachtliches Arsenal: Verbot, die Bibliothek zu benutzen, am Kiosk einzukaufen, Briefe zu schreiben, ferner Strafzelle und schließlich ein neues Verfahren.

Das Dokument war unterschrieben von dem «Leiter der Hauptverwaltung für das Gefängniswesen (GUGB), Major Weinstock». In der linken oberen Ecke war zu lesen: «Genehmigt. Der Generalkommissar für Staatssicherheit, Jeschow.»

Alle hatten nur den einen Wunsch: daß diese Vorschriften sich nicht änderten. Das erfuhr ich zwei Jahre später, auf dem Weg nach Kolyma. Alle hatten nur den einen Wunsch: daß es ‹nicht schlimmer› werde, denn jeder Tag bestätigte das deutliche Gefühl, daß Schrecken und Willkür weiter zunehmen würden. Ein geradezu satanischer erfindungsreicher Wille war ständig am Werk, die winzigsten Spalten in unserer Gruft aufzuspüren und sorgfältig zu vergipsen.

Jeder Tag brachte etwas Neues. Gestern noch war das Fenster am Ende des Ganges nur mit weißer Schlemmkreide übermalt. Heute ist auch vor diesem Fenster eine dunkle Blende angebracht. Gestern hat der Aufseher mich gewähren lassen, als ich dem Spion den Rücken zukehrte. Heute macht er sofort die Klappe auf und zischt unheildrohend: «Setzen Sie sich richtig hin!»

Der Hofgang wird immer kürzer. Bestellscheine für Lebensmittel vom Kiosk werden immer seltener ausgegeben. Die Hauptsache aber: der Gefängnisleiter ist abgesetzt worden. Ich habe ihn noch kennengelernt. Er war am Tag nach meiner Ankunft in meine Zelle gekommen. Ich hatte von ihm schon im Butyrki gehört. Er war der typische Repräsentant des ‹alten Stils› bei der Behandlung politischer Häftlinge. Denn bis zum Jahr 1937 hatte es in den Gefängnissen noch niemand darauf abgesehen, die Häftlinge sterben zu lassen.

Ein gutmütiger Mann mit einem runden Gesicht öffnete die Tür einen Spalt weit und fragte: «Sie gestatten?»

Er kam herein, grüßte und fragte nach meinen Beschwerden und Bitten. Er versicherte, daß die Bibliothek bald wieder geöffnet werde, nahm meinen Antrag auf Briefwechsel mit meiner Mutter entgegen und ging. Es blieb der Eindruck menschlicher Anständigkeit. Jedes Wort, jede Geste dieses Mannes schienen auszudrücken: ‹Ich erfülle meine Pflicht ohne jede Begeisterung. Ich bin bereit, alles zu tun, was in meinen Kräften steht.›

Das war leider unsere erste und letzte Begegnung. Der Beschluß des Juli-Plenums über die Verschärfung des Strafvollzugs wurde in die Tat umgesetzt. Fünf oder sechs Tage darauf wurde plötzlich die Tür meiner Zelle aufgerissen, und auf der Schwelle erschien ein dunkelhaariger, dunkelhäutiger Uniformierter. Beim Gehen knickten seine Knie ein wie bei einem Kamel, und wenn er sprach, starrte er an einem vorbei.

«Neuer Gefängnisleiter. Fragen?» herrschte er mich an. Das Gesicht und auch das Mienenspiel des Neuen erinnerte an einen Filmschauspieler in der Maske eines Bösewichts. Solche Gesichter hatten die zweibeinigen Geier aus dem Filmatelier Georgiens, die das arme Täubchen Nata Vatschnadse [36] zu Tode hackten. Ich taufte ihn gleich auf den Namen Korschunidse. Nach einigen weiteren Besuchen fügte ich hinzu: ‹Gadiaschwili› [37]. Von da an wurde er immer so genannt, und viele von unserem Transport glaubten, es sei sein wirklicher Name.

Er sprach mit zusammengebissenen Zähnen und stieß die Worte abgehackt hervor, als müßte er einen tiefen Ekel überwinden.

«Fragen?»

«Bitte sagen Sie: Werde ich noch lange in Einzelhaft bleiben?»

«Kennen Sie Ihr Urteil nicht? Zehn Jahre!»

Nach diesem ersten Gespräch sagte ich stets nur, ich hätte keine Fragen. Was hätte ich ihn auch fragen sollen? Es war ja ohnedies alles klar.

Das Leben jedoch korrigierte die zweiundzwanzig Gebote des Majors Weinstock und auch die Prognosen von Korschunidse-Gadiaschwili. Aus Moskau kam ein Gefangenentransport nach dem anderen. Das Gefängnis platzte aus allen Nähten. Die Leitung war der Situation nicht mehr gewachsen. Und im Widerspruch zu dem Geist der ‹Gebote› wurde in den Einzelzellen ein zweites Bett installiert. Man mußte zusammenrücken.

Im Gang klirrten Eisenstangen, flüsterten Aufseher, die Grabesstille war auf einmal vertrieben. Als mir klarwurde, was diese Geräusche bedeuteten, wartete ich bebend, was sie mir bringen würden. Robinson wartete auf seinen Freitag. Und eines schönen Tages war Freitag da. Es war eines der Wunder, über die man zu sagen pflegt: «In Wirklichkeit geschieht so etwas nicht.» Aber es geschah. Von allen möglichen Kombinationen traf ausgerechnet diese ein: In meine Zelle kam Julija Karepowa, jene Bekannte aus Kasan, mit der zusammen ich zum Militärkollegium nach Moskau gebracht worden war.

Helle Nächte und schwarze Tage

Wir sprachen zwanzig Stunden ununterbrochen, bis wir beide ganz heiser waren. Aber wir waren in Hochstimmung. Erfüllt von dem Bewußtsein, daß die Sprache den Menschen fähig macht, dem anderen zu begegnen.

In kürzester Zeit kannte ich nicht nur die Biographie von Julija, sondern auch die Lebensläufe aller ihrer Verwandten bis in das dritte Glied. Sechs Stunden lang trug ich ihr Gedichte vor. Und immer wieder erzählten wir uns die schon bekannten Neuigkeiten aus dem Butyrki.

Dann kam die Reaktion. Wir verstummten plötzlich und verloren uns in Mutmaßungen über unser künftiges Schicksal. Wie sehr wir uns auch den Kopf zerbrachen, die wahrscheinlichste Möglichkeit war der Tod.

Unvermutet werden wir vor uns selbst gerettet. Plötzlich geht die Klappe auf und ein Buch wird hindurchgereicht, das an ein Klassenbuch erinnert. Hinter dem Buch erscheint der weißblonde Kopf eines Aufsehers, den wir ‹Jaroslawskij› nennen. Diesmal hat die Güte über die befohlene Zurückhaltung gesiegt: sein Gesicht ist ein einziges Lächeln, und mit fröhlicher Stimme spricht er das Zauberwort: «Der Katalog!»

Das war eine anschauliche Lektion zum Thema: Man darf die Hoffnung niemals aufgeben. Wir hatten uns längst damit abgefunden, daß die Inventur der Bibliothek zehn Jahre dauern würde. Aber jetzt ... der Katalog. Sogar ein recht guter: eine reichhaltige Bibliothek mit ausgezeichneten Büchern.

Die Einsamkeit hatte ein Ende. Morgen um diese Zeit werden Tolstoj, Blok, Stendhal, Balzac zu mir kommen. Und ich hatte schon an den Tod gedacht, ich Törin!

In unserer Hast verschreiben wir uns, als wir die Nummern der Bücher, die wir haben wollen, notieren. Morgen sollen sie gebracht werden, jeder bekommt zwei. Welch ein Glück, daß ich nicht mehr allein bin. Allein hätte ich nur zwei bekommen – jetzt sind es vier. Davon kann man eine Weile existieren.

Wir müssen vor Glück so gestrahlt haben, daß Jaroslawskij sich überhaupt nicht mehr beherrschen konnte. Er blickte verstohlen nach allen Seiten, grinste breit, wobei er seine schiefen, schneeweißen Zähne zeigte und nickte bestätigend mit dem Kopf.

«Morgen ...»

Und dieses ‹Morgen› kam. Vier Bücher halte ich in der Hand. Und vor lauter Raffgier kann ich mich nicht entschließen, welches ich als erstes Julija geben soll, die mir großzügig die Wahl überlassen hat. Womit soll ich anfangen? *‹Auferstehung›* natürlich! Julija gebe ich nach einigem Überlegen Nekrassows *‹Ausgewählte Werke›*. Sofort fragt sie ganz verwundert: «Ich habe die Frauen der Dekabristen[38] immer für beispiellose Märtyrerinnen gehalten. Aber wenn man das liest: ‹Bequem, fest und leicht ist die wunderbare Kutsche ...› Wenn die in einem stolypinschen Waggon gereist wären ...»

Aber zum Sprechen ist jetzt keine Zeit. Wir wollen lesen. Und ich vertiefe mich in einen abgegriffenen Band Tolstoj.

Zu Hause hatten mich alle für eine leidenschaftliche und unersättliche Leserin gehalten, für einen Bücherwurm. Aber der eigentliche, der innere Sinn des Lesens offenbarte sich mir erst hier in dieser Gruft. Alles, was ich früher für Lesen gehalten hatte, war nur ein Tasten an der Oberfläche gewesen, es ging nur in die Breite, nicht in die Tiefe. Und als ich aus dem Gefängnis entlassen wurde, verlor ich wieder die Fähigkeit, so zu lesen wie in der Zelle, wo ich Dostojewskij, Tjutschew, Pasternak und viele andere für mich neu entdeckte.

Hier habe ich mich zum erstenmal auch eingehend mit der Geschichte der Philosophie beschäftigt und etliche Werke gründlich durchgeackert. Es mag paradox anmuten, aber in der Gefängnisbibliothek gab es manche Bücher, die aus den öffentlichen Bibliotheken längst entfernt waren.

Nichts ist einfacher, als die tiefe Wirkung, die Bücher auf einen Häftling haben, mit dem Mangel an äußeren Eindrücken zu erklären. Aber das allein ist es nicht. Ein Mensch, der isoliert ist vom Alltag, von dem ewigen Leerlauf des Lebens, gewinnt eine ganz besondere innere Kraft. In der Zelle jagt man nicht mehr hinter dem Phantom des Erfolgs her, man heuchelt nicht, braucht keine Konzessionen zu machen und keine Kompromisse mit dem eigenen Gewissen zu schließen. Man ist vertieft in die wesentlichen Probleme des menschlichen Seins und stellt sich ihnen, geläutert durch das Leid.

Und wenn selbst im Lager, im tierischen Kampf ums Dasein, Tausende ihre innere Reinheit bewahrten, dann gilt das um so mehr für die Einzelhaft. Daß sie im Grunde eine läuternde Wirkung ausübt, daran besteht kein Zweifel. Natürlich nur, wenn sie nicht zu lange dauert und die Struktur der Persönlichkeit nicht zerstört.

Wie oft habe ich später im Lager mit Zärtlichkeit an die schreckliche Isolierung in Jaroslawl gedacht! So qualvoll mein Leben dort war, niemals, weder früher noch später, haben sich meine guten Eigenschaften so frei entfalten können wie dort. Ganz sicher bin ich im Laufe jener zwei Jahre gütiger, klüger und feinfühliger gewesen als in meinem übrigen Leben. Auch die täglich zunehmende Verschärfung des Strafvollzugs konnte die Freude über die Wiedereröffnung der Bibliothek nicht dämpfen. Ich hatte nur einen Wunsch: Wenn sie sie bloß nicht wieder schließen.

Mit stoischer Gelassenheit haben wir sogar die Umkleideaktion über uns ergehen lassen, bei der man uns in eine Gefängniskleidung steckte, die wir ‹Jeschow-Uniform› nannten. Alle unsere eigenen Kleider wurden eingesammelt, und wir bekamen Röcke und Blusen aus graubrauner Baumwolle, mit dunkelbraunen Längs- und Querstreifen, und dazu ebenso gestreifte, steife Mäntel.

Mützen gab es nicht mehr, und ich durfte mein buntes Kopftuch behalten. Auch die Schuhe reichten nicht aus, und ich trug weiter meine alten roten Turnschuhe. Diese Turnschuhe und das Kopftuch waren die einzigen Farbtupfen in unserer Umgebung.

«Jetzt ist es mit der Mode vorbei», sagte der Oberaufseher höhnisch grinsend, als er unsere Mäntel in einen Sack stopfte.

Zuerst sahen wir dieses Ereignis als eine Tragödie an. Man verwandelte sich plötzlich in eine Vogelscheuche – das ist schwer für eine dreißigjährige Frau, auch wenn sie von niemandem gesehen wird. Aber sogleich beschäftigte uns das Problem, wie wir wenigstens einen unserer Büstenhalter behalten könnten. Zur Gefängniskleidung gehörte Unterwäsche aus grobem Nessel, aber Büstenhalter gab es nicht, was wir als entwürdigend empfanden. Mit der Geschicklichkeit eines Zirkusartisten gelang es jeder von uns, einen Büstenhalter zu verstecken und ihn durch die zahlreichen Kontrollen – hier zweimal im Monat – zu retten. Er mußte gerettet werden, als ein Symbol für die Unantastbarkeit des ‹Ewig Weiblichen›. Schließlich ging meiner in einem Lager verloren.

Eine Woche nach der ersten Bücherzuteilung hatten wir beide Augenschmerzen. Denn tagsüber war es in unserer nach Norden gelegenen Zelle sehr dunkel: die hohe Blende hatte keinen einzigen Spalt, und oben auf dem schwarzen Rand hockten die riesigen Krähen. Man mußte erblinden, wenn man täglich acht bis zehn Stunden bei dieser Beleuchtung las. Wir mußten eine andere Lösung finden, und wir fanden sie.

Obwohl die Gefängnisleitung vorsorglich die Aufseher austauschte, damit wir uns nicht an sie gewöhnten und es auf keinen Fall zu irgendwelchen Beziehungen kommen konnte, tauchten sie trotzdem in regelmäßigen Abständen zum Dienst in unserem Stockwerk wieder auf. Mit der Zeit gelang es uns, sie genauer kennenzulernen. Jeder bekam einen Spitznamen.

An Tagen, an denen ‹Satrap› durch den Gang marschierte oder ‹Wurm› – ein widerliches Subjekt mit unreiner Haut und einem verkniffenen Mund – sich geräuschlos an den Spion schlich, an solchen Tagen befolgten wir die Gefängnisordnung untadelig. Aber sobald ‹Jaroslawskij›, der ‹heilige Georg› oder die rundliche ‹Boule de suif›[39] erschienen, machten wir die Nacht zum Tage.

Wir lernten, im Sitzen zu schlafen und dabei so auf unseren Hockern zu sitzen, daß man, wenn man von draußen durch den Spion blickte, den Eindruck haben mußte, wir läsen. Nachts, wenn die starke elektrische Birne unsere Zelle in grelles Licht tauchte, nahmen wir das Buch unter die Decke und konnten unbemerkt bis zum Morgengrauen lesen. Natürlich waren unsere Augen auch jetzt von der unnatürlichen Haltung beim Lesen und durch das geringe Quantum Schlaf überanstrengt. Aber es war eine Lösung. Es ist uns lange Zeit gelungen, die Aufseher zu täuschen. Nur selten wurde die Klappe geöffnet, nur selten hörten wir die Stimme des Aufsehers: «Platz eins, sagen Sie dem Platz zwei, er darf sich nicht die Decke über den Kopf ziehen.» Das bedeutete, daß ‹er›, das heißt Julija, sich die Decke zu auffällig über den Kopf gezogen hatte.

So vergingen die düsteren Tage mit Schlafen und die hellen Nächte beim quälenden, gleißenden Licht mit heimlichem Lesen. So verging diese Zeit voller physischer und seelischer Qualen in dem geläuterten Umgang mit Büchern, im Wechsel von Hoffnung und Verzweiflung.

Das Stückchen Himmel über den ‹Zellen› im Hof wurde grauer. Die Möwen ließen sich seltener sehen. Noch mehr Krähen saßen auf dem Rand der Blende vor unserem Fenster. Es wurde Herbst.

Der Hund des Leutnants Glahn

Hamsuns Leutnant Glahn besitzt einen Hund, der auf den Namen ‹Äsop› hört. Obgleich unser ganzes Leben in der Zelle vom Geist Äsops erfüllt war, fürchtete sich Julija, die Belesenheit der Aufseher überschätzend, den Namen ‹Äsop› laut auszusprechen. Deshalb verwendeten wir den geheimnisvollen Ausdruck ‹der Hund des Leutnants Glahn›. Und geradezu virtuos lernten wir die Ausdrucksweise und die Lebensart dieses ‹Hundes› beherrschen. Mit besonderer Meisterschaft wendeten wir sie bei unseren Briefen an.

Ich hatte die Erlaubnis bekommen, mit meiner Mutter zu korrespondieren. Julija erhielt keine Briefe, da sie keine nahen Angehörigen mehr hatte. Mein Brief – ich durfte zweimal im Monat schreiben – war ein aufregendes Ereignis. Wir bereiteten ihn lange vor und überlegten uns jedes Wort.

Es war eine schwierige Aufgabe: der Brief sollte für meine Mutter verständlich sein, aber der Gefängniszensor, der mit großer Wachsamkeit seines Amtes waltete und jeden Brief bei der geringsten Doppeldeutigkeit zurückgab, durfte keinen Verdacht schöpfen.

«Der Brief kann nicht abgeschickt werden», wurde mir erklärt, als ich meine Mutter bat, Wasja impfen zu lassen. Die bloße Erwähnung einer Krankheit wurde als verschlüsselte Nachricht angesehen.

Wir durften nur die ‹vorgeschriebenen› Bleistifte benutzen. Sie waren aus Plastik und hatten eine auswechselbare Mine, so daß man sie nicht anzuspitzen brauchte, denn scharfe Gegenstände waren verboten. Der Gefängniszensor steckte die Briefe in den Umschlag und schrieb die Adressen darauf. Es kam darauf an, meiner Mutter soviel wie möglich von mir zu erzählen und von ihr soviel wie möglich über meinen Mann, über die Kinder, die Verwandten und Freunde zu erfahren. Wie brachte man das fertig?

Wir kamen auf den Gedanken, von uns in der dritten Person zu schreiben. Auch das mußte sorgfältig vorbereitet werden. Zunächst mußte ich einen anderen Namen für mich erfinden. Welche Koseform außer Schenja ließ sich von Jewgenija ableiten? Eva! Die kleine Eva, ein Schwesterchen von Natascha. Und meine Mutter bekam einen Brief mit folgenden geheimnisvollen Sätzen: «Mach Dir keine Gedanken über die Kinder. Ich nehme doch an, daß es unserer Evotschka, um die Du Dir soviel Sorgen machst, gar nicht so schlecht geht. Bedenke doch, daß sie jetzt nicht mehr allein ist, sondern bei ihrer Tante, die sie, davon bin ich überzeugt, sehr gern hat.»

Meine Mutter verstand alles. Ja, sie hoffe, daß es unserer lieben Eva gut gehe. Ob die Tante auch nicht zu streng sei? Ob das Mädchen auch an die Luft komme und mit anderen Kindern spielen dürfe? – Meine Mutter wollte wissen, ob die Gefängnisordnung sehr streng und ob ich in Einzelhaft sei.

Alles ging wie am Schnürchen. Nachdem wir alle Personen in Kinder umgewandelt hatten, konnten wir uns noch so verbotene Nachrichten zuspielen, ohne daß der Zensor mißtrauisch wurde. Als meine Mutter mir schrieb, «Pawlik ist noch im Examen», wußte ich, daß der Fall meines Mannes noch nicht verhandelt und das Urteil noch nicht gesprochen war. Auf die gleiche Weise erfuhr ich von der Verhaftung meines Schwagers Schura Koroljow. Zuerst schrieb Mama: «Schura hat einen anderen Arbeitsplatz bekommen. Jetzt arbeitet er in einer Garage.» Da Schura Professor für russische Geschichte war, konnte dieser ‹Wechsel› nur Parteiausschluß bedeuten. Und schon im nächsten Brief stand: «Schura ist zu Besuch bei Pawlik.» Das war unmißverständlich.

Zwei Jahre lang korrespondierten wir auf diese Weise. Meine Mutter berichtete mir ausführlich von meinen Kindern, und ich glaubte ihr: die guten Nachrichten gaben mir die Kraft, alles zu ertragen.

Viel später, als ich schon in Kolyma war, habe ich erfahren: als meine Mutter mir schrieb, «zu Neujahr schmückten wir für Wasja ein Tannenbäumchen», war Wasja in dem Labyrinth der Heime für Kinder politischer Häftlinge verlorengegangen. Man hatte seinen Nachnamen verwechselt. Monatelang wußten meine Angehörigen nicht, ob sie das Kind je wiederfinden würden. Erst 1938 hat ihn ein Bruder meines Mannes in Kostroma aufgespürt. Wie gut, daß ich in Jaroslawl von all dem nichts geahnt habe!

Aber nicht nur in unseren Briefen, auch in unseren Tagebüchern und Gesprächen verwendeten wir häufig die Sprache des ‹Hundes des Leutnants Glahn›. Man hatte uns gestattet, zwei Hefte im Monat beim Kiosk zu bestellen und alles aufzuschreiben, wozu wir Lust hatten. Aber da die vollgeschriebenen Hefte dem Zensor übergeben werden mußten, konnten wir sie nicht so verwenden, wie wir es gern getan hätten, zum Beispiel um eigene Gedichte hineinzuschreiben. Ich kann mich heute nicht mehr an die komische Stenographie erinnern, die wir damals entwickelt haben. Man sieht, daß der Mensch in der Einsamkeit eines Robinson die Entwicklung der Art wiederholt und sämtliche Stufen des ‹technischen Fortschritts› zurücklegt.

Wir machten uns aus Fischgräten Nadeln und aus Haaren Fäden. Wir erfanden ein originelles stenographisches System und betrieben die Klopftelegrafie mit dem Fingerspitzengefühl eines Goldschmiedes, denn hier, in der Grabesstille, war das Klopfen wesentlich gefährlicher als in dem Keller in Kasan.

Ich schrieb meine Gedichte in unserer Kurzschrift, lernte sie auswendig, radierte sie dann mit weichem Brot wieder aus und füllte die Hefte mit algebraischen Gleichungen oder französischen Konjugationen.

Die wichtigste Aufgabe, die unser ‹Hund des Leutnants Glahn› zu erfüllen hatte, das heißt, der Sinn unseres geheimen Tuns in der Zelle bestand darin, jene unbarmherzige Isolierung von der Welt und von den Menschen, die ein besonderes Prinzip in diesem Gefängnis war, soweit wie möglich zu durchbrechen. Nach dem Willen der Verwaltung sollte jeder von uns das Gefühl haben, er sei der einzige Gefangene in diesem Haus. Aber seit wir zu zweit in der Zelle waren, durfte ich ja doch wohl annehmen, daß sich außer mir wenigstens noch Julija Karepowa in diesem Gefängnis befand.

Zuerst suchte man zu erfahren, wer die Nachbarn waren. Durch aufmerksames Beobachten der undeutlichen Geräusche fanden wir heraus, daß zu beiden Seiten Einzelzellen waren, in denen noch kein zweites Bett aufgestellt worden war. Offenbar bemühte man sich darum, die ‹schweren Fälle› so lange wie möglich isoliert zu halten. Rechts von uns ging jemand unablässig auf und ab. Das Poltern der Stiefel war durch die meterdicke Wand zu hören. Auf unsere Frage nach dem Namen und dem Urteil, kam die Gegenfrage: «Zu welcher Partei gehören Sie?» Und als wir darauf klopften: «Wir sind Kommunistinnen», kam die Antwort: «Unter den Mitgliedern dieser Partei habe ich keine Freunde.»

Dann ein Faustschlag gegen die Wand, und die Wand verstummte für die folgenden zwei Jahre.

Es war klar, daß dort eine Menschewikin oder eine Sozialrevolutionärin vom Typ der Muchina saß.

Mit unserer Nachbarin zur Linken dagegen pflegten wir bald einen regen Kontakt. Wir wechselten täglich chiffrierte Telegramme, die so abgefaßt waren, daß ihr Inhalt unklar blieb, sofern man uns belauschte.

Unsere Nachbarin war Olga Orlowskaja, eine Journalistin aus Kujbyschew, Frau eines gewissen Lenzner, der eine führende Rolle in der trotzkistischen Opposition gespielt hatte. Olga selbst war ein ergebenes Parteimitglied, von Lenzner seit vielen Jahren geschieden und trotzdem seinetwegen verhaftet worden.

Sie saß bereits seit mehreren Monaten in Einzelhaft und war über den Kontakt mit uns unendlich froh. Wir klopften während der Essenausgabe, mittags oder abends, wenn die Stille durch das Scheppern der Schöpfkellen und Blechnäpfe unterbrochen wurde. Das wichtigste Thema unserer Unterhaltungen war der Meinungsaustauch über die Zeitungsmeldungen. Wir durften von den fünfzig Rubeln, die unsere Angehörigen uns monatlich überwiesen, das Lokalblatt *Sewjernyj Rabotschij* abonnieren.

Was war das für eine Zeitung! Wenn man sie heute vor sich hätte, würde man seinen eigenen Augen nicht trauen. Die Ausschaltung der ‹Volksfeinde› war das zentrale Thema. Bei der Berichterstattung ging man systematisch vor, so daß eigentlich nur noch Zeichnungen und Tabellen gefehlt hätten. So konnte man zum Beispiel einen Leserbrief über einen säumigen Sekretär eines Bezirkskomitees finden, der angeblich behauptet hatte, in seinem Bezirk gäbe es «niemanden mehr, den man holen könnte». Der Verfasser des Briefes empörte sich über die «versöhnlerische Haltung feindlichen Elementen gegenüber» und äußerte Zweifel an der Zuverlässigkeit eines solchen Sekretärs. Jeden Monat gab es mehrmals ausführliche Berichte über Prozesse, die man führenden Männern des Bezirks gemacht hatte. Die Spalten dieses schlichten Provinzblattes waren durchsetzt mit fettgedruckten Schlagzeilen: «Höchstes Strafmaß», «Das Urteil ist bereits vollstreckt.»

Neben solchen Veröffentlichungen wucherten pathetische Verherrlichungen der «treuen Söhne des Volkes» und des «einfachen sowjetischen Menschen». Die Wahl zum Obersten Sowjet stand vor der Tür, die erste Wahl nach der neuen Verfassung. In Jaroslawl kandidierte der erste Sekretär des Gebietskomitees, Simin, der erst vor kurzem seinen verhafteten Vorgänger abgelöst hatte. Jede Ausgabe enthielt Fotos, die Simin bei den verschiedensten Gelegenheiten zeigten, und Aufzählungen seiner Verdienste.

Wenige Monate nach der Wahl wurde Simin mit dem gesamten Büro des Gebietskomitees verhaftet, und dieselbe Zeitung *Sewjernyj Rabotschij* druckte jetzt lange Spalten, die der Entlarvung des «Erzspions Simin» gewidmet waren, «dem es gelungen ist, sich in die Parteispitze einzuschleichen».

Die Ausdrücke «Schicht», «schichtweise abtragen», tauchten auf, lange bevor Kaganowitsch sie als Termini gebrauchte. Da hieß es zum Beispiel: «Im Kampf mit den Folgen der Schädlingsarbeit haben wir gewisse Schichten abgetragen.»

Darüber hatten Olga und ich uns viel zu sagen, wobei wir uns der Sprache des ‹Hundes des Leutnants Glahn› bedienten. Olgas Antworten verrieten einen scharfen Intellekt und die Geschicklichkeit der guten Journalistin, rasch und treffend zu formulieren.

Auf diese Weise diskutierten Olga und ich zwei Jahre. Und erst 1939, auf der Fahrt nach Kolyma, stellte sich heraus, daß Olga trotz allem Stalin vergötterte und aus ihrer Einzelzelle einen Brief in Versen an ihn gerichtet hatte, der mit den Worten begann: «Stalin, meine goldene Sonne! Und wenn der Tod mich erwartet, will ich, wie eine Blume auf dem Weg, sterben, auf dem Weg meiner Heimat vergehen ...»

Man braucht sich nicht darüber zu wundern, denn damals gab es viele, die eine nüchterne Beurteilung der Ereignisse mit einem seltsamen, geradezu religiösen Kult Stalins verbinden konnten.

Julija, die eine große Vorliebe für Kriminalromane hatte, begeisterte sich so sehr für den ‹Hund des Leutnants Glahn›, daß zuweilen nicht einmal ich das System ihrer Verschlüsselungen durchschauen konnte. Besonders vorsichtig wurde sie nach einem Unglück, das Olga zugestoßen war. Olga hatte uns durch die Wand berichtet, daß man ihr die Bücher entzogen habe, weil sie ‹Textzeilen unterstrichen› hätte. Von da an machten wir uns die Mühe, Seite für Seite genau zu untersuchen, bevor wir dem Aufseher die Bücher zurückgaben.

Unsere Verschlüsselungstechnik erreichte ihren Höhepunkt, als Julija eines Tages auf die fixe Idee kam, in einer Wandvertiefung über ihrem Bett könnte ein Mikrophon eingebaut sein, das unsere Gespräche belauschte. Vergeblich habe ich ihr zu erklären versucht, daß solche Maßnahmen vom Standpunkt unserer

Peiniger aus sinnlos waren. Unser ‹Fall› war abgeschlossen, wir konnten ihnen nichts mehr bieten. Wir waren für sie erwiesene ‹Volksfeinde›.

Aber nach wie vor fürchtete sich Julija vor ‹Prow Stepanowitsch› (so hatten wir die Vertiefung in der Wand getauft) und erfand so groteske Verschlüsselungen, daß ich zuweilen das Lachen nicht unterdrücken konnte und das Gesicht in den Strohsack vergraben mußte, um nicht die Aufmerksamkeit der Aufseher auf uns zu lenken.

Trotz allem, trotz unserer Bemühungen und Vorsichtsmaßnahmen, sind wir der strafenden Hand der Gefängnisverwaltung nicht entgangen. Die Disziplinarstrafen im Gefängnis wurden – ebenso wie das Strafmaß – unabhängig von tatsächlichen Vergehen verhängt, nach einem Plan, auf Grund einer exakten Kurve. Auf dieser Kurve näherten wir uns jetzt einem verhängnisvollen Punkt – dem dritten Jahrestag des Attentats auf Kirow, dem ersten Dezember.

Die unterirdische Strafzelle

Wie immer ereilte auch uns das Unglück, als wir am wenigsten darauf gefaßt waren. Im Gegenteil, an jenem Tag waren wir sogar besonders vergnügt.

Am Morgen hatte man uns Lebensmittel vom Kiosk gebracht: ein halbes Kilo Zucker, zweihundert Gramm Butter und ein paar Gurken, die wer weiß wie in das Gefängnis geraten waren. Die Gurken waren welk, krumm und schrecklich bitter. Die häusliche Julija, die in der ‹Großstadt› Zarjewo-Kokschajsk aufgewachsen und trotz aller Ämter und Auszeichnungen eine leidenschaftliche Hausfrau geblieben war, hatte sofort die geniale Idee, diese drei Gurken einzulegen.

«Da gibt es nichts zu lachen! Wir werden uns heute von jedem der beiden Aufseher ein Löffelchen Salz erbetteln – und morgen wieder. Dann werden wir drei Tage auf das heiße Wasser verzichten oder wir schütten es sofort in den Kübel. Und in der Wasserkanne salzen wir unsere Gurken ein. In drei Tagen können wir frische Salzgurken essen!»

«Julija! Man sollte ein Gedicht auf dich machen, wirklich!»

«Gar nicht übel! Du schreibst über alles mögliche, statt die Freundin deiner harten Tage [40] zu besingen.»

Ich machte mich sofort an die Arbeit.

«Deiner nicht würdig, fürwahr, sind Choreus und niedriger Jambus,
Den Hexameter wähle ich, um dich zu besingen, o Freundin ...»

«Bitte sehr, ich habe nichts dagegen!»

«Mag der Vesuv Völker und Städte unter glühenden Strömen begraben,
Am Rande des Kraters legst du Gurken und Kräuter ins Faß.»

Und als wir vor unterdrücktem Lachen kaum noch atmen konnten, drehte sich der Schlüssel im Schloß. Uns stockte der Herzschlag. Zu einer so ungewöhnlichen Zeit konnte das nur Böses bedeuten.

«Folgen Sie mir», sagte der Oberaufseher zu mir.

Das war schon mehrmals vorgekommen, seit wir hier waren. Mal hatte man uns geholt, um Fingerabdrücke zu machen, ein andermal, um uns zum Zahnarzt zu führen. Nein, wenn es zum Zahnarzt ging, kündigte man uns das vorher an... Was hatte es heute zu bedeuten?

Im Hinausgehen höre ich Julijas beunruhigtes Hüsteln, das Sorge und Solidarität ausdrückt. Jetzt sind wir im zweiten, jetzt schon im ersten Stock. Wohin? Immer tiefer und tiefer. Jetzt ist mir klar, daß es sich nicht um eine bloße Formalität handelt. Dieser lange Weg nach unten kündigt etwas Böses an. Wie viele unterirdische Stockwerke mag es hier geben?

Schließlich bleiben wir in einem winzigen Verlies stehen. Vor mir die untersetzte breitschultrige Silhouette des Oberaufsehers ‹Satrap›. Er hat ein dunkles, wie von innen her versengtes Gesicht, die hellen Augen wirken darin befremdlich. Er spricht mit ukrainischem Akzent.

Nachdem er mich nach meinem Familiennamen gefragt hatte, holte er einen Aktenordner und las mir eine Anordnung des Gefängnisleiters vor. Danach werde ich für fünf mal vierundzwanzig Stunden in eine der unteren Strafzellen eingesperrt wegen «Fortsetzung konterrevolutionärer Tätigkeit im Gefängnis, die Sie dadurch zum Ausdruck gebracht haben, daß Sie Ihren Vornamen an die Wand der Toilette schrieben.»

Das ist eine eindeutige Unterstellung! Ich habe meinen Namen nirgendwo hingeschrieben. Das wäre die größte Dummheit gewesen. Wir wissen genau, daß jedesmal, wenn wir herauskommen, der Aufseher, der vor der Tür die ‹Ehrenwache› hält, diesen ehrwürdigen Ort inspizieren muß, um festzustellen, ob wir dort vielleicht eine Sprengbombe hinterlassen haben. Außerdem gehört es zu seinen Pflichten, uns ein Stück Zeitungspapier auszuhändigen. Dieses wichtige Staatsgeschäft erledigt er mit einem undurchdringlichen und feierlichen Gesicht.

Das alles zuckt mir durch den Kopf, und ich versuche ‹Satrap› zu erklären, daß ich ja dumm sein müßte, unter diesen Umständen etwas an die Wand zu schreiben. Er hört mich nicht an. Er fordert mich auf, durch meine Unterschrift zu bestätigen, daß ich von der Anordnung Kenntnis genommen habe.

«Nein! Ich werde diese Lüge, diesen Unsinn nicht unterschreiben! Und was soll denn das heißen: ‹Fortsetzung konterrevolutionärer Tätigkeit im Gefängnis›?»

Erst als ich selbst diese Worte laut sagte, ging mir auf, was mit ihnen gemeint war. Ich sah plötzlich wieder die zweiundzwanzig Gebote des Majors Weinstock vor mir. Und darin stand, daß der Häftling bei «Fortsetzung der konterrevolutionären Tätigkeit im Gefängnis» von neuem vor Gericht gestellt wird. Mit meiner Unterschrift hätte ich die Beschuldigung anerkannt und ihnen die Möglichkeit gegeben, mich noch einmal zu verurteilen, und zwar dieses Mal zum Tode.

«Ich werde nicht unterschreiben! Das ist eine Unterstellung!»

«Schon gut. Machen Sie sich nicht so wichtig. Sie schaden sich nur. Los, ziehen Sie sich aus!»

«Was?»

«Zieh dich aus, habe ich gesagt!» Er duzt mich plötzlich. «In der Strafzelle gibt es andere Kleidung, das ist Vorschrift ... Los, hinein mit dir!»

Er kommt auf mich zu. Plötzlich befinde ich mich in einem steinernen Dreieck, ohne Fenster, ohne Beleuchtung. Nur durch die offenstehende Tür fällt Licht herein. Grabeskälte. Es ist klar, daß diese Folterkammer nicht geheizt wird. Acht bis zwölf Zentimeter über dem Boden ist eine schmale Pritsche in die Wand eingebaut. Darauf liegen die Lumpen, die ich anziehen soll. Ein schmutziger, speckiger, zerrissener Soldatenmantel und riesige Bastschuhe. Richtige Bastschuhe ...

«Ich tue es nicht ...»

«Ich werde es dir schon beibringen! Sonst kannst du was erleben!» fährt ‹Satrap› mich an. Ehe ich mich's versehe, reißt *er* mir die Kleider vom Leibe. Ich spüre seine Pranken auf meiner Brust.

«Nein!!!»

Habe ich diesen wilden Schrei ausgestoßen? Ja, ich war es. Ich habe die Beherrschung verloren. Der Kelch ist übergelaufen. Ich schreie und tobe noch verzweifelter als damals im ‹Schwarzen Raben› nach der Gerichtsverhandlung. Damals schlug ich mit dem Kopf gegen die Wand und wollte nur mir Schmerz zufügen. Jetzt bin ich so von Sinnen, daß ich mich mit ‹Satrap› in ein Handgemenge einlasse, der mich mit einem einzigen Faustschlag niederstrecken könnte. Ich gehe mit Zähnen und Nägeln auf ihn los, ich trete ihm vor den Bauch. Ich stoße schreckliche Schreie aus: «Faschisten! Verbrecher! Wartet nur, eure Tage sind gezählt!»

Plötzlich durchfährt mich ein so unerträglicher Schmerz, daß ich für eine Zeitlang das Bewußtsein verliere. ‹Satrap› dreht mir die Arme auf den Rücken und bindet sie mit einem Handtuch zusammen. Wie im Traum sehe ich noch eine Aufseherin, die ihm zu Hilfe kommt. Sie zieht mir alles aus bis auf das Hemd, und nimmt sogar meine Haarnadeln mit. Dann verschwimmt alles, und ich stürze in einen Abgrund, der schwarz und feurig ist.

Die Kälte bringt mich wieder zum Bewußtsein. Die Zehen an meinem linken Fuß sind erstarrt, wie abgestorben. Damals habe ich mir eine Erfrierung zweiten Grades zugezogen. Noch heute schwillt der Fuß im Winter an und schmerzt.

Der ganze Körper tut mir weh. Ich liege auf der niedrigen Pritsche, auf dem Rücken, fast nackt, nur mit dem Hemd bekleidet und mit dem schmutzigen, zerrissenen Soldatenmantel achtlos zugedeckt. Aber meine Arme sind frei, sie sind nicht mehr gefesselt. Die Aufseherin hatte wahrscheinlich Mitleid mit mir und knotete das Handtuch auf, ehe sie mich hier zurückließ.

Ich starre ins Dunkel. Ich sehe nicht einmal die Hand vor Augen. Bin ich blind? Ich sehe nichts. Wenn ich doch nur einen hellen Flecken entdeckte ... Schritte. Das Poltern von Soldatenstiefeln. Der Schlüssel an der Klappe dreht sich und ... Nein, ich bin nicht blind. Jubelndes Licht strömt durch das Fensterchen in der Tür. Ich sehe! Ich sehe! Jetzt werde ich die Dunkelheit leichter ertragen können. Denn ich weiß jetzt, daß ich nicht blind bin.

«Wasser!»

Der Becher ist schmutzig, verrostet. Das Wasser scheint eine richtige Fettschicht zu haben. Ich greife gierig danach, trinke zwei Schluck und mit dem Rest wasche ich mich. Sparsam gehe ich damit um und wasche mir sorgfältig Gesicht und Hände und trockne mich mit meinem Hemd ab. So. Jetzt bin ich wieder ein Mensch und nicht ein schmutziges gehetztes Tier.

«Brot!»

«Ich will nicht!»

«Warum nicht?»

«In diesem Schmutz kann man nicht essen.»

«Ich werde es der Gefängnisleitung melden.»

Er geht, aber die Klappe ist nicht mehr so fest geschlossen wie zuvor. Schmale Lichtstreifen zeigen jetzt ihre Konturen. Ich sehe sie deutlich, und das bringt mir unendlichen Trost.

Ich will mir die Tage merken. Damit Tage und Nächte nicht verschmelzen. Vorhin wollten sie mir Brot geben: der erste Tag. Ich reiße den Saum meines Hemdes an einer Stelle ein. Jedesmal, wenn sie mir Brot geben wollen, werde ich den Saum an einer anderen Stelle einreißen. Wenn es fünf Risse sind, werden sie mich wieder hinaufbringen. Unsere Zelle kommt mir jetzt wie ein Palast vor. Julija ...! Ob man sie auch so quält? Mit ihrer Rippenfellentzündung ...

Ich kann hier nicht schlafen. Kälte und Ratten halten mich wach. Die Ratten huschen hin und her, ich schlage nach ihnen mit den großen Bastschuhen. Was kann man hier tun? Ach ja, Gedichte ...

Und ich spreche Gedichte von Puschkin und Blok, Nekrassow und Tjutschew. Und dann dichte ich selbst (ein wirklicher Akyn, ohne Bleistift und Papier!) das Gedicht ‹*Strafzelle*›.

Das ist kein Traum auf der Leinwand
Und kein Gedicht des Herrn Poe.
Hörst du, die Schritte verhallten –
Ich bin allein in dem Grab.

Blutrausch der feigen Schakale,
Tierische niedrige Wut.
Das ist der Karzer im Keller!
Mauern. Eiskalt. Eine Gruft.

Gibt es einen Kelch in der Hölle,
Bittrer als dieser vor mir ...
Doch auf den dornigen Wegen
Gehe ich niemals allein.

Leg ich den Kopf auf die Steine,
Bringt mich ein Lied nach Gursuf.
Puschkin sitzt hier in der Ecke,
Stützt seinen Kopf in die Hand.

Unsichtbar für die Soldaten
Steht an der Schwelle ein Ritter,
Sänger der Schönen Dame,
Blok, Alexander, mein Freund.

Wenn ich ein wenig ermatte,
– hier in der Gruft wird man müde –
Singen wir beide vom strahlenden Leiden,
Singen das Lied Gaëtans.

Gähnender Abgrund wird heller,
Hält man des andern Hand.
Lebensgesetz unserer Herzen –
Freude und Leid – das ist eins.

Rasender Tanz der Dämonen,
Gieriges Fletschen der Zähne,
weicht von dem Schatz, den ich habe,
Gefeit bin ich, unverletzbar.

Das können sie mir nicht nehmen. Sie haben mir alles genommen: Kleider, Schuhe, Kamm, Strümpfe. Sie ließen mich fast nackt in der Kälte liegen. Aber das können sie mir nicht nehmen. Es steht nicht in ihrer Macht. Das gehört mir. Ich werde auch diese Strafzelle überstehen.

Comunista italiana

Schon viermal habe ich den Saum meines Hemdes eingerissen. Schon viermal ist mir Brot gebracht worden, und viermal habe ich es abgelehnt. Jetzt kann ich mich hier auch schon etwas orientieren: ich kenne die Geräusche bei der Wachablösung, die Schritte von ‹Satrap›, sein zischendes Flüstern. Ich habe herausgefunden, daß in diesem Abschnitt des Kellers mindestens fünf solche Käfige sind wie der meine.

Ich erkannte auch sofort die Schritte des Gefängnisleiters. Die Tür wurde aufgestoßen. Ich drehte mich auf meinem Lager zur Wand, um ihn nicht sehen zu müssen. Ich stellte mir seinen Kamelsgang und seine verächtliche Grimasse vor. Gleich wird er mich anschreien: «Aufstehen!», damit ich mich bewege und er sehen kann, daß ich noch lebe. Aber er beginnt mit epischer Gelassenheit.

«Ist Ihnen bekannt, daß in unserem Gefängnis Hungerstreik verboten ist?»

Ich schweige. Selbst oben in der Zelle habe ich mich geweigert, mit dieser Mißgeburt zu reden. Hier werde ich den Mund schon gar nicht aufmachen.

«Ich wiederhole: Ist Ihnen bekannt, daß in unserem Gefängnis Hungerstreik als Fortsetzung konterrevolutionärer Tätigkeit angesehen wird?»

Ich beiße mir auf die Lippen, bis sie nach Blut schmecken, und schweige.

«Sie haben meine Anordnung nicht unterschrieben, und Sie verweigern das Essen. Das genügt, um Sie wieder vor Gericht zu stellen. Sind Sie sich darüber im klaren?»

Und wenn du vor Wut platzt oder mich auf der Stelle niederknallst, verfluchte Kreatur – ich sage kein Sterbenswort. Was habe ich denn zu verlieren? Im Grab hat man es besser als hier.

Er wartet noch eine Minute, dann macht er auf dem Absatz

kehrt (von seinen monatlichen Besuchen weiß ich, wie seine Stiefel glänzen) und verläßt die Zelle. Die Tür wird wieder geschlossen.

Jetzt öffnet sich die Klappe, und ich sehe das vertraute, gutmütige Gesicht von Jaroslawskij und die Schweineborsten auf seinen rosigen Backen.

«Nimm das Brot, Mädchen, hörst du! Sie lassen dich sonst verrecken», flüstert er hastig. Auf einmal verstummt er und schließt die Klappe. Jemand kommt...

Trampeln vieler Füße und ein Geräusch, als ob etwas über den Steinboden geschleift wird. Dumpfe Stimmen. Plötzlich, alles übertönend, ein langgezogener, gellender, verzweifelter Schrei, der plötzlich abreißt.

Es ist klar: dort wehrt sich jemand. Sie wird in die Strafzelle geschleppt. Wieder schreit sie. Schweigen. Hat man ihr einen Knebel in den Mund gestopft?

Nur nicht wahnsinnig werden. Alles andere, nur das nicht. «Oh, laß mich nur nicht den Verstand verlieren. Dann lieber sterben, betteln und verschmachten...»[41]

Wahrscheinlich ist der Wunsch, einfach loszuheulen, das erste Anzeichen drohenden Wahnsinns. Ich muß dagegen ankämpfen. Ich muß mein Gehirn arbeiten lassen. Wenn das Gehirn tätig ist, bewahrt es das Gleichgewicht. Und wieder beginne ich, mir Verse aufzusagen und selbst zu dichten. Ich wiederhole die Zeilen mehrere Male, um sie nicht zu vergessen. Und vor allen Dingen, um diesen Schrei nicht zu hören, ihn nicht zu hören.

Der Schrei ist noch da. Durchdringend, tierisch, fast unwirklich. Er füllt den ganzen Raum aus, wird klebrig – greifbar. Dagegen wirken die Schreie einer Gebärenden wie eine lebensfrohe Melodie. In den Schreien einer Gebärenden schwingt immer die Hoffnung auf einen glücklichen Ausgang mit. Hier aber ist nur letzte Verzweiflung.

Ein Entsetzen packt mich, wie ich es seit Beginn meiner Höllenfahrt noch nicht erlebt habe. Noch eine Sekunde, und ich werde genauso schreien wie diese unbekannte Leidensgenossin. Und das ist der Anfang vom Wahnsinn.

Jetzt kann man in diesem anhaltenden Schreien einzelne Worte unterscheiden. Aber ich kann sie nicht verstehen. Ich stehe von meiner Pritsche auf, schleppe mich in meinen großen Bastschuhen bis zur Tür und lausche. Ich will hören, was diese Unglückliche ruft.

«Was hast du? Bist du gefallen?» fragt eine Stimme aus dem Gang. Jaroslawskij öffnet wieder für einen Augenblick die Klappe. Mit dem Lichtstrahl dringen fremde Laute in meine Höhle. Ob es vielleicht Carola ist? Nein, deutsch ist das nicht, bestimmt nicht.

Jaroslawskij sieht bedrückt aus. Was muß das auch für eine gräßliche Plage sein für einen gesunden Bauernsohn mit hellen Schweineborsten im Gesicht! Ich bin überzeugt, daß er, wenn er sich nicht vor diesem verfluchten ‹Satrap› fürchtete, mir und der Schreienden helfen würde.

Im Augenblick ist ‹Satrap› offenbar nicht in der Nähe, denn Jaroslawskij hat es gar nicht eilig, die Klappe wieder zu schließen. Er hält sie mit der Hand und flüstert zu mir herein: «Morgen hast du es überstanden. Morgen wirst du in deine Zelle zurückgebracht. Du brauchst nur noch diese Nacht durchzuhalten. Willst du das Brot nicht doch annehmen, was meinst du?»

Ich würde ihm so gern auch für diese Worte und ganz besonders für seinen freundlichen Blick danken. Aber ich fürchte, solche unangemessene Vertraulichkeit könnte ihn verwirren. Trotzdem entschließe ich mich, zu fragen: «Warum schreit sie so? Das kann man doch nicht mitanhören ...»

Jaroslawskij winkt ab. «Die haben eine viel zu empfindliche Haut, diese Ausländerinnen! Sie können nichts vertragen. Vorhin haben sie sie erst gebracht, und schon regt sie sich so auf. Wir, wir Russen – wir schweigen. Du bist schon den fünften Tag hier und hast noch keinen Ton von dir gegeben.»

In diesem Augenblick höre ich deutlich die Worte, die sie zwischen ihren Schreien hervorstößt: «Comunista italiana, comunista italiana.»

Also eine italienische Kommunistin ist sie. Wahrscheinlich mußte sie aus ihrer Heimat vor Mussolini fliehen, genauso wie Klara, eine meiner Zellengenossinnen im Butyrki, vor Hitler geflohen ist.

Jaroslawskij schließt hastig die Klappe und räuspert sich streng. Wahrscheinlich ist ‹Satrap› im Anzug. Nein, viele Schritte. Jetzt geht eine Eisentür. Das muß dort sein, bei der Italienerin. Was für ein seltsames Geräusch! Woran erinnert mich das? Warum fallen mir plötzlich Blumenbeete ein? Mein Gott, ein Schlauch! Wewers hatte mir keine Märchen erzählt, als er mir androhte: «Wir spritzen Sie mit eiskaltem Wasser ab und sperren Sie in die Zelle.»

Sie stößt nur noch kurze Schreie aus. Sie verschluckt sich. Jetzt ein klägliches dünnes Wimmern. Wieder der Schlauch. Schläge. Die Eisentür wird zugeknallt. Stille.

Nach meiner Rechnung war das in der Nacht zum fünften Dezember, dem Tag der Verfassung. Ich kann mich nicht mehr erinnern, wie ich den Rest der Nacht verbracht habe. Aber die dünne Stimme dieser Italienerin höre ich heute noch, beinahe ein Vierteljahrhundert später.

Jaroslawskij ist abgelöst worden. Die Tür wird sperrangelweit geöffnet. Aber ehe ich erkennen kann, wer in der Tür steht, sehe ich plötzlich mit erbarmungsloser Deutlichkeit mich selbst, wie ich auf diesen schmutzigen vereisten Brettern hocke, mit wirrem Haar, nur mit speckigen Lumpen bedeckt. Ich sehe meine blauen, erfrorenen Füße in den großen Bastschuhen. Ein gehetztes, eingesperrtes Tier. Kann man nach alldem, was jetzt geschehen ist, noch leben?

Man kann es. In der Tür steht die Aufseherin Boule de suif. Sie hat Grübchen in den Wangen und eines mitten auf dem Kinn. Lustige Löckchen fallen auf den Uniformkragen. Sie duftet betäubend nach Erdbeerseife und Eau de Cologne. Mit ihrer gutmütigen Stimme sagte sie irgend etwas zu mir. Aber zuerst nehme ich ihre Worte nur wie eine Melodie auf. Eine menschliche Stimme, angenehm, wohlwollend. Gibt es das noch? Allmählich begreife ich den Sinn ihrer Worte: «Sie werden gleich in Ihre Zelle gebracht. Bald gibt es Abendessen ... Und morgen können Sie duschen.»

«Wieso denn Abendessen? Ich dachte, es sei Morgen ...»

Sie hilft mir aus meinen Lumpen und in die graue Gefängniskleidung hinein. Diese Kleidung kommt mir jetzt bequem und geradezu schön vor. Sofort ist mir nicht mehr so kalt. Das Zittern, das die ganzen fünf Tage angehalten hatte, hört plötzlich auf. Ich versuche, die Strümpfe anzuziehen, aber es gelingt mir nicht. Sie kommen mir unendlich lang vor. Boule de suif hilft mir wieder sehr freundlich.

«Gehen Sie ...»

Ich gehe durch den Vorraum mit den vielen Türen. Vor jeder steht ein Paar Schuhe. In der Strafzelle darf man nur Bastschuhe tragen. Die Gefängnisverwaltung hat nicht genügend Stiefel zur Verfügung, deshalb stehen vor den Türen abgetragene Schuhe und Turnschuhe. Eigene Schuhe. Aber was ist das? Ich sehe auffallend elegante, zierliche Modellschuhe mit hohem Absatz, höchstens Größe dreiunddreißig. Das ist *sie*! Das sind, ohne Zweifel, *ihre* Schühchen. Ich sehe eine zierliche Italienerin vor mir, die solche Schühchen tragen kann. Und was haben sie mit ihr ... Mit einem Schlauch ...

Jetzt bin ich schon oben auf der Galerie, über die ich täglich gehen muß, wenn wir zum Spaziergang im Hof geführt werden. Und plötzlich überkommen mich furchtbare Zweifel. Wie geht es weiter, rechts oder links? Das ist entsetzlich ... Ich bin also doch wahnsinnig. Jeden Tag bin ich hier gegangen, jeden Tag, dreieinhalb Monate lang ... Wie ist es möglich, daß ich plötzlich den Weg nicht mehr weiß?

«Rechts», flüsterte Boule de suif, und ich will nach rechts, verliere aber die Orientierung endgültig und sinke langsam auf die Stufen. Nein, ich bin nicht aus Eisen ...

Und während ich falle, falle und in die Bewußtlosigkeit tauche, hämmert in meinen Schläfen noch der gellende Schrei: «Comunista italiana, comunista italiana!»

«Das kommende Jahr – in Jerusalem»

Alles hat einmal ein Ende. Und es ging zu Ende, trotz allem, dieses neunzehnhundertsiebenunddreißigmal verfluchte Jahr. Der Dezember, der mit Strafzelle und den darauffolgenden Krankheiten begonnen hatte, verging. Julijas Rippenfellentzündung hatte sich verschlimmert. Mich quälten meine erfrorenen Zehen.

In den Zeitungen konnten wir die Berichte über die erste Wahl auf Grund der neuen Verfassung und des neuen Wahlgesetzes lesen. Tag und Nacht quälte mich ein Gedanke: Hatte niemand unser Verschwinden aus dem Leben bemerkt? Ich malte mir aus, wie man bei uns in der Universität zur Wahl ging. Ob sich niemand mehr an mich erinnerte? Und in der Redaktion? Dort war vermutlich keiner mehr von den alten Mitarbeitern.

Aber selbst jetzt, nach allem, was geschehen war, hätten wir uns nie für ein anderes System als das sowjetische entschieden. Mit ihm waren wir verwachsen wie mit dem eigenen Herzen. Es war für uns genauso natürlich und selbstverständlich wie das Atmen. Was ich besaß, Tausende gelesener Bücher, die Erinnerungen an eine wunderbare Jugend und auch die Zähigkeit, die jetzt meine Rettung war – das alles hatte ich ihr zu verdanken, der Revolution, in die ich noch als Kind hineingewachsen bin. Wie interessant ist unser Leben gewesen! Wie gut hat es angefangen! Was, was ist denn nur geschehen?

«Julija! Wach auf! Glaubst du nicht, daß *er* einfach wahnsinnig geworden ist? Größenwahn und Verfolgungswahn hängen oft ganz eng zusammen... Vielleicht hat er wirklich die ganze Nacht blutüberströmte Knaben vor Augen?»[42]

Julija murmelt irgend etwas Unverständliches. Warum habe ich sie nur geweckt? Nach der Strafzelle fühlt sie sich sehr schlecht.

Die Krankheit hindert sie jedoch nicht daran, Vorbereitungen für ein Neujahrsfest zu treffen. Sie spart Zucker, indem sie täglich eins von den zwei Stückchen zurücklegt. Schon seit zwei Wochen hütet sie zwanzig Gramm Butter, die von den zweihundert übriggeblieben sind, die wir einmal in drei Monaten am Kiosk kaufen dürfen.

«Neujahr muß gefeiert werden. Man sagt doch: so wie man das neue Jahr beginnt, so wird das ganze Jahr verlaufen. Du mußt unbedingt ein Neujahrsgedicht schreiben.»

«Freu dich nicht zu früh! Es ist durchaus möglich, daß sie Neujahr nicht weniger feierlich begehen als den 1. Dezember, den Jahrestag von Kirows Ermordung. Vielleicht wird es zu diesem Anlaß noch perfekter eingerichtete Strafzellen geben.»

Das neue Jahr rückte heran, und wir erwarteten es mit Ungeduld. Wir waren abergläubisch und dachten, alles Entsetzliche, das uns das Jahr 1937 gebracht hatte, würde sich in der frischen Luft des Jahres 1938 auflösen.

Wie vor jedem besonderen Datum wurde das Gefängnisregime auch diesmal wesentlich verschärft. Noch öfter als sonst hörte man ein Geräusch am Spion, noch öfter als sonst hörten wir das giftige Zischen: «Sprechen verboten!» Aus irgendeinem Grund war die Bibliothek wieder geschlossen worden. Die Bücher, die wir uns bereits vor einem Monat ausgeliehen hatten, kannten wir in- und auswendig. Ich erinnere mich, daß darunter der Nekrassow-Band war, den Julija um keinen Preis zurückgeben wollte.

Und wieder dachte ich darüber nach, daß sich das Wort des Dichters eigentlich erst erschließt, wenn man bereit ist, es so tief wie möglich auf sich wirken zu lassen in einer durch nichts gestörten seelischen Konzentration, wie sie im Gefängnis möglich ist.

Nie zuvor liebte ich die Menschen so innig wie in jenen Monaten und Jahren, als ich, durch dicke Steinmauern von ihnen abgeschnitten und in das Reich des Unmenschen versetzt, jede dichterische Zeile wie einen Funkspruch von dem fernen Planeten Erde empfing, wie ein Signal aus meiner Heimat, von meiner Mutter, aus der Ferne, wo auch meine Brüder – die Menschen – lebten und leben.

Jede Zeile Nekrassows, die unter anderen Umständen an ein Schullesebuch erinnert hätte, wirkte jetzt so wie der bewegende Brief eines fernen Freundes. Stundenlang las ich Julija den *‹Ritter für eine Stunde›* und die *‹Russischen Frauen›* vor. Und es ist bemerkenswert, daß damals das Herz gerade von den Stellen angesprochen wurde, die ich früher achtlos überlesen hatte. Zum Beispiel: «Schlafe, wer kann, ich kann nicht schlafen . . .» Es ist ein Naturgedicht, die Beschreibung einer mondhellen Winternacht, in der der Dichter «über einem fernen Grab weinen» möchte. Als ich einst diese Verse in der Schule lernte, gingen sie in Dutzenden anderer Naturbeschreibungen unter, ohne mich zu berühren. Aber jetzt...

Jetzt ist sie da, diese frostige Mondnacht, in der schmalen Öffnung der Blende vor unserem Fenster. Wie stark der Frost draußen auch sein mag, Julija und ich schließen das Fenster nicht, denn von dort kommt das bißchen Sauerstoff, von dort empfangen wir unsere jämmerliche Ration vom Tisch des Lebens. Nun ersticken wir nicht mehr. Gierig atmen wir diesen Hauch Sauerstoff ein. Und mit ihm zusammen, mit diesem dünnen Lufthauch, dringt Nekrassows Frostnacht zu uns in die Zelle. Und ich habe den Eindruck, daß niemand vor uns die volle Bedeutung dieser Worte begreifen konnte: «Schlafe, wer kann, ich kann nicht schlafen...» Außer Nekrassow lag in diesen Tagen vor Neujahr auf unserem Wandtischchen ein Gedichtband von Selwinskij. Und darin stießen wir auf Gedichte über das Schicksal des jüdischen Volkes, über seine Ausdauer, seine Liebe zum Leben. Dort stand der ehrwürdige uralte Neujahrsgruß: «Das kommende Jahr – in Jerusalem!»

Und unter diesem Titel schreibe ich ein Neujahrsgedicht für Julija.

Wir rufen wieder, wie die greisen Juden,
Mit schwacher Stimme,
Vor Hoffnung glühend:
Das kommende Jahr – in Jerusalem.

Gefängnisbecher als Kelche.
Wir stoßen an und wir trinken.
Kennst du dich aus in den Weinen?
Süßer als alle ist Hoffnung.

Jetzt, meine Freundin, sei fröhlich. Wir schlingen
Den Eintopf herunter, kein Manna.
Doch an das Land der Verheißung
Glauben wir wie die greisen Juden.

Ein Menschenschlag ohnegleichen!
Arm, gequält und verachtet,
Rufen wir an der Schwelle des Jahres:
Das kommende – in Jerusalem!

Und schließlich war sie da, die Silvesternacht. Die erste Silvesternacht im Gefängnis. Wenn wir damals gewußt hätten, daß nicht weniger als siebzehn solcher Nächte vor uns lagen! Wir hätten sie kaum so gefeiert, wenn damals an der Zellenwand, so wie auf einem Fernsehschirm, auch nur eine der Szenen erschienen wäre, die uns in den folgenden siebzehn Jahren bevorstehen sollten. Aber zum Glück war unsere Zukunft uns verborgen, und die Hoffnung gaukelte uns etwas vor. Aller Logik, aller Einsicht des gesunden Menschenverstandes zuwider glaubten wir: «Das kommende Jahr – in Jerusalem.»

Wir liegen auf unseren Pritschen und bemühen uns, den Ablauf der Zeit bewußt zu erleben. Das ist gar nicht so einfach. Nicht umsonst gab Wera Figner ihren Aufzeichnungen über die Einzelhaft den Titel: «Als die Uhr stehenblieb».

Aber in diesen Minuten des Übergangs, als ein in seiner Art unvergleichliches Jahr in der Tiefe der Zeiten versank und von dem neuen abgelöst wurde, einem Jahr, dem wir die Rolle des gerechten Richters zutrauten – in diesen Minuten war es uns gegeben, die Schritte der Zeit an vielen kaum wahrnehmbaren Zeichen zu zählen: an den Schlägen unserer Herzen, an den Bewegungen des Aufsehers, der durch den Spion spähte. Irgendein sechster Sinn veranlaßte uns, zur gleichen Zeit die Hände unter den harten grauen Decken hervorzustrecken und mit den Blechbechern anzustoßen, die wir vorher mit Zuckerwasser gefüllt hatten.

Wir hatten Glück. Die Aufseher haben unser ordnungswidriges Verhalten nicht bemerkt, und wir konnten in Ruhe unseren Neujahrstrunk genießen, mit einem Stückchen Brot, das dünn mit Butter bestrichen war. Ein wahrhaft lukullisches Mahl!

Feierlich trug ich Julija mein Neujahrsgedicht vor. Und in Gedanken an das neue Jahr schliefen wir selig ein. «Das kommende Jahr – in Jerusalem.»

Tag für Tag, Monat für Monat

Nein, das Wunder blieb aus. Das Jahr 1938 wurde nicht der gerechte Richter über das Jahr 1937. Im Gegenteil. Es war ein Doppelgänger seines blutrünstigen Bruders und hat ihn in manchem noch übertroffen.

Dieses Jahr, vom ersten bis zum letzten Tag in der Isolierung verbracht, kam den Gefangenen von Jaroslawl wie eine Ewigkeit vor – und zugleich wie ein Augenblick. Jeder einzelne Tag war unerträglich lang, aber die Wochen und vor allem die Monate vergingen wie im Flug. Man wacht auf, die Klappe wird aufgerissen, sie gähnt wie der Schlund eines Drachens. Und aus dem Schlund tönt es: «Aufstehen!»

Dann schließt sich die Klappe wieder, rasselnd wie die metallischen Kiefer eines Ungeheuers. Aufstehen um sechs Uhr. Im Winter ist es da noch völlig dunkel. Das Stückchen Himmel und der Rand der Blende gehen ineinander über.

Aufstehen. Das bedeutet, sich von neuem zu vergegenwärtigen, wo man ist, sich von neuem bewußt zu werden, daß *dies alles* Wirklichkeit ist, kein Traum. Alles wie üblich: die blutroten Wände, die knirschenden Eisenbetten, der stinkende Kübel, die Vertiefung in der Wand, deren Konturen an das Gesicht eines Mannes erinnern. Das ist ‹Prow Stepanowitsch›, unser vermeintlicher Späher, hinter dem sich, wie Julija meint, ein Mikrophon verbirgt.

Schnell springen wir auf. Langsam aufstehen ist verboten. Wir fahren in die Gefängniskleidung, in unsere ‹Jeschow-Uniform›. Zitternd vor feuchter Kälte, angewidert von dem Gestank, von diesem Leben, versuchen wir, uns über unsere Situation lustig zu machen. Unser Lieblingswitz: ich sage zu Julija: «Gnädigste, suchen Sie vielleicht eine Köchin?» Julija, streng: «Hast du einen Paß?» – «Einen Paß habe ich leider nicht, Gnädigste, nehmen Sie's mir nicht übel. Hin ist hin . . .»

Beim erstenmal haben wir darüber gelacht. Und jetzt wiederholen wir dieses Spiel, um uns Mut zu machen, um die morgendliche Verzweiflung voreinander zu verbergen. Manchmal vergeht zwischen Aufstehen und Austreten über eine Stunde. Aber wir müssen uns bereithalten, um im selben Augenblick, wenn die Tür aufgeht, unseren Kübel zu nehmen und zur Toilette zu gehen. Die Wartezeit muß irgendwie totgeschlagen werden. Manchmal gelingt es uns, noch einmal einzunicken, auf dem an der Wand befestigten Hocker. Und manchmal treiben wir heimlich ein wenig Frühsport, um die Arme und Beine, die vom Liegen auf dem harten Klappbett steif geworden sind, zu lockern. Dabei muß sich immer eine von uns vor den Spion stellen. An den Geräuschen im Gang, an den Schritten und sogar am Atmen erkennen wir, wer von den Aufsehern Dienst hat. Davon hängt vieles ab. Beim ‹heiligen Georg› zum Beispiel kann man den Frühsport fast offen betreiben. Er tut so, als merke er nichts. Bei der Boule de suif kann man sich, auch wenn man nicht an der Reihe ist, eine Nadel leihen und sich die Strümpfe stopfen. Aber wenn ‹Wurm› Dienst hat, müssen wir aufpassen! Man sollte bei ihm einmal versuchen, auch nur die Arme hochzuheben! Schon geht die Klappe auf und man hört seine quäkende Stimme: «Aufhören! Sie sind hier nicht im Sportinstitut.»

Und wenn es ‹Satrap› ist... Nun, der sagt zwar kein Wort, verfaßt aber sofort ein Protokoll über den Verstoß gegen die Gefängnisordnung. Und das bedeutet: Entzug des Hofgangs, Bibliotheksverbot, Kaufverbot... Der Weg zur Toilette verschafft uns einige politische Neuigkeiten, und wir erweitern unseren politischen Horizont: das kleine Stück Zeitungspapier, das wir jedesmal an Stelle von Toilettenpapier bekommen, erweist sich manchmal als höchst informativ. Sonst dürfen wir hier nur die in Jaroslawl erscheinende Zeitung *Serwernyj Rabotschij* lesen, aber in der Toilette ergattern wir manchmal ein Stückchen von der *Prawda* und der *Iswestija*. Wir studieren es vom ersten bis zum letzten Wort und ziehen aus jedem Fragment die verschiedensten Schlüsse.

Nach dem Austreten waschen wir uns über dem Kübel, indem wir uns gegenseitig mit etwas Wasser begießen. Dann frühstükken wir – heißes Wasser und Brot. Julija spart sich ein Stückchen Zucker für das Abendessen auf. Ich esse beide Stücke gleich am Morgen, jeden Morgen mit der gleichen Begründung: «Schade um das Stückchen Zucker, wenn wir vor dem Abend sterben...»

Dann beginnt der ‹Arbeitstag›. Wir lesen und schreiben, wir

schreiben und lesen. Leider müssen wir die Bücher oft mehrmals lesen, denn die Bibliothek wird alle Augenblicke ‹renoviert› oder sie machen ‹Inventur›. Wir schreiben – und radieren das Geschriebene sofort wieder aus. Denn die beiden Hefte, die wir im Laufe eines Monats vollschreiben dürfen, müssen an jedem dreißigsten an die Gefängniszensur abgeliefert werden, für immer. Ich schreibe Gedichte, eine Menge Gedichte. Ich schreibe, lerne sie auswendig und radiere das Geschriebene mit weichem Brot wieder aus. Außerdem schreibe ich einen Bericht über die sowjetische Schule in den ersten Jahren der Revolution, die Schule, in der ich gelernt habe. Mein einziger Kritiker, Leser und Bewunderer ist Julija, und sie ist sehr zufrieden.

Nach jedem Kapitel ergehen wir uns in Kindheitserinnerungen. Wir hatten eine Kindheit wie niemand auf der Welt, weder vor uns noch nach uns. Eine revolutionäre Kindheit. Sogar das Plakat mit einer riesigen Laus darauf, das zum Kampf gegen Flecktyphus aufrief, erscheint uns jetzt als Ausdruck höchster Poesie. Und die erste Schülerselbstverwaltung! Und die erste Demonstration, als wir mit nassen Füßen und zerrissenen Schuhen marschierten, über uns das selbstverfaßte und selbstgemalte Plakat: «Die Schule der Arbeit und der Freude grüßt die Sowjetmacht.» Nur eines ist schade: wir haben nicht aktiv genug gelebt. Wenn wir gewußt hätten, daß unser ganzes Leben nur dreißig Jahre dauern würde, wir hätten ganz anders gearbeitet. Dann hätten wir wenigstens etwas hinterlassen. Ja, und ich hätte nicht nur zwei, sondern mindestens fünf Kinder zur Welt bringen sollen. Dann wäre eine deutlichere, eine viel deutlichere Spur von mir auf der geliebten Erde zurückgeblieben. Ach, wie viele Fehler würden wir vermeiden, wenn wir noch einmal von vorn anfangen könnten!

Mittagessen. Wenn es Mamalyga, Maisbrei, gibt, dann ist es gut. Haferbrei und Gerste kann ich nicht mehr sehen. Ich bin jetzt schmaler, als ich mit fünfzehn Jahren war. Hofgang. Die Tür wird aufgerissen. Der Gestank des Kübels vermischt sich mit den ‹Wohlgerüchen›, die die Aufseher an sich haben. Sie werden hier wahrscheinlich extra parfümiert, zum Ausgleich für den Gestank, in dem sie arbeiten.

In unseren phantastisch häßlichen Mänteln laufen wir emsig auf den fünfzehn Quadratmetern hin und her und schielen heimlich zum Himmel. Es ist verboten, nach oben zu blicken. Während des Hofgangs hat man den Kopf zu senken.

Dann lesen wir wieder, schreiben, lösen algebraische Gleichungen und ziehen in endlosen Gesprächen das Fazit unseres Lebens.

Abendessen. Tag für Tag füllt sich der Gang zur gleichen Stunde mit dem erstickenden Geruch von gekochtem Lebertran. Nicht nur von dem Geschmack dieser Suppe, sondern schon von ihrem Geruch wird mir übel. Hauptsächlich ernähre ich mich von Brot und heißem Wasser. Julija behauptet, daß ich mich aus einer nahezu vollschlanken Brünetten in eine magere dunkelblonde verwandelt habe, denn durch die ständige Dunkelheit, in der wir leben, sind meine Haare heller geworden. Ich weiß es nicht. Ich habe mich schon seit zwei Jahren nicht mehr im Spiegel gesehen, auch nicht in einer Fensterscheibe oder im Wasser.

Schlafen. Die Klappe – der Drachenschlund – knirscht wieder. «Hinlegen!» Das ist gut. Das ist beinahe Glück. Man kann sich ausstrecken. Man schläft im Liegen und nicht verkrampft auf einem Hocker. Das ist ein siebenstündiger Urlaub im Nirwana, in der Seligkeit des Nichtseins. Statt «Gute Nacht» sage ich Julija aus Nekrassow auf: «Schlafen... Und es kam ein guter Traum, und der Gefangene wurde König.»

So vergingen unsere Tage, aber es war eine trügerische Monotonie. Sie war durchdrungen von der ständigen Erwartung neuer, außerordentlicher Ereignisse. Und die blieben tatsächlich nicht aus. Von Zeit zu Zeit wurde die abgestandene Stille im Gang unterbrochen durch Poltern, Stöhnen, Schläge und erstickte Schreie. Wir sind nicht die einzigen gewesen, die in die Strafzelle geschleppt wurden. Manche wehrten sich offenbar. Und vielleicht wurden sie nicht nur in die Strafzelle geschleppt...

Auch die Leibesvisitationen und das Baden brachten etwas Abwechslung in unser Leben. Der Duschraum, in dem wir zu zweit kaum Platz hatten, war für uns ein Ort des Vergnügens. Und die Leibesvisitationen forderten von uns die größte Geistesgegenwart, Kombinationsgabe und Geschicklichkeit. Was hätte man – so sollte man meinen – in einer Zelle finden können, deren Insassinnen nichts von draußen erhielten und nichts sahen außer dem Gefängnishof? Was sollten sie zu verstecken haben, solche Menschen? Aber wir hatten manches zu verstecken: Büstenhalter, die bei uns verboten waren, Nadeln aus Fischgräten und Medikamente, die wir von der Krankenschwester bekamen, die von Zeit zu Zeit einen Rundgang durch die Zellen machte. Nach der Vorschrift durften die Medikamente nur in Gegenwart der Schwester und des Aufsehers eingenommen werden. Aber wir wollten uns einen Vorrat für akute Fälle anlegen, zum Beispiel gegen Malariaanfälle, die uns sehr zu schaffen machten. Wir steckten die Pillen vor der Schwester in den Mund und taten so, als schluckten wir sie, aber in Wirklichkeit versteckten wir das Chinin und Aspirin in unseren Büstenhaltern, um es erst einzunehmen, wenn wir es wirklich brauchten. Alle diese verbotenen Dinge retteten wir bei den Kontrollen mit akrobatischer Geschicklichkeit, wobei wir uns zunutze machten, daß die Zelle von den Aufsehern durchsucht und die Leibesvisitation von Frauen vorgenommen wurde. Die Männer kamen jedesmal wie eine Lawine in die Zelle gestürzt. Das Überraschungsmoment war anscheinend, nach ihren Instruktionen, besonders wichtig. Sie hoben die Strohsäcke und die Kissen hoch, suchten jeden Millimeter Fußboden und Wand ab. In dieser Zeit verwahrten wir alles, was verboten war, in unseren Strümpfen oder in den Büstenhaltern. Entscheidend war der Augenblick, wenn die Männer gingen und die Frauen kamen. In dieser Sekunde mußte man alle verbotenen Gegenstände unter die Matratze stecken, denn die Frauen rührten das Zelleninventar nicht an. Ihre Aufgabe war es, uns selbst zu durchsuchen. Wir mußten den Mund aufmachen, uns die Haare durchkämmen lassen, die Finger und die Zehen spreizen und so weiter.

In diesem ganzen Jahr gab es für uns nur ein einziges wirklich erfreuliches Ereignis: zu Beginn des Frühjahrs gelang es uns, aus der Bibliothek einen großen Band Majakowskij zu bekommen. Auf eine ganz neue Weise konnten wir jetzt seine frühen Gedichte aus dem Gefängnis lesen. Über die Zelle im Butyrki und über den Sonnenfleck. «Für einen gelben Sonnenfleck an der Wand hätte ich damals die halbe Welt gegeben.» Was für ein vermessener Wunsch! Ein Sonnenfleck! Auf einen solchen Gedanken wären wir gar nicht gekommen! Wir wären schon mit einem Schimmer Tageslicht zufrieden gewesen – dann hätten uns die Augen nicht so weh getan vom Lesen in dieser ewigen Dämmerung. Einige Wochen leben wir nur von Majakowskij. Und ich dichte ihm zu Ehren Verse in «seinem» Stil. Etwa so:

Wladimir Wladimytsch! Auf den Kopf
Treffen Sie den Nagel in allen wichtigen Sachen.
Sie verstehen? Weder im Traum noch im Wachen
Erscheinen uns hier Nizzas Blumenalleen.

Lange Abende diskutieren wir über die salbungsvolle Interpretation Majakowskijs, die wir in der Freiheit noch miterlebten und die immer mehr Mode wurde. Und ich schreibe, um die Zeilen gleich darauf mit Brot wieder auszuradieren:

Majakowskij, hören Sie, mein Lieber,
Werden wir das überstehen?
Ein Stück Kernseife – und wir scheuern
Ohne uns zu schonen diesen Zuckerguß von Ihnen ab.

Eilig werden Sie sich durch das Haar fahren,
Einundzwanzigjährig, gutaussehend –
Stoßen dann die Wolkenschwaden auseinander
Und marschieren weiter in die Zukunft.

Ein Atemzug Sauerstoff

Eines Tages, zu einer ungewöhnlichen Zeit, schreckte uns ein metallisches Geräusch auf, das sich in Abständen wiederholte. Eine Zellentür nach der anderen wurde geöffnet und dann wieder geschlossen. Was hatte das zu bedeuten? An diesem Tag waren wir ohnehin sehr bedrückt. Wir hatten einen ganzen Monat lang keine Zeitung gesehen. Man hatte sie uns entzogen, wegen irgendeines angeblichen Verstoßes gegen die Gefängnisordnung. Ich glaube, es ging um ‹lautes Sprechen in der Zelle› – ‹Satrap› und seinesgleichen waren nicht besonders erfindungsreich. Als wir nun, nach einer vierwöchigen Pause, die Zeitung *Sewjernyj Rabotschij* aufschlugen, stießen wir sofort auf die Berichte über den Prozeß gegen Bucharin und Rykow. Er hatte also jetzt erst begonnen! Und im Butyrki hatte man geglaubt, er sei schon längst vorbei. Wieder tobsüchtige Auftritte von Wyschinskij und mysteriöse ‹Reuebekundungen› der Angeklagten. Den ganzen Tag grübeln wir über ihr Verhalten nach. Ist es Angst vor dem Tode? Mögen sie hundertmal geirrt haben, immerhin sind sie doch führende politische Persönlichkeiten! In der zaristischen Zeit waren sie doch auch nicht so feige. Vielleicht sind sie nicht ganz bei Sinnen, wie man so sagt. Aber dann hätten sie wie van der Lubbe in Leipzig dagesessen, dumpf geschwiegen und nur ab und zu hervorgestoßen: «Nein! Nein!» Statt dessen aber halten sie lange Reden «à la Bucharin». Vielleicht sind sie es gar nicht selbst? Vielleicht sind es nur Schauspieler, die ihre Rolle übernommen haben? Man weiß doch, daß Gelowani Stalins Rolle so gut zu spielen versteht, daß man die beiden nicht unterscheiden kann.

Außerdem waren wir deprimiert über den Tod der Krupskaja, der uns tief getroffen hatte. Wir konnten den Blick nicht abwenden von dem kleinen Foto in der Zeitung und weinten bittere Tränen. Ich glaube, wir haben damals zum erstenmal geweint, seit wir in Jaroslawl waren. Der Nekrolog war sehr zurückhaltend, nüchtern. Der ‹Hausherr› hatte sie nicht sehr geschätzt. Wir erinnerten uns an die Anekdote, nach der er gesagt haben soll: «Wenn Sie sich nicht fügen, werden wir eine andere zur Witwe Lenins ernennen.»

Immer wieder betrachten wir die gütigen, leicht vorstehenden Augen, den schlichten Kragen, der die Lehrerin erkennen läßt, und die glatten, weißen Haarsträhnen. Alles sieht so vertraut, so verwandt, so vertrauenswürdig aus. Für uns ist ihr Tod der letzte Akt der Tragödie: die letzten aufrechten und anständigen Menschen wie die Krupskaja gehen von uns, sterben, werden liquidiert. Und wieder die bohrenden Fragen: gibt es draußen noch Menschen wie die Krupskaja? Begreifen sie, was geschieht? Warum schweigen sie? Männer wie Postyschew zum Beispiel, warum erhebt er nicht seine Stimme? Julija kannte Postyschew persönlich und sah in ihm den idealen Schüler Lenins: Wir wußten damals noch nicht, daß Postyschew das Schicksal der vielen anderen teilte. Wie hätte er seine Stimme erheben können? Und was hätte es genützt? Zu den Tausenden von Opfern wäre noch eines hinzugekommen: Postyschew. Bei dem jetzt herrschenden Terror. Diese Männer schweigen, nicht, weil sie Angst um ihr Leben haben, sondern weil jeder Widerstand sinnlos ist. Mögen wenigstens sie für bessere Zeiten erhalten bleiben.

In dieser Stimmung hörten wir nun auch noch diese rätselhaften rhythmischen Geräusche. Jetzt... Jetzt sind wir an der Reihe.

Ein Oberaufseher, nicht der ‹minderjährige Wituschischnikow›, dem es oblag, die Briefe zu verteilen, uns zum Zahnarzt zu führen und andere ‹humane› Prozeduren zu überwachen, sondern der andere, der große, sehnige und leidenschaftslose ‹Windhund› kommt, mit einem Schemel in der Hand, in unsere Zelle. Er stellt den Schemel unter das Fenster. Dann macht er sich an der Luftklappe zu schaffen, knallt sie zu und schließt sie mit einem großen Schlüssel ab! Wir sind sprachlos. Wir sind so verblüfft, daß wir ihm sogar eine Frage stellen, obwohl wir inzwischen genau wissen, daß Fragen in diesen Mauern unbeantwortet bleiben und daß es darum sinnlos ist, überhaupt welche zu stellen. Warum? Wie dumm von uns! Es ist doch ganz klar, warum das geschieht. Damit man ohne Luft schneller eingeht. Damit vor lauter Feuchtigkeit sich noch mehr Schimmel an den Wänden bildet und unsere Gelenke noch mehr knirschen. Das ist natürlich eine Antwort auf den Bucharin-Prozeß. Das System solcher ‹Antworten› ist uns hinlänglich vertraut. Schon Ilf und Petrow haben für die Arbeiter der Gummiwarenfabrik ‹Herkules› eine ‹Gummi›-Resolution aufgesetzt, die mit den Worten beginnt: «Als Antwort auf...» Für die Pünktchen konnte alles mögliche eingesetzt werden, zum Beispiel ‹die Umtriebe der Entente› oder ‹die schöpferische Initiative der Kommunalverwaltung› ... Nun ja, und diesmal: «Als Antwort auf den Prozeß gegen die Rechtsabweichler...» An Einfällen mangelt es ihnen nicht!

Während Oberaufseher ‹Windhund› die Tür abschließt, läßt er die Bemerkung fallen: «Die Klappe wird täglich für zehn Minuten geöffnet.» Jetzt wird uns erst bewußt, was Luft ist. Dieser kleine Atemzug Sauerstoff. Nach der neuen Vorschrift wird die Luftklappe während des Hofgangs geöffnet. Jaroslawskij und der ‹heilige Georg› öffnen die Luftklappe nicht erst, wenn wir hinausgegangen sind, sondern schon bei dem Befehl: «Zum Hofgang fertigmachen!» Und wenn diese beiden guten Menschen Dienst haben, erhaschen wir fünf Minuten mehr. Mit offenem Mund saugen wir den schwachen Luftzug ein, der von der kleinen, quadratischen Luftklappe, die selbst der lange ‹Windhund› nur mit einem Schemel erreichen kann, zu uns herunterdringt. Die Tage und Nächte, die wir in dieser Zelle bei ständig geöffneter Klappe verbrachten, kommen uns jetzt wie eine Sommerfrische vor. Bald nach der Einführung dieser Sauerstoffbewirtschaftung wird die Feuchtigkeit in unserer nach Norden gelegenen Zelle, in die nie ein Sonnenstrahl fällt, geradezu unerträglich. Das Brot fängt schon vormittags an zu schimmeln. Die Wände haben einen grünen Belag. Die Wäsche ist klamm. In allen Gelenken spüren wir einen nagenden Schmerz. Nachts habe ich immer wieder den gleichen Traum: ich sitze auf der Terrasse unserer Datscha in Uslon am Ufer der Wolga, gegenüber von Kasan. Die Markise über der Terrasse bläht sich wie ein Segel im frischen Wolgawind. Ich atme tief, aber ich empfinde keine Erleichterung. Ich habe Herzstiche.

«Aufstehen!» knirscht das eiserne Ungeheuer. Ich öffne die Augen, und als erstes fällt mein Blick auf die geschlossene Luftklappe, auf die neugierigen langschnäbeligen Krähen, die auf dem Rand der Blende sitzen und zu uns hereinschielen, den Kopf zur Seite geneigt.

Feuer im Gefängnis

«Warum hustest du?» fragte Julija.

«Du hustest doch auch.»

«Ich habe ja auch Rippenfellentzündung.»

Mir war es längst klar, daß der scharfe Hustenreiz von dem Brandgeruch kam, der sich in der Zelle immer mehr ausbreitete. Ich wußte es, aber ich schwieg. Julija ist ohnehin nach der Strafzelle so blaß und grau. Warum soll ich sie erschrecken! Vielleicht hat es nichts weiter zu bedeuten, vielleicht ist in der Küche etwas angebrannt. Ausgeschlossen... In diesem Trakt gibt es ja gar keine Küche. Das Essen wird mit kleinen Wagen gebracht. Wir husten immer mehr. Wir versuchen, weiterzulesen, aber das Lesen wird immer mühsamer. Die Augen tränen, überziehen sich mit einem Schleier. Dann hören wir über uns das Trampeln vieler Füße. Auf dem Dach. Wasser zischt aus Schläuchen. Eilige Schritte im Gang. Es wird sogar laut gesprochen. Und schließlich an der Wand ein feines Klopfen. Das ist Olga Orlowskaja, unsere Nachbarin. Sie klopft das Wort, das Julija und ich nicht auszusprechen wagen: «Feuer... Feuer...»

«Sie müssen uns rausbringen», sage ich als Antwort auf die stumme Frage, die in Julijas geweiteten Augen steht. Die Häftlinge in ihren Zellen ersticken zu lassen, ist sicher nicht ihre Absicht. Jedenfalls nicht als geplante Massenaktion. Nach einigen Minuten ist die Zelle so voll von schwarzem, beißendem Rauch, daß man kaum noch atmen kann.

«Ich werde klingeln!» beschließt Julija. «Sie sollen wenigstens die Luftklappe aufmachen, diese Verbrecher!» Und sie drückt auf die Klingel, die sonst stumm ist und nur bei außergewöhnlichen Ereignissen benutzt werden darf. Wenn man die Klingel betätigt, leuchtet im Gang beim Tisch des Aufsehers die Zellennummer auf. Nach einiger Zeit wird die Klappe aufgerissen und ‹Wurms› pickliges Gesicht mit dem schmalen Mund erscheint.

«Was wollen Sie?» zischt er giftig.

«Machen Sie wenigstens die Luftklappe auf... Wir ersticken», bittet Julija. Er knallt die Klappe wieder zu, so daß sie Julija um ein Haar ins Gesicht schlägt. Und hinter der verschlossenen Tür hören wir ihn schimpfen: «Wenn es nötig ist, wird schon aufgemacht.»

Die Panik um uns herum nimmt zu. Das Trampeln der Soldatenstiefel auf dem Dach wird immer lauter. Aus dem Gang hören wir nicht nur Flüstern, sondern auch irgendwelche unartikulierte Schreie. Und das Auffallendste – die Grabesstille in den Zellen ist gebrochen: einige der Häftlinge, die offensichtlich verzweifelt sind, weil ihr Klingeln unbeachtet bleibt, hämmern an die Türen. Olga Orlowskaja klopft ohne jede Vorsicht. Die Aufseher haben jetzt anderes zu tun, als uns zu belauschen. Olga klopft: «Anscheinend... haben sie beschlossen, uns in den Zellen zu lassen... wir werden ersticken.»

«Der Zucker!» Julija schlägt die Hände über dem Kopf zusammen. Erst gestern hat man uns vom Kiosk ein halbes Kilo gebracht.

«Nein, den Zucker sollen sie nicht kriegen», sagt Julija ganz im Ernst. «Wir essen ihn auf! Schnell!» Und wir essen Zucker, einfach aus der Hand, ohne daß uns die Süße widerlich wird. Im Gegenteil, er kommt uns vor wie eine Götterspeise. Und dazu essen wir Brot, einen Bissen Brot, eine Handvoll Zucker. Der Zucker knirscht zwischen den Zähnen. Wir kauen und hören nur auf, wenn wir husten müssen. Unseren Schatz sollen sie nicht kriegen. Ein halbes Kilo! Der Rauch ist jetzt so dicht, daß wir uns kaum noch sehen können.

«Wir wollen uns nebeneinander setzen, Schenja», sagt Julija schluchzend. «Wir wollen Abschied voneinander nehmen.» Wir umarmen und küssen uns. Und dann, allen Vorschriften zum Trotz, denn wir haben ja nichts mehr zu verlieren, setzen wir uns mit angezogenen Beinen auf Julijas Bett... Wir legen uns die Arme um die Schultern. Mit Entsetzen werde ich gewahr, daß Julijas runde, ein wenig unsymmetrische Augen plötzlich hervorquellen. Ihr Gesicht läuft blau an, und die Adern an ihren Schläfen treten wie Stränge hervor. Mein Gott, wenn sie nur nicht als erste stirbt... Jetzt hallt das ganze Gefängnis von dem wilden Gehämmer und den Schreien der Eingeschlossenen.

«Aufmachen! Aufmachen! Wir ersticken! Dazu habt ihr kein Recht! Aufmachen!» Vor meinen Augen tanzen vielfarbige Funken. Ich kann nicht unterscheiden, ob es wirkliche Feuerfunken sind, die durch die Türritzen eindringen, oder ob es Anzeichen einer beginnenden Bewußtlosigkeit sind. Und plötzlich, in dem schrecklichen Lärm, im Gang das Rasseln der Schlüssel an den Schlössern der Zellentüren. Ich schüttle Julija.

«Sie lassen uns raus! Nimm dich zusammen, nur noch einen Augenblick, hörst du! Sie lassen uns raus ...» Schwarzer Rauch. Julija röchelt in meinen Armen. Soll ich die Luftklappe einschlagen? Jetzt ist doch alles egal. Ich will vom Bett aufstehen und ... schaffe es nicht mehr. Das ist das Ende. Was für ein furchtbares und unerwartetes Ende. An wie viele Möglichkeiten des Todes haben wir in unseren Gesprächen in dieser Zeit gedacht! Und nun ist es das Feuer ...

«Raus!»

Unsere Tür wird weit aufgerissen. Der Aufseher ‹Wurm› in einem durchnäßten Uniformrock, verschwitzt und außer Atem, zerrt die ohnmächtige Julija aus der Zelle.

«Ich kann allein.»

«Runter!»

Ja, sie sind Meister ihres Fachs. Dieser und alle seine Kumpane. Selbst in dieser Panik bringen sie es fertig, die Isolierung aufrechtzuerhalten. Wo sie die vielen Menschen untergebracht haben – ich weiß es bis heute nicht. Tatsache ist, daß Julija und ich allein in eines der Quadrate im Hof gesperrt wurden. Wir sind mit niemandem zusammengekommen und haben niemanden gesehen. Aber jedes Unglück zieht etwas Gutes nach sich. An diesem Tag konnten wir uns wenigstens sattatmen: unser ‹Spaziergang› dauerte nicht weniger als eineinhalb Stunden. Julija, die sich wieder erholt hatte, zwinkerte mir wie eine Verschwörerin zu und blickte nach oben, als wollte sie sagen: ‹Feine Sache, nicht? Da haben wir ihnen noch einen Spaziergang abgeluchst.› Am nächsten Tag erfuhren wir von Olga, daß auch sie mit niemandem zusammengekommen war.

Zum zweitenmal in der Strafzelle

Ende Juni 1938 bekam ich einen Brief von meiner Mutter. «Liebe Schenja. Am 31. Mai ist Papa gestorben... Es war einmal ein Mensch... Er hatte einen Beruf, er hat gearbeitet. Er hatte Kinder, Enkel... Hinter dem Sarg gingen nur zwei Menschen: ich und unsere Waschfrau Klawdija.» Eine halbe Stunde, nachdem ich diesen Brief gelesen hatte, öffnete sich die Tür noch einmal und ‹Satrap› erschien in der Zelle. Und wieder: «Folgen Sie mir!» Sogar vor dem Tod, wenn er sich wiederholen könnte, würde ich nicht so erschrecken. Und trotzdem, während ich immer weiter hinunterstieg und bereits mit Sicherheit wußte, was mich erwartete, empfand ich nicht mehr jenes Entsetzen, das mich im Dezember erfüllt hatte. Vielmehr bemächtigte sich meiner eine tödliche Gleichgültigkeit. Ich war in einem Zustand, wo man mich ebensogut hätte an die Wand stellen können.

Ja, es ist die gleiche Strafzelle. Die gleichen Lumpen, die gleichen Bastschuhe, die gleichen Holzbretter ein paar Zentimeter über dem Fußboden und die gleiche undurchdringliche Dunkelheit. Aber ich fürchte mich nicht mehr. Ich schreie nicht, ich leiste keinen Widerstand. Fast unbeteiligt höre ich mir an, was ‹Satrap› vorliest: «Dreimal vierundzwanzig Stunden Strafzelle für ordnungswidriges Verhalten, weil in der Zelle gesungen worden ist.» Ich habe keine Lust, ihm zu sagen, daß niemand in der Zelle gesungen hat. Wozu auch? Die Tür wird zugeknallt. Ich bleibe allein in der Dunkelheit. Allein mit Vaters Tod. Draußen ist Sommer. Man merkt es daran, daß sich hier, außer den Ratten, eine Menge Ungeziefer angesiedelt hat, kleine Käfer, Tausendfüßler, Kellerasseln. Jetzt bin ich schon eine erfahrene, eine qualifizierte Strafzellen-Insassin. Ich kann die Tageszeiten unterscheiden. Ich habe gelernt, auf diesen beiden Brettern zu liegen. Aber das Essen werde ich auch diesmal verweigern. Ein gutes Zeichen. Der Ekel ist noch da. Immerhin eine menschliche Empfindung. Ich wußte damals noch nichts von den Jahren im Lager, die mir bevorstanden, wo selbst diese menschliche Empfindung uns zeitweise verließ, wo wir auch im Schmutz gegessen haben, nur um nicht zu verhungern. Ich taste in der Dunkelheit das mir noch gut bekannte Inventar ab: der zerfetzte Soldatenmantel, die Bastschuhe, der verrostete Krug auf dem Fußboden. Aber aus irgendeinem Grund empfinde ich in meiner verödeten Seele alle diese Einzelheiten nicht mehr als so ungeheuerlich wie damals im Winter. Diesmal möchte ich weder schreien noch toben. Wahrscheinlich weil es das zweite Mal ist. Gewohnheit. Dort in Deutschland sollen sie sich ja auch an die Gaskammern und an die Galgen gewöhnt haben. Man kann sich an alles gewöhnen ... Ich ertappe mich bei dem Gedanken: Ein Glück, daß es nur dreimal vierundzwanzig Stunden sind und nicht fünf Tage. Ein Glück auch, daß es nur die ‹untere› Strafzelle ist, eine Strafzelle der ‹zweiten Kategorie›. In diesen Monaten habe ich nämlich gehört, daß es drei ‹Kategorien› gibt. Olga hat es von ihrer Nachbarin erfahren. Danach sind die Strafzellen der ‹dritten Kategorie› die erträglichsten – sie haben Licht, und man trägt die übliche Gefängniskleidung. Dagegen ist man, wenn man aus den Strafzellen der ‹ersten Kategorie› herauskommt, vom Tode gezeichnet. Glücklicherweise ist mir die ‹erste Kategorie› erspart geblieben. Die Wahl der Kategorie hing nicht von der Schwere des Verstoßes ab, sondern von der Farbe der Streifen auf der Mappe, in der die Personalakten aufbewahrt wurden. Julija und ich gehörten zur ‹zweiten Kategorie›.

Diese drei Tage und Nächte verbringe ich vornehmlich im Stehen. Ich erfinde eine Methode, auf den Brettern zu stehen, möglichst weit entfernt von dem mit einem schmierigen grauen Schimmel bedeckten Stein, der als Kopfunterlage dienen soll. Ich stehe viele Stunden lang bis zur völligen Erschöpfung, und sinke hin und wieder zusammen zu einem kurzen, dumpfen Schlaf. Meistens weckt mich der Schmerz und das Jucken in den erfrorenen Zehen. Dieser Schmerz bringt mir sofort alles zum Bewußtsein. Ja, das bin noch immer ich, und noch immer hat sich nichts verändert. Ich stelle mich wieder auf meine Bretter und sehe meinen Vater vor mir. Lebend. Als Toten kann ich ihn mir nicht vorstellen. Wie wenig weiß ich von ihm, der mir das Leben gegeben hat. Und doch, wie unzerstörbar ist das innere Band zwischen uns. Alles in mir zieht sich vor Schmerz zusammen. Vater ... Mein Vater ... Ein Teil von mir selbst ist gestorben. Ein Glück, daß ich damals noch nicht wußte, unter welchen Umständen er gestorben war. Man schrieb es mir erst einige Jahre später, als ich schon in Kolyma war. Ich wußte nicht, daß man auch meine alten Eltern ‹geholt› hatte. Nicht für lange, nur für zwei Monate, aber das hatte gereicht, meinen Vater zu töten. Als sie entlassen wurden, wohnten bereits andere in ihrer Wohnung, und ihre Möbel waren konfisziert. Sie mußten ein Obdach suchen, und das in einer Stadt, wo mein Vater ein Menschenleben als ein gewissenhafter und geschätzter Spezialist gearbeitet hatte, wo seine Tochter und sein Schwiegersohn, beide Parteimitglieder, gearbeitet hatten. Alle gingen den beiden alten Menschen aus dem Weg. Niemand wollte sie bei sich aufnehmen. Die Waschfrau Klawdija hatte mehr Herz als die anderen. Das alles geschah, als ich im Butyrki war. Aber ich habe erst drei Jahre später davon erfahren.

Ich denke an meinen Vater, und an den Wänden meines Verlieses erscheinen zarte Bilder aus meiner frühen Kindheit. Papas Uhrkette, sie fühlt sich immer so interessant an, wenn man auf seinen Knien sitzt. Die komischen griechischen Worte, die er mir auf unseren Spaziergängen beibringt, wenn er mir von seiner Schulzeit erzählt... Er war ja noch im vergangenen Jahrhundert geboren, und im Gymnasium hat er nicht nur Latein, sondern auch Griechisch gelernt... Bis zu meinem achten Lebensjahr gab es für mich niemanden, der mir näherstand als er. Dann kamen die langen Jahre der schmerzlichen Diskussionen, der gegenseitigen Kränkungen und Beleidigungen. Ich hatte etwas gegen ‹die soziale Herkunft› meines Vaters und beneidete meine Freundinnen, die einen ‹werktätigen› Vater hatten. Und er hatte vieles gegen meine Art zu leben und gegen mein Verhalten. Und plötzlich tauchen an der Wand Zeilen auf aus seinem letzten Brief, den er mir hier nach Jaroslawl schrieb: «Ich möchte Dir nicht verschweigen, daß ich mich in der letzten Zeit nicht sehr wohl fühle, aber ich werde um mein Leben kämpfen. Ich will leben – für meine lieben Enkel, Aljoscha und Wasja.» Für meine Kinder wollte er leben... Und ich werde nie Gelegenheit haben, ihn um Verzeihung zu bitten.

Wenn ich doch nur wieder erschöpft wäre vom Stehen und in den Halbschlaf sinken könnte, der hier den Schlaf ersetzt. Dann würden diese drei Tage und Nächte schneller vorübergehen. Wie im Winter nehme ich auch diesmal kein Brot. Aber diesmal kommt niemand zu mir und sagt mir, daß Hungerstreik verboten ist. Auch sie haben sich anscheinend an alles gewöhnt. Vielleicht wollen sie gar nichts anderes, als daß man zahm und ergeben die vorgeschriebenen Strafen absitzt – und ohne Essen dämmert der Häftling erschöpft dahin.

Als ich im Winter hier war, dachte ich immer an das Leben draußen. Wissen sie dort von diesen Verliesen? Von den Foltern? Jetzt kann ich an die Wirklichkeit dieses Lebens draußen kaum noch glauben. Ich kann nicht glauben, daß jetzt Sommer sein soll und daß vielleicht gerade in diesem Augenblick jemand in einem Fluß schwimmt. Und ich mache ein Gedicht über meinen zweiten Aufenthalt in der Strafzelle.

Alles wie früher bei Hexenverfolgungen,
Eisüberzogener Stein unter zerschundenen Füßen...
Hatt' ich mit Satan geheime Beziehungen?
Oder verriet ich unsere Linie?

Tausende Jahre erstehen hier wieder,
Dieses Verlies ruft sie alle ins Leben.
Kniet nicht verschmachtend Tarakanowa nieder,
Stirbt nicht die zarte Prinzessin daneben?

Jener, der einst Eulenspiegel gequält hat,
Reicht mir vielleicht diesen rostigen Becher,
Borgia selbst, nach vollendeter Untat,
Spät durch die Tür, immer öfter und frecher.

Das alles kann man sich viel eher denken,
Als hier zu glauben, in diesen Verliesen,
Es gäbe dort Menschen, jenseits der Mauern,
Die sich einander ‹Genosse› nennen...

Es gäbe dort Sterne, zum Reigen verwoben,
Die an dem nächtlichen Himmel den Wolken entfliehen,
Es gäbe dort Blumen, die Düfte verströmen
Über den sanften, schlummernden Wogen.

Wir erinnern uns an Giordano Bruno

Hitze. Furchtbare Hitze lag im Sommer 1938 über Jaroslawl. Die Zeitung *Sewjernyj Rabotschij* bestätigte es täglich. Die Jaroslawler Journalisten ergingen sich in Beschreibungen des flüssig gewordenen Asphalts, führten die Vergleichstemperaturen der letzten Jahre an und bewiesen: «So etwas hat es noch nicht gegeben.» Die Luftklappe in unserer Zelle blieb nach wie vor geschlossen. In der Feuchtigkeit, in der abgestandenen Luft schimmelte alles und zerfiel. Das Stroh in unseren Kissen und Matratzen faulte.

Nach dem zweiten Aufenthalt in der Strafzelle waren wir krank geworden. Das Brot und den Eintopf kriegten wir nicht mehr herunter. Ich habe den Aufseher schon dreimal um eine Nadel gebeten, damit ich die Haken an meinem Gefängnisrock versetzen kann. Ich betrachte Julijas Gesicht, es ist bläulich-grau, mit dunkelgelben Schatten unter den Augen, und ich begreife, daß es bald um uns geschehen sein wird. Zu allem anderen bekam ich wieder meine Malariaanfälle, die offenbar durch die stickige Feuchtigkeit in unserer Zelle begünstigt wurden. Nach jedem Anfall wurde mein Herz schwächer.

Eines Tages verlor ich das Bewußtsein. Julija drückte auf die Klingel und bat um einen Arzt. Ich muß wie eine Tote ausgesehen haben, denn der Aufseher – obwohl es ausgerechnet ‹Wurm› war – holte den Arzt sofort, ohne ein Wort zu verlieren. Es war unsere erste Begegnung mit einem Vertreter der Gefängnis-Medizin von Jaroslawl, von den regelmäßigen Besuchen der Krankenschwester abgesehen. Die Schwester verteilte Aspirin ‹gegen den Kopf›, Chinin gegen Malaria, Salol ‹gegen den Bauch›. Gegen alle anderen Krankheiten war Baldrian das Universalmittel. Als ich zu mir kam, sah ich über mir das Gesicht des Arztes.

Ich war bestürzt von seiner Menschlichkeit. Das Gesicht eines Arztes. Aufmerksam, gütig, klug. Es schien mich in das Leben, das jenseits der Gefängnismauern geblieben war, zurückzurufen und durchbohrte das Herz mit Hunderten von tödlich verletzenden Erinnerungen.

Wegen seiner runden, weichen Gesichtszüge, wegen der Gutmütigkeit, die aus jeder Falte sprach, nannten wir den Gefängnisarzt später ‹Schwester Andrjuschenzija›. Wir meinten, daß seine Studienkameraden ihn früher unbedingt so genannt haben müßten.

«So», brummte der Doktor verlegen, als er die Spritze aus meinem Arm zog, der dünn war wie ein Stock. «Gleich wird der Kampfer wirken, und Sie werden sich besser fühlen. Die Schwester wird Ihnen zweimal täglich ein Herzmittel spritzen.»

«Aber was können hier Arzneien helfen!» mischte Julija sich ein, zu Tode erschrocken, weil sie fürchtete, mich zu verlieren. «Ich glaube, das ist nur Sauerstoffmangel, Doktor, besonders bei dieser Hitze. Vielleicht könnten Sie anordnen, daß unsere Luftklappe geöffnet wird, solange sie so schwer krank ist?»

Das Gesicht von ‹Schwester Andrjuschenzija› läuft rot an. Er schielt nach dem Oberaufseher ‹Wituschischnikow›, der hinter ihm steht (der Arzt darf eine Zelle nur in Begleitung des Oberaufsehers betreten), und antwortet leise: «Das überschreitet meine Kompetenz.»

Der Oberaufseher hüstelt und meint gewichtig: «Hier darf nur über die Krankheit gesprochen werden.»

Es folgen lange, qualvolle Tage. Was mein flackerndes Leben noch erhält, ist allein meine unaustilgbare Neugierde. Die Neugierde auf das Ende. Auch auf das eigene Ende.

Es fegt der Sturm, unbarmherzig und scharf.
Das Eis wächst über mir.
Ich will meines Lebens Zuschauer sein,
Wenn ich es schon nicht leben darf ...

Trotz dieses optimistischen Vierzeilers stelle ich an mir recht bedenkliche Symptome fest. So habe ich zum Beispiel mehrere Male auf den Hofgang verzichtet. Als Julija mich erschüttert zu überreden versucht und mir zuflüstert: «Du wirst doch nicht auf die wenigen Atemzüge frische Luft verzichten», antworte ich müde: «Ich habe keine Kraft, die drei Treppen wieder hinaufzugehen.»

Auch das Hin- und Hergehen auf den fünfzehn Quadratmetern ist keine einfache Angelegenheit, wenn das Herz die Bewegung nicht kompensieren kann.

Von Tag zu Tag fällt es mir schwerer, Späße zu machen. Immer wieder versuchen wir dieses altbewährte Mittel gegen alle Krankheiten bei uns anzuwenden. Unser Lieblingswitz ist der Ausspruch des unverbesserlichen Optimisten: «Nun, wenn es ein Massengrab gibt, dann habe ich ja noch Glück gehabt.»

Und wenn das Atmen in der Zelle ganz besonders mühsam wurde, gab es noch eine Steigerung dieses Ausspruchs: «Denk doch nur an Giordano Bruno. Dem ist es noch viel schlechter ergangen. Seine Zelle war aus Blei.»

Nachdem der Arzt gegangen war, stritten wir lange darüber, wie seine Arbeit im Gefängnis zu werten sei.

«Ich wette: er wird die ganze Nacht von dir träumen. Ein herzensguter Mensch, diese ‹Schwester Andrjuschenzija›.»

«Sicher. Um so schändlicher, daß er auf diesem Posten bleibt.»

«Fändest du es etwa besser, wenn wir statt ihm einen zweiten ‹Satrap› als Arzt hätten?»

Julija sollte recht behalten. Zwei Tage später bewies uns ‹Andrjuschenzija›, wie nützlich er war.

«Fertig machen zum Hofgang!»

«Ich kann nicht. Ich kann nicht gehen.»

«Sie müssen gehen. Man hat Ihnen dort einen Schemel hingestellt. Laut ärztlicher Anordnung müssen Sie fünfzehn Minuten draußen sitzen.»

Große Dankbarkeit empfinden wir ‹Andrjuschenzija› gegenüber, als die Aufseherin Boule de suif, während sie mit einem riesigen Schlüssel, der wie eine Attrappe wirkt, die Luftklappe aufschließt, uns ermunternd zuflüstert: «Bei Ihnen wird nicht mehr zehn, sondern zwanzig Minuten gelüftet, laut ärztlicher Anordnung!»

Und obwohl die glühende Luft unbeweglich in dem Quadrat der Luftklappe steht, werfen wir uns einen freudigen Blick zu.

«Da siehst du mal! Und Giordano Bruno saß in einer Kammer aus Blei ...»

Das Ende des Zwerg-Ungeheuers

Die ganze Zeit vom Sommer 1938 bis zum Frühjahr 1939 könnte man mit dem Titel von Wera Figners Buch ‹*Als die Uhr stehenblieb*› charakterisieren. Es mag sein, daß akute Krankheiten, der ständige Luftmangel, der qualvolle Kampf des Körpers um jedes tiefe Ein- und Ausatmen, ein Spinnengewebe über diese Monate gezogen haben. Ich weiß es nicht. Aber sie erscheinen mir heute wie ein dichtes schwarzes Band, das ständig weiterläuft und dennoch starr und unbeweglich bleibt. Die Uhren unseres Lebens blieben stehen und konnten nicht wieder in Gang gebracht werden, auch nicht durch den matten Widerschein jenes fernen fremden Lebens, den uns der *Sewjernyj Rabotschij* täglich in die Zelle brachte – dieses nicht besonders seriöse, flott aufgemachte und zugleich unerträglich langweilige Blatt. Dem Gesetz der Trägheit zufolge griffen wir nach ihm stets mit der gleichen Ungeduld und lasen Zeile für Zeile gründlicher als die Korrektoren. Aber alles, was es uns mitzuteilen hatte, kam uns irgendwie unwirklich vor.

Spanien zum Beispiel. München. Hitler in der Tschechoslowakei. Vorbereitungen zum XVIII. Parteitag. War das alles ein Traum? Gab es jemanden auf der Welt, der noch kämpfte? Gab es noch jemanden, der nicht überwältigt worden war wie wir...? Von Tag zu Tag nahm dieses gefährliche, auf ein nahes Ende hindeutende Gefühl der völligen Abgeschiedenheit von allem Lebendigen zu.

Es schien, als hätten wir sogar verlernt, in unserem Innern zu protestieren und zu hassen. Verwundert dachte ich daran zurück, wie ich im Dezember 1937, als ich das erste Mal in die Strafzelle gebracht wurde, mit Fäusten auf ‹Satrap› losgegangen war. Solche seelischen und physischen Ausbrüche hielt ich jetzt für absolut unmöglich.

Zu Neujahr 1939, das unmerklich herangekommen war, machte ich auf Julijas Bitten wieder ein Neujahrsgedicht, aber es hatte nichts mehr von dem naiven Optimismus seines Vorgängers: *‹Das kommende Jahr – in Jerusalem›*. Jetzt drückten sich meine Sorgen darin aus...

Wir könnten – Verbitterung,
Wie Schimmel am Brunnenrand,
Ums Auge – verlernen
Zu träumen, zu leben, zu kämpfen.

Wir könnten – in diesen
Feuchten Mauern – mit gebrochenen Flügeln
Aufstöhnend bejahen
Die Trägheit der Ohnmacht.

Wir könnten – im Dickicht der Jahre,
In düsterer Qual des Alleinseins –
Vergessen das Leuchten
Von Sternen, Blumen, Freundschaft.

Wir könnten endlich an einem Frühlingstage
Der immerhin möglichen Rückkehr
Getötet werden
Von dem Duft blühenden Flieders.

Die letzte Strophe war ein Versuch, mir selbst Hoffnung zu machen. Die Vorstellung von der ‹immerhin möglichen Rückkehr› mußte um jeden Preis genährt werden. In Wirklichkeit waren die Hoffnungen nahezu versiegt, und das hing in erster Linie damit zusammen, daß wir immer schwächer wurden. Unsere Kräfte nahmen buchstäblich von Tag zu Tag ab.

«Schenja! Mach die Augen auf! Hörst du? Mach sofort die Augen auf oder gib mir ein Zeichen mit der Hand!»

Julija schüttelte mich, und ich antwortete mit einem schwachen Lächeln: «Ich weiß, ich weiß, ich sehe wie eine Leiche aus. Ich lebe noch. Mach dir keine Sorgen... Du selbst bist auch nicht viel schöner.»

Ja, Julijas Backenknochen springen immer mehr hervor, sie sieht immer spitzer aus. Um ihre Augen liegen Todesschatten. Ein Glück, daß wir uns seit über zwei Jahren nicht mehr im Spiegel gesehen haben. Aber man kann sich vorstellen, wie man selbst aussieht, wenn man das Gesicht seiner Leidensgenossin betrachtet und daran sieht, wie unaufhaltsam wir dem Tode entgegengehen. Essen können wir nicht mehr. Jeden Morgen tragen wir unsere Brotration fast unangetastet hinaus und werfen sie in den Kasten, der am Ende des Ganges steht. Manchmal hat man den Eindruck, daß nur die beiden Stückchen Zucker, die wir jeden Morgen bekommen, unser schattenhaftes Leben erhalten.

Im März wurden wir wieder bestraft: ein Monat Zeitungsverbot. Man will in einem Buch ‹eine Nadelspur› entdeckt haben. Offenbar wagte man nicht, uns in unserem Zustand in die Strafzelle zu schleppen. Aber der feste Plan, nach dem die Strafen verhängt wurden, mußte auf alle Fälle eingehalten werden. So hatte man uns nun auch noch die Zeitung entzogen, und damit war der letzte Faden zerrissen, der uns mit der Welt der lebendigen Menschen verband. Jetzt bleibt uns nur noch Olgas zaghaftes Klopfen, das hin und wieder durch die blutrote Wand sickert.

«Der Parteitag ist eröffnet...»

Ich habe gerade noch die Kraft, die makabre Frage zu klopfen: «Der Tag der Davongekommenen, nicht wahr?»

«Man spricht von Übertreibungen... Von Rehabilitierungen...»

Julija ergeht sich sofort in den rosigsten Träumen: «Hörst du, Schenja? Rehabilitierungen! Endlich! Es konnte ja auch nicht anders sein...»

Aber ich bin ‹Pessimistenko›, im Gegensatz zu Julija, die ‹Optimistenko›[43] ist. Ich glaube nicht, daß es Rehabilitierungen im großen Maßstab geben wird, daß man sie weniger zufällig vornehmen wird als die Verhaftungen. Allzugut habe ich die besonderen Merkmale von Stalins Stil in diesen zweieinhalb Jahren kennengelernt. Außerdem kann ich nicht glauben, daß ausgerechnet ich das große Los in dieser nun beginnenden Lotterie mit so geringen Gewinnchancen ziehen werde...

Und plötzlich...

Ich merke, daß mein Bericht monoton wird. Wie oft habe ich schon das Wort ‹plötzlich› gebraucht! Aber ich kann nicht anders. Diese spröde Darstellung gibt den Sachverhalt am besten wieder. Denn genauso war es auch damals. In die dumpfe Feuchtigkeit, in den Schimmel, den Moder unserer Gruft, drangen von Zeit zu Zeit *plötzlich* unsere Aufseher ein, und wir bekamen wieder und wieder zu spüren, daß wir noch immer keine Leichen waren. Noch immer konnte man uns quälen, physisch und moralisch. Raffiniert und plump. Bei Tag und bei Nacht. Uns beide zusammen und uns beide einzeln.

Auch jetzt werden plötzlich wieder Türen geöffnet und geschlossen. Das ist immer ein Anzeichen für ‹neue Maßnahmen›. Und auch jetzt kommt ‹Windhund›, der Oberaufseher, der die Luftklappen zugeschlossen hatte. Aber diesmal ist in seinem Gesicht, das an einen alten Windhund erinnert, ein seltsamer Ausdruck, den man Verlegenheit nennen würde, wenn man nicht mit Sicherheit wüßte, daß jemand, der noch verlegen werden kann, auf diesem Posten undenkbar wäre.

Wortlos streckt der Windhund den Arm nach der rechten Wand aus und ... Träumen wir, sehen wir recht? Er greift nach dem Schild mit der Gefängnisordnung, mit den zweiundzwanzig Geboten des Majors Weinstock. Er nimmt es ab, dreht sich auf dem Absatz um – seine Stiefel glänzen – und geht, mit den Geboten unter dem Arm, hinaus. Gleich darauf hören wir, wie der Schlüssel in dem Schloß der nächsten, Olgas, Tür umgedreht wird.

Aber diesmal gibt es keine Diskussionen zwischen ‹Optimistenko› und ‹Pessimistenko›. Diesmal sind wir beide fest davon überzeugt, daß dieser Vorfall nur pessimistisch gedeutet werden kann. Verschärfung der Vorschriften. Offensichtlich sind diese Gebote als zu liberal verurteilt worden. Hat Genosse Stalin erfahren, daß wir im Angesicht des Todes Bücher lesen und täglich zwei Stückchen Würfelzucker essen dürfen? Es ist alles möglich. Morgen werden wir wahrscheinlich neue Gebote bekommen, in denen Zeitungen, Bücher, Briefe, Kioskbestellungen und vielleicht sogar der Hofgang untersagt werden. Noch lange wetteifern wir mit der Gefängnisverwaltung, indem wir uns alle möglichen Verbote ausdenken.

«Ob es Neuerungen in der Rubrik ‹Strafen› gibt?»

An diesem Tag bringt uns nicht einmal der Hofgang eine spürbare Erleichterung, zumal wir in den Gesichtern und an dem Verhalten der Aufseher etwas Seltsames zu beobachten glauben.

Noch ein paar quälende, unruhige Stunden. Schließlich wieder Schritte im Gang. Wieder erscheint der Oberaufseher. Aber diesmal ist es ‹Wituschischnikow›. Er bringt das Schild mit den Geboten, hängt es wieder an seinen Platz und verläßt so schnell wie möglich die Zelle, mit einem Anflug von einem Lächeln, vielleicht sogar mit einer gewissen Verlegenheit.

Wir studieren den Text der Gebote, ohne einen einzigen Buchstaben auszulassen. Was hat sich denn geändert? Nichts, gar nichts! Aber da: «Was ist *das*?»

Wir trauen unseren eigenen Augen nicht, wir starren uns an. «Kneif mich, Julija! Träumen wir?»

In der linken Ecke der Papptafel stand früher die Unterschrift: «Genehmigt. Der Generalkommissar für Staatssicherheit, Jeschow.»

Hier stand sie doch? Natürlich! Und jetzt? Jetzt ist sie mit einem weißen Papierstreifen überklebt. Der Papierstreifen ist so sorgfältig aufgeklebt, daß er kaum auffällt.

Ein paar Stunden sind wir wie im Fieber. Sollte er wirklich in Ungnade gefallen sein, dieses Zwerg-Ungeheuer? Sein Personenkult hat in den letzten Jahren ungeheuerliche Ausmaße angenommen. Man hatte manchmal den Eindruck, daß er sogar mit dem Stalin-Kult konkurrieren könnte. Ganz offiziell wurde er ‹Liebling des Volkes› genannt. Und alles, was in den Gefängnissen und in Lagern mit Millionen unschuldiger Menschen geschah, wurde mit dem unbekümmerten, volkstümlichen Ausdruck abgetan: ‹Jeschowy rukawizy›[44]. Die Übersetzer mittelasiatischer Volkspoesie nannten ihn in unzähligen Oden ‹Batyr Jeschow› ... War es denn möglich, daß ...?

Wir können die ganze Nacht kein Auge schließen. Jetzt steigt in unseren entkräfteten Herzen tatsächlich der Schatten einer Hoffnung auf, der Hoffnung auf mögliche Veränderung.

Am Morgen klopft uns Olga, die eine Zeitung bekommen hat: «Er ist abgesetzt ... Mit ihm ist es aus ... Wahrscheinlich muß er jetzt unser Schicksal teilen.»

«Der Mohr hat seine Schuldigkeit getan, der Mohr kann gehen», frohlocken wir.

Ratlos gehen wir in der Zelle umher wie die Tiger in ihrem Käfig, bis Olga die nächste sensationelle Nachricht durchgibt: «Be-ri-ja, Be-ri-ja ...»

Ich bin ganz krank vor Aufregung und mache mir Luft, indem ich wieder ein Gedicht schreibe, eine Ode an den ‹Liebling des Volkes›:

AN DAS ZWERG-UNGEHEUER
(Jeschow war winzig klein)

... Die Bösewichte früherer Zeiten
Besingen dich mit Ehrfurcht und mit Neid,

Selbst Thiers hält dem Vergleich nicht stand
Und Galiffet erscheint als Träumer und Phantast.
Jetzt siehst du, Henker! In deinen Übeltaten
Lag schon der Keim der künftigen Vergeltung.
Des Schicksals mächtige Hand
Führt dich vom Kapitol zu dem Tarpejischen Fels.
Du staunst – der Weg ist kürzer, als du glaubtest!

«Das ist eine Nachahmung der Klassiker, Julija. Jetzt mache ich noch ein Gedicht über Berija. Ein Epigramm in der Art von Puschkin. Wer ist das eigentlich, dieser Berija?»

Aber Julija wußte auch nichts über ihn. So schrieb ich:

Sag mir, Berija,
Wird sich diese Tür für mich öffnen?
Antworte mir, Berija,
Bekomme ich den Verlust ersetzt?
Oder bist du, Berija,
Nichts anderes
Als eine neue Serie
Von Morden, Missetaten, Heuchelei?
Wird sich diese Tür für mich öffnen?
Gib Antwort, Berija!

Von diesem Augenblick an setzte sich die Uhr unseres Lebens wieder in Gang. Ab und zu streikte sie, ging nach, knirschte, aber sie ging! Jetzt gab es etwas, worauf man warten konnte.

Äußerlich blieb alles unverändert. Die strenge Beachtung der Vorschriften, der Schimmel an den Wänden, die stinkende Fischsuppe, der Kübel ... Aber in der Atmosphäre, an winzigen Nuancen im Verhalten unserer Aufseher, im Tonfall der Oberaufseher kündigten sich umwälzende Veränderungen an.

Die Gebotstafel wurde im Laufe der nächsten vier Wochen noch zweimal heruntergenommen und wieder aufgehängt. Beim erstenmal wurde der Name ‹Weinstock› mit dem Namen ‹Antonow› überklebt. Beim zweitenmal überklebte man auch ‹Antonow› und schrieb statt dessen einfach: Hauptverwaltung.

«Das ist das Sicherste», lachten wir, «das braucht man nicht mehr zu verändern.»

Unser unterdrücktes Lachen klang so fröhlich, wie es seit dem Tag, an dem die Luftklappen geschlossen wurden, nicht mehr geklungen hatte.

Und so bestätigte sich die Theorie von Marx, indem sich das anfangs tragische Ereignis (das Abhängen der Gebotstafel) zweimal als Farce wiederholte.

«Jetzt soll Major Weinstock ausprobieren, wie man nach seinen Geboten lebt», meinte Julija eines Abends. Und ihre gütigen Augen blitzten ironisch.

Ich kann nicht einschlafen ... Ich stelle mir Jeschow, Weinstock, Antonow und die anderen in der unteren Strafzelle vor. Die untere Strafzelle ist nur ‹zweite Kategorie›, sie aber werden wahrscheinlich alle in den Genuß der ‹ersten› kommen. Denn so ist es: «Mit welcherlei Gericht ihr richtet, werdet ihr gerichtet werden ...»

An einem windigen und unruhigen Maitag stand, als wir vom Spaziergang zurückkehrten, unsere Luftklappe offen.

«Vergessen?»

Boule de suif hatte Dienst. Sie hat es wahrscheinlich absichtlich vergessen. Sie ist gut ... Aber am nächsten Tag geschah das gleiche. Das Verschwinden des Zwerg-Ungeheuers brachte uns einen Atemzug Sauerstoff mehr. Der ‹liberale› Frühling und Sommer 1939 machte sich bei uns als leichter Luftzug bemerkbar. Die Zeitung *Sewjernyj Rabotschij* veröffentlichte täglich Artikel gegen die Verleumder.

Die Zeit der großen Erwartungen

Wir hatten wieder Appetit. Wir aßen unseren Eintopf. Wir fingen wieder an, heimlich Gymnastik zu treiben, was wir seit langem nicht getan hatten. Dagegen lasen wir jetzt weniger. Dafür reichte unsere Zeit nicht.

Wir sprachen Tag und Nacht und erklärten uns gegenseitig unsere Ansichten, unsere Mutmaßungen, unsere Träume. Das Verhältnis ‹Optimistenko› – ‹Pessimistenko› blieb in diesen Gesprächen unverändert. Julija meinte, daß alle bereits abgeschlossenen Fälle unverzüglich zur Revision kommen würden. Man werde uns entweder auf freien Fuß setzen oder schlimmstenfalls in die sogenannte ‹große Verbannung› schicken, und dort würden wir unsere Männer treffen.

«Sofern man sie noch nicht erschossen hat», ergänzte ‹Pessimistenko›.

«Dazu hatten sie viel zu untergeordnete Stellungen», pariert ‹Optimistenko›.

Stundenlang malt sich Julija Szenen eines neuen glücklichen Lebens aus. «Vielleicht auf der Insel Dickson oder auf Igarka ... Dort werden wir auch in unserem Beruf arbeiten, du wirst sehen ...»

«Unterrichten?»

«Warum nicht? Man wird uns auch wieder in die Partei aufnehmen. Du wirst es erleben. Jeschow ist entlarvt, und das alles sind seine Machenschaften gewesen.»

Olga klopft sehr viel realistischere Überlegungen. Wahrscheinlich ist der Unterhalt von Tausenden von Häftlingen eine zu große Belastung für den Staatshaushalt geworden. Wer weiß, vielleicht sind es sogar Millionen Menschen, die nicht arbeiten. Und der riesige Bewachungsapparat! Dabei ist die Mehrzahl der Strafgefangenen im besten Arbeitsalter – zwischen fünfundzwanzig und fünfzig. Wir werden wahrscheinlich nicht einfach verbannt, sondern in besondere Arbeitslager kommen.

«Und wennschon! Das wäre doch ausgezeichnet! Beinahe Glück.»

Arbeitslager! Das würde bedeuten, Reise in ein unbekanntes Land. Mag es ein noch so rauhes Land sein, Luft wird es dort geben, Wind und manchmal sogar Sonne, selbst wenn die Sonne wenig wärmt.

Dort gibt es Menschen! Hunderte neuer Menschen, mit denen wir leben und arbeiten werden. Viele gute, interessante Menschen. Wir werden Freundschaften schließen. Arbeitslager – das ist Leben! Ein schreckliches, ungeheuerliches Leben, aber alles ist besser als diese Gruft. Man muß sich das vorstellen: es ist schon der dritte Frühling, den wir hier verbringen, bei lebendigem Leib begraben.

Ich lese Julija mein neues Gedicht vor:

> Der dritte Frühling zieht ins Land.
> Was macht's? Hält das Herz stand
> Dann trug die Figner zehnmal mehr ...
> Und früher dacht ich: tausendfache Lasten!

Mit diesen Gesprächen und Diskussionen über unser künftiges Schicksal versuchten wir, unsere brennende Erregung und Unruhe zu dämpfen.

Das Verhalten unserer Aufseher ließ deutlich auf große Veränderungen schließen. Wahrscheinlich haben sie nicht nur geahnt, sondern bereits gewußt, daß in unserem Gefängnis ein Transport zusammengestellt werden sollte. Die Bösartigen unter ihnen, ‹Wurm› und ‹Satrap›, waren bis zum letzten Tag bemüht, dem Geist von Jaroslawl treu zu bleiben. Ich erinnere mich an die Sache mit der Blume ...

In den letzten Frühlingstagen entdeckten wir am Eingang eines der ‹Hofkäfige› in einem Riß im Asphalt ein kümmerliches Blümchen. Julija sah es als erste und deutete mit dem Kopf darauf. Ich verlangsamte für einen Augenblick meine Schritte, um dieses unerhörte Wunder zu bestaunen.

Das dauerte nicht länger als eine Sekunde. Aber ‹Wurm›, der uns bewachte, merkte es, verstand sofort und zertrat die Blume wütend mit seinem Stiefel. Das genügte ihm noch nicht. Er bückte sich, riß den zertretenen Stengel aus, zerrieb ihn zwischen den Fingern und warf ihn fort.

Mir kamen die Tränen, ich konnte mich nicht mehr beherrschen.

«Sie ahnen, daß ihre Zeit um ist. Deshalb giften sie so», tröstete mich meine getreue ‹Optimistenko›, als wir wieder in der Zelle waren.

Der erste, der uns nach unseren Träumereien wieder auf den Boden der Tatsachen stellte, war unser guter Geist in Jaroslawl, dem der Gefängniskiosk unterstand. Zweimal im Monat verteilte er einen hektographierten Bestellschein: «Bestelliste des Strafgefangenen ... Auf meinem Konto habe ich ... Rubel. Ich bitte für mich ... zu besorgen.»

Auch nach dem Tode meines Vater überwies mir meine Mutter jeden Monat die erlaubten fünfzig Rubel. Wir konnten uns dafür Seife, Zahnpasta, die erlaubte Anzahl von Heften, Bleistifte und manchmal sogar etwas Zucker kaufen. Ein bis zwei Tage, nachdem wir unsere Bestellungen abgegeben hatten, brachte uns der Kioskverwalter das, was im Augenblick von den Sachen vorrätig war. Von Anfang an hatte ich die Sympathie gespürt, die uns dieser Mann entgegenbrachte, obwohl auf seinem Gesicht die übliche undurchdringliche Maske lag. Jetzt, am Ende des zweiten Jahres in diesem Gefängnis, stellte sich zwischen uns eine deutliche, wenn auch stumme Verbindung her. Übrigens war diese Verbindung nicht immer stumm. Wir hatten bereits unsere Geheimnisse.

Einmal während meiner Krankheit, als die Luftklappe hermetisch abgeschlossen war und in der Zelle eine unerträgliche Schwüle herrschte, fragte ich ihn leise, als ich den Bestellschein abgab: «Könnte ich nicht statt Zucker ein paar Bonbons haben? Nur 100 Gramm. Von den ganz billigen. Karamelbonbons. Ich habe so Appetit darauf ...»

«Das ist verboten», antwortete er.

Aber zwei Tage später, als er mir die Sachen brachte und durch die Klappe ein Blechschüsselchen mit Zucker reichte, sah ich, daß unter dem Zucker eine Handvoll Karamelbonbons versteckt waren.

«Danke», flüsterte ich wie eine Verschwörerin, als ich ihm die leere Schüssel zurückgab.

«Essen Sie sie gleich auf, damit nichts in der Zelle liegenbleibt, wenn Sie zum Hofgang geführt werden.»

Ich lächelte ihn freundschaftlich an und versicherte ihm, noch eine Spur vertraulicher: «Sie können sich auf uns verlassen.»

Seit jenem Tag war er uns nicht mehr fremd. Sogar von Boule de suif, dem ‹heiligen Georg› oder ‹Jaroslawskij› hob er sich ab.

Sie hatten kein Vergnügen daran, etwas Böses zu tun, er aber bemühte sich, gut zu sein.

Ein anderes Mal, als wir gerade Zeitungsverbot hatten, spürte ich mit dem sechsten Sinn des isolierten Gefangenen, daß im Gang kein Aufseher in der Nähe war und riskierte, ihn zu fragen: «Was gibt es Neues in der Welt?»

Bei den Verhältnissen in Jaroslawl war das eine derartige Dreistigkeit, ein so unerhörtes Verbrechen, daß ich über meine eigenen Worte erschrak und mehr noch erstaunt als erfreut war, daß ich eine Antwort bekam: «In Spanien geht es dem Ende zu...»

Und jetzt, Ende Mai 1939, brachte dieser geheime Wohltäter die erste gute Nachricht. Das kam so. Ich hatte auf meinem Bestellzettel eingetragen: «Zwei Hefte.» Und plötzlich flüsterte er, nachdem er sich wie immer umgesehen hatte: «Keine Hefte. Sie brauchen Sie nicht mehr. Sie werden bald von hier wegkommen.»

So wurde aus dem Traum Wirklichkeit. Jetzt war der Gedanke an die Abreise nicht mehr nur Vorahnung oder Vermutung. Es ist interessant, daß wir uns auch auf diesem Abschnitt unserer Marschroute gar nicht oder doch nur sehr wenig für die Frage interessierten, *wohin* man uns bringen würde. Wir waren bereit, zu Fuß und in Ketten nach Sibirien zu gehen – nur fort von diesen Mauern, so weit wie möglich.

Mit Ungeduld warteten wir auf einen günstigen Augenblick, um diese überwältigende Neuigkeit an Olga weiterzugeben. Aber sie war darüber gar nicht erstaunt: «Ich habe es mir schon gedacht... Sie haben mich zu einer medizinischen Untersuchung geholt.»

Zwei Tage darauf wurden auch wir abgeholt. Wir entdeckten, daß sich im untersten Stockwerk eine Ambulanz befand, an der wir jeden Tag, wenn wir zum Hofgang geführt wurden, vorbeimarschiert waren, ohne auch nur zu ahnen, daß eine so humane Institution sich hierher verirrt hatte.

Die Kommission bestand aus drei Ärzten und dem unvermeidlichen Oberaufseher. Wir wurden gewogen, gemessen und abgetastet.

«Starke Abmagerung», knurrte einer der Ärzte, als er meine vorstehenden Rippen kritisch musterte.

«Nein, nein, ich fühle mich völlig gesund. Ich fühle mich zu jeder körperlichen Arbeit fähig», versicherte ich, aus Furcht, daß man mich als arbeitsunfähig von dem Transport zurückstellen und hierbehalten könnte.

Es vergingen noch einige weitere Tage, da warf eines Abends der Oberaufseher ‹Wituschischnikow› mir die rituelle Formel zu: «Folgen Sie mir!»

Sein kleines Gesicht mit dem runden Fischmaul hatte aber einen so vergnügten und neugierigen Ausdruck, daß ich nicht zu fürchten brauchte, wieder in die Strafzelle gebracht zu werden. Wir gingen nach rechts bis zum Ende unseres Ganges, wo ich noch nie gewesen war, bogen noch einmal nach rechts ab, und dann stand ich vor einer Tür mit der Aufschrift: «Gefängnisleiter». Ganz verzaubert sah ich diese Tür an. Eine Holztür! Mit Ölfarbe angestrichen! Eine wunderbare Tür! Ohne Spion und ohne Klappe... Und der Schlüssel steckte natürlich *innen*.

Korschunidse-Gadiaschwili saß hinter dem Schreibtisch, auf dem sich ein Berg Personalakten türmte. An der Wand hing ein großes Stalinbild.

«Setzen Sie sich!»

Ja, wirklich – das mußte der Anfang einer neuen Ära sein, wenn aus diesem Mund solche Worte kamen. Es ergab sich aber, daß ich mich setzen sollte, um einen ganzen Stapel von Papieren zu unterschreiben, die er mir, eines nach dem anderen, über den Tisch schob.

«Ihr Urteil ist umgewandelt», knurrte er durch seine langen, gelben Zähne.

«Die zehn Jahre Einzelhaft sind umgewandelt worden in zehn Jahre Arbeitslager. Unterschreiben Sie, daß Sie davon Kenntnis genommen haben.»

Er zieht mit dem Fingernagel einen Strich an der Stelle, wo ich unterschreiben soll, und ich vergesse, den Text durchzulesen, weil dieser Nagel mich irritiert. Erstaunlich: dieser Unmensch hat schöne, ovale Fingernägel, anscheinend sogar manikürt.

«Sie werden wegkommen», sagt er dann.

«Wohin?» Die Frage kommt über meine Lippen, ehe ich es mir recht überlegt habe. Wie dumm! Wie oft habe ich mir schon gesagt, daß man diese Menschen nie etwas fragen soll. Das bringt nur neue Demütigungen.

«Ihre persönlichen Sachen und das Geld, das auf Ihrem Konto steht, dürfen Sie mitnehmen», fährt er fort, als hätte er meine Frage nicht gehört, und zieht wieder einen Strich mit dem Fingernagel.

«Unterschreiben Sie!»

Ich werde in die Zelle zurückgebracht, und der Oberaufseher

‹Wituschischnikow› nimmt Julija mit, bei der die Zeremonie sich Wort für Wort wiederholt. Bis in die Nacht hinein hört man das Knirschen der Schlösser und die Schritte auf dem Gang. Man wird zu Korschunidse einzeln gebracht, noch immer nach dem unantastbaren Prinzip der strengen Isolierung – jetzt aber nur noch nach dem Gesetz der Trägheit.

Dieses Prinzip hat sich überlebt. Es ist zusammengebrochen. Das merkt man eindeutig daran, wie laut die Häftlinge jetzt im Gang sprechen, und an den Gesichtern der Aufseher, denen man ansieht, daß sie zerstreut und mit anderen Gedanken beschäftigt sind. Sie machen sich natürlich Sorgen um ihren Posten. Selbst die Krähen auf der Blende verhalten sich weniger bedächtig als sonst.

Dieser Abschnitt unseres Daseins geht zu Ende. Und in den Schläfen hämmern von neuem mit schrecklicher Unruhe und großer Hoffnung die Worte Pasternaks – «Zuchthaus! Welche Wohltat!»

Baden! Eine ganz gewöhnliche Badestube

«Baden!»

An einem solchen Ausruf war an und für sich nichts Besonderes. Er wiederholte sich alle vierzehn Tage.

«Nehmen Sie die Mäntel mit!»

In diesem Zusatz ist die fieberhafte Erregung der letzten Tage enthalten. Mäntel? Ins Bad? In diese winzige Kabine, wo wir uns im Evakostüm zu zweit kaum bewegen konnten? Was sollten wir dort mit den Mänteln anfangen?

Wir diskutieren hitzig über diese Neuigkeit. Wir verwenden die induktive Methode von Sherlock Holmes und kommen zu dem Schluß: ein Gemeinschaftsbad, und unsere Mäntel sollen offenbar in die Desinfektionskammer gebracht werden. Das ist die letzte Maßnahme vor dem Transport. Das ist das Ende der Einzelhaft.

Wir hatten recht. Es kommt ein unfaßbarer, unvergeßlicher Augenblick. Man führt uns in den Gang und ...

Was wir dort erblicken, erschüttert uns bis in die Tiefe unserer Seele. Die Türen der beiden Nachbarzellen stehen sperrangelweit offen, und neben ihnen, im Halbdunkel des Ganges, zeichnen sich vier weibliche Gestalten ab, in Jeschow-Uniformen, wie auch wir sie tragen.

Sie wirken jammervoll, ausgemergelt, leidzerfurcht ... Genauso wie wir auch. Die abgemagerten Körper haben alle weiblichen Rundungen verloren, und in den Augen liegt der wohlbekannte Ausdruck – immer der gleiche.

Wir werden nicht mehr einzeln eingeschlossen, nicht mehr voneinander getrennt. Im Gegenteil, jetzt wird uns befohlen, uns in Zweierreihen aufzustellen. Voller Liebe und Freundschaft drücke ich die Hand der Frau, die neben mir steht. Und dann macht eine andere, mittelgroß mit kurzem Haar, die ein wenig abseits steht, einen Schritt auf mich zu und flüstert:

«Du bist Schenja, nicht wahr? Ich bin Olga ... Deine ‹Korrespondentin›.»

«Korrespondentin einer Wandzeitung», flüstere ich lächelnd zurück. Das also ist Olga. Sie ist ganz anders, als ich sie mir vorgestellt habe.

Wie soll man die Gefühle eines isolierten Häftlings wiedergeben, der zwei Jahre lang außer seinen Aufsehern keinen Menschen gesehen hat und plötzlich seinen Leidensgenossen gegenübersteht? Menschen! Seid ihr es, ihr Lieben? Ich hatte schon geglaubt, ich würde euch niemals wieder sehen. Welches Glück, mit euch zusammenzusein. Ich will euch lieben und euch helfen.

Man führt uns in einen uns unbekannten Teil des Hofes. Dort warten noch ungefähr zehn andere Frauen. Die Aufseher zischen: «Sprechen verboten.» Aber wir verständigen uns durch ein Lächeln, einen Blick, einen Händedruck. Sind hier keine Bekannten aus dem Butyrki? Nein, ich entdecke niemanden. Außerdem sehen alle gleich aus – das liegt an der häßlichen Uniform und dem allen gemeinsamen Ausdruck der Augen.

Ja, es war eine ganz gewöhnliche Badestube mit Holzbänken, auf denen verschüttetes heißes Wasser dampfte, mit üppigen Wolken aus Seifenschaum in den Blechschüsseln, erfüllt von hallenden Stimmen. Doch alle die normalen Einzelheiten dieser Umgebung bedeuteten nichts vor dem seelischen Aufschwung – ich habe den Mut, es auszusprechen – vor dem Pathos der Menschlichkeit, von dem wir damals erfüllt waren.

Solche Augenblicke erlebt man nur selten. Wirkliche Menschenliebe herrschte damals in dieser Badestube. Unsere Herzen waren noch unberührt von dem alles zersetzenden Wolfsgesetz der Arbeitslager, das in den folgenden Jahren viele Menschenseelen zerstörte.

Jetzt aber, geläutert durch das Leid, beglückt von der Begegnung mit anderen Menschen nach zwei Jahren Einsamkeit, waren wir Schwestern.

Jede versuchte, der anderen einen Gefallen zu tun, man teilte alles, was man besaß. Die kümmerlichen Seifenreste, die uns ‹für das Bad› zugeteilt worden waren, ließen wir achtlos liegen. Wir wuschen uns nacheinander mit einem riesigen Stück ‹Familienseife› das Ida Jaroschewskaja allen zur Verfügung stellte. Sie hatte es vor langer Zeit vom Kiosk bekommen und aufgehoben, als hätte sie geahnt, wie gut wir es alle einmal brauchen könnten.

Ich bekam ein Paar Strümpfe von Nina Gwiniaschwili, einer Bühnenbildnerin aus Tiflis. «Hier, ich habe zwei Paar. Du bist ja so gut wie barfuß», redete mir Nina zu, als sie meine einzigen

Strümpfe sah, die überall gestopft waren, und zwar mit einer Fischgräte und mit verschiedenfarbigen Fäden. «Nimm doch, warum genierst du dich! Ich bin doch keine Fremde.»

Natürlich war sie keine Fremde! Habe ich diese großen, wie zwei Diamanten funkelnden, gütigen Augen nicht schon einmal gesehen?

«Danke, Ninotschka!»

Wir sprechen über alles und von allem zugleich. Es stellt sich heraus, daß fast alle in der Strafzelle gewesen sind, und zwar immer zu besonderen Jahrestagen: Oktoberrevolution, erster Mai, erster Dezember. Bei dem Brand sind einige doch mit ihren Nachbarinnen auf dem Hof zusammengekommen. Jetzt hörte man die Namen Galina Serebrjakowa, Uglanowa, Carola ...

Wir waren so aufgeregt, daß wir nicht mit dem Anziehen fertig wurden, und die Aufseherin bekam eine heisere Stimme, weil sie ununterbrochen rufen mußte: «Frauen, Schluß machen! Anziehen!»

Frauen! Diese Anrede sollte von nun an für lange Zeit unser Kollektivname bleiben.

Die ganze Nacht haben wir kein Auge zugetan. Wir waren glücklich über die Rückkehr zu den Menschen. Aber wir waren die Menschen nicht mehr gewohnt, und die Begegnung mit ihnen hatte uns müde gemacht! Irgendwo in der Tiefe regte sich sogar der uneingestandene Wunsch: Würde doch die entscheidende Änderung, die uns bevorsteht, nicht schon morgen Wirklichkeit werden. Könnten wir doch wenigstens noch zwei, drei Tage in dieser Einzelzelle, in *unserer* Einzelzelle bleiben. Denn hier lassen wir ein Stück auch unserer Seele zurück. Hier haben wir manchmal über einem Buch unser Unglück vergessen, hier haben wir uns an unsere Kindheit erinnert. Das kann doch nicht einfach so aufhören. Man muß sich an diesen Gedanken erst gewöhnen. Man sollte die Seele, die bereits Einsiedlerin geworden ist, erst einstimmen können.

«Ich habe Kopfschmerzen», klagt Julija.

«Es ist so schön, aber auch sehr schwer, mit so vielen Menschen zusammenzusein.»

Ja, noch ein oder zwei Jahre, und wir hätten uns – sofern wir nicht gestorben wären – in jenen Helden Jack Londons verwandelt, der sich, nachdem er aus dem Gefängnis entlassen worden war, im Gebirge eine einsame Hütte baute und in völliger Abgeschiedenheit sein Leben beschloß.

«Julija, es gibt da ein Gedicht von Sascha Tschornyj ...

Auf dem kahlen Gipfel wohnen,
Verse schreiben und Sonette,
Von den Leuten in dem Tale
Holt man Brot, Wein und Kotelette ...

Das wäre doch nicht schlecht, was hältst du davon?»

Wir lachen nervös. Die Klappe an der Türe geht auf, und es ertönt die Stimme von ‹Satrap›: «Schlafen!»

Bis zum letzten Augenblick! Er ist jetzt wütend, weil er um seinen Posten zittert! Aber es wird noch lange Arbeit für ihn geben, leider – wenn nicht hier, dann an einem anderen Ort.

Auf den Trümmern unserer Schlüsselburg

Wie gut, daß in unserer Zeit alle Prozesse schneller ablaufen als früher. Diejenigen, die die Aktion des Jahres 1937 eingeleitet und verwirklicht haben, hatten weder die Zeit noch die praktische Möglichkeit, die zahllosen Menschen zehn und zwanzig Jahre lang in Gefängnissen schmachten zu lassen. Das hätte im Widerspruch zu dem Tempo der Epoche, zu ihrer Forderung nach Rentabilität gestanden. Den zwanzig Jahren der Wera Figner entsprachen bei uns die zwei.

Und jetzt trat der qualitative Sprung in unserem elenden Dasein ein. Alles, was bis dahin unter strengem Verbot gestanden hatte, wurde nun plötzlich zu einem ebenso strengen Gebot. In der Isolierung in Jaroslawl gab es kein größeres Verbrechen als den Versuch, Kontakt mit anderen Gefangenen aufzunehmen. Es war der häufigste Anlaß für die Strafzelle und die meisten anderen Strafen.

Jetzt, nach jenem Junitag, an dem wir zum letztenmal über die Schwelle unserer Zelle gegangen waren, *mußten* wir immer alle zusammenbleiben.

Arbeit, Schlaf, Essen, Waschen, Verrichtung der Notdurft – alles wurde jetzt zu einer gemeinsamen, einer kollektiven Handlung. Für lange, lange Jahre konnte keiner von uns davon träumen, auch nur einen Augenblick allein zu sein.

«Fünferreihe! Kolonne! Letzte Reihe Schritt halten! Gleichschritt! Erste Reihe langsamer!» Diese Kommandos wurden bald heiser, bald knarrend, mal böse, mal kränkend gleichgültig ausgerufen, ersetzten jetzt das kaum hörbare Flüstern der Gefängnisaufseher und ihre schleichenden Schritte über den Läufer des Gefängnisganges.

«Wenn man sich überlegt, was für Unsummen für die Aufrechterhaltung der strengen Isolierung ausgegeben wurden», seufzt die wirtschaftlich denkende Julija. «Fünf Aufseher waren nur damit beschäftigt, mich zum Spaziergang zu führen. Und jetzt...»

Sie sagt es angesichts einiger hundert Häftlinge, die seit dem Morgen in den sperrangelweit geöffneten Hofkäfigen zusammengepfercht sind. Wir werden hierhergebracht, um einige Prozeduren über uns ergehen zu lassen. Fingerabdrücke, Leibesvisitationen, aber nicht mehr im Stil von Jaroslawl, sondern eher wie im Butyrki. Man nimmt uns die Fotografien unserer Kinder weg. Sämtliche Aufseher, sämtliche Oberaufseher und der Gefängnisleiter persönlich sind pausenlos beschäftigt. Sie sind schon ganz außer Atem.

Der wichtigste Punkt ihres Programms: Kampf dem Papier! Nicht das kleinste Zettelchen darf auf den Transport mitgenommen werden. Keiner soll die Möglichkeit haben, etwas aufzuschreiben und aus dem fahrenden Zug zu werfen. Kein Papier, kein Stückchen Pappe, nichts, was man zum Schreiben benutzen kann. Aus diesem Grund wahrscheinlich verfährt man so grausam mit unseren Fotografien. Heute noch sehe ich den riesigen Berg Fotos im Hof.

Wäre es einem Filmregisseur eingefallen, diesen Berg in Großaufnahme zu zeigen, hätte man ihm sicher vorgeworfen, er übertreibe. Und als geschmacklose Effekthascherei würde man ein Bild empfinden, auf dem ein riesiger Soldatenstiefel auf Fotografien tritt, von denen kleine Mädchen mit Schleifen in den Zöpfen und Buben in kurzen Hosen ihren verbrecherischen Müttern entgegenlächeln.

«Das geht zu weit», würden die Kritiker diesem Regisseur sagen.

Während es doch gerade so zugegangen war! Einer der Aufseher mußte den Hof überqueren, und da er keine Lust hatte, einen Umweg zu machen, trat er mit seinen derben Stiefeln mitten auf die Fotografien, auf die Gesichter unserer Kinder. Und ich sah diese Stiefel wie in einem Film. Meine Kinder waren auch dabei. Es war ein Foto, das nach meiner Verhaftung aufgenommen worden war, das letzte, das sie zusammen zeigte, bevor sie getrennt und in verschiedene Städte gebracht wurden.

Die Frage, ob wir diese Bilder später zurückbekommen würden, bleibt unbeantwortet.

«Los, los!»

Man stellt uns in Fünferreihen auf. Unsere Beine, die so dünn geworden sind wie Stöcke, wollen nicht gehorchen. Wir verlieren im Gehen die großen schweren Stiefel, die man uns hier gegeben hat. Man hält sich krampfhaft an seiner Zellennachbarin fest. Nur keine Trennung ... Der ungewohnt lange Aufenthalt in der frischen Luft macht uns benommen. Alles dreht sich vor unseren Augen. Alles erscheint uns unwirklich. Ein Glück, daß wir kein Gepäck bei uns haben. Nur den Mantel über dem Arm. Mit Gepäck hätten wir es nicht geschafft.

Es geht los ...

«Erste Reihe langsamer! Letzte Reihe Schritt halten!»

Die alten Bekannten – die ‹Schwarzen Raben› – warten schon auf uns. Wir werden nicht mehr in die Käfige eingeschlossen. Mit der Isolierung ist es vorbei. Wir werden hineingeschoben, wie es gerade kommt. Je voller das Auto, desto besser.

Wir fahren durch das Gefängnistor. Die Sonne geht unter, genauso wie damals, an jenem Sommertag, als wir vor zwei Jahren hier ankamen.

Die Türen des überfüllten Wagens können nicht geschlossen werden, und wir sehen jetzt den gesamten Gefängniskomplex. Das ist sie, unsere Schlüsselburg[45] in voller Größe! Eine dreistöckige Gruft aus blutroten Ziegeln mit hohen Holzblenden statt Fenstern. Habe ich hier wirklich zwei Jahre verbracht? Und komme ich wirklich lebend heraus? Damals kamen mir schon zwei Jahre unermeßlich lang vor. Der Maßstab von zehn Jahren war uns noch ungewohnt. Damals kannten wir den Witz von Kolyma noch nicht: «Nur die ersten zehn Jahre fallen einem schwer.»

Wir wußten noch nicht, wohin wir gebracht wurden. Aber das unheimliche Wort ‹Kolyma› schwebte bereits über dem Wagen und tauchte immer wieder auf in den Fragen und in den Erinnerungen an die Zeit im Butyrki ... Allerdings hatte dieses Wort damals für uns noch nichts besonders Schreckenerregendes. Wie gut, daß man nicht weiß ...

Der Güterzug, der am Bahnhof bereitstand, unterschied sich in nichts von allen anderen Güterzügen. Nur durch die Aufschrift, die in großen Buchstaben auf jedem Wagen angebracht war: ‹Spezialausrüstung›. Weiße Schrift auf rotem Grund.

«Einsteigen! Los! Immer fünf, immer fünf ...»

Ich habe gerade noch Zeit, mir zu merken, daß der Waggon, in den ich verladen werde, die Nummer sieben hat. Es sind schon so viele Menschen darin, daß man kaum stehen kann. Ein normaler Güterwagen, mit Pritschen an den Wänden. Aber unsere Stimmung wird immer besser. Denn das Gesetz des Gefängnisses lautet: «Je enger und schmutziger, je schlechter das Essen und je gröber die Wachen, desto größer ist die Chance, zu überleben.» Bis jetzt hat sich diese Regel bestätigt.

Wenn es so ist, dann lebe der Güterwagen, dann lebe jeder dieser grobschlächtigen Wachsoldaten!

Nur weit fort von den ‹stolypinschen› Waggons, den Einzelzellen und Strafzellen und von den höflichen Korschunidses!

Poltern. Vor die Waggontür wird ein mächtiger Riegel geschoben. Ein Ruck ... Wir fahren ...

Zweiter Teil

Waggon Nr. 7

Die Aufschrift ‹Spezialausrüstung› hatte ich beim Einsteigen gesehen. Zuerst dachte ich, sie stamme von der letzten Fahrt dieses Waggons. Das wäre nicht verwunderlich gewesen. Ein Güterwagen... Vielleicht hatte man zuletzt irgendwelche Maschinen darin transportiert.

Erst als der Transportleiter die Vorschriften für die Dauer der Fahrt bekanntgab, begann ich zu zweifeln. Die anderen machten sich die gleichen Gedanken.

«Die Spezialausrüstung sind *wir*», meinte Tanja Stankowskaja, während sie auf die Pritsche im dritten Stock kletterte. «Was soll es denn sonst bedeuten: während der Fahrt kann man reden, soviel man will, aber an den Stationen – absolutes Schweigen. Keinerlei Lärm. Selbst für Flüstern wird man bestraft...»

Von hinten wirkte Tanja wie eine flinke, schelmische Halbwüchsige. Die Bewegungen, mit denen sie den Mantel an ihrem Kopfende ausbreitete, waren unbekümmert jungenhaft. Ihre Stimme klang jung, als sie von oben herabrief: «Achtung! Ich bin freiwillig in den obersten Stock gezogen! Ein Zeichen höchster Verantwortlichkeit! Meine Knochen können hier auch nicht noch mehr austrocknen... Aber wer noch nicht ganz vom Fleisch gefallen ist, wird hier nicht überleben...»

Niemand antwortete Tanja, niemand hatte ihr zugehört. Im Waggon Nr. 7 stieß und drängte sich die menschliche Fracht: sechsundsiebzig Frauen in den gleichen schmutziggrauen Kleidern mit den seltsamen braunen Quer- und Längsstreifen.

Und sie alle redeten unaufhörlich. Zuhörer gab es bei diesem ‹Gespräch› nicht. Die Unterhaltung hatte auch kein eigentliches Thema. Jeder sprach von sich selbst, und das von dem Augenblick an, als der Güterzug in Jaroslawl sich in Bewegung gesetzt hatte. Einige begannen, noch ehe sie sich auf der Pritsche eingerichtet hatten, Gedichte vorzutragen oder zu singen. Wir genossen den

Klang der eigenen Stimme. Zum erstenmal seit zwei Jahren waren wir wieder unter unseresgleichen. Im Gefängnis von Jaroslawl hatten die Einzelhäftlinge, alles Staatsverbrecherinnen, siebenhundertdreißig Tage geschwiegen. Und in diesen zwei Jahren hatte man täglich nur sechs Worte gehört: Aufstehen. Wasser. Hofgang. Austreten. Essen. Schlafen.

In dem allgemeinen Gedränge wurde ich auf eine untere Pritsche geschoben. Ich konnte mich nicht rühren. Aber der wiedererwachende Selbsterhaltungstrieb sagte mir: ein gutes Los! Es war ein ausgezeichneter Platz. Erstens ein Eckplatz, und das bedeutete, daß man nur von einer Seite her gestoßen werden konnte, zweitens war er unmittelbar unter dem vergitterten Fensterchen, durch das ein schwacher Luftzug hereinwehte! Ich schwieg einen Augenblick, stemmte mich hoch und atmete tief. Ja, so war es. Draußen roch es nach Feldern. Ein strahlender Julitag. Der glühende Juli des Jahres neununddreißig.

Und dann redete ich wieder, genau wie die anderen, mit heiserer, sich überschlagender Stimme, die anderen unterbrechend, von allem gleichzeitig redend und nur mit Überwindung zuhörend und auf die anderen eingehend.

Satzfetzen wirbelten in meinem Kopf. «Natürlich ein Glück! Ganz egal wohin. Nur raus aus diesem Steinsarg.»

«Zehn Jahre Haft und fünf Jahre Verlust aller bürgerlichen Rechte. Wie alle hier ...»

«Haben Sie den Eintopf gestern wirklich essen können? Ich habe verzichtet ... Mir ist übel geworden ...»

«Haben Sie schon gehört? Man sagt, unter uns ist Tschapajews Anka [46], die MG-Schützin.»

«Wie wollen die uns hier überhaupt verpflegen?»

Tanja Stankowskaja ließ ihre unvorstellbar dünnen, wadenlosen Beine von der obersten Pritsche baumeln, an den Füßen hatte sie Gefängnisstiefel Größe dreiundvierzig. Mit Erstaunen bemerkte ich, daß Tanja von vorn nicht wie eine Halbwüchsige, sondern wie eine alte Frau aussah. Zerzaustes, graues Haar, ein knochiges Gesicht, trockene, gespannte Haut. Wie alt mochte sie sein? Fünfunddreißig? War das möglich?

«Sie staunen? So alt bin ich wirklich. Zwei Jahre in Jaroslawl zählen wie zwanzig. Macht fünfundfünfzig. Und das Jahr Voruntersuchung zählt mindestens zehn ... Ergibt insgesamt fünfundsechzig ... Macht mal Platz. Ich komme runter, ein bißchen frische Luft schnappen ...»

Tanja hockt sich vor die Waggontür, die nicht ganz geschlossen ist. Durch den handbreiten Spalt kommt ein Luftzug. Aber es gelingt Tanja nicht, frische Luft zu schnappen. Der Gesang der Räder stockt. Wachsoldaten laufen eilig am Zug entlang, schließen die Türen ganz und schieben den großen Holzriegel vor.

«Der Zug hält! Der Zug hält!»

Sofort tritt Totenstille ein. Als hätten wir alle plötzlich einen Knebel im Mund. Aufgeregt, zerzaust, ohne an die Wendung unseres Schicksals glauben zu können, verstummen wir auf einmal, alle sechsundsiebzig, und alles Unausgesprochene spiegelt sich jetzt in den Blicken. Nur die Ungeduldigsten unter uns versuchen, das endlose Gespräch mit Zeichen, Grimassen, ja sogar mit Hilfe des Klopfalphabets fortzusetzen.

Als der Zug sich nach einer halben Stunde wieder in Bewegung gesetzt hat, stellt sich heraus, daß wir alle heiser sind. Wir können nur noch flüstern.

«Laryngitis! Typische Laryngitis», diagnostiziert lachend die Ärztin Musja Ljubinskaja, Doktor Musja, eine der jüngsten im Waggon. Ihre abstehenden schwarzen Zöpfchen sind vielen von uns noch aus dem Butyrki bekannt.

Nur die stämmige Fissa Korkodinowa aus dem Ural, von dem Komsomol-Komitee von Nischnij-Tagil, behielt bei diesem Redesturm ihren vollen, tiefen, ein wenig metallischen Alt.

Jetzt tritt Fissas Stimme als Solo hervor, begleitet von den Mißklängen eines Laienorchesters. Vielleicht wurde Fissa deshalb zur Sprecherin des Waggons ernannt, weil man beeindruckt war von ihrer Stimme, von ihrer seriösen Art, ihrer kräftigen Redeweise und der blühenden Gesichtsfarbe, der auch Jaroslawl nichts hatte anhaben können.

Aus Fissas geschäftigen Händen nimmt jede von uns einen Tonbecher ohne Henkel entgegen – eine Art Sandförmchen – dann einen Blechnapf und einen schartigen Holzlöffel.

«Warum haben sie uns denn das Rauchen verboten? Sogar in Jaroslawl war das Rauchen erlaubt, so unmenschlich es dort auch zuging», sagt Nadja Koroljewa, eine vierzigjährige Arbeiterin aus Leningrad, die fast genauso ausgemergelt ist wie Tanja Stankowskaja, glatt gekämmt und sehr ordentlich.

Von allen Seiten kommen Erklärungen: wegen des Papiers. Man hätte den Tabak herausnehmen und auf das Papier etwas schreiben können. Und *sie* fürchten nichts so sehr, wie daß wir unterwegs Zettel hinauswerfen könnten.

Ich habe mir auch in der Gefängniszeit das Rauchen nicht angewöhnt. Und im stillen bin ich froh über dieses Verbot. Wie hätte man hier noch atmen können, wenn das Rauchen erlaubt gewesen wäre!

Der Transportleiter kommt. Mit Freuden stellen wir fest, daß er nichts mit den Aufsehern von Jaroslawl gemeinsam hat, die sich mit sechs Worten täglich begnügten und mit lautlosen Schritten wie Tiger durch die Gänge schlichen. Der Transportleiter ist ein forscher Junge, ein Solowej-Rasbojnik[47] mit einer kessen Tolle und einer gepfefferten Ausdrucksweise.

«Sprecherin von Waggon Nr. 7! Pflanz dich auf, wenn ich dich rufe, so schnell wie das Blatt auf den Halm folgt[48]!» donnert er, während seine Augen mit einem verschmitzten Lächeln die Pritschen absuchen, und er räuspert sich vor Vergnügen, als die große, kräftige Fissa vor ihm stramm steht.

«Die Sprecherin meldet sich zur Stelle, Bürger Natschalnik», sagt Fissa mit ihrer tiefen Stimme.

Umständlich, mit sichtlichem Vergnügen zählt er noch einmal sämtliche Verbote auf.

«Also bei einem Halt kein Sterbenswörtchen. So als ob ihr tot seid... Ein Wort – und ihr kommt in die Strafzelle. Bücher gibt es unterwegs nicht. Habt ihr immer noch nicht genug gelesen in diesen zwei Jahren? Jetzt ist Schluß damit! Na, Geschichten erzählen ist nicht verboten. Geschichten könnt ihr euch erzählen, soviel ihr wollt. Und was das Essen angeht, das ist doch klar. Wir haben eine Feldküche. In der Einzelhaft habt ihr zweimal am Tag warmes Essen gekriegt, bei uns nur einmal. Die Brotration bleibt die gleiche. Aber mit dem Wasser ist es schwierig! Wasser ist bei uns Mangelware. Täglich steht euch ein Becher zu, mehr nicht. Ihr könnte es austrinken, ausschütten oder euch damit waschen!»

«Warum haben Sie sich das gefallen lassen, daß er Sie so ansah?» fragte eine gutturale Stimme, als Solowej unseren Waggon verlassen hatte.

Tamara Warasaschwili, die Zarin Tamara, wirft ihren Kopf stolz in den Nacken. Sie sitzt seit 1935. Sie ist die Tochter eines bedeutenden georgischen Literaturwissenschaftlers, der nationalistischer Umtriebe beschuldigt wurde. Obwohl das ihre einzige ‹Schuld› ist, hält sich Tamara für eine ‹echte Politische› und verachtet insgeheim ‹das Fußvolk von 1937› wegen seiner Unfähigkeit, selbständig zu denken. Wegen der Vertraulichkeiten im

Umgang mit den Wachen. Wegen der Bereitschaft, zu bitten, statt zu fordern.

«Wie hat er mich denn angesehen?» fragt Fissa erstaunt.

«Mit einem eindeutig abschätzenden Blick. Haben Sie denn das nicht gemerkt? Wie können Sie da zurücklächeln! Das ist unwürdig.»

Sechsundsiebzig heisere Stimmen mischen sich zugleich in das Gespräch ein. Und wieder diskutieren alle auf einmal, ohne aufeinander zu hören. Polja Schwyrkowa bleibt Siegerin.

«Auch unter ihnen gibt es Menschen... Und daß er Fissa bewundernd angeschaut hat – was ist schon dabei. Sie ist ein ansehnliches Mädchen, und meiner Meinung nach sollte man sogar froh sein, daß er sie angesehen hat. Wir sind Menschen für ihn, Frauen, meinetwegen Weiber! Aber ich bin lieber ein Weib als eine Nummer!»

Nach diesen Worten herrscht im Waggon Stille. Der feuchte Hauch einer Gruft weht wieder über den noch gestern lebendig Begrabenen, die erst heute morgen ihre Namen wiederbekommen haben, nachdem sie zwei Jahre Nummern gewesen sind.

«Du bist ein Köpfchen, Polja! Alles ist besser, als eine Nummer zu sein!»

«Ihr dürft mir das nicht übelnehmen... ich habe es ja nicht böse gemeint... Ihr seid alle gebildet, ihr seid von der Partei, und ich bin nur eine einfache Köchin gewesen. Ich bin nur wegen meiner Verwandtschaft hier. Und ich verstehe gar nicht, wieso mich dieser Untersuchungsrichter in so einen Intelligenzler-Paragraphen einstufen konnte. ‹Konterrevolutionäre trotzkistische Tätigkeit› hat er gesagt...»

Trotz allem geht auch dieser Tag zu Ende. Vor dem Fensterchen hängt die schmale Mondsichel. Zweimal, dreimal flackert das Gespräch noch auf, bis es schließlich verebbt.

Ich lege mich auf meine Pritsche. Gar nicht schlecht. In dieser Hitze ist es vielleicht sogar besser, auf nackten Brettern zu schlafen. Mit dem Gefängnismantel kann man sich ein geradezu üppiges Kopfkissen machen.

«Ach!» hört man von oben Tanja Stankowskaja, «wenn ich Zarin wäre, würde ich immer auf der untersten Pritsche schlafen!»

Neben mir liegt eine bekannte ukrainische Schriftstellerin, Verfasserin historischer Romane. «Wir wollen uns bekannt machen», flüstert sie mir zur. «Ich bin Schriftstellerin, Sinaida Tulub. Und Sie?»

Ich antworte nicht gleich. Ich muß erst meine Gedanken sammeln, um diese Frage richtig beantworten zu können. Noch bis heute morgen war ich «Zelle drei, Nordseite». Und dann nenne ich meinen Namen und meinen Beruf. Pädagogin. Journalistin.

Ich höre mir selbst mit Verwunderung zu. Als würde ich von jemand anderem sprechen. Pädagogin? Journalistin? Ist das wirklich wahr? Die Kriminelle Sonjka im Butyrki pflegte in solchen Fällen zu sagen: «Das ist schon lange her und nicht mehr wahr.»

Der Schlaf nahm mich schon gefangen und erlöste mich von den Aufregungen dieses Tages, als plötzlich ... Was war das? ... Haare haben mein Gesicht gestreift. Bin ich in der Strafzelle? War das eine Ratte? Habe ich von einem roten Güterwagen Nr. 7 mit der großen Aufschrift ‹Spezialausrüstung› nur geträumt?

«Entschuldigen Sie, Genossin. Ich habe Sie mit meinem Zopf gestreift ...»

Sinaida Tulub sieht wie eine adlige Dame aus dem vergangenen Jahrhundert aus. Sie hat einen wundervollen (ungekämmten und schmutzigen) Zopf.

«Haben Sie sich erschrocken, Genossin? Sie weinen?»

Nein, ich weine nicht. Ich spüre nur einen süßen Schmerz. Ich möchte, daß meine Nachbarin noch einmal, noch einmal dieses Wort wiederholt: Genossin ... Es gibt auf der Welt noch solche Worte! Und ich werde damit angeredet, ich, ‹Zelle drei, Nordseite›! Es ist also anders geworden. Der Zug fährt nach Osten. Ins Lager. Zuchthaus! Welche Wohltat!

In Gottes Garten gibt es viele Arten

Das ist ein deutsches Sprichwort. Es kam mir immer wieder in den Sinn, als ich nach und nach meine Reisegefährtinnen im Waggon Nr. 7 kennenlernte. Wer war hier nicht alles!

Der Tag im Waggon begann immer sehr früh. Die Gewohnheiten, die wir im Gefängnis von Jaroslawl angenommen hatten, waren stärker als jede Müdigkeit. Und wenn Tanja Stankowskaja sich auf ihrem Hochsitz aufrichtete und dabei mit ihrem grauen, zottigen Kopf an die Decke stieß und laut rief: «Aufstehen!», schlief schon keiner mehr.

Die erste Aufregung hatte sich ein bißchen gelegt. Man blickte jetzt ernüchtert um sich. Manche, die einander im Butyrki begegnet waren, erkannten sich plötzlich wieder. Man traf sogar Bekannte aus der Zeit der Freiheit. Fissa Korkodinowa, die Sprecherin, hatte bereits einige Male Brot verteilt, mit dem ‹Supplement›, das mit einem Span sorgfältig an die eigentliche Ration geheftet wurde. Man konnte sehen, wie sich auch im neuen Alltag Gewohnheiten herausbildeten.

Am ersten Tag hatten wir vor lauter Aufregung über die Fahrt gar nicht bemerkt, daß der Zug sich im Schneckentempo fortbewegte. Das fiel uns erst jetzt auf.

Wie eine Zeitlupenaufnahme.

Wie eine Kutsche mit Dekabristen ...

Der Waggon quietschte nervenzermürbend. Die Räder ratterten. Besonders unangenehm aber war, daß der Waggon nicht gleichmäßig fuhr, sondern ruckweise, so daß bei den Stößen das kostbare Naß aus unseren Bechern verschüttet wurde. Der Zug blieb alle Augenblicke stehen, an jedem Bahnhof, an jedem Haltepunkt, und zuweilen auch auf freier Strecke, damit die Wachen das Essen verteilen oder die Häftlinge kontrollieren konnten. Die Einzelhäftlinge von gestern führten mit der größten Selbstverständlichkeit wieder den Zellenalltag vom Butyrki ein. Wieder wurden Diensttuende gewählt. Wieder wurde ein Plan aufgestellt, nach dem man abwechselnd aus dem winzigen vergitterten Fenster hinausschauen durfte.

Anja Schilowa, eine Agronomin aus dem Gebiet von Woronesch, durfte es oft auch außer der Reihe tun. Sie sollte sich an den Getreidefeldern sattsehen. Wir wußten, wie sehr sie sich nach den heimatlichen Feldern sehnte!

Anja gehört zu jenen Menschen, die nicht gerade elegant, aber stabil gebaut sind. Sie ist mittelgroß, untersetzt und voller Energie. Sie kneift die Augen zusammen und lächelt herablassend: «Das ist mir ein schönes Getreide! Ihr solltet einmal erleben, wie es bei uns in Woronesch jetzt aussieht!»

Und Tanja Krupenik, die liebe Tanja, die lebendige Verkörperung der Ukraine – braune Augen, dichte schwarze Augenbrauen –, ruft aus: «Denk dir, Anja! Wir werden bald arbeiten! Wir beide haben das meiste Glück. Wir sind Agronomen. Nur wir, und vielleicht Doktor Musja, werden in unserem Fach arbeiten. Unsere Geisteswissenschaftler sind schlechter dran ... Sie werden nicht auf ihrem Gebiet arbeiten können ...»

«Woher wollen Sie das so genau wissen? Keiner von uns war schon einmal in einem Lager ...»

Das sagt Sofja Andrejewna Lotte, eine wissenschaftliche Mitarbeiterin aus Leningrad mit dem Spezialfach Westliche Geschichte. Sie fällt durch ihr Äußeres auf: sie ist die einzige unter den sechsundsiebzig, die nicht die ‹Jeschow-Uniform› trägt. Sie hat eine abgetragene, aber eigene Strickjacke an und einen schwarzen Rock. Deswegen begegnet man ihr mit einem gewissen Mißtrauen, obwohl nach der Zeit der Einzelhaft Mißtrauen einfach absurd ist.

«Natürlich», sagt Nina Gwiniaschwili, Bühnenbildnerin am Theater in Tiflis, «natürlich ist noch keiner von uns da gewesen ... Und es ist durchaus möglich, daß Sie, Genossin Lotte, dort auf einen Lehrstuhl berufen werden. Sie werden vor den Eisbären Vorlesungen halten über die Geschichte des Chartismus in England.»

Nina ist nicht weniger schlagfertig als Tanja Stankowskaja. Aber alles was Tanja sagt, hat einen bitteren Beigeschmack, während bei Nina alles leicht, mit Esprit, auf französische Art, herauskommt. Niemand nimmt ihr etwas übel, nicht einmal die, gegen die ihre Witze gerichtet sind. Das liegt vielleicht daran, daß Tanja mager und zottig ist, vorstehende Backenknochen und eine trockene Haut hat, während Nina immer elegant wirkt und immer eine interessante, mit Würde verwelkende Frau bleibt. Besonders schön sind ihre Augen, hellgrüne Augen, die sogar in der Dunkelheit leuchten.

Die Geisteswissenschaftler, die tatsächlich die stärkste Gruppe unter den Insassen des Waggons Nr. 7 bilden, scharen sich um Sinaida Tulub, die eigene Gedichte rezitiert.

Ihr Gesicht hat einen fast ekstatischen Ausdruck. Sie trägt ihre Gedichte auf eine altmodische Art, mit viel Pathos vor. Sie ist überhaupt etwas altmodisch. Man spürt einen leichten Hauch des alten, vorrevolutionären literarischen Salons, wenn sie liest oder spricht. Im Alltag ist sie hilflos und oft komisch.

«Sie hat zwei arme Wesen in der Freiheit zurücklassen müssen», sagt Tanja Stankowskaja, «ihren Mann Schurik und ihren Kater Lyrik. Sie hat die Gefängnisverwaltung in Jaroslawl gebeten, fünfzig Rubel von ihrem Konto an den Kater Lyrik zu überweisen. Er braucht unbedingt Fleisch.»

Sinaida Tulub hat es in der Einzelhaft leichter gehabt als hier. Sie hatte träumen, dichten können. In die Strafzelle wurde sie nicht ein einziges Mal gebracht. Vielleicht hatte man ihr das aus Respekt vor der Literatur erspart? Hier dagegen wird sie hin- und hergestoßen. Außerdem ist sie älter als wir – wir anderen sind fast alle um die dreißig.

Aber die Gedichte verbinden uns alle. In Jaroslawl hatte ich oft gedacht, daß nur ich in der Dichtung einen Ausweg aus der Ausweglosigkeit meines Lebens suchte und fand, daß Alexander Blok nur mich in der unterirdischen Strafzelle besuchte. Ich glaubte, daß nur ich während des Hofgangs im Takt meiner Schritte wiederholte: «Ich will den einen Rausch – die Verse trinken und wieder trinken ...» Aber das war ein hochmütiger Irrtum, dachte ich jetzt, als ich die vielen Gedichte hörte, eigene und fremde. Gekonnte und naive. Lyrische und sarkastische.

Anja Schilowa vertagte die Diskussion über ertragreiche Ernten, hockte sich mit angezogenen Beinen auf die mittlere Pritsche und erzählte jetzt ihren Gefährtinnen die Geschichte von dem traurigen Dämon – dem Geist der Verbannung.[49] Zum erstenmal in ihrem Leben hatte sie ein so langes Gedicht auswendig gelernt. Und sie legte in jedes Wort nicht nur den Sinn hinein, sondern auch den Stolz darüber, daß sie teilhatte an einem so bedeutenden Werk.

Auch Polja Schwyrkowa, die Köchin, hatte in ihrer Zelle Nekrassow zu lesen bekommen und hatte selbst angefangen zu reimen. Überhaupt fühlte sich Polja trotz allem etwas geschmeichelt, weil sie der Untersuchungsrichter nach einem so ‹vornehmen› Paragraphen eingestuft und sie in eine Gesellschaft eingeführt hatte, die aus Parteimitgliedern und Akademikern bestand. Bereits im Butyrki hatte Polja ihren Wortschatz um zahlreiche neue Ausdrücke erweitert, von denen ihr das Fremdwort ‹Situation› am besten gefiel.

«Nun, was halten Sie von der Situation, Schenja? Jetzt, nach Jeschow, ist sie doch recht günstig für uns, nicht wahr?»

Aber nun beginnt auch meine Zellennachbarin, meine ‹Korrespondentin› Olga Orlowskaja, zu deklamieren, und ich glaube zu erstarren, als ich höre:

«Stalin, meine goldene Sonne!
Und wenn der Tod mich erwartet,
Will ich, wie eine Blume auf dem Weg, sterben,
Auf dem Weg meiner Heimat vergehen.»

Das war eine Bittschrift in Versen an Stalin.

Olga hatte sie vor kurzem Korschunidse übergeben, dem Gefängnisleiter in Jaroslawl.

Tanja Stankowskaja fragt darauf mit einer unbeschreiblich giftigen Stimme: «Und was meinte Korschunidse dazu? War er gerührt? Sind ihm nicht die Tränen gekommen?»

Plötzlich gibt es einen furchtbaren Lärm. Mindestens zwanzig von den sechsundsiebzig Reisenden im Waggon Nr. 7 behaupten mit der Hartnäckigkeit Wahnsinniger, daß Stalin von der Gesetzlosigkeit nichts wisse.

«Das haben die Untersuchungsrichter, diese Giftmolche, auf dem Gewissen... Und *er* hatte in allem Jeschow vertraut. Jetzt wird Berija Ordnung schaffen. Er wird *ihm* zeigen, daß man lauter Unschuldige eingesperrt hat. Ihr werdet noch an mich denken: Wir sind bald zu Hause. Man muß sich öfter an *ihn* wenden. An Josef Wissarionowitsch Stalin... Damit *er* die Wahrheit erfährt. Und wenn *er* sie erfährt – wird *er* denn zulassen, daß man so mit dem Volk umspringt? Ich, zum Beispiel... Ich bin seit meiner Kindheit im Putilow-Werk...»

Nadja Koroljewa wird von Chawa Maljar unterbrochen, einer schlanken Frau von etwa vierzig Jahren mit dem Gesicht einer Aida. Sie war schon vor der Oktoberrevolution in der Partei. Die Weißen[50] hatten sie zum Tode durch Erschießen verurteilt.

«Das ist nicht richtig, Nadja», sagt sie mit einem milden Lächeln. «Du bist eine alte Petersburger Proletarierin ... Und jetzt schreiben wir das Jahr neununddreißig. Die Arbeiter in Petersburg haben nur bis zum neunten Januar Neunzehnhundertfünf geglaubt, daß die bösen Minister den guten Zaren in die Irre führen. Nach dem neunten Januar haben sie ein für allemal begriffen, wie es sich in Wirklichkeit verhält. Aber du scheinst in der Zeit vor neunzehnhundertfünf stehengeblieben zu sein, nicht wahr?»

Schenja Katschuriner und Lena Krutschinina fallen über Chawa her. Sie unterbrechen sich gegenseitig vor Eifer und versuchen alles, was augenblicklich im Land geschieht, wissenschaftlich-theoretisch zu untermauern. In der Hitze des Waggons Nr. 7, über den wackelnden Tonbechern mit dem Rest von trübem lauwarmem Wasser, über den Gefängnismänteln, hört man die erstaunlichen Worte über die Zuspitzung des Klassenkampfes auf dem Wege zum Sozialismus, über die objektive und subjektive Begünstigung des Feindes ... Und schließlich: wo gehobelt wird, fallen Späne.

Schenja und Lena waren in der Freiheit Dozenten am Lehrstuhl für Marxismus gewesen.

«Ihr Nachbeter! Was faselt ihr da?» ruft Tanja Stankowskaja wütend von ihrer Pritsche. «Wie könnt ihr euch erdreisten, für die Arbeiterklasse das Wort zu führen, ihr feinen Dämchen?»

«Sie benehmen sich wirklich seltsam, Stankowskaja.» Lena weist sie trocken zurecht. «Kaum zu glauben, daß Sie im Parteiapparat gearbeitet haben.»

«Haben Sie einen Parteiapparat überhaupt schon mal gesehen? Im Donezbecken, zum Beispiel? Sie haben ja außer dem Arbat und der Petrowka überhaupt nichts gesehen. Schon gut. Aber in Zukunft sollten Sie uns lieber in Ruhe lassen! Singen wir doch lieber! Ein Wunder, daß man uns das nicht verboten hat ...»

Und Tanja singt wie ein heiserer Quartalssäufer ein Spottlied auf die Melodie von ‹Kampfjahr achtzehn›:

Nach dem fernen Nordost
Zog bei magerer Kost
Der Politischen elendes Volk.
Ein Trotzkist, ein Agent,
Terrorist – doch am End
Weiß der Teufel, was das alles soll!

«Laßt uns was Trauriges singen», schlägt Tanja Krupenik vor, «wir wollen lieber von unseren Männern singen ... Ob sie noch leben?»

Und aus den ausgetrockneten Kehlen kommt das andere Gefangenenlied:

Eure Frauen, Geliebten und Schwestern,
Singen euch aus der Ferne ein Lied,
Durch Sibiriens endlose Weiten,
Ziehen wir euren leidvollen Weg ...

Unsere Männer ... Manche von uns glauben mit Sicherheit zu wissen, daß ihre Männer erschossen worden sind. Andere wissen überhaupt nichts. Aber alle, ohne Ausnahme, hoffen auf ein Wiedersehen. Nach dem Lied erregtes Flüstern: «Wir werden sie dort treffen ... In den Lagern gibt es keine Isolierung ...»

«Und vielleicht wird man uns nach einer Weile erlauben, zusammenzuziehen ...»

«Ljusja hat einmal erzählt ...»

Bei diesem Thema wird auf einmal den Menschewiken und den Sozialrevolutionären das Wort erteilt. Sie alle haben eine große Gefängniserfahrung. Sie wissen, was möglich und was nicht möglich ist.

Ljusja Ogandschanjan, eine kleine, langnasige Person mit klugen spöttischen Augen, die frappierend an Rosa Luxemburg erinnert, erzählt gern von den schönsten Augenblicken ihres Lebens. Das war in der politischen Isolierung in Werchne-Uralsk, wo Anfang der dreißiger Jahre der Liberalismus so weit ging, daß man Familienzellen einrichtete.

«Sie kennen die reine selbstlose Liebe nur aus der Literatur», erzählt Ljusja errötend und wird fast hübsch dabei. «Aber ich habe sie im Leben kennengelernt, und ich werde mich nie über mein Schicksal beklagen, denn ich habe meinen Teil Freude bekommen. In dieser zauberhaften Einsamkeit fand wirklich die Vereinigung zweier Seelen statt, sie erblühte inmitten der feindlich gesinnten Welt ...»

Die Sozialrevolutionärin Katja Olizkaja, eine Frau von über vierzig, die mich mit ihrer fast männlichen Adlernase und den geraden Haarsträhnen über der Stirn an den Indianerhäuptling Montigomo-Habichtskralle erinnert, ist fest davon überzeugt, daß wir unsere Männer in dem Transitlager treffen werden. Noch wissen wir nicht, wohin wir gebracht werden. Aber wenn wir nach Wladiwostok führen, würden wir dort bestimmt unsere Männer sehen.

«Hör nicht auf sie», flüstert mir Nadja Koroljewa ins Ohr, «was wissen sie schon? Die sind ja von der Arche Noah übriggeblieben. Was die alles erzählen! Sie nennen sich Sozialistinnen, und uns nennen sie ... Ich weiß noch genau, was man uns in den politischen Schulungskursen über sie gesagt hat, aber ich habe gedacht, sie wären längst ausgestorben ... Und plötzlich sind wir Nachbarinnen. Das ist kein Umgang für uns, verstehst du? Der Teufel soll unseren Untersuchungsrichter holen, der uns das eingebrockt hat!»

Das Lied von unseren Männer bringt uns auf das verbotene Thema. Wie oft hatten wir uns vorgenommen, schon im Butyrki: Kein Wort davon ... Aber es ist immer eine unter uns, die es nicht aushalten kann.

«Ich weiß noch, er war damals vier. Ich habe ein Hühnchen auf dem Markt gekauft und geschlachtet. Und dann sagte er: ‹Ich will kein Hühnchen essen, das ich kenne› ...»

Soja Masnina, die Frau eines der Organisatoren des Leningrader Komsomol, spricht am meisten von dem jüngsten ihrer drei Kinder – Dimka. Sie weint niemals, wenn sie sich an ihn erinnert, im Gegenteil, sie lächelt vor sich hin. Es fällt ihr immer etwas Komisches ein.

Der Bann ist gebrochen. Jetzt verlieren sich alle in Erinnerungen. In das Dämmerlicht des Waggons Nr. 7 dringt Kinderlachen und Kinderweinen. Und die Stimmen der Jurki, Slawki, Irotschki fragen: «Wo bist du, Mama?»

Es gibt einige Glückliche. Sie haben in der Einzelhaft in Jaroslawl Post bekommen. Sie wissen, daß ihre Kinder leben und bei den Großeltern untergekommen sind. Und es gibt ganz Unglückliche wie Soja Masnina. Sie hat seit drei Jahren nichts mehr von ihren Kindern gehört. Sie hat niemanden, der ihr schreiben könnte. Ihr Mann und ihr Bruder sind beide verhaftet. Sie hat keine Eltern mehr. Und wie sollen Bekannte ihr schreiben – das ist zu gefährlich ... Nach den Vorschriften von Jaroslawl wären ihr die Briefe von Bekannten auch gar nicht ausgehändigt worden. Man durfte nur mit einem nahen Verwandten korrespondieren, und auch das nur äußerst selten.

Ich gehöre beinahe zu den Glücklichen, denn ich weiß aus den Briefen meiner Mutter, daß mein einer Sohn in Leningrad und der andere in Kasan ist, bei Verwandten. Vielleicht brauchen sie dort nicht zu leiden. In einem ihrer Briefe zitierte Mama einige Zeilen aus einem Brief von Aljoscha: «Liebe Großmutter! Neben mir auf der Schulbank sitzt ein Junge, seine Mama sitzt in dem gleichen Postfach wie meine...» (meine Anschrift im Gefängnis von Jaroslawl war: Postfach...).

Ich presse die Finger zusammen und gebe mir alle Mühe, der mütterlichen Verzweiflung zu widerstehen. Aber das Leid überwältigt uns, es wird immer stärker in dem Waggon Nr. 7. Ich erinnere mich, wie es im Butyrki war. Es brauchte nur jemand anzufangen – und dann geschah es...

Ein Ausbruch der Massenverzweiflung. Allgemeines Schluchzen, von Schreien unterbrochen: «Mein Söhnchen! Mein Töchterchen!» Und nach solchen Anfällen – der sehnsüchtige Gedanke an den Tod. Lieber ein Ende mit Schrecken, als ein Schrecken ohne Ende.

Nein, man darf sich nicht gehenlassen. Ich habe noch tausendmal mehr Glück gehabt als Soja. Ich weiß, wo meine Kinder sind. Und ich bin glücklicher als Milda Kruminsch, die im Gefängnis einen Brief von ihrem Jan bekommen hatte. Einen einzigen Brief im Laufe von zwei Jahren. Aus einem Sonderheim für Kinder von Inhaftierten. Jan schrieb: «Liebe Mama! Mir geht es gut. Am ersten Mai hatten wir ein Konzert von unserem Laienorchester.» Und unten stand gekritzelt: «Mamotschka! Ich habe die lettischen Buchstaben vergessen. Schreib sie mir bitte auf. Dann will ich dir auf lettisch schreiben, wie schlecht es mir ohne dich hier geht.»

Man muß lernen, so wie Soja Masnina an die Kinder zu denken und von ihnen zu sprechen, ohne Tränen, mit einem Lächeln. Ich werde gleich von Wasja erzählen: «Als er drei war, hatte er ein Gedicht gemacht:

Es ging einmal eine Dame,
das war nur Wasjas Mama...»

Aber dieses Mal entlädt sich die Verzweiflung, die sich über unseren Köpfen zusammengeballt hat, nicht in einem allgemeinen Tränenausbruch, sondern in einem unerwarteten Skandal. Die Schriftstellerin Sinaida Tulub sagt in einem ungeeigneten Moment irgend etwas über ihren ungewöhnlichen Kater Lyrik. Und Lena Krutschinina, dieselbe, die vorhin mit soviel Geschick die

Ereignisse von siebenunddreißig theoretisch untermauert hat, springt ihr beinahe an die Kehle.

«Wie können Sie es wagen?» schreit Lena mit einer ganz ganz anderen Stimme als zuvor, als sie über theoretische Probleme sprach. «Wie können Sie es wagen, uns hier mit Ihren Damenlaunen zu kommen! Hier sind Mütter! Verstehen Sie, Mütter! Man hat ihre Kinder gewaltsam von ihnen getrennt und sie der Willkür des Schicksals ausgeliefert. Und Sie wagen es, diese Mütter zu beleidigen, indem Sie unsere Kinder mit Ihren Katern und Pudeln vergleichen!»

Zum Glück hält der Zug in diesem Augenblick an. Das rasende Geschrei verstummt augenblicklich. Wieder wagt die ‹Spezialausrüstung› kaum zu atmen. Nur Nina Gwiniaschwili hat den Mut, mit kaum hörbarem Flüstern den Vorfall zu kommentieren: «Blendend formuliert, Lena! Ausgezeichnet! Aber was läßt sich zum Problem unserer Kinder unter dem Gesichtspunkt des verschärften Klassenkampfes auf dem Wege zum Sozialismus sagen?»

Der Sommerabend sickert durch das kleine Fenster. Um diese Zeit mußte man sich in Jaroslawl hinlegen. Und jetzt begreifen wir endlich: Wir bekommen wirklich kein Wasser mehr. Bis zuletzt haben wir darauf gehofft. Sogar Fissa Korkodinowa, unsere Sprecherin, glaubte es.

«Ich dachte, er wollte uns nur Angst machen, als er sagte, es gebe nur einen Becher am Tag. Das ist ja nicht mehr als ein halbes Glas Wasser, mit einem normalen Glas gemessen. Und wie sollen wir uns überhaupt waschen?»

Tamara Warasaschwili wirft wieder den Kopf in den Nacken und sagt halblaut: «Sie hätten nie gewagt, Menschen verdursten zu lassen, wenn wir das Wasser verlangt hätten. Aber wir bitten ja bloß. Wir flehen sie demütig an. Wir sollten nicht so rücksichtsvoll sein.»

Und wieder gibt es Streit. Mit letzter Kraft, um jedes Wort ringend, versucht Sarah Kriger uns zu erklären, daß wir Forderungen stellen könnten, wenn wir uns – sagen wir – in einem zaristischen Gefängnis befänden. Doch in unserem eigenen ...

«So, Sie haben also ein eigenes Gefängnis?» fragt Nina Gwiniaschwili sehr ruhig.

Nadja Koroljewa, die von Natur aus sehr verträglich, nachgiebig, hilfsbereit und friedlich ist, hält es nicht mehr aus.

«Schlaft doch endlich, los! Jetzt ist es genug! Ich hab vielleicht

Pech gehabt, daß ich unter die Gebildeten geraten bin. Sie wissen nichts Besseres als zu sticheln. Ja, das Wasser ist knapp. Aber da kann man nichts machen. Wir müssen durchhalten... Nur das eine ist wichtig – wir fahren, und wir werden arbeiten und brauchen nicht länger in einem steinernen Verlies zu sitzen...»

(Vier Jahre später, an einem der violetten Abende in Kolyma, wird auch Nadja Koroljewa auf dem Rückweg von der Arbeit tot zusammenbrechen auf der vereisten Erde und dadurch die gesamte Kolonne aufhalten. Die anderen vier, die neben ihr in derselben Reihe gehen, werden sich darüber ärgern. Und der Wachsoldat wird Nadjas Leiche mit dem Gewehrlauf hin- und herschieben und sagen: «Jetzt hast du genug Theater gespielt! Steh auf!» Er wird diese Worte mehrere Male wiederholen, bis eine von den anderen Gefangenen ihm sagen wird: «Aber sie ist doch... Sehen Sie denn nicht...?»)

Fast alle schlafen schon. Ich liege noch lange wach. Ich wage nicht, mich umzudrehen, weil ich Sinaida Tulub nicht wecken möchte. Die Arme hat so hilflos geweint, als Lena Krutschinina auf sie losging. Sie soll schlafen.

Auch über mir in der mittleren Pritsche schläft man noch nicht. Dort unterhalten sich leise die Frauen aus dem Kaukasus mit den beiden Deutschen von der Komintern. Tamara ist wahrscheinlich froh, daß Maria Zacher, Mitglied der KPD, früher Mitarbeiterin einer deutschen kommunistischen Zeitung, sich für Georgien interessiert und sie ausfragt. Zu dem Takt der ratternden Räder erzählt Tamara schwärmerisch: «Eine hohe Kultur... Seit dem fünften Jahrhundert christlich... Schota Rustaweli [51]. Das ist mein Volk. Stolz, unerschrocken, mit einer leichten Neigung zum Epikuräertum...»

«Also mit anderen Worten, richtige Faulpelze», präzisiert Nina Gwiniaschwili.

Ein leises Kichern. So lacht Ljusja Petrosjan, die Schwester des legendären Kamo [52]. Aber Ljusja vermeidet, darüber zu sprechen. Es könnte ihr schaden... Und wenn Nina sie in aller Öffentlichkeit auffordert, einen solchen Bruder nicht zu verleugnen, sondern stolz auf ihn zu sein, sagt Ljusja mit geheuchelter Bescheidenheit: «Ich bin ein einfaches, ungebildetes Mädchen aus dem Gebirge.»

Ja, Ljusja ist sehr vorsichtig. Irgendwann einmal hat sie den großen Stalin persönlich kennengelernt. Und jeder Tag beginnt für Ljusja mit der gleichen Hoffnung: die Tür geht auf, der Gefängnisleiter kommt herein und holt sie mit ihrem Gepäck. In die Freiheit... Und so geht es nun schon seit drei Jahren.

Tamara mag es nicht, wenn Nina mit ihren Zwischenbemerkungen ihre romantischen Erzählungen unterbricht: «Du bist eine Abtrünnige... von deinem Volk... Trotzdem sieht man deinen Augen an, daß du eine Georgierin bist. Wie sie glänzen...»

(Nach sechs Jahren wird mit den grünen, glänzenden Augen der eleganten, geistreichen Nina folgendes geschehen: In der Sowchose Elgen in Kolyma, wo auch Weidengestrüpp als Futter verwendet wird, stockt plötzlich die Häcksel-Maschine. Ein Hebel löst sich, und eine feste, elastische Weidenrute schlägt Ninas rechtes Auge aus. Wenn Pawa Samojlowa und ich Nina im Lagerrevier besuchen werden, um ihr etwas Zucker zu bringen, und dann bedrückt und schweigend an ihrem Bett sitzen, dann wird Nina zärtlich Pawas Hand streicheln und sagen: «Macht euch keine Gedanken. Um unserem Leben zuzusehen, genügt auch ein Auge.»)

Jetzt ist es tiefe Nacht. Noch immer kann ich nicht einschlafen. Ich liege noch lange wach, nachdem Maria Zacher das Gespräch über Georgien mit einigen sorgfältig mit dem deutschen ‹Verbum finitum› konstruierten russischen Sätzen beschlossen hat:[53]

«Ich danke dir, Tamara. Das sind Dinge, die für meine Kenntnis der Sowjetunion große Bedeutung haben werden...»

Am nächsten Morgen schämen sich alle dessen, was am Abend zuvor geschehen ist.

«Überlegt euch doch einmal, wie wir uns in Jaroslawl danach gesehnt haben, zu erfahren, wer in der Nebenzelle saß. Wir hätten es als ein unvorstellbares Glück empfunden, wenn wir mit der Nachbarin hätten sprechen können, und jetzt streiten wir uns und kränken einander. Man sollte sein eigenes Leid nicht an den anderen abreagieren.»

Von diesen Worten fühlen sich alle getroffen, vor allem deshalb, weil sie von Pawotschka gesprochen wurden. Pawa wird von allen nur mit dem Kosenamen Pawotschka angeredet. Sie hat runde, klare, braune Augen und trägt das Haar kurzgeschnitten wie ein Junge. Sie ist ihres Bruders wegen in das Teufelsrad geraten. Sie ist die Schwester von Iwan Samojlow, der früher einmal einer Oppositionsgruppe im Komsomol angehört hatte. Pawotschka selbst teilt ihre Biographie in zwei Abschnitte: Schule und Gefängnis. Irgend etwas an Pawotschka erinnert an jene

Mädchen, die schon vor der Oktoberrevolution für die Revolution kämpften.

«Wir wollen keine Zeit verlieren. Jeder von uns soll über sein Fachgebiet etwas erzählen: Anja über Landwirtschaft, Musja über Medizin, Sofja Andrejewna über Geschichte und du, Schenja, sollst uns Puschkin vortragen. Du kannst doch soviel auswendig ...»

«Sehr richtig! Klassiker! Das wirkt beruhigend.»

Auf diesem Gebiet nehme ich sogar unter den in der Poesie beschlagenen Einzelhäftlingen von Jaroslawl eine Sonderstellung ein. Übrigens ist das Vortragen von Gedichten ein einträgliches Geschäft. Zum Beispiel ‹*Verstand schafft Leiden*› von Gribojedow: nach jedem Akt wird mir aus einem Becher ein Schluck Wasser angeboten, für meine ‹öffentliche Arbeit›. Und mein eigener Becher bleibt, mit dem Schüsselchen bedeckt, unangetastet, und ich denke mit Behagen daran, daß ich für den Abend noch eine ganz schöne Portion Wasser haben werde. Mindestens ein viertel Glas.

Und dann kamen die ‹Russischen Frauen› von Nekrassow an die Reihe. Wie oft haben wir in Jaroslawl an die Frauen der Dekabristen denken müssen. Ich spreche die Begegnung der Wolkonskaja mit ihrem Mann:

> Unwillkürlich beugte ich
> Vor meinem Mann die Knie ...
> Und seine Ketten führte ich
> Zu meinen Lippen, ehe ich ihn umarmte ...

Nein, für uns sind das nicht mehr nur Lesebuchzeilen! Es ist der Wunschtraum, der jeder von uns sechsundsiebzig Frauen vorschwebt. Ich spreche das Gedicht und sehe vor mir die vielen leiderfüllten Augen. Die Frauen der Dekabristen ... Jetzt sehen wir sie als unsere Leidensgenossinnen. Es wäre wohl niemand verwundert gewesen, wenn neben Pawa Samojlowa und Nadja Koroljewa plötzlich Mascha Wolkonskaja und Katja Trubezkaja aufgetaucht wären. Aber sie hatten es leichter als wir. «Bequem, fest und leicht ist die wunderbare Kutsche ...» Das war etwas anderes als der Waggon Nr. 7! Aber der Waggon war Nebensache ...

«Zu Fuß würde ich mich nach Kolyma schleppen, wenn ich wüßte, daß Kolja dort ist ...» seufzte Tanja Stankowskaja von oben.

Ja, Mascha Wolkonskaja hatte Glück! Sie hat ihren Sergej im Bergwerk wiedergesehen...

> Ehrfurcht, Ehrfurcht atmete die Stille,
> Erfüllt von einer tiefen Traurigkeit
> Und einem unaussprechlichen Gedanken...

Ich spreche immer weiter und weiter, und plötzlich herrscht um mich wirklich völlige Stille. Und in dieser Stille höre ich meine eigene Stimme seltsam laut, bis ich endlich begreife: schon lange begleiten die Räder meine Worte nicht mehr. Der Zug hält!

Was haben wir getan! Wir haben nicht daran gedacht... Absolutes Schweigen bei jedem Halt... Was wird geschehen? Die ‹Spezialausrüstung› hatte gesprochen...

Der Riegel wird polternd zurückgeschoben, und wir hören die scharfe Stimme des Transportleiters: «Her mit dem Buch!»

Diesmal lächelt Solowej nicht, und seine Augen suchen nicht nach Fissa, der Sprecherin des Waggons. Plötzlich enthüllt er eine überraschende Ähnlichkeit mit den bösartigsten Gefängnisaufsehern von Jaroslawl, selbst mit ‹Satrap›, der alle sofort in die Strafzelle brachte.

«Ich habe gesagt, her mit dem Buch! Sprecherin! Was stehst du da herum? Gib das Buch her! Sonst heizen wir euch ein, daß euch Hören und Sehen vergeht! He, Mischtschenko, los, such das Buch! Man sollte sie alle bestrafen! Ich werde es ihnen zeigen, was ihnen blüht, wenn sie auf dem Transport gegen die Vorschriften verstoßen und die Wachmannschaft an der Nase herumführen!»

«Los, alle auf diese Seite!» befiehlt Mischtschenko, ein Soldat mit einer dicken Nase. Er treibt uns alle in die linke Waggonhälfte und durchwühlt mit geübten, exakten Bewegungen unsere braungestreiften Mäntel.

Tamara Warasaschwili, die von Mischtschenko einen kräftigen Stoß bekommen hat, sagt mit empörter, jedoch leiser Stimme: «Ich protestiere. Niemand hat gegen die Vorschriften verstoßen. In unserem Waggon gibt es keine Bücher. Die Genossin hat das Gedicht auswendig vorgetragen.»

Diese Worte bringen Solowej vollends in Wut. «Ihr haltet mich wohl für blöd, wie? Keine Bücher? Ich habe selbst eine geschlagene Stunde an eurem Waggon gestanden und gehört, wie hier laut aus einem Buch vorgelesen wurde.»

«Das war auswendig ...»

«Auch das noch! Für diese Widerrede, für diese dreisten Lügen, werde ich euch bis Wladiwostok in der Strafzelle schmoren lassen, das sage ich euch allen! Ihr werdet erleben, was es heißt, sich über den Transportleiter lustig zu machen. Zum letztenmal – her mit dem Buch! Sonst seid ihr selber schuld!»

Und wieder gelingt es der bedächtigen und einfallsreichen Fissa, unserer Sprecherin, das Unheil abzuwenden. «Erlauben Sie einen Vorschlag, Bürger Natschalnik», sagt sie, bemüht, ihre dröhnende Stimme zu dämpfen, und stellt sich vor ihn hin. «Machen Sie doch eine Probe! Lassen Sie sich etwas vortragen. Dann können Sie sich überzeugen, daß sie auch ohne Buch lesen kann. Die hat ein enormes Gedächtnis, Bürger Natschalnik ... Sie werden staunen. Das ist eine Attraktion. Lassen Sie sich etwas vorlesen ...»

Solowejs Gesicht spiegelt seine widersprechenden Gefühle. Er fürchtet eine Falle. Dennoch reizt ihn der von Fissa so treffsicher gebrauchte Ausdruck ‹Attraktion›. Vorlesen ohne Buch! Wer kennt sich unter diesen Teufeln, diesen Gebildeten schon aus? Vielleicht ist sie wirklich ...?

Die Neugierde siegt.

«In Ordnung», beschließt Solowej. «Los, Mischtschenko, wir wollen die Probe machen, wenn es sein muß. Welche von euch ist die Meisterin? Die da? Die Schwarze? Also los. Ich sehe auf die Uhr. Du liest jetzt eine halbe Stunde ohne Buch, aber wie gedruckt, ohne steckenzubleiben – dann glaube ich dir. Wenn du es nicht schaffst, wird der ganze Waggon bestraft. Bis Wladiwostok!»

Freudiger Lärm. Alle sind erleichtert. Erstens ist jetzt im Eifer des Gefechts das Ziel unserer Reise herausgekommen: Wladiwostok! Jetzt wissen wir wenigstens das mit Sicherheit. Von dort wird es wahrscheinlich nach Kolyma gehen. Und dort gibt es zahllose Möglichkeiten, ‹heldenhaft› zu arbeiten und vorzeitig freigelassen zu werden. Zweitens hat niemand von uns Zweifel am Erfolg der ‹Attraktion›. Der ist uns sicher.

«Fang an!» kommandiert Solowej.

«Setzen Sie sich doch, Bürger Natschalnik», fordert ihn Fissa wie eine Gastgeberin auf. «Wenn man dabei steht, wird man zu müde.»

«Gut! Setzen wir uns hin, Mischtschenko ... Mal sehen.»

Die ‹Russischen Frauen› kann ich den beiden natürlich nicht

vortragen. Es muß etwas Neutrales sein. «*‹Jewgenij Onegin.›* Roman in Versen. Von Alexander Sergejewitsch Puschkin.»

Ich deklamiere und lasse die beiden Zuhörer nicht aus den Augen. Solowejs Gesicht sieht zuerst finster und drohend aus: Du wirst ja doch gleich steckenbleiben, und dann werde ich es dir zeigen. Dann blickt er erstaunt. Dann fast gutmütig und neugierig. Und schließlich ein Ausruf von unverhohlener Begeisterung: «Zum Teufel mit euch! Diese Trotzkisten und Bucharin-Leute! Was diese Gebildeten alles fertigbringen! Stell dir vor, Mischtschenko – sie legt einfach los, ohne Buch! Halt, warum sagst du nichts mehr? Weißt du nicht weiter? Was? Los, weiter, weiter!»

Ich spreche weiter. Der Zug hat sich wieder in Bewegung gesetzt, und die Räder begleiten im Takt den Puschkinschen Alexandriner. Jemand reicht mir eine kostbare Gabe: den Tonbecher mit trübem, abgestandenem Wasser.

«Nimm einen Schluck aus meinem Becher, sonst wirst du heiser...»

Mischtschenko mit der dicken Nase schläft über den Versen ein. Er döst vor sich hin und fährt nur von Zeit zu Zeit hoch. Aber der neugierige Draufgänger Solowej reagiert auf Puschkin so, wie es sich gehört: er lacht und ist betrübt, immer an der richtigen Stelle. Das größte Vergnügen macht ihm die Beschreibung der Gäste von Larina.

Skotinis drauf, ein graues Pärchen,
Mit Kinderschar, von dreißig Jährchen
Bis abwärts zu zwei Jahr' beinahe.

«Nicht übel!» lacht er aus vollem Hals dazwischen und zwinkert Fissa anzüglich zu. «Von dreißig bis zu zwei Jahren! Die haben sich angestrengt! Die haben Kinder in die Welt gesetzt!»

Von Bestrafung wird nicht mehr gesprochen. Im Gehen verspricht Solowej: «In Swerdlowsk kommt ihr ins Bad. Da könnt ihr in Wasser plätschern. Da könnt ihr euch waschen und trinken, bis ihr platzt. Es ist nicht mehr weit...»

Es ist nicht mehr weit... Mit diesen Worten begann jetzt jeder Tag. Aber sie stimmten nicht. Es war doch noch ziemlich weit.

«Wirklich, ich habe den Eindruck, wir sind noch immer in der Nähe von Jaroslawl», sagte Anja Schilowa, als sie aus dem Fenster schaute. «Sehen Sie sich das an, Mina, Sie sind doch Geographin.»

Mina Malskaja klettert mit Mühe auf die Pritsche im zweiten Stock. Sie ist um die fünfzig. Seit vielen Jahren in der Partei. In den langen Gefängnisjahren ist sie verfallen, krumm geworden und zitronengelb. Sie klagt oft über ihre Krankheiten, und das liebt man im Waggon Nr. 7 nicht. Hier heißt ein ungeschriebenes Gesetz: Man leidet schweigend. Jeder hat mit seinem eigenen Schicksal genug. Tanja Stankowskaja, zum Beispiel. Es ist schrecklich, sie anzusehen. Sie sieht aus wie ein Skelett, aber sie hat noch nie geklagt.

Deswegen achtet niemand darauf, als Mina Malskaja, nachdem sie mit Mühe und Not auf die zweite Pritsche hinaufgeklettert ist, nach ihrem Herzen greift. Man fragt nur: «Nun, was glauben Sie, wo sind wir jetzt? Kann man das an der Landschaft erkennen?»

«Hm ... Nach der Flora zu urteilen ... Wirklich schwer zu sagen ... Bei dieser starken Hitze ...»

Neben Mina Malskaja wirkt Anja Schilowa jung, energisch, kraftvoll. Sie ist berauscht von der Aussicht, arbeiten zu können. Einerlei wo, und wenn es bei des Teufels Großmutter wäre, Hauptsache, in ihrem Fach ...

«Und wenn ich den ewigen Frostboden mit den Händen aufgraben muß. Immerhin ist es unser eigener Boden. Nur nicht untätig herumsitzen. Noch ein Jahr Einzelhaft, und ich hätte mir den Kopf an der Wand eingeschlagen. Alles kann ich aushalten, bloß nicht dieses Nichtstun.»

(Im Jahre 1944 wird das Leben dieser so verschiedenen Frauen, dieser beiden treuen Mitglieder der Kommunistischen Partei, auf fast die gleiche Weise enden. Anja Schilowa wird im Lagerrevier an einem Nierenleiden sterben, das sie sich durch körperliche Überanstrengung zugezogen hat. Vor ihrem Tod wird sie noch die Schrecken der Erblindung erleben. Mina Malskaja wird vier Wochen später an einem Herzinfarkt sterben. Drei Tage nach ihrem Tod wird der Lagerleiter das Telegramm erhalten: «Ich bitte Sie, alles zu tun, das Leben meiner Mutter zu retten. Boris Malskij, Kriegsberichterstatter der *Iswestija*.»)

Aber jetzt wußten wir: Wladiwostok. Dort ist ein großes Transitlager. Die Menschewiken und Sozialrevolutionäre wissen es genau. Von dort, sagen sie, ist die beste Verbindung nach Kolyma. Aber bis dahin wird noch viel Zeit vergehen. Darüber brauchen wir noch nicht nachzudenken. Wenn wir nur endlich aus dem Waggon Nr. 7 herauskämen! Wenn wir nur Wasser hätten!

Die Erregung der ersten Tage nach der Einzelhaft war jetzt endgültig vorüber. Die Diskussionen über abstrakte Themen hörten auf. Es wurden auch keine Gedichte mehr vorgetragen. Alle wußten jetzt mit erbarmungsloser Deutlichkeit: Wir werden über einen Monat bis Wladiwostok brauchen, wenn es in diesem Tempo weitergeht.

Es ist schwül. Zum Ersticken schwül. Staub. Schweiß. Enge. Aber das schrecklichste ist der Durst.

«Hört mal!» Das kindliche Gesicht von Pawotschka Samojlowa ist voll schmerzlicher Verwunderung. «Es heißt: ‹Der ist kein Held, der nie gegen den Schlaf gekämpft hat.› Ich meine, es ist richtiger zu sagen: ‹Der ist ein Märtyrer, den man verdursten ließ.›»

Kaum jemand von uns kann den salzigen Eintopf essen. Er ist wässerig, aber so salzig, daß man hinterher noch durstiger ist als vorher. Er wird mit Heringsschwänzen gekocht. Die Wachsoldaten tragen jeden Tag die Töpfe fast voll wieder hinaus.

«Bürger Natschalnik», sagt Fissa zu Solowej, «im Namen des ganzen Waggons richte ich an Sie die Bitte: Geben Sie uns doch das Wasser, das für den Eintopf verwendet wird. Dann könnten wir uns wenigstens einmal waschen! Wir haben ja nicht einmal Wasser, um das Gesicht zu waschen, Bürger Natschalnik. Was ist das schon – ein Becher am Tag! Nicht einmal ein Wasserglas voll. Dabei gehen wir doch drauf ... Und den Eintopf ißt sowieso keiner. Die zwei Eimer Wasser dafür sind doch vergeudet. Damit könnten wir uns waschen und etwas von unseren Sachen auswaschen ... Wir sind doch Frauen, Bürger Natschalnik ...»

Solowej ärgert sich.

«Hören Sie, Sprecherin des Waggons Nr. 7, wir haben kein Recht, eigenmächtig die Vorschriften zu ändern. Und die Vorschrift ist: einmal am Tag warmes Essen für die Transporthäftlinge, und daran halten wir uns. Wenn wir euch statt des Essens Wasser brächten, dann würdet ihr euch im Lager gleich bei der Hauptverwaltung beschweren. Ihr würdet sagen, wir kriegen das Wasser und sie die Fettaugen ... So etwas fällt euch doch nicht schwer. Ihr könnt doch alle so gut schreiben. Also – an der Vorschrift wird nicht gerüttelt.»

Tanja Stankowskaja sieht erschreckend aus. Ihre Haut fällt in Schuppen ab. Ihre Zähne sind jetzt lang und ungleichmäßig, sie stehen hinter den gesprungenen Lippen hervor und sehen aus wie wacklige Pfähle eines alten Zauns. Und obwohl Tanja wie immer kein Wort über ihren Zustand verliert, bleibt doch niemandem verborgen, daß sie an einem grauenhaften Durchfall leidet. Mindestens zwanzigmal am Tag klettert sie von der obersten Pritsche herunter und schleppt sich – grauhaarig, zerzaust – in die Waggonecke, wo im Fußboden das große Loch ist, das hier den Kübel ersetzt.

«Musja! Doktor Musja! Sieh dir Tanja an. Du bist doch Ärztin ...»

Doktor Musja zuckt mit den Schultern und schüttelt ihre Zöpfe.

«Immer diese Philologen! Ärztin, Ärztin ... Der reinste Fetischismus! Was kann eine Ärztin im Waggon Nr. 7 ausrichten ... Nehmen wir an, ich verschreibe der Patientin Stankowskaja einen Vitaminstoß, intravenöse Spritzen, Glycose mit Ascorbinsäure, Bettruhe ... und dann noch reichlich flüssige Nahrung ... Ach, Schenjetschka, Tanja hat Pellagra, und Pellagra bedeutet drei D.» Musja bewegt angestrengt die Lippen, sie versucht sich zu erinnern. «Man vergißt hier alles, was man einmal gewußt hat! Die drei D. Das eine D, jetzt weiß ich es wieder, ist Dermatitis. Du siehst doch, wie bei ihr die ganze Haut in Schuppen abfällt. Das zweite ... Das zweite D ist, glaube ich, die Diarrhoe. Durchfall. Du siehst es selbst. Gegen diesen Durchfall, der durch Vitaminmangel entsteht, kann man praktisch nichts machen.»

«Und das dritte D?»

«Das dritte D? Nun, das dritte ist bei Tanja meiner Meinung nach noch nicht eingetreten, das ist Dementia ... Schwachsinn ... Psychischer Abbau.»

Nein, das dritte D war bestimmt noch nicht eingetreten. Ich wußte das ganz genau, denn abends rief mich Tanja oft zu sich herauf und unterhielt sich dort mit mir durchaus nicht wie eine Schwachsinnige.

«Ich hasse Scheinheilige, Schenja. Du magst Olga Orlowskaja. Ich kann sie nicht ausstehen! Ich muß immer an ihr Gedicht ‹Stalin, meine goldene Sonne ...› denken. Was soll das! Wenn man sich draußen in der Freiheit noch irren kann – hier, im Waggon Nr. 7, im siebten Kreis der Danteschen Hölle, wer kann da den Vater, den Führer, den Schöpfer noch anbeten? Das muß entweder ein Vollidiot oder ein Heuchler, ein Scheinheiliger sein!»

«Tanja, was meinst du, wollen wir nicht Solowej melden, daß du sehr krank bist? Was meinst du? Vielleicht hat der Zug ein Sanitätsabteil, und wenn es noch so schäbig ist?»

«Schenja, du hast Humor.»

«Nein, wirklich, wir haben in Jaroslawl auch einen Arzt gehabt, der menschlich war. Ich habe ihn damals ‹Schwester Andrjuschenzija› genannt. Weißt du noch, wie sie im letzten Jahr die Luftklappe verschlossen hatten?»

«Ich erinnere mich dunkel. Damals bin ich eigentlich das geworden, was du jetzt vor dir hast. Sauerstoffmangel ...»

«Siehst du, ich bin damals auch sehr krank gewesen. Herz ... Damals hat ‹Schwester Andrjuschenzija› sehr menschlich gehandelt. Er hat angeordnet, daß bei uns statt zehn zwanzig Minuten gelüftet wurde. Laß uns nach dem Sanitätswaggon fragen, Tanja. Vielleicht gibt es hier wirklich so etwas.»

«Eine Strafzelle haben sie im letzten Wagen, das stimmt! Fissa hat es erzählt. Aber einen Sanitätswagen – das sind Träumereien am Kamin. Ich mag dich gern, du bist so gutgläubig. Du und Pawa Samojlowa! Ihr seid komisch ... Ihr seid trotz Jaroslawl erwachsene Kinder geblieben. Genug. Wir haben genug über den vergänglichen Körper gesprochen. Schluß damit. Ich muß dir etwas anderes erzählen. Ich denke, du kannst das verstehen. Weißt du, ich kann Nadja Koroljewa nicht in die Augen sehen. Ich habe ein schlechtes Gewissen. Dabei schlafen wir auf der gleichen Pritsche ...»

Ich wußte sofort, was sie meinte. Sie brauchte mir nichts zu erklären. Das gleiche merkwürdige Gefühl der Scham und der persönlichen Verantwortung hatte ich im Sommer siebenunddreißig im Butyrki, als ich zu den ausländischen Kommunistinnen in die Zelle kam.

Ich streichle Tanja über die knochige, fast leblose Schulter und flüstere leise: «Ich verstehe dich, Tanjuscha, ich selbst habe mich im Butyrki vor Klara in Grund und Boden geschämt. Eine deutsche Kommunistin ... Wie durch ein Wunder der Gestapo entkommen. Ich fühlte mich immer dafür verantwortlich, daß sie im Butyrki saß.»

Es wird immer schwüler. Die Luft ist feucht und zum Schneiden dick. Die Julihitze nimmt immer mehr zu, als wollte das Schicksal uns verhöhnen. Das Dach unseres Waggons glüht, und es kühlt auch in der Nacht nicht mehr ab. Es hilft nichts, daß während der Fahrt die Waggontür eine Handbreit offensteht und ein leichter Windzug hereinweht.

Vor jedem Bahnhof bleibt der Zug stehen. Die Wachen gehen von einem Waggon zum andern, die Türen werden hermetisch geschlossen, die großen Riegel vorgeschoben. Nach jedem Halt auf einem Bahnhof bleibt der Zug auf freier Strecke wieder stehen und die Wachen öffnen die Tür wieder um den rettenden Spalt. Der Platz vor dieser Öffnung wird nach strenger Reihenfolge zugeteilt.

Wer nicht an der Reihe ist, am Fenster oder an dem Türspalt zu sitzen, liegt kraftlos auf der Pritsche und rührt sich nicht, vor allem vermeiden wir es, unsere rissig gewordenen Lippen zu bewegen.

Am Kopfende jeder Pritsche steht der plumpe Tonbecher, der mich immer an ein Sandförmchen erinnert. Dieser Becher ist oft Anlaß zu furchtbaren Aufregungen. Wie kann man das Wasser darin aufbewahren, ohne es bei den Stößen des fahrenden Zuges, bei einer unvorsichtigen Bewegung der Nachbarin, zu verschütten?

Manche von uns trinken deshalb die ganze Tagesration gleich am Morgen aus. Die anderen, die sich das Wasser schluckweise für den ganzen Tag einteilen, finden bis zum Abend nicht einen Augenblick Ruhe. Unentwegt starren sie auf ihren Becher und zittern um seinen kostbaren Inhalt. Ständig kommt es zu Auseinandersetzungen, die die Freunde von gestern zu Feinden machen.

Sarah Kriger und Lena Krutschinina, die Theoretikerinnen im Waggon Nr. 7, liegen nur noch mit dem Rücken zueinander. Sie wechseln kein Wort mehr. Zwischen ihnen herrscht Feindschaft. Sarah wollte aus ihrer Manteltasche eine Mullbinde herausholen, die sie sich noch in Jaroslawl von der Krankenschwester erbettelt hatte. Sarahs Füße sind mit blutigen Wunden bedeckt, wegen ihrer Schuhe. Sie ist sehr klein und hat Schuhgröße dreiunddreißig, aber die Männerschuhe, die man ihr gegeben hat, sind Größe vierundvierzig. Als sie in ihre Manteltasche griff, stieß sie mit dem Ellenbogen gegen Lenas Becher und verschüttete einen Teil des Wassers. Ziemlich viel: ungefähr einen Eßlöffel voll.

Die jähzornige Lena hätte Sarah beinahe ins Gesicht geschlagen. Sarah sah sie mit großen Augen an und flüsterte mit dem typischen gutturalen ‹R›: «Du bekommst es wieder. Morgen bekommst du es wieder. Sei doch still ... Nimm dich zusammen ... Du kannst dich doch nicht so gehenlassen! Hier sind doch auch Parteilose ...»

Aber Lena kann sich nicht beherrschen und ihren Zorn unterdrücken. Ihr Gesicht ist dunkelrot.

«Was heißt Parteilose! Hier gibt es sogar Menschewiken und Sozialrevolutionäre, aber das bedeutet noch lange nicht, daß man sich wie ein Nilpferd auf der Eisbahn bewegen und fremder Leute Wasser verschütten kann.»

(Lena Krutschinina wird in den Lagern Karriere machen. Es wird ihr gelingen, das Herz der grausamen Leiterin des Frauenlagers, Zimmermann, zu gewinnen.

Die Zimmermann wird bei Lena eine Ausnahme machen und sie in der Lagerverwaltung beschäftigen, wo sonst nur die zuverlässigsten Strafgefangenen und die Kriminellen, niemals aber ‹Volksfeinde› geduldet werden. Lena wird mit der Lagersprecherin, der Kriminellen Didka, Freundschaft schließen, und beide werden beim Appell neben dem Lagerleiter stehen. Sie werden gute Steppjacken tragen, erstklassige Filzstiefel und an den Händen warme Fausthandschuhe, die von den Frauen in der deutschen Baracke gestrickt werden. Schon nach einem Jahr werden viele der ehemaligen Leidensgenossinnen aus dem Waggon Nr. 7 Lena die ‹Teufelspuppe› nennen und manche, die sich eine intellektuelle Ausdrucksweise erhalten haben, werden sagen «Listiger Höfling»[54].)

Ich weiß nicht, wie es geschehen konnte, aber eines Tages vergaßen die Wachen vor einem Bahnhof den Türspalt des Waggons Nr. 7 zu schließen. Es war ein durchaus verständliches Versehen. Auch die Wachen hatten kein leichtes Leben. Die Kontrollen nahmen ihre ganze Zeit in Anspruch. Sie mußten ihre ‹Spezialausrüstung› innerhalb von vierundzwanzig Stunden zweimal zählen, obwohl man sich nicht recht vorstellen konnte, wie man aus dem fest geschlossenen Waggon hätte herauskommen sollen.

Und so ereignete sich ein Wunder.

Durch den Spalt drangen von draußen die Geräusche des normalen menschlichen Lebens zu uns herein. Lachen, Kinderstimmen, Wasserplätschern.

Das war kaum zu ertragen.

Mindestens zwanzig von uns drängten und stießen sich vor dem Spalt. Ein kleiner Bahnhof, verloren in der Einsamkeit des Urals. Ein ganz gewöhnlicher Bahnhof. Barfüßige Kinder verkauften Eier aus ihren Mützen. Auf einem rostigen Schild an einem Holzhaus stand: «Heißes Wasser».

Diesmal kämpfte ich verbissen um einen ‹Platz an der Sonne›. Und diesmal gelang es mir, einen sehr günstigen Platz zu erwischen – ganz unten. Mit meinem ganzen Wesen nahm ich das Leben dieses kleinen Bahnhofs in mich auf und dachte: ‹Herr, laß ein Wunder geschehen! Laß mich die letzte, die ärmste und unansehnlichste von all diesen Bauernweibern werden, die jetzt mit Eimern und Töpfen auf dem Bahnsteig kauern und auf den Zug warten. Ich würde mich nie über mein Schicksal beklagen, nie, solange ich lebe. Oder laß mich jene uralte Großmutter werden, die mit ihrem Stock den ausgetretenen schmutzigen Bretterbelag abtastet.

Es macht nichts, daß sie vielleicht nur noch wenige Wochen, vielleicht nur noch Tage zu leben hat. Sie ist ein Mensch, nicht ‚Spezialausrüstung' ...›

Besonders quälend war der Anblick des Wasserhahns und des laufenden Wassers. Jetzt kam ein Bursche, nackt bis zum Gürtel, bückte sich und hielt den braungebrannten, mit aufgekratzten Mückenstichen übersäten Rücken unter den Wasserstrahl.

Eine von uns konnte sich nicht mehr beherrschen. Sie streckte die Hand mit dem Tonbecher durch den Spalt.

«Wasser!»

Später, als alles vorbei war, meinten viele, daß das, was nun geschah, wie eine Szene aus ‹*Auferstehung*› [55] gewesen sei.

«Väterchen! Das ist ja ein Gefängniswagen!» rief eine der Frauen, die auf dem Bahnsteig neben ihren Eimern mit Gurken hockten.

«Wo? Wo?»

«Man sollte ihnen etwas geben. Dascha, komm!»

«Eier! Gib die Eier her!»

«Trinken! Trinken wollen sie ... Milch! Manjka!»

Braune, rauhe, schwielige Hände reichten uns Salzgurken, Brotstücke, Quarkkuchen, Eier durch den Spalt. Unter den tief in die Stirn gebundenen Tüchern blickten uns die zeitlosen Augen der Bäuerinnen an. Von Mitleid erfüllte, von Tränen glänzende Augen. Irgend jemand goß Milch in die entgegengestreckten Becher. Die Milch schwappte über und bildete weiße Kreise auf der ‹feuchten Erde›[56].

«Lauter Frauen, siehst du ...»

«Vielleicht sind die Männer in den anderen Waggons. Wer weiß?»

«Mein Gott, vielleicht ist Wanja Gawrilow dabei!»

«Warum geben sie ihnen kein Wasser, diese Ungeheuer? Lauf, Anna, hol noch ein Eimerchen voll!»

«Es geht nicht. Das Eimerchen geht nicht durch den Spalt.»

«Und sie haben doch Kinder zu Hause. Wie viele Waisen wird es jetzt geben ...»

In diesem Augenblick hatte ich das Gefühl, als wäre es nicht das neunzehnhundertneununddreißigste, sondern das neunte Jahr unserer Zeitrechnung. Aber der Zeitgeist machte sich bemerkbar in den Worten einer jungen Frau, die uns hastig ein Bündel junger grüner Zwiebeln zusteckte.

«Vitamine! Ihr braucht Vitamine! Das ist das Wichtigste!»

Das Ganze dauerte nicht länger als wenige Minuten. Wie durch ein Wunder hatten die Wachen, damit beschäftigt, den Wasservorrat aufzufüllen, nichts bemerkt. Der Zug setzte sich wieder in Bewegung. Die Sprecherin des Waggons, Fissa, und eine ‹Sonderkommission›, die aus Pawa Samojlowa und Soja Masnina bestand, zählten die grünen Zwiebelhälmchen, um sie gerecht zu verteilen.

Aber auch die Verteilung der Zwiebeln konnte die aufflackernde Erregung nicht dämpfen. Ein Aufruhr um das Wasser bahnte sich an.

Als erste meldete sich Tamara Warasaschwili zu Wort. «Genossinnen! Ich möchte einige Worte an Sie richten», begann sie leise, aber wie eine routinierte Rednerin, und stellte sich in der Mitte des Waggons auf. «Wir müssen darauf bestehen, daß wir genügend Wasser bekommen. Wir verdursten. Wir alle haben zwei, manche sogar drei Jahre Gefängnis hinter uns. Und was für ein Gefängnis! Wir sind alle krank, wir haben Skorbut, Pellagra, Dystrophie. Woher nehmen diese Menschen das Recht, uns zu quälen, indem sie uns dursten lassen?»

«Richtig, Tamara!» pflichtete ihr die zurückhaltende Chawa Maljar bei, die zum erstenmal auf dieser Fahrt die Stimme erhob.

«Sie können nicht im Namen aller reden», hörte man von einer der oberen Pritschen.

«Selbstverständlich werde ich niemals im Namen derer sprechen, die stets bereit sind, sich nicht nur alles gefallen zu lassen, sondern auch alles zu rechtfertigen», fuhr Tamara fort.

«Und alles und jedes auch noch theoretisch zu untermauern!» Inzwischen hatte sich Chawa neben Tamara gestellt, um ihre Solidarität zu bekunden.

«Bitte, erklären Sie mir doch, woran das eigentlich liegt. Wo bleibt das Wasser? Schließlich fahren wir doch nicht durch die Sahara! Warum sollte es nicht möglich sein, dreimal täglich den Wasservorrat zu erneuern?»

«Können Sie einen konkreten Vorschlag machen? Hungerstreik?» Diese Frage kam aus der Ecke der Sozialrevolutionäre.

«Unterlassen Sie die antisowjetische Agitation! Sie können nicht alle über einen Kamm scheren», sagte Lena Krutschinina.

«Ich wende mich nicht an alle, sondern nur an die Genossen, die ihre Menschenwürde und Selbstachtung noch nicht verloren haben.»

«Richtig, richtig, Tamara!» Diesmal sagten es viele.

Tanja Stankowskaja bahnte sich einen Weg zur Tür. Ihre Stiefel schleiften über die Bretter.

«Wir protestieren!» erklärt sie entschlossen und beginnt, ohne eine Antwort abzuwarten, mit ihren dürren, kleinen, blauen Fäusten gegen die Tür zu hämmern.

Der Zug fuhr langsamer, offenbar näherte er sich einer Station.

«Was-ser!»

Und dann andere Stimmen: «Schurken! Henker! Ihr habt kein Recht dazu! Fürchtet ihr denn nicht das sowjetische Gesetz?»

Und dann der verzweifelte Schrei: «Wir demolieren den ganzen Waggon! Erschießt uns lieber! Es ist sowieso alles aus! Wasser!»

Stiefel poltern über den Bahnsteig. Ein Ruck. Die Tür wird aufgerissen. Fünf Wachsoldaten mit Solowej an der Spitze.

«Ruhe!» brüllt er, seine Augen sind blutunterlaufen. «Seid ihr verrückt geworden? Wollt ihr rebellieren? Wer ist der Anstifter?»

Da er auf diese Frage selbstverständlich keine Antwort bekommt, packt er Tanja Stankowskaja und die unauffällige, stille Walja Strjelzowa. Er gibt den Befehl, die beiden als Rädelsführer in die Strafzelle zu bringen. Jetzt tritt Tamara vor.

«Wir verlangen Wasser», sagt sie ganz ruhig. «Wir alle verlangen das. Die beiden, die Sie wegbringen wollen, sind unschuldig. Stankowskaja ist außerdem sehr krank, sie wird aus der Strafzelle nicht lebend herauskommen.»

Chawa spricht noch ruhiger und noch leiser als Tamara. «Wir können nicht glauben, daß man in unserem sowjetischen Land Menschen durch Durst quälen will. Wir halten das für eine Eigenmächtigkeit der Wachen und verlangen, daß man uns genügend Wasser gibt.»

«Ich werde euch lehren, zu verlangen!» donnert Solowej. Er ist außer Atem, nicht nur vor Zorn, sondern auch vor Staunen. Er hat jetzt nichts mehr mit jenem Solowej gemein, der damals fast menschlich auf den Puschkintext reagierte.

«Mischtschenko! Strafzelle für alle! Und wenn wir ankommen, werde ich ihnen zeigen, wo die Krebse überwintern! Sie werden die Engel im Himmel singen hören!» Er macht eine vage Bewegung in die Richtung, wo Tamara und Chawa stehen, zögert einen Augenblick, weicht ihrem ruhigen Blick aus und wendet sich ab, als hielte er die vor Schwäche wankende Tanja und die schweigsame Walja tatsächlich für die Rädelsführer.

Die Wachsoldaten gehen und nehmen die beiden Geiseln mit. Aber der Waggon gibt sich noch immer nicht zufrieden. Dutzende von Fäusten hämmern gegen die Wände und Türen und noch immer hallt der wütende Schrei: «Was - ser!»

Jetzt steht niemand mehr von seiner Pritsche auf, die Tür bleibt fest verschlossen, der Riegel vorgeschoben. Die Brotration ist um die Hälfte gekürzt. Warmes Essen bekommen wir überhaupt nicht mehr. Verschärfter Arrest.

Aber niemand kümmert sich darum. Bei fast allen spielen diese Bemühungen Solowejs kaum eine Rolle. Wir haben andere Sorgen. Wir haben nur den einen Gedanken – Tanja wird aus der Strafzelle nicht lebend herauskommen.

Tamara läßt die Schultern hängen. Sie wirft den Kopf nicht mehr in den Nacken. Drei Tage lang meldet sie dem Wachsoldaten Mischtschenko jedesmal, wenn er uns die Brotrationen bringt, daß es ein Irrtum war, nicht Stankowskaja, sondern sie, Tamara Warasaschwili, habe als erste vorgeschlagen, eine normale Wasserversorgung zu verlangen.

«Und die zweite war ich, nicht die Strjelzowa. Ich habe Zeugen», fügt Chawa Maljar mit leiser Stimme hinzu, und ihr Aida-Gesicht ist kreideweiß.

Aber Mischtschenko liebt es nicht, wenn diese gebildeten Weiber in ihrer gelehrten Sprache gackern.

«Ich habe nichts gesehen! Ich habe nichts gehört!» murmelt der phlegmatische Ukrainer. «Sprecherin, verteilen Sie die Rationen.»

Aber Fissa – nicht umsonst hat man sie schon im Komsomol-Komitee als ausgezeichnete Kraft geschätzt – weiß, daß man so mit Mischtschenko nicht reden kann.

«Bürger Natschalnik», sagt sie und richtet sich vor ihm auf, «erlauben Sie eine Frage ...»

Mischtschenko ist außerordentlich geschmeichelt. «Hm ... das Mädchen ist in Ordnung, dagegen kann man nichts sagen ...»

«Was willst du.» Er nimmt eine würdevolle Haltung an. «Mach es kurz ...»

«Erlauben Sie mir, Bürger Natschalnik, daß ich Sie in meiner Eigenschaft als Waggonsprecherin frage, wie viele Tage Stankowskaja sitzen muß. Ich muß es wissen für die Kontrolle... Wann kommt sie heraus?»

«Gut, wenn es für die Kontrolle ist, kann ich es sagen: Fünf... Übermorgen ist sie wieder da.»

Aber beide wurden noch am selben Tag gebracht. Solowej war klargeworden, daß ein Todesfall ihm beträchtliche Schwierigkeiten verursachen würde.

Dann wollte er uns schon lieber vollzählig zum Transitlager bringen. Sollten dort andere entscheiden...

Die ewig schweigende Walja Strjelzowa bleibt sich treu, sie klettert wortlos auf ihre Pritsche im zweiten Stock. Nicht einmal nach ihrem Becher fragt sie. Und sie bedankt sich auch nicht bei Nadja Koroljewa dafür, daß sie ihr den Becher voll Wasser aufgehoben hat. Nadja hatte ihn gehütet, damit nichts verschüttet wurde.

(Erst acht Jahre später, als Walja Strjelzowa im Sterben liegt – nachdem sie sich bei der Heumahd in der Taiga, wo man bis in den November hinein in selbstgebauten Reisighütten schlief, erkältet hatte –, werden alle die Ursachen ihres hartnäckigen Schweigens und ihrer Verschlossenheit erfahren. Einen Tag vor ihrem Tod wird Walja ihrer Nachbarin Arsenjewa erzählen, daß sie während der Untersuchungshaft ihre Unterschrift unter Dutzende von todbringenden Protokollen gesetzt hat. Vor der Verhaftung war Walja Verwaltungssekretärin bei dem ersten Sekretär eines Gebietskomitees der Partei. Man zwang sie, gegen diesen Sekretär, gegen das ganze Parteibüro, gegen viele Parteifunktionäre ihres Gebietes auszusagen. Natscha Arsenjewa, Adventistin vom Siebenten Tage, wird aufrichtig davon überzeugt sein, daß nach Waljas Tod ihre Geschichte im ganzen Lager verbreitet werden muß. Die Menschen sollen erfahren, daß die im Glauben gestorbene Valentina gelitten, bereut und vor ihrem Tod Gott und die Menschen um Vergebung gebeten hat. Das werde, so meint sie, ihrer Seele helfen.)

«Tanja, Tanjuscha, ich bitte dich, leg dich unten hin», sagt Pawa. «Mir macht es nichts aus, oben zu schlafen, ich bin jung und gesund, und du... Wie willst du noch hinaufklettern?»

«Nicht nötig», Tanjas Stimme ist ganz rauh, «ich will mich nur ausstrecken. In der Strafzelle mußte man die ganze Zeit mit angezogenen Beinen sitzen... Sogar für meine Knochen ist da nicht genug Platz. Diese Strafzelle ist eine Spitzenleistung moderner Technik.»

Wir ziehen Tanja die Schuhe aus. Man opfert ein paar Tropfen Wasser, feuchtet einen Handtuchzipfel an, um damit ihr Gesicht vom Schmutz der Strafzelle zu säubern. Doktor Musja fühlt ihr den Puls.

«Warum hast du so kalte Hände?» frage ich erschrocken, als ich Tanja auf ihrer Pritsche besuche. «Diese Hitze, diese Schwüle, und deine Hände sind wie Eis. Sind sie vielleicht auf den Gedanken gekommen, die Strafzelle künstlich zu unterkühlen?»

«Nein. Dort war es noch schwüler. Dort kriegt man kaum Luft. Ich weiß selbst nicht, was mit meinen Händen los ist.»

Tanja betrachtet ihre Hände, die mich an die Füße eines alten, gerupften Hahnes erinnern.

(Erst einige Jahre später, wenn ich den Posten einer Krankenschwester im Lagerrevier versehe, werde ich lernen: diese eisigen Hände sind ein untrügliches Zeichen für das nahe Ende aller, die an Dystrophie sterben. Ich werde mich so daran gewöhnen, daß ich, wenn ich die Kälte solcher ‹Hahnenfüße› unter meinen Händen spüre, schon am gleichen Abend das Formular ‹Todesmeldung› vorbereite, um es dann, wenn es soweit ist, an die Hauptverwaltung für das Archiv A weiterzugeben.)

«Du brauchst dir keine Sorgen zu machen, Schenja, ich werde nicht auf dem Transport sterben. Ich muß unbedingt bis zum Transitlager durchhalten. Verstehst du das? Und wenn ich auch manchmal – das muß ich dir im Vertrauen gestehen – wirklich den Wunsch habe, zu sterben, so lasse ich mich doch nicht gehen. Und nach dem Transitlager – nun, wir werden sehen ...»

«Dein Mann?»

«Nein. Ich gehöre nicht zu den Dummköpfen, die davon träumen, ihren erschossenen Mann im Transitlager wiederzusehen. Nein. Aber es stimmt, ich muß jedenfalls versuchen, jemanden vom Männerlager zu treffen. Iwan Lukitsch, weißt du ... Er stammt aus unserer Gegend, vom Donezbecken. Fünfunddreißig wurde er Sekretär des Bezirkskomitees, bis dahin war er im Bergwerk. Ein ausgezeichneter Arbeiter.»

«Liebe?»

«Du bist verrückt! Er ist zweiundsechzig.»

Tanja muß lange husten und röcheln, bevor sie ihre Erzählung beginnen kann. Dr. Musja hat bereits einige Male angedeutet, daß bei Tanja sich die ersten Symptome eines Lungenemphysems zeigen. Sie wiegt ihren Kopf so besorgt, daß ihre kurzen schwarzen Zöpfe, die an den Enden mit Stoffstreifen zusammengebunden sind, die Nachbarinnen streifen.

Als Tanja verhaftet wurde – bis zu ihrer Verhaftung arbeitete sie in der Kulturabteilung des Gebietskomitees –, verfaßten die Arbeiter der Grube, in der Tanjas Vater und ihre beiden Brüder gearbeitet hatten, eine Eingabe. Darin hieß es: ‹Wir kennen die ganze Familie. Es ist eine echte Arbeiterdynastie, seit Generationen Bergarbeiter. Tatjana hat alles, was sie ist, der sowjetischen Regierung zu verdanken: Ausbildung, Arbeit, Wohnung – alles. Sie hatte gar keinen Grund, sich mit konterrevolutionären Elementen einzulassen. Ebensogut hätte sie einen Strick nehmen können. Sie hat stets ausgezeichnet gearbeitet. Tag und Nacht hat sie nichts anderes im Sinn gehabt, als die Sache der Arbeiterklasse.› Für diese Eingabe hatte man über fünfzig Unterschriften gesammelt.

Man ging damit auch zu Iwan Lukitsch. Er war damals bereits Sekretär des Bezirkskomitees.

«Ja, und er hat auch unterschrieben, ohne einen Augenblick zu zögern. Er ist doch mein Pate, er hat für mich gebürgt, als ich zweiundzwanzig in die Partei eintrat. Er nahm die Eingabe, unterschrieb und fügte hinzu: ‹So wie ich neunzehnhundertzweiundzwanzig für sie gebürgt habe, genauso verbürge ich mich auch heute für sie.›»

«Das sind noch Menschen! Und dann?»

«Und dann hat man sie eingesperrt, alle, die unterschrieben hatten. Iwan Lukitsch auch. Ich habe es erst später von den Neuen erfahren. Deshalb darf ich nicht sterben, ehe ich im Transitlager bin. Die Sozialrevolutionäre sagen, wir würden dort bestimmt die Männer treffen. Sie müssen es ja wissen. Sie machen es ja nicht zum erstenmal durch.»

«Willst du dich bei ihm bedanken?»

«Ich brauche mich nicht bei ihm zu bedanken. Er weiß, daß ich bereit wäre, für ihn zu sterben. Es geht um etwas anderes. Ich will ihm sagen, daß er sich nicht richtig verhalten hat. Nicht zweckmäßig. Hör mir gut zu, ich habe eine Idee. Verstehst du, ich glaube, daß es unter den Parteimitgliedern, die auf freiem Fuß geblieben sind, noch viele Männer gibt wie Iwan Lukitsch. Aber sie können vorläufig nichts ausrichten.»

«Warum nicht?»

«Ich weiß es nicht. Die Geschichte wird es erweisen. Aber wenn sie jetzt gegen Stalin revoltieren, so wird es zu nichts führen, außer zu weiteren Tausenden von Gräbern, und der Schaden wird unermeßlich sein. Denn die Zeit wird kommen, wo sie ihre Stimme erheben können. Und es ist unbedingt notwendig, daß sie sich für diesen Zeitpunkt bewahren. Wir werden so schon schichtweise abgebaut. Warum soll man freiwillig den Kopf in die Schlinge stecken? Und vor allem, ohne daß es der Sache in irgendeiner Weise nützlich ist...»

Unser nächtliches Gespräch wird plötzlich von Chawa Maljar unterbrochen. Ihr Haar ist gelöst, und als Tanja sie sieht, streckt sie ihr den eisigen ‹Hahnenfuß› entgegen und singt (sie singt tatsächlich!): «Ja, du liebst ihn; vernimm es denn: ich lieb ihn auch, ich bin deine Rivalin, Tochter der Pharaonen.»

«Leise, Tanja... Ich bringe Ihnen...»

Chawa sagt zu allen ‹Sie›, aber bei ihr klingt es immer sehr liebenswürdig. Ich reibe mir die Augen. Träume ich? Chawa hält auf der flachen Hand fünf Stückchen Zucker. Er stammt noch aus Jaroslawl. Dort gab man uns zwei Stück Würfelzucker am Tag. Auf dem Transport bekommen wir überhaupt keinen Zukker. Wieso hat sie diesen Zucker aufgespart? Nachdem sie damals von der medizinischen Kommission untersucht worden war, hatte sie täglich einen Würfel zurückgelegt, denn wenn man herzkrank ist, gibt es kein besseres Mittel, als ein Stückchen Zucker zu essen. Der Puls beruhigt sich sofort. Tanja soll jetzt zwei Stückchen auf einmal essen, und die anderen in den nächsten Tagen.

(Chawa Maljar wird, trotz ihres kranken Herzens, die glücklichen Zeiten noch erleben. Sie wird noch die Dokumente des XX. und des XXII. Parteitags studieren. Mit langsamen Schritten, mit ihren staunenden, ungläubigen Augen um sich blickend, wird sie die Freitreppe eines großen Hauses am Alten Platz hinaufgehen. In einer Neubauwohnung im Südwesten der Stadt wird sie das fließende heiße Wasser genießen. Und erst im Frühjahr zweiundsechzig wird ein Häufchen Überlebender aus dem Waggon Nr. 7 die tote Chawa auf dem Weg zum Krematorium begleiten.)

Manchmal blieb der Zug auf irgendeinen höheren Ratschluß hin vierundzwanzig Stunden lang stehen. Das waren die schlimmsten Tage. Unbewegliche, glühende, stinkende Luft. Die Tür fest verschlossen. Der Befehl lautete: Schweigen, auch wenn wir auf freier Strecke hielten.

Aber endlich, endlich ist es soweit! Swerdlowsk. Wir werden baden. Die Menschewikin Ljusja Ogandschanjan ist schon einmal hier gewesen. Und immer wieder erzählt sie wie Scheherezade das wunderbare Märchen von der Badeanstalt in Swerdlowsk. Dort ist alles sauber, groß, geräumig, nicht schlechter als die Sandunow-Bäder in Moskau. In dem Auskleideraum ist ein riesiger Spiegel. Jeder bekommt einen Bastwisch. Man kann sich schrubben, soviel man will. Und man kann trinken...

Wenn wir uns dort nur nicht zu sehr beeilen müssen. Wahrscheinlich ist Solowej noch wütend auf uns wegen unserer Revolte.

Aber Solowej ist nur jähzornig, er trägt nicht nach, und er lächelt sogar wieder.

«Sprecherin vom Waggon Nr. 7!» ruft er. «Zum Bad fertig machen. Jetzt werdet ihr genug Wasser kriegen. Und ihr habt so ein Geschrei gemacht. Hier kriegt ihr Wasser, soviel ihr wollt. Zum Trinken, zum Waschen – wie ihr wollt!»

«Jetzt braucht ihr den Kopf nicht mehr hängen zu lassen», fügt Mischtschenko mit der dicken Nase hinzu, der hinter Solowej steht.

Die Sprecherin Fissa ist voller Tatendrang und wird ganz lebhaft angesichts einer so großen Massenaktion.

«Und was ist mit der Wäsche, Bürger Natschalnik? Wir haben dort in Jaroslawl doch nur den Mantel bekommen und ein Handtuch. Das Kleid und die Wäsche haben wir an, das ist alles, was wir haben. Alles ist sehr schmutzig, Bürger Natschalnik.»

«Nur die sehr blutige Unterwäsche wird ausgewechselt», verkündet der Transportleiter laut und feierlich. «Alle anderen Sachen kommen zur Desinfektion. Sie werden desinfiziert, während ihr im Bad seid, ihr könnt sie hinterher gleich wieder anziehen. Sie sehen dann zwar nicht mehr sehr schön aus, aber dafür sind sie sauber. Alles ist dann durch und durch keimfrei.»

«Der Vortrag über Körperpflege ist beendet», seufzt Nina Gwiniaschwili, als der Transportleiter gegangen ist.

«Hört mal, ich habe eine Idee!» Tanja Krupenik flüstert wie eine Verschwörerin. «Außer den Mänteln werden wir nichts zur Desinfektion geben. Unsere Wäsche können wir im Bad ebensogut selbst auswaschen und naß, wie sie ist, wieder anziehen. Bei dieser Hitze trocknet sie am Körper sofort. Dann sind wir wenigstens wirklich sauber.»

«Wenn er nur nicht dahinterkommt, dieses Scheusal!» sagt Polja Schwyrkowa ängstlich.

Aber im Augenblick machen wir uns nicht allzuviel Gedanken wegen unserer Wäsche. Unsere Vorfreude ist viel zu groß. Wir freuen uns auf die Begegnung unserer rauhen, verschwitzten, abgemagerten, zerkratzten, gequälten Körper mit Wasser, mit dem heißen Wasser, das aus den vielen Hähnen in der märchenhaften Badeanstalt von Swerdlowsk sprudelt.

«Aussteigen! In Fünferreihen aufstellen!»

Das Nebengleis, wo unser Zug hält, hat keinen Bahnsteig. Nina Malskaja, Sofja Andrejewna Lotte und noch ein paar andere haben nicht den Mut, hinunterzuspringen. Es ist zu hoch. Pawotschka Samojlowa und Soja Masnina halten ihnen die verschränkten Hände entgegen und helfen ihnen schlecht und recht herunter. Aber die Schriftstellerin Sinaida Tulub fürchtet sich immer noch. Sie steht in der offenen Waggontür und erzählt den ungeduldigen Wachsoldaten, die kaum die Hunde halten können, eine lange Geschichte, wie sich in Jaroslawl ihr altes Nervenleiden verschlimmert habe und daß sie in ihrer Jugend eine ausgezeichnete Sportlerin gewesen sei. Damals hätte ihr so ein Sprung nicht das geringste ausgemacht, aber jetzt...

«Du sollst springen, los, dich meine ich! Du hältst die ganze Kolonne auf!» schreit Solowej. «Mischtschenko, sieh zu, daß du sie runterkriegst!»

Mischtschenko hält ihr geduldig seinen Stiernacken hin, und die einst bezaubernde, heute vielleicht ein bißchen altmodische Dame, Autorin guter historischer Romane, klammert sich an ihn.

«Ich bin Ihnen wirklich sehr verbunden», sagt sie, nachdem der schnaufende Mischtschenko sie auf festen Boden gestellt hat, und bringt ihre ‹Jeschow-Uniform› wieder in Ordnung.

An jedem Waggon steht jetzt eine Schar graubrauner Schatten.

«In Fünferreihen antreten! Stillgestanden!»

Solowej läuft von einem Waggon zum anderen. Er und die Posten liefern die köstlichsten Proben echter Folklore. Die Schäferhunde zerren an ihren Leinen und bellen laut. Auch ihnen ist die lange Reise nicht gut bekommen, sie sind struppig und abgemagert.

«Es wäre interessant, zu wissen, wieviel Wasser die Hunde auf dem Transport zugeteilt bekommen», sagt Nina mit sanfter Stimme vor sich hin.

Mischtschenko, der mit sarkastischen Nuancen nicht vertraut ist, hört diese Frage und antwortet fast gutmütig: «Die saufen, bis sie nicht mehr können...»

Die Häftlinge aus allen Waggons sind jetzt in Fünferreihen angetreten. Es entsteht ein etwa siebzig Meter langes, graubraunes, sich schlängelndes Band. Einer Frau wird von der frischen Luft schwindlig, sie muß sich auf die Erde setzen.

«Stehenbleiben! Stehenbleiben! Stützt euch gegenseitig. Keiner darf hinfallen ...»

Die Wachsoldaten laufen mit ihren Hunden an der Kolonne entlang, ärgerlich, weil einige trotz des kategorischen Verbots bewußtlos geworden sind.

«In Fünferreihen, in Fünferreihen! Nicht zurückbleiben! Hinten Schritt halten! Vorne halt! Aufschließen! Links halten! Links halten!»

Tanja Stankowskaja, noch immer zu Witzen aufgelegt, sagt mit ihrer heiseren, fast versagenden Stimme: «Und wenn wir uns links halten, bekommen wir noch zehn Jahre mehr, wegen Linksabweichung!»

«Unsere Entschlafene hat Humor», flüstert mir Nina ins Ohr.

Im Glanz des frühen Sommermorgens sieht Tanja wirklich wie eine Leiche aus. Ihr Kopf wackelt kraftlos auf dem dürren langen Hals wie eine welke Frucht an einem dünnen Stengel.

«Ein Schritt nach links oder ein Schritt nach rechts – und es wird geschossen», warnen die Wachen.

Der Auskleideraum in der Badeanstalt übertrifft unsere kühnsten Erwartungen. So geräumig, so sauber ist er. Und der Spiegel! Er ist so groß wie die halbe Wand! Und trotzdem ist er nicht groß genug für die paar Hundert nackten Frauen, die sich mit Schüsseln in den Händen vor ihm drängen. In dem bläulichen Glas verschwimmen viele hundert leidvolle Augen, die sich selbst zu erkennen suchen.

Ich erkenne mich nur an der Ähnlichkeit mit meiner Mutter wieder.

«Pawotschka», rufe ich Pawa Samojlowa zu, «stell dir vor, ich habe mich an der Ähnlichkeit mit meiner Mutter erkannt. Jetzt sehe ich ihr ähnlicher als mir selbst. Und du?»

«Und ich bin jetzt mit meinem kurzen Haar Wanja noch ähnlicher geworden.»

Sogar hier, in dem erregenden Augenblick der Begegnung mit einem Spiegel, der ersten nach drei Jahren, kann Pawa ihren Bruder nicht vergessen. Herzliche Liebe und Freundschaft verbindet die beiden.

(In Wladiwostok wird Pawa ein großes Glück erwarten: als

einzige von unserem Transport wird sie im Transitlager den wiedersehen, von dem sie geträumt hat. Ihr Bruder Wanja wird in dem benachbarten Männerlager sein, das nur durch einen einfachen Zaun von uns getrennt ist. Und an diesem Zaun werden sie sich treffen. Wanja wird seiner kleinen Schwester zum Abschied ein Kissen schenken, das er durch einen Zufall behalten konnte. Und er wird immer wieder sagen: «Verzeih mir, Pawotschka, daß ich dich ins Verderben gestürzt habe...» «Aber es ist doch nicht deine Schuld, Wanjuschka», wird Pawa sagen. «Doch, meine Schuld ist eben, daß ich dein Bruder bin.» Bevor wir auf den Dampfer ‹Dschurma› verladen werden, der uns nach Kolyma bringt, wird Pawa ihrem Bruder das Kissen wieder zuwerfen, denn sie hat nichts, was sie ihm sonst schenken könnte. Und damit wird alles zu Ende sein. Denn im Jahre 1944 wird Wanja von einem Spitzel wegen irgendwelcher Äußerungen denunziert und erschossen werden. Seine Schwester wird davon erst in den fünfziger Jahren erfahren, nachdem man sie und posthum auch Wanja rehabilitiert haben wird.)

«Das ist ja Solowej! Ist er verrückt geworden!»

Ja, der Transportleiter ging mit beneidenswerter Ungezwungenheit zwischen den Hunderten nackter Frauen umher. Noch hatten wir uns von diesem Anblick nicht erholt, da bemerkten wir, daß an sämtlichen Türen, die vom Auskleideraum in die Baderäume führten, je zwei Soldaten in voller Ausrüstung, mit dem Gewehr in der Hand, Posten bezogen hatten.

«Aber was soll denn das?» jammerte Polja Schwyrkowa wie eine klagende Bäuerin. «Sind wir denn keine Menschen mehr, daß wir nackt an den Männern vorbei müssen. Die sind wohl ganz verrückt geworden...»

«Bei Spionen, Diversanten, Terroristen und Vaterlandsverrätern spielt das Geschlecht keine Rolle. Hast du das nicht schon siebenunddreißig von deinen Untersuchungsrichtern gelernt? Wenn es so ist, dann sind sie für uns auch keine Männer», sagte Nina Gwiniaschwili und schritt mutig zwischen den zwei Soldaten hindurch in den Duschraum.

«Nein, nein», flüsterte Tanja aufgeregt. «Nein, sie behandeln uns als Frauen, als Menschen, diese Soldaten. Seht euch ihre Gesichter an!»

Tanja hatte recht. Die Augen der Wachsoldaten an den Türen waren alle auf einen Punkt gerichtet: auf den Boden, auf die Fußspitzen. Es sah so aus, als zählten sie die nackten Fersen, die an ihnen vorbeizogen. Einer wie der andere. Kein einziger hob neugierig den Kopf.

Ganz anders Solowej. Er konnte sich das Vergnügen nicht versagen, die Sprecherin des Waggons Nr. 7 zu rufen.

«Sprecherin vom Waggon Nr. 7! Pflanz dich auf, wenn ich dich rufe, so schnell wie das Blatt auf den Halm folgt!» brüllte er, während er seine Augen neugierig und herausfordernd umherschweifen ließ und offensichtlich das Erscheinen der nackten Fissa schon im voraus genoß.

Und dann stand sie vor ihm. Ein allgemeiner Ausruf der Begeisterung ging durch die Menge der Frauen. Im Waggon hatte keiner von uns bemerkt, wie schön Fissas Haar war. Glatt zurückgekämmt und zu einem festen Knoten im Nacken gebunden, war es von niemandem beachtet worden. Jetzt aber wogte es wie ein rötlicher Strom um Fissas Körper und hüllte sie fast bis zu den Knien ein. So stand sie da mit einer Schüssel in der Hand, gleichzeitig eine Lorelei aus dem Ural und eine heilige Barbara, deren Haar auf wunderbare Weise gewachsen war, um ihre Blöße vor ihren Peinigern, den Heiden, zu verdecken.

«Die Sprecherin des Waggons Nr. 7 meldet sich zur Stelle, Bürger Natschalnik», sagte Fissa mit ihrer tiefen Stimme und hielt mit der einen Hand die Haare über der Brust zusammen, wie einen über der Schulter hängenden Schal.

Solowej, der seine Enttäuschung kaum verbergen konnte, wiederholte seine Anordnungen, während die Insassen des Waggons Nr. 7 ihre gewandte, fähige und geschickte Sprecherin mit Liebe und Freundschaft umgaben.

Der Genuß währte eine ganze Stunde. Da die Wachen in der Desinfektionskammer alle Hände voll zu tun hatten, trieben sie uns nicht zur Eile an. Wir alle fühlten uns plötzlich viel wohler. Das Plätschern des Wassers und das Lachen erfüllten den Raum. Tanja Krupenik sang sogar halblaut: «Oj, Dnipro, moj Dnipro»[57], während sie mit raschen geübten Bewegungen ihr Hemd wusch.

Der Vorrat an Lebensfreude und Güte in Tanjas Seele war unerschöpflich. Sie fühlte sich nicht einen Augenblick lang benachteiligt, obwohl sie als einzige von uns allen nicht zu zehn, sondern zu zwanzig Jahren verurteilt worden war. Tanja selbst meinte, sie habe dieses Urteil dem Umstand zu verdanken, daß die Gerichtsverhandlung am fünften Oktober siebenunddreißig stattgefunden hatte. Denn gerade an diesem Tag war ein neues Gesetz in Kraft getreten, das als höchste Haftstrafe fünfundzwanzig statt bisher zehn Jahre vorsah. Aber die anderen im Waggon tuschelten: «Das liegt daran, daß Tanja eine nahe Verwandte des ehemaligen Vorsitzenden des Rates der Volkskommissare der Ukraine, Ljubtschenko, ist. Und man weiß ja, je näher man bekannten Funktionären steht, desto höher das Strafmaß ...»

«Zehn oder zwanzig Jahre – das ist doch das gleiche», pflegte Tanja auf alle Fragen zu antworten. «Keiner wird so lange sitzen müssen. Die Partei wird schon wieder Ordnung schaffen. Es kann gar nicht anders sein. Jeschow ist bereits abgesetzt! Auch für die anderen Schädlinge kommt die Zeit! Es ist doch ganz klar, daß das NKWD von Schädlingen durchsetzt ist. Man wird sie entlarven. Und uns wird man freilassen. Schon jetzt behandelt man uns besser als unter Jeschow. Er hat uns zwei Jahre in Einzelhaft gehalten. Jetzt werden wir arbeiten. Wir werden den hohen Norden erschließen ... Man traut uns zu, daß wir gewissenhaft arbeiten wollen.»

(Worin der Unterschied zwischen zehn und zwanzig Jahren Haft besteht, das wird Tanja erst neunzehnhundertsiebenundvierzig begreifen, wenn ihre Leidensgenossinnen, soweit sie überlebt haben, eine nach der anderen das Lager verlassen und sich als freie Menschen, wenn auch in der Verbannung, ansiedeln werden. Neue Häftlinge werden ins Lager kommen, die Strafgefangenen aus den Kriegsjahren. Unter ihnen wird sich Tanja mit ihren Vorstellungen des Parteimitglieds der zwanziger und dreißiger Jahre, die weder das Gefängnis noch das Lager zerstören konnten, plötzlich einsam und allein fühlen. Im Jahre achtundvierzig wird auf der Sowchose Elgen in Kolyma ein Großbrand ausbrechen. Und Tanja, die dort als Agronomin arbeitet, wird ein neues Verfahren drohen, eine neue Anklage wegen Sabotage und Brandstiftung. Und in einer hellen Nacht des kurzen Sommers in Kolyma wird man Tanja – braune Augen, schwarze Augenbrauen – in einem der Treibhäuser, zwischen Gurken und Tomaten, die dort für die Leitung des Lagers und der Sowchose gezogen werden, erhängt finden. Über dem Kopf der toten Tanja wird eine Wolke von Mücken summen, fette, widerliche Mücken, die fast wie kleine Fledermäuse sind.)

In den ersten Tagen nach Swerdlowsk fühlen wir uns etwas frischer. Wir tragen wieder Gedichte vor und halten Vorträge über unsere Fachgebiete. Sinaida Tulub spricht auswendig auf französisch Maupassant. Alle sind begeistert, sogar Lena Krutschinina macht ihr keine Vorwürfe mehr wegen des Katers Lyrik.

Mina Malskaja greift jetzt seltener nach ihrem Herzen und erklärt sich bereit («Nein, keinen Vortrag. Wozu soll man unter solchen Umständen die Genossen unnötig lange ermüden!»), eine kleine Einführung in die Naturbedingungen des hohen Nordens zu geben.

Am dritten Tag fällt uns allen auf, daß uns unsere Wasserration nach dem großartigen Bad in Swerdlowsk noch kümmerlicher erscheint als vorher. Und wieder beginnen die Streitereien, die trägen Sticheleien.

«Ach», seufzt Polja Schwyrkowa, «das Gute hält nicht lange vor! Ich glaube, ich habe in Swerdlowsk einen halben Eimer voll Wasser getrunken, und jetzt habe ich schon wieder ... Das ist ein Elend ...»

«Hört auf zu plärren, macht keinen Krach!» mahnt eine andere, die die köstliche Gabe hat, vierundzwanzig Stunden hintereinander zu schlafen.

«Ihr sollt euch nicht zanken! – Woher kommt nur das Böse in den Menschen?» meint Nadja Koroljewa bekümmert.

«Was heißt woher? Das Netz war groß, und darin verfingen sich verschiedene Fische ...» sagt Tanja Stankowskaja mit ihrer heiseren Stimme. Sie steht jetzt überhaupt nicht mehr auf, und auf meine Frage, wie es ihr geht, sagt sie: «Bis zum Transitlager werde ich es auf alle Fälle schaffen!»

An einem frühen Morgen, es dämmerte gerade, wurden wir alle durch einen heftigen Ruck geweckt. Wir mußten schon in der Nähe von Irkutsk sein.

«Ein Unglück?»

«Das wäre nicht schlecht ... Wenn doch unser Waggon in die Brüche gegangen wäre, dann müßten sie uns wohl oder übel hinauslassen. Da wären wir ausgiebig an die frische Luft gekommen.»

«Macht euch keine Hoffnungen. Seht ihr nicht, unsere Becher sind zerbrochen. Das ist wirklich eine Katastrophe. Schlimmer als ein Eisenbahnunglück. Wie sollen wir ohne Becher bis Wladiwostok kommen? Das ist noch einmal die gleiche Strecke.»

Der Zug hält. Vor den Türen das Trampeln der Wachsoldaten, die von einem Waggon zum andern laufen. Laute Rufe. Flüche.

«Was kann da geschehen sein, was glauben Sie?» fragt Sinaida Tulub höflich, und sieht uns alle aus ihren dunklen Augen an, die eher zu einer Anna Kern[58] passen als zu einer Strafgefangenen aus dem Waggon Nr. 7.

Alle schweigen. Schließlich kommt von oben die Stimme von Tanja Stankowskaja: «Eins von beiden: entweder ein ungewöhnlicher Ausbruch des Vesuvs oder Stalins Antwort auf das Gedicht von Olga Orlowskaja.»

Nadja Koroljewas Becher ist entzweigegangen, und sie weint über den Scherben wie über der Leiche eines eigenen Kindes. Plötzlich wird unsere Tür mit einem Ruck geöffnet. Man merkt gleich: das ist keine der üblichen Kontrollen. Wir springen alle auf. Was wird geschehen? Zuerst klettert Solowej in unseren Waggon, dann folgen ihm, eine nach der anderen, mehrere Frauen, die von zwei Wachsoldaten hinaufgeschoben werden. Sie sind sehr schwach. Sie können sich kaum auf den Beinen halten, diese unbekannten Frauen, die die gleichen graubraunen Gefängniskleider tragen wie wir. Es ist eine größere Gruppe – ungefähr fünfzehn Menschen.

«Sprecherin von Waggon Nr. 7! Ihr bekommt Nachschub!» ruft Solowej. «Los, rückt auf euren Pritschen zusammen, macht für die Neuen Platz! Ihr habt es euch viel zu bequem gemacht!»

«Wo sollen wir sie unterbringen, Bürger Natschalnik? Schon jetzt können wir uns nur auf Kommando umdrehen.» Diesmal protestiert sogar Fissa.

«Wozu müßt ihr euch umdrehen? Ihr könnt ja still liegenbleiben. Ewige Ruhe!» scherzt Solowej makaber.

«Los, los, legt euch hin und rührt euch nicht!» kommandiert Mischtschenko.

Schluchzend stürzt Nadja Koroljewa auf Solowej zu und erzählt ihm von ihrem Kummer. Sie kann doch nichts dafür, daß ein Waggon entgleist ist. Was soll sie jetzt ohne Becher machen?

«Einen neuen gibt es nicht. Wie stellen Sie sich das vor? Schließlich bin ich für jedes Stück verantwortlich. In Wladiwostok wird Inventur gemacht.»

Und dann fügt er schulmeisterlich hinzu: «Mit dem Staatseigentum muß man sorgfältig umgehen.»

Solowej und die Wachsoldaten springen nacheinander aus dem Waggon auf den sandigen Boden. Der Holzriegel wird wieder vorgelegt. Die Neuen stehen wie eine Herde in der Mitte des Waggons, direkt neben der Latrinenöffnung, und halten ihre Mäntel an die Brust gedrückt. Das allgemeine Schweigen hält einige Minuten an. Die Blicke, die man den Neuen zuwirft, sind nicht gerade freundlich. Man muß sich das einmal vorstellen: wir konnten hier ohnehin kaum existieren, hatten nichts zu trinken, nicht genug Luft zum Atmen, und nun kamen noch... Wohin mit ihnen?

«Wer hat euch so zugerichtet?»

Polja Schwyrkowa bemerkt als erste, daß die Neuen irgendwie anders aussehen als wir. Man sieht ihnen an, daß sie noch tiefer gedemütigt und entwürdigt sind als wir.

«Die Haare!»

«Ja, sie haben uns die Haare geschoren. Wir kommen nicht aus Jaroslawl. Aus Susdal. Wir sind erst zum Transport nach Jaroslawl gebracht worden. Wir waren im Waggon Nr. 12. Er ist auseinandergebrochen. Eine kleine Entgleisung.»

«Sie haben uns in drei Gruppen geteilt und hierhergebracht. Aber ihr seid offenbar auch ohne uns genug.»

Susdal: das zweitgrößte und zweitwichtigste Frauengefängnis für Einzelhaft. Im Butyrki hatten wir oft davon geträumt: ein ehemaliges Kloster. Die Mönchszellen dürften trockener als die Gefängniszellen sein. Aber nun...

Ja, im Unterschied zu uns in Jaroslawl hat man die Häftlinge in Susdal völlig kahl geschoren. Die Frauen aus Jaroslawl starren entsetzt auf die rasierten Köpfe ihrer ungebetenen Gäste. Und deren Augen hängen voll Neid und Entzücken an unseren zerzausten, verstaubten, ergrauten Zöpfen, Locken, Ponys.

«Ach, ihr Unglücklichen», seufzt Polja Schwyrkowa laut.

Das ist ein Signal. Das Signal für uns, die Neuen nicht als Eindringlinge anzusehen, mit denen man die kümmerliche Wasser- und Luftration zwangsläufig teilen muß, sondern als Schwestern, denen noch mehr Kränkung und Leid widerfahren ist als uns. Die Haare! Man hat ihnen die Haare abrasiert!

«Kommen Sie, Genossin! Wir können hier noch etwas Platz machen.»

«Legen Sie ihren Mantel auf meinen...»

«Ziehen Sie die Stiefel aus und klettern Sie hier hinauf. Wir rücken zusammen. Es dauert ja nicht mehr lange. Jetzt fahren wir schon durch Sibirien.»

Eine von den Neuen hat mich erkannt. Sie bahnt sich mühsam einen Weg zu mir.

«Schenja!»

Aber ich erkenne sie nicht gleich, die gute Bekannte aus der Freiheit, aus Moskau, Lena Solowjowa. Es ist sehr schwer, in dieser fast geschlechtslosen Gestalt, die eben den Flecktyphus überstanden zu haben scheint, die kokette, ewig lachende Lena wiederzuerkennen. Helle Borsten bedecken den übertrieben lang wirkenden Schädel. Die ‹Jeschow-Uniform› schlottert um ihre spitzen Schultern.

Die Ratlosigkeit, mit der ich sie lange anstarre, der Ton, in dem ich endlich: «Lenotschka!» rufe, bringt ihr vielleicht zum erstenmal, seit sie verhaftet ist, zum Bewußtsein, was aus ihr, der lebhaften, begabten, jungen Aspirantin geworden ist. Mit einer krampfhaften Bewegung zieht sie aus der Manteltasche ein verknautschtes, schmutziges Kopftuch und bindet es sich um den Kopf.

«Und so? Sehe ich mir so wenigstens ein bißchen ähnlicher?» fragt sie, und ihre knotige, knochige Hand greift nach meinem Haar: «Du Glückliche! Du hast Locken! Genau die gleichen wie früher, wie in Moskau ...»

Ich verzehre mich vor brennendem Mitleid. (Wir schreiben erst das Jahr 1939, und trotz Untersuchungshaft, trotz Gerichtsverhandlung, Butyrki, Lefortowo, Jaroslawl weiß ich noch lange nicht, was Menschen einander antun können. Deshalb denke ich beim Anblick der kahlen Köpfe dieser Häftlinge aus Susdal, besonders aber beim Anblick meiner alten Bekannten Lena, daß dieses Kahlscheren die schlimmste Verhöhnung der weiblichen Natur ist. Zwei, drei Jahre später werde ich schon gar nicht mehr bemerken, wie dieser oder jener Frauenkopf unter der aufgestülpten Lagermütze aussieht, die an die Kopfbedeckung des alten Nomadenstammes der Petschenegen erinnert.)

«Sie werden wieder wachsen ... Lenotschka, meine Liebe, sie werden wieder wachsen! Und dann wirst du wieder hübsch aussehen. Du brauchst uns nicht zu beneiden. Wir sind doch in der gleichen Lage wie du. Und sie können uns jederzeit genauso wie dir ...»

Ich fahre mit der Hand über meine Haare. Nein, das würde ich wahrscheinlich nicht überleben.

«Lena, wo ist dein Iwan? Wo sind die Mädchen?»

In Lenas erstarrtem, maskenhaftem Gesicht zuckt es. «Die Kinder? Ich weiß nicht, ich weiß gar nichts. Ich durfte keine Briefe schreiben. Und Iwan ist da, wo alle anständigen Menschen sind.»

Lena spricht mit einer erschreckend gleichgültigen Stimme. Offenbar fürchtet sie sich jetzt vor nichts mehr. Es macht ihr nichts aus, daß jemand von den orthodoxen Stalinisten im Waggon solche Reden den Wachen hinterbringen könnte.

Unter den Häftlingen aus Susdal ist nur eine mit langen Haaren.

«Ich habe mich gewehrt!» sagt sie mit lauter Stimme, und an der Art, wie sie spricht, erkenne ich mit Sicherheit die Lehrerin.

Es ist Lilja Its, Jelisaweta Iwanowna Its. Leiterin einer Mittelschule in Stalingrad. Eine große attraktive Frau mit dichtem blonden Haar, das in Locken auf die Schultern herabfällt. Die Schulmädchen haben sie angebetet, auch wenn sie ihr den Spitznamen ‹die gestrenge Jelisaweta› gaben.

«Ich habe mich einfach auf die Schere gestürzt. Ich habe auf den Friseur eingeschlagen und ihm die Hände zerbissen», fährt Lilja in dem gleichen lehrerhaften Tonfall fort, als gäbe sie eine Schulstunde. «Die Haare habe ich gerettet, aber dafür habe ich mir das Bein verletzt. Macht nichts! Dieses Trauma ist leichter zu überstehen.»

An ihrem rechten Knie hat Lilja einen starken, dunkelvioletten Bluterguß. Das Bein sieht wie ein glänzendes Holzscheit aus.

«Sie haben mich in der Strafzelle mit voller Wucht gegen das Eisenbett geworfen. Aber sie kamen nicht mehr dazu, mir die Haare abzuschneiden. Der Transport wurde vorbereitet... Sie mußten sich beeilen... Sie hatten keine Zeit mehr, sich mit mir zu beschäftigen.»

Tamara Warasaschwili drückt kräftig Liljas Hand. «Ich bewundere Ihren Mut, Genossin.»

In der Ecke unserer Orthodoxen (die übrigens nicht die geringsten Anstalten machen, auch nur auf einen Zentimeter ihres ‹Lebensraums› zu verzichten), entsteht plötzlich Bewegung.

«Haben Sie sich nicht überlegt, daß diese Maßnahme vielleicht aus sanitären Gründen erforderlich war? Vielleicht hatte jemand bei Ihnen Läuse», sagt Lena Krutschinina.

Die Häftlinge aus Susdal weisen diese Möglichkeit weit von sich. Sie hatten selbst schon darüber gesprochen.

«Woher hätten die Läuse in der Einzelhaft kommen können? Alles war nackt und sauber in der Zelle. Nur Stein, Eisen und eine Frau in Gefängniskleidung. Und zweimal im Monat wurden wir einzeln in den Duschraum gebracht. Nein, sanitäre Gründe gab es nicht. Es war nichts als Hohn und Willkür.»

«Als Verhöhnung kann man eine solche Rasur doch wohl nicht bezeichnen. In der zaristischen Zeit war es etwas anderes. Damals wurde den Häftlingen nur der halbe Kopf geschoren.»

Tanja Stankowskaja hält es nicht mehr aus. Ich weiß nicht,

woher sie die Kraft nimmt, so laut zu rufen, daß man sie im ganzen Waggon hört: «Schwestern! Laßt uns ein Dankschreiben an den Genossen Stalin verfassen. So etwa: Das Leben ist besser, das Leben ist fröhlicher geworden. Jetzt wird nicht mehr der halbe, sondern der ganze Schädel rasiert. Wir danken dem Vater, dem Führer, dem Schöpfer für das glückliche Leben.»

«Stankowskaja! Wenn man Ihr antisowjetisches Gerede hört, kann man einfach nicht glauben, daß Sie Mitglied eines Stadtkomitees gewesen sind.»

«Und wenn man Sie hört, kann man einfach nicht glauben, daß Sie bei denen nicht fest angestellt sind, sondern nur zur Hilfstruppe gehören. Übrigens, warum rufen Sie nicht die Wachen und melden ihnen, was ich gesagt habe! Vielleicht geben sie Ihnen für diesen Dienst saubere Wäsche. Wie Sie hier die Luft verpesten, das geht schon über das Soll hinaus ...»

«Seid doch still ... Was soll das?» sagt beschwichtigend die naiv-orthodoxe Nadja Koroljewa. «Warum beleidigt ihr euch gegenseitig? Ich habe wirklich Pech gehabt – mein Becher ist zerbrochen, und trotzdem lasse ich die anderen in Ruhe. Was soll man tun, wir müssen es eben ertragen. Gefängnis ist Gefängnis. Es ist nun einmal kein Kurort ... So, wie es in dem Lied heißt: ‹Dieses Haus gehört dem Zaren ...›»

«Gehört dem Zaren», singt jemand weiter.

Die Räder rattern und rattern, aber jetzt nicht mehr rhythmisch, sondern immer langsamer. Man hat den Eindruck, wir kämen zu Fuß schneller nach Wladiwostok.

Der Waggon Nr. 7 ist müde. Er ist erschöpft, man hat ihn überladen. Und doch rollt er weiter und dringt immer tiefer in die Weite Sibiriens ein. Das uralte Lied der Verbannten, das schon immer auf dem Weg nach Sibirien erklang, übertönt das müde Rattern der Räder: «Für welche Verbrechen hat uns das Gericht in die Verbannung geschickt?»

Unter den Häftlingen aus Susdal sind einige bekannte Frauen. Lina Cholodowa, die MG-Schützin von Schtschors.[59] Der ganze Transport sprach von ihr. Zunächst hatte man gemeint, Tschapajews Anka sei unter uns. Aber dann stellte sich heraus, daß es nicht Anka, sondern Lina war, die, die bei Schtschors gewesen ist. Die Untersuchungsrichter hatten zu ihr gesagt: «Die Männer in deinem Dorf haben dir wohl nicht genügt, und deswegen bist du an die Front gegangen, um dort herumzuhuren!»

Und da ist die bekannte Fallschirmspringerin Klava Schacht. Auch in zwei Jahren Susdal und trotz der ‹Jeschow-Uniform› hat sie die Eleganz ihrer Bewegungen und ihrer Manieren nicht verloren. Nur ihre Finger sind verunstaltet. Bei ihrem letzten Sprung ist sie an einer Überlandleitung hängengeblieben.

Felja Olschewskaja, Parteimitglied seit 1917. Sie arbeitete viele Jahre in der polnischen revolutionären Untergrundbewegung. Ihre Schwester ist mit Bierut verheiratet.

Die berühmte Vorsitzende einer Kolchose in Usbekistan, Tadschichon Schadijewa. Viele kennen ihr Gesicht. In den dreißiger Jahren war sie häufig in der Wochenschau und auf den Titelseiten der Illustrierten *Ogonjok* und *Proschektor* zu sehen.

In den drei Jahren Haft hat Tadschichon sich noch immer nicht daran gewöhnt, daß die Sorge um die Volkswirtschaft jetzt nicht mehr ihre Aufgabe ist. Mit Begeisterung erzählt sie in ihrem fehlerhaften Russisch immer wieder von irgendwelchen weit zurückliegenden ZK-Sitzungen, bei denen es ihr gelungen ist, einen gewissen Biktagirow in bestimmten Fragen, die mit der Baumwollernte zusammenhingen, zu widerlegen. Tanja Krupenik und Anja Schilowa schmieden mit ihr zusammen Pläne für die landwirtschaftliche Erschließung Kolymas.

Lena Solowjowa muß ich immer wieder ansehen. Ich kenne sie aus der Zeit der Freiheit. Das ist eine große Freude für mich. Sie kannte meinen Ältesten. Und ich kannte ihre Töchter. 1936 saß ich neben ihr bei einer Übersetzertagung in Moskau. Jetzt erinnern wir uns gemeinsam daran, wie interessant damals Pasternak, Isaak Babel, Anna Radlowa gesprochen haben. Ich streiche über den hellen Flaum auf Lenas Kopf und unterbreche unser Gespräch nur, um auf die oberste Pritsche zu klettern und nach Tanja Stankowskaja zu schauen.

«Ich lebe noch, mach dir keine Gedanken», sagt Tanja jedesmal.

(Sie wird tatsächlich erst im Transitlager sterben. Aber sie wird nicht mehr dazu kommen, unter den männlichen Gefangenen nach ihrem Bürgen Iwan Lukitsch zu suchen, denn sie wird durch das Lagertor nicht mehr geführt, sondern getragen werden. Man wird sie auf die Pritsche legen, von der sie nicht mehr aufstehen wird. Sie wird dort liegen, fast körperlos, kaum noch ein Mensch, nur noch eine menschliche Silhouette. Sogar die Wanzen, die sich im Transitlager von Wladiwostok in großen Schwärmen zielsicher auf jeden neuen Transport zubewegen, werden um sie einen Bogen machen. Tanja wird auch noch an Hemeralopie erkranken. Sie wird mich nicht mehr sehen, sondern nur noch meine Hand halten können. An dem Tag, an dem sie sterben wird, wird sich im Lager herumsprechen, daß Bruno Jasienski irgendwo hier an eben diesem Tag an Dystrophie gestorben ist. Und wenn ich Tanja davon erzähle, wird sie ihre entsetzlichen, wackelnden, hervorstehenden Zähne zeigen, lachen und ganz deutlich mit ihrer heiseren Stimme sagen: «Ich habe Glück. Wenn du später an mich denkst, kannst du sagen: sie ist am selben Tag wie Bruno Jasienski[60] gestorben, und an derselben Krankheit.»

Das werden die letzten Worte der Tochter einer alten Bergarbeiterfamilie sein, Tanja Stankowskaja, über die Iwan Lukitsch in der Partei schützend seine Hand hielt und die unter den Reisenden im Waggon Nr. 7 die mutigste war.)

Je mehr wir uns Wladiwostok näherten, desto häufiger sprachen wir über unser Schuhwerk. Es hieß, wir würden nicht in der Stadt, sondern an irgendeinem ‹Schwarzen Fluß› ausgeladen. Die Strecke bis zum Transitlager, mehrere Kilometer, müßten wir zu Fuß zurücklegen.

«Wie sollen wir das in unseren Stiefeln schaffen?»

«Wir müssen Solowej nach Fußlappen fragen. Damit diese dreimal verfluchten Stiefel uns nicht von den Füßen fallen.»

«Woher soll Solowej Fußlappen nehmen? Bis an sein Lebensende soll Korschunidse diese verdammten Schuhe selbst tragen!»

Aber waren sie etwa seine Erfindung? Sie waren eine Schöpfung der genialen Phantasie des Genossen Jeschow. Jeschow, der Volkskommissar Stalins, der Liebling des Volkes!

In manchen Gefängnissen hatten die Stiefel nicht gereicht. Deshalb trugen einige Häftlinge noch ihre eigenen Schuhe, dieselben, die sie bei ihrer Verhaftung angehabt hatten. Mit abgelösten, mit Bindfäden befestigten Sohlen und abgebrochenen Absätzen.

Auch an dem Verhalten der Wachen merkte man, daß wir unserem Reiseziel nicht mehr fern waren. Täglich wurden wir mehrmals kontrolliert, gezählt, in Listen eingetragen und wieder kontrolliert und gezählt. Mischtschenko übernahm sich fast dabei. Er hatte die anstrengende Aufgabe, die Häftlinge aus Susdal, die im Waggon Nr. 7 untergebracht worden waren, in eine besondere Liste aufzunehmen. Schon dreimal hatte er es versucht, und jedesmal hatte er es dann auf den nächsten Tag verschoben.

«Und wie nennt man Sie?» fragte er Tadschichon Schadijewa.

«Wieso? Ich bin keine Kriminelle und habe keinen Beinamen»,

sagt die ehemalige Vorsitzende einer Kolchose in Usbekistan gekränkt. «Mir genügt mein Familienname.»

«Also gut, der Familienname.»

«Schadijewa.»

«Und die Nationalen?»

«Usbekin.»

«Nein, nicht die Nation, die Nationalen ...»

«Er interessiert sich für deine Initialen», sagt die gewitzte Doktor Musja.

«Ach so, meine Initialen? T. A.»

«Alle, alle Nitialen, nicht abgekürzt», verlangt der inzwischen ein wenig ratlose Mischtschenko.

Nicht weniger Mühe machen ihm die Deutschen.

«Hat-zen-büh-ler ...»

«Tau-ben-ber-ger ...»

Mischtschenko wischt sich den kalten Schweiß von der Stirn.

«Ihre Natialen?»

«Charlotte Ferdinandowna.»

Es wurde immer schlimmer ... Für diese Aufgabe hätte er eine Sonderzulage verdient!

In Wladiwostok kamen wir genau einen Monat nach unserer Abreise von Jaroslawl an. Das heißt, die Fahrt endete nicht in Wladiwostok selbst, sondern irgendwo in der Nähe. Vielleicht war das der ‹Schwarze Fluß› oder wie man diese öde Gegend sonst nennen mochte. Es war spät am Abend, als der Zug hielt. Vor den Waggontüren wartete bereits eine starke Wachmannschaft, der wir von Solowej übergeben werden sollten. Die Schäferhunde zerrten an den Leinen und bellten ohrenbetäubend.

«Aussteigen! In Fünferreihen aufstellen! Los!»

Es roch nach Meer. Mich überkam das unwiderstehliche Verlangen, mich auf die Erde zu legen, die Arme auszubreiten und mich in der tiefblauen, nach Jod riechenden Luft aufzulösen.

Und plötzlich von allen Seiten verzweifelte Stimmen: «Ich sehe nichts! Was ist mit meinen Augen?»

«Helft mir! Gebt mir die Hand! Ich sehe nichts. Was ist das?»

«Hilfe! Ich bin blind, ich bin blind!»

Es war die Hemeralopie. Sie hatte etwa ein Drittel der Insassen des Waggons befallen. Die Krankheit machte sich beim ersten Schritt auf der fernöstlichen Erde bemerkbar. Von der Abenddämmerung bis zum Morgengrauen waren die Betroffenen blind, irrten mit vorgestreckten Händen umher und riefen verzweifelt um Hilfe.

Das Entsetzen der Erkrankten, ihre Verzweiflung, übertrug sich auf alle. Die Wachsoldaten überschlugen sich beinahe vor Eifer. Sie bemühten sich, die Ruhe wiederherzustellen und den ‹Menschenbestand› ordnungsgemäß zu übergeben.

Jetzt war für uns von großem Nutzen, was Doktor Musja erst vor drei Jahren in der medizinischen Fakultät gelernt hatte.

«Kinder, macht euch keine Gedanken!» rief sie, schüttelte ihre Zöpfchen und wischte sich mit dem Ärmel die Tränen aus dem Gesicht. «Hört zu, ihr seid nicht erblindet. Das ist nur Nachtblindheit, eine Folge des Vitaminmangels. Das kommt vom Gefängnis, von der langen Fahrt in dem Waggon. Das Klima hier hat die Krankheit zum Ausbruch gebracht. Der einschneidende Wechsel, die veränderte Umwelt, die verminderte Widerstandskraft des Organismus. Aber das ist heilbar. Das geht vorbei, glaubt mir! Es dauert nur von der Dämmerung bis zum Morgen. Ihr braucht Lebertran. Drei Löffel würden genügen. Ihr braucht keine Angst zu haben!»

Die Zeremonie der Gefangenenübergabe dauert bis zum Morgengrauen. Die Sonne geht auf. Der Rand des Himmels erglüht in violetten und fliederfarbenen Tönen. Dann kommt der grellgelbe Sonnenball, wie gemalt.

«Jetzt habe ich erst den richtigen Zugang zur japanischen Malerei», sagt Nina Gwiniaschwili, während sie zum Himmel blickt und gleichzeitig das in zwei Teile gerissene Handtuch aus Jaroslawl um ihre Füße wickelt, um in den berüchtigten Stiefeln bis zum Transitlager marschieren zu können.

Und wieder das sich langsam bewegende graubraune Band.

«Los! Erste Reihe kürzer treten! Ich warne euch, ein Schritt nach rechts oder links, und es wird scharf geschossen ...»

Die Stiefel setzten sich in Bewegung. Bei jedem Schritt versanken sie im Sand. Ich blickte zurück. Dort, unter den Strahlen der dekorativen, wunderbaren Sonne stand ein schiefer, alter schmutzigroter Güterwagen. Und darauf war von der linken unteren bis zur rechten oberen Ecke in großen Buchstaben mit Kreide geschrieben: ‹Spezialausrüstung›.

Das Transitlager

Es wurde Morgen. Der Morgen des 7. Juli 1939. Wir gingen und gingen. Wir ahnten, daß es ein glühend heißer Tag werden würde. Vorläufig aber umspülte uns die wunderbare Luft, die nach frischgewaschener Wäsche duftete. Wir sogen sie gierig ein, als könnte sie den Schmutz des Waggons Nr. 7 von uns abwaschen. Die Straße stieg an und senkte sich wieder. Auf der ganzen Strekke begegneten wir niemandem. Wir sahen keinen Menschen, kein Auto, kein Pferd. Die Welt war wie ausgestorben. Als wären wir die letzten Überlebenden, die sich mit dem versickernden Leben noch abquälen mußten.

Mir war, als schliefe ich im Gehen. Als schliefe ich und nähme im Traum den Geruch des Meeres und eine öde Straße wahr. Nur das Stöhnen und die Rufe der anderen holten mich in die Wirklichkeit zurück. Es waren Freudenrufe, wie seltsam das auch scheinen mag. Die Blinden von gestern riefen beglückt: «Ich sehe!» Noch wußten viele von ihnen nicht, daß sie abends, beim Anbruch der Dunkelheit, wieder erblinden würden.

Die Frauen aus Susdal sind viel schwächer als wir anderen aus Jaroslawl. Mit ihren kahlgeschorenen Köpfen sehen sie alle gleich aus, als kämen sie von einem Fließband des Grauens.

Der Weg will nicht enden. Bis heute weiß ich nicht, wie viele Kilometer wir zurücklegten. Die Wachsoldaten sind schon ganz heiser von den Kommandorufen, die Schäferhunde kläffen faul wie harmlose Köter. Es wird immer heißer. Nur nicht zusammenbrechen ... denn vor uns liegt das Transitlager, das heißersehnte Transitlager, wo die Zone der Männer von der der Frauen nur durch einen Stacheldrahtzaun getrennt ist, wo wir den Männern begegnen werden, *unseren* Männern. Auch ich habe vielleicht eine Chance, meinen Mann zu treffen ... Nur zu gern glauben wir an diese Legende, die aus den hoffnungslos veralteten Gefängnis- und Lagererfahrungen unserer Sozialrevolutionäre und Menschewiken stammt. Diese irrsinnige Hoffnung führt jetzt die halbtoten Schatten durch die Senken und über die Erhebungen unseres Weges unter der immer glühender brennenden Sonne des Fernen Ostens.

Da sind die Tore des Transitlagers! Sie sind mit dichtem Stacheldraht umgeben.

Hundegebell. Die Schäferhunde werden wieder lebhaft. Sie spüren, daß ihre Aufgabe bald erfüllt ist.

«In Fünferreihen, in Fünferreihen! Durch das Tor!» kommandieren die Wachen und stoßen die Zusammenbrechenden vor sich her.

Im Lager, an dem Stacheldrahtzaun entlang, stehen Frauen, zahllose Frauen. Sie tragen ausgebleichte, geflickte, zerrissene Kleider und Jacken. Die Frauen sind mager, ausgemergelt, ihre Gesichter vom Wetter gegerbt und gebräunt. Auch sie sind Häftlinge, aber Lagerhäftlinge. Der tödliche Hauch der Einzelzellen von Jaroslawl und Susdal blieb ihnen erspart. Diese Frauen sehen aus wie Bettlerinnen, wie Flüchtlinge oder Obdachlose. Nicht schlimmer. Wir dagegen ... Wir sehen aus, als kämen wir aus bösen Träumen.

Dieser Gedanke steht den Lagerhäftlingen, die uns hier erwarten, im Gesicht geschrieben. Entsetzen, brennendes Mitleid. Die Bereitschaft, brüderlich das Letzte mit uns zu teilen. Viele von ihnen weinen unverhohlen, als sie uns sehen und beobachten, wie das graue endlose Band langsam durch das Tor zieht. Wir hören gedämpfte Stimmen.

«Die Jeschow-Uniform ... Sträflingskluft.»

«Zwei Jahre Einzelzelle, manchmal noch länger ...»

«Tjursaks ...»

Tjursak ... Das Ungeheuer mit dem Namen Tjursak ... Dieses schreckliche Wort sollte fast zehn Jahre wie ein Stein an unserem Hals hängen. Tjuremnoje Sakljutschenije ...

Wir waren die Schlimmsten unter den Übeltätern. Die Verbrecher unter den Verbrechern. Die Unglücklichsten unter den Unglücklichen. Mit einem Wort: wir waren die aller-aller-aller ...

Wir erkannten nicht gleich den ganzen Ernst unserer Lage. Erst später wurde uns klar, daß es hier, in diesem neuen Kreis der dantischen Hölle, im Gegensatz zu Jaroslawl, wo wir alle mehr oder weniger gleichgestellt waren, keine Gleichheit gab. Es stellte sich heraus, daß in den Lagern die Häftlinge in zahlreiche, von der teuflischen Phantasie unserer Peiniger geschaffene ‹Klassen› eingeteilt waren.

Hier hörten wir zum erstenmal das Wort ‹Bytowiki›[61]. Das war die Lageraristokratie: Menschen, die nicht wegen politischer Verbrechen, sondern irgendwelcher ‹Amtsvergehen› wegen verurteilt worden waren. Keine Volksfeinde also, sondern ‹ehrenwerte› Personen, die Unterschlagungen begangen, Staatseigentum veruntreut oder Bestechungsgelder angenommen hatten. (Mit den Kriminellen, die diskret unter der gleichen Rubrik geführt wurden, kamen wir erst später in Berührung. Im Transitlager gab es keine Kriminellen.)

Die ‹Bytowiki› sind sehr stolz darauf, daß sie keine Volksfeinde sind. Sie sind Menschen, die ihre Fehler durch eifriges Arbeiten wiedergutmachen möchten. Sie haben sämtliche Lagerposten inne, für die Häftlinge zugelassen sind. Die Arbeitstruppführer, die Barackensprecher, die Brigadiere, die Aufseher, die Stubenältesten – sie waren in der Mehrzahl ‹Bytowiki›.

Dann kam die komplizierte Hierarchie der ‹Achtundfünfziger› – der Politischen. Der harmloseste Artikel war 58/10: ‹Witzeerzähler›, ‹Schwätzer› oder, nach der offiziellen Terminologie, ‹antisowjetische Agitatoren›. Zu ihnen gehörten auch die, die unter der Abkürzung ‹KRD› (Konterrevolutionäre Tätigkeit)[62] geführt wurden.

In den meisten Fällen waren es Parteilose. Nach den Lagergesetzen hatte diese Kategorie Anspruch auf leichtere Arbeit und konnte in manchen Fällen sogar zu Verwaltungsarbeiten herangezogen werden. Seltener gestand man solche Vergünstigungen den Häftlingen mit der Bezeichnung ‹Pescha› (Spionageverdacht)[63] zu. Die ‹allerschlimmsten›, jedenfalls bis zu unserer Ankunft, waren die sogenannten ‹KRTD› (Konterrevolutionäre trotzkistische Tätigkeit)[64]. Sie waren die Parias des Lagers. Sie wurden für die schwersten Außenarbeiten eingeteilt, durften nie einen ‹Posten› haben und wurden an Feiertagen manchmal in Strafzellen von den anderen Häftlingen isoliert.

Nach unserer Ankunft atmeten die ‹KRTD› auf. Neben einem Tjursak, der aus einer politischen Strafanstalt kam und von einem Militärkollegium nach den ‹Terror›-Artikeln verurteilt worden war, verblaßten die ‹Verbrechen› der ‹KRTD›. Jetzt bekamen sie eine beachtliche Ablösung fürs Holzfällen, für die Melioration und für die Heuernte in Kolyma.

Der wesentliche Unterschied zwischen den ‹KRTD› und uns ergab sich aus dem Zeitpunkt der Verhaftung. In der Mehrzahl Parteimitglieder wie wir, waren sie schon vor uns verhaftet worden, zu jener Zeit, als auf konterrevolutionäre trotzkistische Tätigkeit fünf Jahre standen. Wir dagegen, die wir auf dem Höhepunkt der Aktionen von Jeschow und Berija festgenommen worden waren, wurden zuerst zu den üblichen zehn und später zu zwanzig bis fünfundzwanzig Jahren Haft verurteilt. Dabei ergab sich ein merkwürdiges Paradoxon. Da man zuerst diejenigen verhaftet hatte, die irgendwelche Verbindungen zur Opposition hatten, befanden sich unter den ‹KRTD› durchaus auch welche, die irgendwann eine ungültige Stimme abgegeben oder sich der Stimme enthalten hatten. Bei uns dagegen überwogen – trotz des hohen Strafmaßes und des strengen Strafvollzugs, der mit den besonderen Umständen der Zeit zusammenhing – die orthodoxen Kommunisten, Parteifunktionäre, die Intelligenzler der Partei, die niemals eine oppositionelle Haltung vertreten hatten. Aber wer beachtete schon solche Ungereimtheiten?

«Für die patriarchalischen deutschen Frauen besteht das Leben im wesentlichen aus drei oder vier ‹K›: Kinder, Küche, Kirche, Kleider», scherzten meine Genossinnen im Transitlager. «Unser Leben dreht sich jetzt um die vier ‹T›: Trotzkismus, Terrorismus, tjascholyj trud[65].»

Einen anderen Witz erzählte man sich nach der medizinischen Untersuchung, der wir uns im Transitlager unterziehen mußten: «Bitte tief atmen», sagt der Arzt und setzt das Stethoskop an. Und dann fragt er: «Artikel?»

«Tjursak ... Zehn Jahre ...»

«Nicht atmen ...»

Ja, das Atmen fiel uns nicht leicht. Mit zynischer Konsequenz, über die wir uns nun nicht mehr wunderten, wurde das Ergebnis der medizinischen Untersuchung im Lager auf die Artikel und Paragraphen «abgestimmt», nach denen wir verurteilt worden waren. Dem Tjursak entsprach ‹tjascholyj trud›, das bedeutete: erste Gesundheitskategorie – und so wurde das Ergebnis festgesetzt. Es genügt zu sagen, daß Tanja Stankowskaja vier Stunden vor ihrem Tod in die erste Gesundheitskategorie eingestuft wurde.

Hier lernten wir zum erstenmal die Lagermedizin kennen und entdeckten einige neue Aspekte im Arztberuf: erstens kann einen dieser Beruf vor dem sicheren Tod retten, denn Ärzte werden immer gebraucht, auch wenn sie ein ‹Tjursak› sind. Zweitens ist es für einen Lagerarzt sehr viel schwerer als für jeden anderen Sterblichen, sich eine reine Seele zu bewahren, sein Gewissen – und damit auch das Leben Tausender seiner Leidensgenossen – nicht für ein Linsengericht zu verkaufen. Jeden Augenblick wird er in Versuchung geführt, sei es durch die Aussicht auf eine geräumige warme Ecke in der Verwaltungsbaracke oder auf ein Stückchen Fleisch im Eintopf oder auf eine saubere wattierte Steppjacke. Wir wußten noch nicht, wer von den Ärztinnen unter unseren Mithäftlingen den Versuchungen widerstehen und innerlich stark bleiben würde – das sollte sich erst in Kolyma zeigen. Aber es fiel uns allen auf, daß Anja Ponisowskaja aus Susdal sich plötzlich geradehielt und daß ihre Stimme einen (vorläufig noch recht melodischen) metallischen Unterton bekam, als sie Mitglied der medizinischen Kommission wurde und die Gefängniskleider unter einem weißen Kittel verbergen und den geschorenen Kopf mit einem weißen Tuch mit dem roten Kreuz bedecken durfte.

Das Transitlager war ein riesiger mit Stacheldraht umzäunter schmutziger Hof, wo es nach Salmiak stank und nach Chlorkalk, der ständig in die Latrinen geschüttet wurde. Ich habe bereits jene besondere Art von Wanzen erwähnt, die die große zugige Holzbaracke mit den dreistöckigen Pritschen bevölkerten. Zum erstenmal in meinem Leben konnte ich beobachten, wie diese Insekten, ähnlich wie die Ameisen, im Kollektiv lebten, fast wie vernunftbegabte Wesen. Trotz der ihnen eigenen Langsamkeit bewegten sie sich dreist und geschäftig in mächtigen Formationen, vollgesogen mit dem Blut früherer Transporthäftlinge. Es war unmöglich, auf den Pritschen auch nur zu sitzen, geschweige denn zu schlafen. Gleich in der ersten Nacht begann der große Auszug nach draußen, unter den freien Himmel. Einige von uns hatten das Glück, irgendwo ein Brett, ein Stück von einer zerbrochenen Tür oder eine Bastmatte zu erwischen. Andere, die sich nicht so schnell in der neuen Umgebung zurechtfinden konnten, breiteten auf der trockenen fernöstlichen Erde den vertrauten Mantel aus Jaroslawl aus.

Ich werde die erste Nacht, die ich im Transitlager unter freiem Himmel verbrachte, nie vergessen. Nach den zwei Jahren im Gefängnis sah ich zum erstenmal wieder die Sterne über mir. Vom Meer kam eine frische Brise. Das alles weckte in mir ein trügerisches Gefühl der Freiheit. Die Gestirne schwebten über mir, sie veränderten ihre Stellung. Und wieder mußte ich an Pasternak denken...

Der Wind liebkoste die Sterne heiß und zum Opfer bereit,
Mit dem ewigen, Werden spendenden, eigenen Hauch...

Ein Telegrafendraht summte die Melodie dieser Verse mit. Die Luftwogen vom Meer überdeckten den scharfen Geruch des Chlorkalks. Noch eine kleine Anstrengung, und ich bin beinahe glücklich. Denn bis zum Morgen, bis man wieder gezwungen ist, zu leben, ist es noch lang. Jetzt gibt es nur Gedichte, Sterne und ganz in der Nähe das Meer. Ich vergegenwärtige mir immer wieder, daß Wladiwostok eine Hafenstadt ist und daß von hier täglich Schiffe nach fernen unbekannten Ländern auslaufen. Und vielleicht ist ‹Transitka› nur der Name eines Schiffes, auf dem wir über die Meere dahinfahren ...

Ich schließe die Augen und überlasse mich – nach einer so langen Trennung – der schwindelerregenden Begegnung mit der Natur. Wir fahren, wir fahren ... Wohin treibt sie, unsere Arche Noah? Über ihr funkeln die Sterne. Und hier unten sind unsere Lebensfunken – kleine Lichter im Wind, zitternd, unsicher ...

Am Morgen, als sich in der Dämmerung alle Farben und Schattierungen abzeichnen, halte ich vor Begeisterung den Atem an, denn ich entdecke in den Winkeln unseres Hofs ein paar armselige Brennesselstauden und große staubige Kletten. Ich bin bestürzt von der grünen Pracht. Ich vergesse die tückischen Eigenschaften der Brennessel und bewundere ihre Schönheit. Und die vertrauensseligen, gutmütigen Kletten ... Sie sind aus dem fernen Land meiner frühen Kindheit hierhergekommen, sie haben sich aus unserem kleinen stillen Hof in einer Moskauer Seitenstraße hierher in die Fremde verirrt.

«Aufstehen! Frühstück!»

Das Essen wurde in Feldküchen gebracht, und wir mußten uns rasch in langen Schlangen anstellen. Es gab einen heißen Eintopf und auch noch irgendwelche unbekömmlichen Pasteten, durch die sich die ohnehin schon sehr hohe Zahl der Darmkranken verdoppelte.

An den ersten drei Tagen, an denen die medizinischen Untersuchungen stattfanden, wurde unser Transport noch nicht zur Arbeit geschickt, und wir nützten die Zeit, indem wir neue Bekanntschaften schlossen. Mit der unersättlichen Neugierde ehemaliger Einzelhäftlinge unterhielten wir uns mit den Lagerhäftlingen, die bereits über einen Monat hier im Transitlager waren. Und wieder Schicksale ... Schicksale ... Irrsinnig in ihrer Unglaubwürdigkeit und dennoch wahr. Tragisch ihrem Wesen nach und zugleich eine Kette komischer, grotesker Episoden.

«Wir haben uns doch irgendwo schon einmal gesehen, ganz

bestimmt», sagt Sofja Meschlauk, die Frau von Molotows Stellvertreter, ganz aufgeregt, und kann ihre Augen von Tanja nicht abwenden.

«Ja, mir kommt Ihr Gesicht auch bekannt vor ... Wir müssen uns entweder im Regierungssanatorium oder im Butyrki begegnet sein ...»

Wir alle rollten behutsam das Knäuel der Zeit auf. Jede begann mit der Schilderung ihrer Verhaftung, und immer wieder hörten wir neue Varianten des Märchens vom *großen Menschenfresser.* Die Lagerhäftlinge wußten weit mehr als wir. Erstens waren die meisten von ihnen später verhaftet worden, und zweitens waren die Vorschriften im Lager unvergleichlich milder und ermöglichten während der Arbeit einen gewissen Kontakt zu der Bevölkerung.

An dem Tag, an dem ich mich, erschüttert vom Tod Tanja Stankowskajas, von den anderen absonderte, kam ein junges Mädchen mit einem lieben runden Gesicht, das an einen Apfel erinnerte, auf mich zu und sagte leise: «Quälen Sie sich nicht so sehr wegen Ihrer Freundin. Hier sterben viel zu viele Menschen, als daß man sich erlauben könnte, auf den Tod in dieser Weise zu reagieren. Denken Sie an etwas anderes. Denken Sie zum Beispiel an Ihre Familie, dort, in der Freiheit. Haben Sie noch jemanden?»

«Kinder ... Eltern ... Mein Mann ist verhaftet.»

«Na also. Ich arbeite außerhalb des Lagergebiets. Schreiben Sie einen Brief. Ich werde ihn einstecken. Dann werden sie ihn bekommen.»

Das ist eine Möglichkeit, meiner Mutter einen Brief zu schikken, ohne als Mitautor den Zensor von Jaroslawl zu haben! Das ist schon viel wert ... Und ich kritzele zwei winzige Notizblätter mit mikroskopisch kleinen Buchstaben voll, um soviel wie möglich darauf unterzubringen. Das Notizbuch, aus dem das Mädchen diese beiden Blätter herausgerissen und das sie nachlässig wieder in die Tasche gesteckt hat, kommt mir wie ein wahres Wunder vor, als hätte sie eine Handvoll Diamanten hervorgezogen. Und wie nachlässig sie mit einem so kostbaren Gegenstand umgeht! Ich bin atemlos vor Begeisterung und Entzücken, als mir meine Wohltäterin mit der gleichen lässigen Bewegung einen Briefumschlag gibt. Einen richtigen Briefumschlag mit einer Briefmarke!

Ich kann immer noch nicht an mein Glück glauben und übergebe ihr den fertigen Brief mit dem gleichen Gefühl, mit dem Schiffbrüchige ihren Hilferuf in der versiegelten Flasche dem Meer anvertrauen.

Diese zweiundzwanzigjährige Allotschka Tokarewa, eine Lagerinsassin (KRD, zehn Jahre), die mir soviel Sympathie entgegenbrachte, war während des ganzen Monats, den ich im Transitlager von Wladiwostok verbrachte, mein guter Geist. Taktvoll und freundlich führte sie mich in diese für mich neue Welt ein.

«Wenn Ihre Fragebogen ausgefüllt werden», belehrte sie mich, «müssen Sie sagen, daß Sie an der medizinischen Fakultät studiert und erst nach dem vierten Semester auf Philologie umgesattelt haben.»

«Warum denn das?» fragte ich verwundert.

«Falls man in Kolyma Krankenschwestern braucht, könnte es sein, daß man auf Sie zurückgreift. Als Krankenschwester brauchen Sie nicht im Freien zu arbeiten, beim Roden oder Holzfällen ...»

«Aber das ist doch Betrug! Außerdem kann ich ja gar nicht als Krankenschwester arbeiten ...»

«Was muß man da schon können! Den Menschen ist am meisten geholfen, wenn ein anständiger Mensch auf einem solchen Posten arbeitet. Sie werden Todkranken das Leben retten. Und Sie werden dafür keine Geschenke verlangen.»

«Und die Behandlung?»

«Stellen Sie sich nicht an. Im Lager hilft nur eines: für einen oder zwei Tage von der Arbeit befreit zu werden ...»

«Ich kann nicht lügen ...»

«Dann müssen Sie es lernen ...»

Solche Reden aus dem Mund eines jungen Mädchens mit einem runden Apfelgesicht kamen mir wie eine neue Maske des *großen Wahnsinns* vor.

Aber vorerst war ich keine sehr gelehrige Schülerin. Und von Anfang an verspielte ich meine Chancen bei einer sehr einflußreichen Person, einer gewissen Tamara, die den hohen Titel ‹Kolonnenführerin› hatte.

Tamara war der erste ‹Pinsel›, mit dem mich das Schicksal zusammenführte. Sonderbarerweise war auch sie nach dem politischen Artikel 58 verurteilt worden und war, glaube ich, sogar eine ‹KRTD›. Wenn sie trotz dieses Artikels eine solche Position erreicht hatte, so bedeutet das ... Das alles ist mir jedoch erst später klargeworden. Damals wußte ich nur, daß Tamara eine ehemalige Komsomolfunktionärin aus Odessa war, und ich ging zu ihr, um sie zu fragen, ob unsere Habseligkeiten mit dem Transport aus Jaroslawl angekommen seien. Diese Frage war für mich sehr wichtig, denn meine roten Turnschuhe, in denen ich Hunderte von Kilometern in der Einzelzelle zurückgelegt hatte, waren auseinandergefallen. Stiefel bekam ich nicht, und so lief ich praktisch barfuß. Unter meinen persönlichen Sachen hatte ich noch ein Paar alte, aber feste schwarze Schuhe. Auf diese Schuhe wartete ich so sehr, daß sie mir sogar im Traum erschienen.

Ich fragte, selbstverständlich sehr höflich, und sprach Tamara mit ‹Genossin› an, wie es unter uns Häftlingen üblich war.

«Siehst du diese Verrückte?» sagte Tamara zu ihrer Vertreterin, einer ‹Bytowitschka›, die ihr auf Schritt und Tritt folgte.

Tamaras schönes, gleichmäßiges Gesicht mit dem rosigen Teint, der unter unseren graugelben Gesichtern auffiel, lief vor Zorn rot an. Später erfuhr ich, daß sie zu jenen ‹Pinseln› gehörte, die ständig ‹unter Volldampf› standen und nur auf eine Gelegenheit warteten, über irgend jemanden herzufallen.

«Ihre Koffer sind leider noch nicht eingetroffen, Madame», giftete sie mich höhnisch an. «Außerdem bin ich für dich keine Genossin! Wir haben nicht zusammen Schweine gehütet... Und wegen deiner Klamotten mußt du die Barackensprecherin fragen, nicht mich.»

Sie schrie mit einer hohen, schneidenden Stimme und schlug mit der Faust auf den Tisch, um die allgemeine Aufmerksamkeit auf sich und auf mich zu lenken. Ihre Empörung darüber, daß ich gegen die Rangordnung verstoßen und mich an sie wie an eine Gleichgestellte gewandt hatte, dauerte mindestens fünf Minuten.

Und ich goß noch Öl ins Feuer, indem ich antwortete: «Entschuldigen Sie, eine ‹Genossin› sind Sie wirklich nicht. Ich habe mich geirrt...»

Von diesem Augenblick an hatte ich eine mächtige, tödliche Feindin. Das zeigte sich schon am dritten Tag danach, als ich, obwohl ich mich vor Entkräftung, Skorbut und Durchfall kaum auf den Beinen halten konnte, zur Arbeit in den Steinbruch geschickt wurde.

Übrigens erzählten einige Frauen aus Odessa, die Tamara von früher kannten, daß sie vor ihrer Verhaftung ein nettes Mädchen und eine aktive Komsomolzin gewesen sei, freundlich und wohlwollend zu allen. Später habe ich noch häufig Menschen beobachtet, deren Persönlichkeit sich durch den täglichen Kampf ums Dasein im Lager völlig veränderte. Alles, was früher einmal gewesen war, wurde bei ihnen verdrängt. Es entstand ein neuer Mensch, und dieser Mensch war furchtbar. Es waren hölzerne Marionetten, ohne Bindung, ohne Seelenleben und vor allem ohne Gedächtnis. Diese Menschen dachten nie mehr an die Freiheit, an die menschliche Periode ihres Lebens zurück. Solche Erinnerungen wären für sie nur eine Belastung gewesen.

Die Frauen aus Odessa, die sich hier im Transitlager befanden, wußten das und sprachen Tamara nie wie eine alte Bekannte an. Nachdem sie alle Brücken hinter sich abgerissen hatte, vermied sie es, sich Rechenschaft abzulegen über ihr eigenes Verhalten und besonders über jene Ereignisse, deren Opfer sie selbst geworden war. Daß sie ständig ‹unter Volldampf› stand und ihre sogenannte ‹Reizbarkeit›, das heißt, ihre Bereitschaft, Szenen zu machen und Menschen zu beleidigen, die von ihr abhängig waren, erklärten sich daraus, daß sie die Menschen verachtete und sich doch vor ihnen fürchtete, auch wenn sie es sich nicht eingestand. Ihre zahllosen Speichellecker und Höflinge behandelte sie mit herablassender Verachtung. Die anderen aber, die ihr durch Schweigen und Blicke zeigten, daß sie den verborgenen Mechanismus ihres Verhaltens durchschauten, haßte sie glühend und verfolgte sie auf Schritt und Tritt.

Ich hatte durch meine naive Anrede ‹Genossin› in ihr die Erinnerung an jene Vergangenheit geweckt, die sie vor sich selbst verleugnete, weil sie ihr bei ihrer Karriere im Weg war. Deshalb reagierte sie mit einem solchen Ausbruch. Nach dem Zusammenstoß mit ihr bekam ich Einblick in die psychologische Struktur dieses Menschentyps, die durch die Lebensbedingungen im Lager bloßgelegt wird. Bei jeder Begegnung mit Tamara fielen mir die Verse von Blok ein:

Wie furchtbar ist es für einen Toten
Sich lebendig und leidenschaftlich zu geben!
Aber er muß sich in die Gesellschaft Eingang verschaffen
Und um Karriere zu machen, das Klappern der Gebeine
verbergen ...

Später, auf meinem Weg durch die Lager, bin ich noch vielen seelischen Leichnamen begegnet. Im Gefängnis hatte es sie nicht gegeben. Das Gefängnis, besonders die Einzelhaft, läuterte die

Menschen und brachte die Diamanten und das Gold ihrer Seelen zum Vorschein.

Im Steinbruch erfuhr ich am eigenen Leib, was Zwangsarbeit ist. Es war Juli. Erbarmungslos trafen uns die ultravioletten Strahlen der fernöstlichen Sonne. Noch aus der Ferne ging von dem Gestein eine höllische Glut aus. Es kam hinzu, daß wir über zwei Jahre lang nicht einen einzigen Sonnenstrahl gesehen hatten und nach der Zeit in den Einzelzellen körperliche Arbeit nicht mehr gewohnt waren. Wir litten an Skorbut und Pellagra... Der Waggon Nr. 7 hatte uns den Rest gegeben. Und ausgerechnet wir mußten Erd- und Steinbrucharbeiten leisten, die selbst von Männern große Kraft und Widerstandsfähigkeit verlangen.

Es war erstaunlich, wie selten in dieser Sonnenglut jemand einen Hitzschlag bekam. Es geschah nur zweimal, wenn ich mich recht erinnere. Das erste Mal traf es Lisa Schewelewa, Jelena Stassowas persönliche Sekretärin für die Kominternarbeit. Sie starb später in Magadan, im Gefängniskrankenhaus, gleich nach der Überfahrt. Die andere war Weriko Dumbadse, ein junges Mädchen, das ihres Vaters wegen mit sechzehn Jahren verhaftet worden war. Auf der gleichen Trage, mit der wir die Steine schleppten, wurden sie ins Krankenhaus gebracht. Zwei Tage später wurden sie schon wieder zur Arbeit eingeteilt.

Immer wieder tauchten Erinnerungen an Bücher auf, die ich einmal gelesen hatte: Neukaledonien. Jean Valgeant. Ein Zuchthäusler, der an seinen Handwagen geschmiedet ist... Und so sieht das alles in Wirklichkeit aus.

Die ‹Pinsel› des Transitlagers versicherten uns immer wieder, diese Arbeit sei ein wahres Paradies, gemessen an unseren Artikeln und Strafen, denn bisher müßten wir noch kein Soll erfüllen und bekämen trotzdem die Verpflegung für hundertprozentige Leistungen. In Kolyma werde das anders aussehen. Dort müßten wir ein bestimmtes Soll erfüllen. Der Aufenthalt hier sei nur eine Art Ruhepause vor der Überfahrt. Trotz dieses ‹Liberalismus› bekamen viele von uns Hungerödeme an den Beinen. Nachts konnte man, obwohl wir unter freiem Himmel lagen, nur schwer einschlafen, weil ringsum Hunderte von Menschen schwer atmeten, stöhnten und hin und wieder aufschrien. Zwischen den Zähnen knirschte der Staub aus dem Steinbruch.

Bei manchen zeigte sich bereits der Lagerstumpfsinn. Sie hatten schon gelernt, alles wie durch einen Nebel zu betrachten, ohne wirklich wahrzunehmen: die Sterbenden, die Nachtblinden, die nach Sonnenuntergang mit ihren Helfern oder mit vorgestreckten, zitternden Armen umhergingen, und die Scharen von Wanzen auf den Pritschen. Einige nahmen die schreckliche Gewohnheit an, ihre Ödeme und die Lumpen ihrer Jeschow-Uniform wie Bettler zur Schau zu tragen.

Aber das waren Ausnahmen. Die überwiegende Mehrzahl versuchte durchzuhalten. Man freute sich über den weißen Morgennebel und über die wunderbaren violetten Sonnenuntergänge, die über uns leuchteten, wenn wir vom Steinbruch ins Lager zurückkehrten. Man freute sich, wenn Schiffe in der Nähe lagen, was man wie mit einem sechsten Sinn spürte. Und die Gedichte... Noch immer trugen wir nachts Gedichte vor. Noch immer lebten wir in jener bittersüßen Welt der Gefühle, die sich uns in der Einzelzelle in Jaroslawl so freigebig eröffnet hatte. Ich fühlte instinktiv, daß ich lebte, solange mich der Wind, die funkelnden Sterne und die Gedichte noch erregen konnten – ich lebte, auch wenn meine Knie schlotterten und ich unter dem Gewicht der glühenden Steine fast zusammenbrach. Der Widerstand gegen das schreckliche Grauen, das uns jetzt von allen Seiten bedrängte, bestand gerade darin, daß wir alle diese letzten Schätze in der Seele zu bewahren suchten.

Es gab schon einige unter uns, die sich in die Einzelzelle zurücksehnten.

«Dort war es besser, wirklich. Dort war es immerhin sauber, man hatte Bücher und brauchte nicht so tierisch, so entwürdigend zu arbeiten...»

«Wenn wir nicht aus dem Gefängnis herausgekommen wären, wären wir spätestens im nächsten Jahr an Skorbut eingegangen...»

«Und jetzt? Glauben Sie, daß wir das nächste Jahr noch erleben?»

An einem frühen Morgen, als zwischen den Rändern der leichten Wolken noch die verblassenden Sterne zitterten, weckte Nadja Lobyzina das ganze Lager. Nadja war Sozialrevolutionärin und kam uns, obwohl sie erst dreißig Jahre alt war, wie ein lebender Anachronismus vor. Die Brille, die altmodische Frisur und ihre merkwürdige Art zu sprechen, das alles waren typische Merkmale einer Suffragette aus der Zeit um die Jahrhundertwende. Aber an jenem Morgen benahm sich Nadja wie ein Fährtenleser aus der Taiga oder wie ein Indianerhäuptling aus einem Buch von Mayne Reid. Sie legte das Ohr auf die Erde und horchte mit erhobenem Zeigefinger, dann sprang sie von dem Brett, auf dem sie schlief, auf und flüsterte erregt: «Sie kommen! Ein Transport... Ein großer Transport... Wahrscheinlich Männer! Wir haben es doch schon immer gesagt.»

Manche von uns sahen Nadja mitleidig an. Eine Halluzination? Eine Psychose? Das wäre nicht verwunderlich gewesen...

Aber was wir für Hirngespinste hielten, sollte sich als Wirklichkeit erweisen. Der Transport war angekommen. Ein großer Männertransport, Politische aus Werchne-Uralsk. Genau wie wir kamen sie aus der Einzelhaft. In der Mehrzahl Parteimitglieder. Männer. *Unsere* Männer.

So ging die Prophezeiung der Sozialrevolutionäre zu einem Teil in Erfüllung. Aber eine Begegnung mit den eigenen Angehörigen war jetzt, angesichts der ungeheuren Ausmaße dieser Aktion, so gut wie ausgeschlossen. Ich habe bereits erwähnt, daß nur Pawotschka Samojlowa das Glück hatte, ihren Bruder zu treffen.

Wir werden von dem Stacheldrahtzaun, der uns von den Männern trennt, nicht fortgejagt. Und wir schauen, wir schauen und wenden die Augen nicht ab von dem ins Lager kommenden Männertransport.

Sie gehen schweigend, mit gesenktem Kopf, sie bewegen ihre Beine nur langsam, und an den Füßen tragen sie die gleichen Stiefel wie wir. Sie haben die gleichen ‹Jeschow-Uniformen› an, aber die braungestreiften Hosen sehen noch mehr wie Sträflingskleidung aus als unsere Röcke. Und obwohl wir uns sagen könnten, daß die Männer widerstandsfähiger sind als wir, empfinden wir für sie mütterliches Mitleid. Sie kommen uns noch hilfloser vor. Sie können so schlecht Schmerzen ertragen (so glauben wir), sie sind nicht imstande, ihre Wäsche zu waschen oder zu flicken wie wir... Das waren unsere Männer und unsere Brüder, die in dieser furchtbaren Situation unsere Fürsorge entbehren mußten.

«Der Arme, er hat niemanden, der ihm einen Knopf annähen könnte...» Irgend jemand zitierte diese Formel fraulicher Liebe aus einem frühen Roman von Ilja Ehrenburg.

In jedem Gesicht glaube ich eine Ähnlichkeit mit meinem Mann zu erkennen. Meine Schläfen schmerzen vor Anstrengung. Alle suchen genauso gespannt. Und plötzlich...

Plötzlich entdeckt uns einer der Männer.

«Frauen! *Unsere* Frauen!»

Ich kann das, was nun geschah, nicht beschreiben. Ich finde

keine Worte dafür. Es war, als hätten wir alle gleichzeitig, auf beiden Seiten des Stacheldrahts, einen elektrischen Schlag bekommen. Und in diesem Augenblick wurde ganz deutlich, daß wir alle in unserem Innersten einander ähnlich waren! Alles, was im Laufe der zwei langen Jahre im Gefängnis verdrängt worden war, was jeder einzelne mit sich herumgetragen hatte – das alles brach jetzt hervor und tobte in uns, um uns und, wie es schien, selbst in der Atmosphäre. Wir schrien, die Männer schrien, wir streckten uns die Hände entgegen. Fast alle weinten laut.

«Ihr Lieben, ihr Armen!»

«Seid mutig! Haltet durch! Seid tapfer!»

Diese und ähnliche Worte riefen wir uns gegenseitig zu.

Nach diesem ersten Ausbruch begann man, nach Angehörigen, nach Bekannten zu suchen. Man half sich mit der Geographie. Speziell mit der Parteigeographie. Da die Mehrzahl der gefangenen Männer Parteimitglieder waren, hörte sich die ‹Suchaktion›, die nun begann, etwa so an:

«Leningrad! Gebietskomitee der Partei!»

«Ist bei euch jemand aus Dnjepropetrowsk, vom Gebietskomitee des Komsomol?»

«Ufa, Stadtkomitee! Hier ist der erste Sekretär!»

Und dann begann der Austausch der ‹Geschenke›. Die seelische Spannung mußte unbedingt in Taten umgesetzt werden. Auf beiden Seiten wollte jeder irgend etwas verschenken. Aber niemand besaß etwas. Und so hieß es denn: «Nehmen Sie dieses Handtuch! Es ist noch ganz schön ...»

«Mädchen! Wer von euch braucht einen Napf? Selbstgemacht, aus einem gestohlenen Gefängnisbecher ...»

«Brot, hier ist Brot! Nach dem Transport seid ihr doch sicher ausgehungert ...»

Es kam sofort zu stürmischen Romanzen. In diesen menschlichen Wesen, die schon fast körperlos waren, erwachte, wie durch ein Wunder, bei der ersten menschlichen Begegnung die Erlebnisfähigkeit wieder, die in dem unermeßlichen Leid verlorengegangen war. Morgen wird man sie in verschiedene Richtungen abtransportieren und sie werden sich nie wiedersehen. Heute aber schauen sie sich begeistert durch den rostigen Stacheldrahtzaun in die Augen und sprechen, sprechen.

Nie habe ich eine selbstlosere und reinere Liebe gesehen als in diesen Eintagsromanzen zwischen Unbekannten, vielleicht, weil hier die Liebe wirklich unmittelbar neben dem Tod stand.

Wir erhielten täglich lange Briefe von ‹unseren› Männern. Kollektive und persönliche. In Versen und in Prosa. Auf schmutzigen Papierfetzen und sogar auf Lumpen. In der bebenden, reinen Zärtlichkeit dieser Briefe zeigte sich ihre mit Füßen getretene männliche Würde. Wir waren für sie die Verkörperung des Weiblichen. Sie vergingen vor Schmerz und Trauer bei dem Gedanken, daß man uns, *ihren* Frauen, das gleiche angetan hatte wie ihnen.

Ich erinnere mich an den Anfang des ersten Gemeinschaftsbriefes: «Ihr Lieben! Frauen, Schwestern, Freundinnen, Geliebte! Was können wir tun, um Euer Leid auf uns zu nehmen?...»

Obgleich das Lagergebiet der Männer und das der Frauen überfüllt waren, begegnete man nur selten Bekannten von früher. Wer einen Landsmann traf, konnte sich schon glücklich schätzen. Aus Kasan war mit diesem Transport ein drolliger junger tatarischer Dichter gekommen, ein Waisenhauszögling, der sich das eindrucksvolle Pseudonym Genij Respublikanjez[66] zugelegt hatte. Da er aus Kasan stammte, verzieh ich ihm sogar dieses Pseudonym. Wir verbrachten ganze Stunden am Stacheldraht und zählten die Namen unserer Freunde in Kasan auf. Einfach nur die Namen, wie Beschwörungen. Ich wollte mir bestätigen lassen, daß ich von ihnen nicht nur geträumt hatte, von diesen Wissenschaftlern, Schriftstellern, Parteifunktionären. Daß es auf der Welt nicht nur Gendarme, ‹Pinsel›, Wachsoldaten und Todeskandidaten gab.

Das Schicksal dieser Männer war tragisch. Noch ehe sie sich von dem Transport erholen konnten, sollten sie auf ein Schiff verladen und nach Kolyma gebracht werden. Die vielen Kilometer vom Transitlager bis zum Hafen mußten sie zu Fuß gehen. Ausgerechnet an diesem Tag kam es zu einer Verzögerung bei der Brotausgabe, so daß sie sich hungrig auf den Weg machen mußten. Nachdem sie einige Kilometer in der glühenden Hitze gegangen waren, brachen viele zusammen. Einige starben. Darauf setzten sich alle anderen auf die Erde und erklärten, sie würden sich nicht vom Fleck rühren, wenn sie kein Brot bekämen.

Organisierte Proteste kamen unter den an Disziplin gewöhnten Gefangenen, die zu einem großen Teil Parteimitglieder waren, nur selten vor. Die Wachmannschaften verloren die Beherrschung. Es kam zu entsetzlichen Zwischenfällen. Sie traten die Toten mit den Stiefeln, nach der Methode der Ärzte im ‹*Braven Soldaten Schwejk*› («Bringen Sie diesen Simulanten in die

Leichenhalle!»). Einige der Männer, die vor Schwäche und Entkräftung nicht weiterkonnten, wurden ‹beim Fluchtversuch› erschossen. Die anderen durften in das Lager zurück, wo sie noch eine Woche blieben.

Wie immer nach solchen Repressalien, gab es eine Zeitlang reichlicher und besser zu essen. Wir bekamen jetzt häufiger die unbekömmlichen ‹Pasteten›, und der Eintopf wurde dicker. Die Pasteten flogen wie Tennisbälle über den Stacheldraht, denn unsere lieben Genossen wollten uns ihre schenken, wir aber nahmen sie nicht an, warfen sie zurück und versicherten, wir seien satt.

Allotschka Torkarewa, die sich heiß in einen jungen Mann aus Charkow verliebt hatte, stand Nacht für Nacht am Stacheldrahtzaun. Ihre Augen glühten ekstatisch. Alle Vernünftigkeit, die sie im Lager erworben hatte, war wie weggeweht. Sie wäre bereit gewesen, notfalls mit Fäusten auf die selbstherrliche ‹Kolonnenführerin› Tamara loszugehen. Tamara aber sah sich ‹diese Belletristik› gelassen an. Den platonischen Seelenergüssen am Stacheldrahtzaun maß sie nicht die geringste Bedeutung bei.

«Sollen sie doch! Hauptsache, bei der Kontrolle stimmt die Rechnung ... Dafür sind wir eben ein Transitlager ...»

Unsere Brigade, die im Steinbruch arbeiten mußte, schrumpfte immer mehr zusammen. Der Durchfall, eine Folge des Vitaminmangels, verwandelte die Menschen in Schatten. Ins Krankenhaus kamen nur die Sterbenden, und auch sie nicht immer. Die anderen blieben auf der Erde oder auf den Pritschen liegen und mußten jeden Augenblick aufspringen, um zur Latrine zu rennen. Diejenigen, die sich noch auf den Beinen halten konnten, versorgten nach der Rückkehr von der Arbeit die Kranken mit dem gelben, stinkenden Wasser aus den Fässern und holten zuweilen aus lauter Verzweiflung den ‹Hilfsarzt›, der mit schmutzigen Fingern Saloltabletten in die halboffenen ausgedorrten Münder steckte.

Die Dauer des Aufenthalts im Transitlager Wladiwostok war sehr unterschiedlich, sowohl für die einzelnen Häftlinge als auch für ganze Transporte. Für manche war es tatsächlich nur ein Durchgangslager, das sie nach wenigen Tagen wieder verließen. Andere blieben monatelang dort. Und es gab ‹Pinsel›, die sich so gut den Forderungen der Lagerverwaltung anzupassen verstanden, daß sie für Jahre blieben.

Die Wege aus diesem Lager führten in verschiedene Himmelsrichtungen. Herr USWITL[67] war ein reicher Großgrundbesitzer.

Seine Ländereien erstreckten sich über riesige Gebiete. Aber für den ‹Tjursak› gab es in der Regel nur den einen Weg – nach Kolyma. Es war ein seltsames psychologisches Phänomen: dieses Wort, das jedem in der Freiheit Schrecken einjagte, hatte hier, bei den Insassen des Transitlagers, nicht nur seinen Schrecken verloren, sondern weckte sogar eine unbestimmte Hoffnung.

«Wenn es doch endlich losginge!»

«In Kolyma werden wir wenigstens satt werden!»

«Jeder Frost ist mir lieber als diese Höllenglut!»

In solchen Ausrufen drückte sich das elementare Bedürfnis der menschlichen Seele nach Hoffnung aus. Und wenn die Hoffnung noch so ungewiß war ...

Großen Einfluß auf unsere Stimmung hatten auch Gerüchte über Kolyma, die im Lager von einigen rückfälligen ‹Bytowiki›, die schon einmal dort gewesen waren, verbreitet wurden. Zwar spiegelten ihre Erzählungen die Zustände der Jahre 1934 und 1935, aber wir hörten trotzdem hingebungsvoll zu. Mit einem Schuß Aufschneiderei und Prahlerei ergaben ihre Schilderungen das Bild eines sowjetischen Klondike, wo ein Mensch mit Initiative, sogar ein Häftling, niemals zugrunde ging, wo märchenhafte Schätze, große Stücke Hirschfleisch, sibirischer Kaviar, Flaschen voller Lebertran in kürzester Zeit jeden ‹Todeskandidaten› gesund machten, ganz zu schweigen von dem Gold, das man gegen Tabak oder Klamotten tauschen konnte.

«Das wichtigste, Kinder, nicht den Kopf hängen lassen! In Kolyma ist für alle Platz, Kolyma ernährt und kleidet alle!» plauderte ein blonder junger ‹Pinsel›, der ‹Wasek der Verschwender› genannt wurde. Wasek stellte die Transportlisten zusammen und wußte immer die letzten Neuigkeiten, die er den anderen gern mitteilte. Er war bereits zweimal in Kolyma gewesen und saß jetzt zum drittenmal wegen einer Unterschlagung, die er in Magadan begangen hatte. Sein Patriotismus für Kolyma kannte keine Grenzen.

«Schön heiß, nicht wahr?» fragte er teilnahmsvoll, als er an unserer Brigade vorbeiging, die im Steinbruch vor Hitze verschmachtete. «Macht nichts, bald kommt ihr nach Kolyma, dort ist es schön kühl.»

Und Wasek sang mit durchdringender Stimme:

«Kolyma, Kolyma, ach du ferner Stern,
Zwölf Monate Winter, und den Sommer hab ich gern ...»

Wasek der Verschwender erinnerte an Gorkijs Luka[68]. Er ließ sich keine Gelegenheit entgehen, seinen Nächsten zu trösten. Sogar für die Nachtblinden fand er Worte der Hoffnung. Und man hörte ihm gierig zu.

«Macht nichts, Mädchen, ihr braucht nur nach Kolyma zu kommen, dort könnt ihr Fisch essen, kiloweise! Im Lager, frisch aus dem Faß, so wie hier das Wasser. Pures Vitamin A, ihr könnt den Hilfsarzt fragen! Für die Augen gibt es nichts Besseres. Ihr braucht nur zwei, drei Bissen zu essen, und alles ist gut! Ihr werdet bald vergessen haben, daß ihr einmal nachtblind gewesen seid.»

Auch für die allerdings wenigen älteren Frauen im Lager, die sehr viel mehr litten als wir jungen, hatte Wasek immer eine erfreuliche Aussicht bereit.

«Mach dir nichts draus, Mütterchen, das ist die Hauptsache, mach dir nichts draus! Für Kolyma bist du noch knusprig genug. Weißt du, was man dort sagt: Vierzig Prozent – kein Schnaps, tausend Kilometer – keine Entfernung, sechzig Grad minus – kein Frost, sechzig Jährchen – kein Alter! Wir werden für dich noch einen Mann finden, Mütterchen, du wirst schon sehen!»

Und obwohl wir alle genau wußten, daß man alles, was Wasek erzählte, ‹in die Sprache des Jahres 1937 übersetzen› mußte (wie unsere Untersuchungsrichter zu sagen pflegten), drangen seine Reden von dem gelobten Land Kolyma wie ein süßes Gift in das Bewußtsein von vielen ein.

Immer häufiger hörte man in unseren fiebrigen Nächten, zwischen Stöhnen und Zähneknirschen, den Aufschrei: «Ach, wären wir schon in Kolyma!»

Und Wasek, der die Lagerlisten zu verwalten hatte, zwinkerte uns seit einiger Zeit tröstend zu und flüsterte: «Bald!»

Die ‹Dschurma›

Sie war ein altes Schiff, das schon manchen Sturm überstanden hatte. Alle Messingstangen an der Reling, alle Beschläge, das Megaphon des Kapitäns waren grün angelaufen, blind und glanzlos. Jetzt war der Dampfer zum Transport Gefangener bestimmt, und er hatte einen bösen Ruf. So erzählte man sich, daß die Toten, nicht einmal in Säcke eingenäht, über Bord geworfen wurden, den Haien zum Fraß.

Aus irgendeinem Grund verzögerte sich das Einschiffen, und wir schaukelten einige Stunden in großen Booten am Kai. Die Besatzung der ‹Dschurma› beeilte sich nicht mit den Vorbereitungen für die Fahrt. Wir sahen die Matrosen, die das Deck schrubbten, und wir sahen den Kapitän und den Ersten Offizier, die uns ungeniert durch ihre Ferngläser beobachteten.

Es war ein trüber Tag, tiefe Wolken hingen unbeweglich über uns. Nur hin und wieder riß die Wolkendecke, und durch die Löcher strömte das Sonnenlicht wie ein Wasserfall. Die schmutziggrauen Schaumkronen schlugen gegen die Bullaugen. Sogar die Luft schien zu vibrieren vor Erregung und bösen Vorahnungen. Trotzdem war ich neugierig. Was auch immer geschehen mochte – für mich war es die erste Seereise.

Das Warten im Boot war beschwerlich und ermüdend. Die Beine schliefen ein. Vor Hunger und von der ungewohnten Seeluft drehte sich alles vor den Augen. Eine leichte Übelkeit ließ die ganze Zeit nicht nach. Das schlimmste aber war der Gesang. Heute noch – fünfundzwanzig Jahre später – erröte ich vor Scham, wenn ich mich an unsere ‹künstlerische Betätigung› erinnere, obwohl ich nicht dafür verantwortlich war. Denn weder ich noch meine Freunde wären auf die Idee gekommen, muntere Komsomol-Lieder anzustimmen.

Ira Muchina war Ballerina. Sie war nach Paragraph 6 verurteilt worden, für ein Souper mit ausländischen Verehrern. Der

Anblick der weiten Wasserfläche erinnerte sie an die Wolga, und sie fing an zu singen:

«Du Schönheit unseres Landes,
Unerschöpflich wie das Meer,

Andere Stimmen fielen ein:

Frei wie unsere Heimat...»

«Schweigen Sie, hören Sie sofort auf!» rief Tamara Waraschwili. «Wo bleibt Ihre Menschenwürde?»

«Was erwartest du anderes von dieser Idiotenkapelle?» fragte Nina Gwiniaschwili angewidert.

Die beleidigten Chorsänger sangen jetzt demonstrativ zum Fortissimo. Anja Atabajewa, ehemalige Sekretärin des Bezirkskomitees von Krasnodar, versuchte vergeblich, sie mit ihrer tiefen Stimme zu übertönen und ihnen zu erklären, daß unter den gegebenen Umständen dieses Lied von der freien Heimat als Spott und Herausforderung aufgefaßt werden könnte.

Was hieß da Herausforderung! Ich persönlich empfand diesen Chorgesang als eine schmähliche Selbsterniedrigung. Ich schaudere heute noch bei der Erinnerung an das Lächeln des Kapitäns und seines Ersten Offiziers. Sie steckten die Köpfe zusammen und reichten sich gegenseitig das Fernglas, um diese originellen Choristinnen besser in Augenschein nehmen zu können.

Einsteigen... Einsteigen... Hinauf, hinab über brüchige Treppen. Mir scheint, ich halte mich nur deshalb auf den Beinen, weil kein Platz zum Hinfallen da ist. Dicht gedrängt bewegen wir uns vorwärts. Jede ist nur ein Tropfen in dieser grauen Woge. Ich bin krank. Ich bin sehr krank. Schon am Morgen hatte ich hohes Fieber und starken Durchfall. Ich habe es verheimlicht, um nicht zurückbleiben und mich von meinen Freundinnen trennen zu müssen. Und jetzt, während wir eingeschifft werden, verliere ich zeitweise das Bewußtsein und bin in einer zusammenhanglosen, nicht ganz wirklichen Welt.

Endlich sind wir unter Deck. Die Luft ist stickig, fast zum Schneiden, klebrig. Wir sind viele, sehr viele. Es ist so eng, daß man sich kaum rühren kann. Wir sitzen und liegen fast übereinander, direkt auf dem schmutzigen Boden. Ach, der Waggon Nr. 7! Erst jetzt merken wir, wie bequem er war! Dort hatten wir wenigstens Pritschen.

Wenn wir nur bald ablegen würden. Wir haben das Gefühl,

das Schiff müßte sich jeden Augenblick in Bewegung setzen. Wir hören, wie der Schiffsrumpf sich an der Pier reibt. Wir hören Boote und Barkassen hin und her fahren. Anscheinend ist der ganze Transport bereits eingeschifft. Die Männer sind in einem anderen Teil des Laderaums untergebracht.

Aber das Schrecklichste stand uns noch bevor: die erste Begegnung mit wirklichen Kriminellen. Mit kriminellen Frauen, mit denen wir künftig in Kolyma zusammenleben sollten.

Wir waren der Meinung, bei uns hätte nicht einmal ein Kätzchen mehr Platz, aber jetzt wurden noch mehrere hundert Menschen gebracht, wenn man diese Höllenbrut, die plötzlich durch die Luke in unseren Laderaum hereinbrach, so bezeichnen konnte. Es waren keine gewöhnlichen Kriminellen, sondern es war die Creme der Verbrecherwelt. Die sogenannten ‹Otorwy›[69], Gewohnheitsverbrecherinnen, Mörderinnen, Sadistinnen, Meisterinnen in sexuellen Perversionen. Ich bin auch heute noch davon überzeugt, daß solche Menschen nicht ins Gefängnis oder Lager gehören, sondern in eine psychiatrische Heilanstalt. Damals, als der Laderaum von einer Menge halbnackter, tätowierter Körper und affenartiger Fratzen überflutet wurde, dachte ich, man hätte uns einer Schar tobender Irrer ausgeliefert.

Die dumpfe, stickige Luft dröhnte von ihrem Kreischen, von monströsen Flüchen, von wildem Lachen und Grölen. Sie sangen und tanzten immer und überall, diese Frauen, sie steppten auch dann, wenn kein Platz war, wo man den Fuß hinsetzen konnte. Von der ersten Sekunde an terrorisierten sie die ‹Freier›, die ‹Kontriks›[70]. Sie schwelgten in dem Bewußtsein, daß es Menschen gab, die noch verächtlicher, noch verfemter waren als sie – die ‹Volksfeinde›!

In den nächsten fünf Minuten wurden uns die Gesetze des Dschungels vorexerziert. Sie nahmen uns das Brot weg, rissen die letzten Fetzen aus unseren Bündeln, verdrängten uns von unseren Plätzen. Es brach eine regelrechte Panik aus. Einige von uns schluchzten, andere versuchten, die Weiber zu beschwichtigen und redeten sie dabei mit ‹Sie› an, und wieder andere riefen nach den Wachen. Vergeblich! Auf der ganzen Fahrt haben wir nicht einen einzigen Repräsentanten der Staatsgewalt zu Gesicht bekommen, außer dem einen Matrosen, der einen Karren mit Brot an unsere Luke fuhr und uns die ‹Rationen› hinunterwarf, wie bei einer Raubtierfütterung.

Anja Atabajewa, Sekretärin des Bezirkskomitees von Krasnodar, rettete uns – eine kräftige dunkelhäutige Frau von etwa fünfunddreißig Jahren mit einer herrischen tiefen Stimme und den großen Händen der ehemaligen Hafenarbeiterin. Sie holte aus und versetzte einer der Megären einen Kinnhaken. Die Frau stürzte zu Boden, und für eine Sekunde herrschte atemlose Stille. Anja nutzte diesen Augenblick, sprang mit einem Satz auf einen Ballen und schmetterte mit donnernder Stimme in die erstaunte Menge eine Salve von so ausgesucht derben Flüchen, daß die Kriminellen sie mit offenem Mund anstarrten. Diese elenden Kreaturen waren ebenso feige wie gemein. Anja war die einzige unter uns, die begriffen hatte, daß hier das Sprichwort anzuwenden war: «Ein Held zwischen den Schafen, und zwischen den Helden – selbst ein Schaf.»

Die Kraft, die von Anjas Persönlichkeit ausging, hypnotisierte sie, und die Form, in der diese Kraft zum Ausdruck kam, war ihrem Verständnis angemessen.

«Was ist das für eine?» fragten sie einander und warfen erschrockene und bewundernde Blicke auf diese ungewöhnliche ‹Politische›. Aus allen Ecken kam die Antwort: «Unsere Sprecherin!»

Das konnten sie verstehen. Die Sprecherin. Sie durfte Kinnhaken verteilen und einen einlochen.

«Rückt das Brot und die Klamotten raus!» kommandierte Anja mit drohender Stimme.

Und sie gaben tatsächlich alles zurück. Die Flüche verstummten natürlich nicht, genausowenig wie das Gekreisch und die schmutzigen Lieder. Aber die Angriffe gegen die ‹Politischen› wiederholten sich nicht mehr.

Wir fahren. Wir müssen schon drei Tage unterwegs sein. Die Tage sind von den Nächten nicht zu unterscheiden. Ich öffne die Augen und sehe vor mir ganze Trauben von menschlichen Gesichtern. Entzündete Augen, bleiche schmutzige Wangen. Bitterer Gestank. Das Schiff fährt ziemlich ruhig, aber die besonders Geschwächten müssen sich trotzdem übergeben. Direkt auf ihre Nachbarinnen und auf die schmutzigen Bündel. Zum erstenmal auf unserem nun schon fast drei Jahre währenden Leidensweg entdecken wir an uns Läuse. Das ist ein Geschenk der Kriminellen. Fette weiße Läuse kriechen über die Kleider, ohne sich in den Nähten zu verstecken.

Es war eine der wenigen Fahrten der ‹Dschurma›, die ohne Zwischenfälle verlief. Wir haben Glück gehabt. Es passierte nichts. Es gab weder Feuer an Bord noch einen Sturm, kein Leck und auch keine Schüsse auf Ausbrecher. Als Julija, die einer Erkrankung wegen zwei Wochen länger im Transitlager bleiben mußte, bei der nächsten Fahrt der ‹Dschurma› mitkam, brach auf dem Schiff ein Brand aus. Die Kriminellen wollten die entstehende Panik zur Flucht benutzen. Sie wurden in einem abgelegenen Laderaum eingeschlossen. Und als sie randalierten, brachte man sie zur Ruhe, indem man sie aus Schläuchen mit Wasser bespritzte. Dann vergaß man sie. Das Wasser kam durch den Brand zum Kochen. Und die ‹Dschurma› fuhr lange Zeit in einer ekelerregend riechenden Dampfwolke.

Wir haben nichts Derartiges erlebt. Für uns war die Fahrt mit der ‹Dschurma› ganz einfach eine Etappe auf unserem Weg nach Kolyma. Wir wurden sogar menschlich behandelt. Manchmal ließ man die Luke offen, und wir konnten ein Stückchen des feierlich stillen Himmels über dem Meer sehen. Wir bewegten uns, und er blieb unbeweglich über uns stehen. Später, als die Zahl der an Diarrhöe Erkrankten immer größer wurde, erlaubte man uns sogar, die Toilette auf dem Unterdeck zu benutzen.

Einmal brach ich auf der Treppe zusammen und verlor das Bewußtsein. Ich kam nach wenigen Sekunden wieder zu mir und hörte über mir die wunderbaren Worte: «Fühlen Sie sich sehr schlecht, Genossin?»

Eine Männerstimme. Die Stimme eines gebildeten Menschen. Ein Arzt, auch ein Häftling. Auch er wird nach Kolyma gebracht. Man läßt ihn als Arzt in einem besonderen Raum arbeiten. Gibt es denn hier eine Krankenstation? Wer wird dort aufgenommen? Hier gibt es doch keinen einzigen Gesunden! Ach so... Alle, die hohes Fieber haben. Und ich gehöre anscheinend auch dazu, denn nach meinem Puls, meint der Doktor, habe ich mindestens neununddreißig.

Wir wechseln noch einige Worte, und es stellt sich heraus, daß Dr. Kriwizkij vor der Verhaftung keineswegs Arzt gewesen ist. Er war stellvertretender Volkskommissar für die Flugzeugindustrie. Medizin hatte er noch vor der Revolution in Zürich studiert, in der Emigration. Ich sei aus Kasan? In Kasan sei er vor etwa drei Jahren gewesen, als dort ein Flugzeugwerk in Betrieb genommen wurde. Aksjonow? Vorsitzender des Stadtsowjets? Ja, natürlich, den kenne er. Und er habe auch dessen Frau kennengelernt! Eine wirkliche Dame...

«Das... Das waren Sie?»

Kriwizkij hielt sein Versprechen. In der Krankenstation gab es Pritschen. Darauf lagen dicht nebeneinander alle Kranken. Alle. Männer und Frauen. Politische und Kriminelle. Diarrhöe und Syphilis. Gerade noch Lebende und Tote, die man noch nicht hinausgebracht hatte. In der Ecke stand ein riesiger Kübel, den alle – Männer und Frauen – vor aller Augen benutzten. Ich hatte über vierzig Grad Fieber. Ich bekam einen Platz zwischen einem Mann und einer Frau auf einer unteren Pritsche. Das verdankte ich Doktor Kriwizkij. Mein linker Nachbar war ein hochgewachsener Krimineller. Er lag fast nackt da und phantasierte. Seine Reden waren entsetzlich. Es kam mir so vor, als werde der große gierige Adler, der auf seine Brust tätowiert war, jeden Augenblick mit dem Schnabel nach mir hacken. Rechts neben mir stöhnte Sofja Petrowna Meschlauk, die Frau von Molotows Stellvertreter.

«Wenn ich sterbe, müssen Sie meiner Tocher sagen, daß ich nichts Böses getan habe», wiederholte sie ununterbrochen und hielt meine Hände fest.

Ich glaube, es war an einem Samstagabend, und auf dem Oberdeck in der Kapitänskajüte wurde gefeiert. Man hörte das Trampeln der Tanzenden und den Foxtrott:

Dämmerung senkte sich nieder,
Glimmende Sterne im Kranz,
Foxtrott tanzt Kathy heut wieder,
Abend voll festlichem Glanz ...
Ach, ach, ach ...

Wieder ist es, als spielte ich eine Rolle in einem Film. Gleich kommt eine Großaufnahme der tanzenden Beine. Und dann – ebenso in Großaufnahme – die nackten Lenden dieses alten Mannes, der auf dem Rand des Kübels hockt. Zitternd, mager, wie ein alter Hahn, mit blauer dünner Haut ... Wahrscheinlich darf man so etwas nicht filmen. Das wäre ja plumper Naturalismus.

Oben lachen sie immer lauter. Wahrscheinlich haben sie schon reichlich getrunken. Und wieder: «Dämmerung senkte sich nieder ... Ach, ach, ach ...» Haben sie keine anderen Platten?

Ich muß zur Toilette. Aber nicht hier – um keinen Preis. Sie sind fast alle Leichen, aber immer noch Männer. Ich gehe hinauf ...

Mit einer übermenschlichen Anstrengung stemme ich mich auf den Ellenbogen hoch, und langsam hebt sich mein Körper von der

Pritsche. Nacht. Kriwizkij schläft in der Ecke, die für den Arzt reserviert ist. Welch ein Glück, ein Arzt zu sein! Er darf auf zwei zusammengestellten Hockern schlafen... Allein... Es ist gut, daß er schläft. Er hätte mir nie erlaubt, hinaufzugehen. Er hatte mich gewarnt: ich dürfte es nicht, ich könnte unterwegs sterben. Die steile Treppe krieche ich fast auf allen vieren hinauf. Ich brauche lange. Wahrscheinlich eine ganze Stunde. Endlich sehe ich über mir, an dem tiefschwarzen Himmel, Sterne funkeln. In der Dunkelheit wehen die hellen Rauchfahnen des Dampfers. Jetzt bin ich an Deck. Ich sehe das Wasser. Und auf dem Wasser die tanzenden Lichter der ‹Dschurma›. Und plötzlich verirre ich mich. Ich weiß, daß die Toilette irgendwo in der Nähe ist, aber ich weiß nicht mehr, wie ich dort hinkomme.

Ich hatte etwas Ähnliches schon einmal in Jaroslawl erlebt, als ich aus der Strafzelle kam. Es ist etwas Furchtbares. Ein Mensch, der nicht weiß, wohin er gehen muß, ist kein Mensch mehr. Ich taste mich an den Wänden entlang, wie eine Blinde. Ich bilde mir ein, daß der Rauch des Dampfers mir die Sicht nimmt. Ich kann fast nichts mehr sehen. Aber hier darf man nicht sterben. Auf hoher See. Hier wird man über Bord geworfen, ohne Sack, den Haien zum Fraß. Herr, laß mich bis Magadan kommen! Herr, ich bitte dich... Ich will in der Erde liegen, nicht im Wasser. Ich bin ein Mensch. *Du* hast doch *selbst* gesagt: «Denn du bist Erde und sollst zu Erde werden...»

(Vor kurzem, erst 1964, las ich in einer Erzählung von Saint-Exupéry folgende Worte: «Ich kann dir sagen: was ich getan habe, kein Tier hätte es fertiggebracht.»[71] Das sagt ein Flieger, der sich bei einem Sturm in Chile über den Anden verirrt hatte.)

Später habe ich mir ausgerechnet, daß es am sechsten Tag unserer Fahrt gewesen sein muß. Doktor Kriwizkij, der aufgewacht war und meine Abwesenheit bemerkt hatte, fand mich. Aber ich habe das alles erst später erfahren. Denn ich kam erst nach achtundvierzig Stunden wieder zum Bewußtsein, an jenem Tag, an dem die ‹Dschurma› ein Freudengeheul ausstieß, als man hinter einer Kette von Vulkanen die Bucht von Nagajewo erkennen konnte.

Die ‹Todeskandidaten› wurden nacheinander auf Tragbahren an Land gebracht. Man trug sie hinaus und legte sie sorgfältig nebeneinander, damit die Wachen sie mühelos zählen und bequem die Totenscheine ausstellen konnten.

Wir lagen auf den nackten Felsen und blickten der Gefangenenkolonne nach, die sich in Richtung der Stadt entfernte, der Qual des kollektiven Badens und der Desinfektion entgegen.

Wir blieben bis in die Nacht hinein liegen, und unsere Wachen bedachten die Verwaltung mit wenig schmeichelhaften Ausdrücken, da man die ‹Todeskandidaten› offensichtlich vergessen hatte. Später sollte sich herausstellen, daß keine Autos zur Verfügung standen. An diesem Tage waren einige große Gefangenentransporte in die Taiga abgegangen und alle Autos waren unterwegs.

Es war August. Das Ochotskische Meer lag immer noch in einem erbarmungslosen, bleiernen Glanz. Ich versuchte, meinen Kopf so zu drehen, daß ich ein kleines Stückchen Horizont zu sehen bekam. Aber es gelang mir nicht. Ringsum ragten die violetten Vulkane wie Gefängnismauern. Ich wußte damals noch nicht, daß dies die typische Landschaft von Kolyma ist. Während der ganzen Jahre, die ich dort verbrachte, ist es mir nicht einmal gelungen, den freien Horizont zu erblicken.

Die Wachsoldaten, die frierend und ungeduldig warteten, zündeten ein Feuer an. Über den Flammen ballten sich schwarze Rauchschwaden, die von dem roten Schein angestrahlt wurden.

«Haben Sie schon einmal auf einer Karte diesen geographischen Punkt gesehen?» fragte mich plötzlich die Deutsche Maria Zacher, die neben mir lag, mit einer ganz gewöhnlichen, alltäglichen Stimme.

Nein. Ich habe diesen Punkt noch nie auf einer Karte gesehen. Ich war früher überhaupt entsetzlich ungebildet: Ich habe weder die Landkarte von Kolyma gesehen, noch das Lied von der Kathy, die in der Dämmerung Foxtrott tanzt, gekannt. Ich habe auch nicht gewußt, daß man Menschen den Haien zum Fraß vorwirft, einfach so, nicht einmal in einem Sack ... Jetzt weiß ich das alles.

Der Himmel schimmerte in wunderbaren violetten und fliederfarbenen Tönen. Mein erster Morgen in Kolyma brach an. Und plötzlich fühlte ich mich seltsam leicht und ausgesöhnt mit meinem Schicksal. Ja, dies ist eine fremde und grausame Erde. Meine Mutter und meine Söhne werden den Weg zu meinem Grab niemals finden. Aber – es ist Erde. Ich habe sie erreicht, und die von Haien wimmelnden Wellen des bleigrauen Großen oder Stillen Ozeans gehen mich nichts mehr an.

«Heute haben Sie Ihre Chance verpaßt, Madame La Mort...»

Nein, es ist kein Traum – ich sitze tatsächlich in einer Badewanne. Ich streiche mit der Hand über die glatte weiße Innenfläche. Was für eine geniale Erfindung! Das heiße Wasser duftet betäubend nach einem Tannenwald. Denn der Arzt hat mir nicht einfach ein Bad, sondern ein Fichtennadelbad verschrieben. Ja, die Badewanne ist zweifellos Wirklichkeit. Aber wem gehört dieser knochige Leib, der durch das Wasser schimmert?

Schon seit zwei Wochen befinde ich mich in diesem Wunderland, dem Lagerkrankenhaus von Magadan. Ich und einige andere von unserem Transport werden hier geheilt, gefüttert, gerettet. Und das, nachdem ich mich endgültig an den Gedanken gewöhnt hatte, daß außer den Häftlingen alle Menschen, denen ich in den letzten drei Jahren begegnet war, nur eine Absicht hatten: zu quälen und zu morden.

Die ersten Tage, die ich hier verbrachte, waren ein dichtes Knäuel von Bewußtlosigkeit, Schmerz, der Dunkelheit des Nichtseins. Aber an irgendeinem Tag sah ich, als ich die Augen öffnete, über mir das Gesicht eines Engels. Ja, es war wirklich jener Engel von Raffael, der, zu Füßen der Sixtina in Wolken gehüllt, emporschaut. Allerdings hatte das blonde Haar des Engels eine leichte Dauerwelle, und das zarte Kinn begann schon ein wenig fülliger zu werden und zeigte, daß seine Besitzerin das Ende des vierten Jahrzehnts erreicht hatte. Der Engel hatte den passenden Namen Angelina Wassiljewna. Doktor Angelina Wassiljewna Klimenko. Sie war die Frau eines Untersuchungsrichters des NKWD. Sie leitete die Frauenabteilung des Lagerkrankenhauses von Magadan.

«Jetzt sind Sie wieder da.» Die Stimme des Engels klang wie himmlische Flöten. «Jetzt müssen Sie möglichst viel essen ... Ohne sich um den Durchfall zu kümmern.»

Die Aufforderung, möglichst viel zu essen, hätte in meiner Lage wie ein ausgeklügelter Hohn klingen können, wenn der Engel bei diesen Worten nicht ein ziemlich umfangreiches Päckchen auf den Nachtisch neben meinem Bett gelegt hätte.

«Das alles wird Ihnen gut bekommen, machen Sie sich keine Sorgen», sagte der Engel und entschwebte zu den anderen Kranken.

Ich machte mir keine Sorgen. Ich biß mit den Zähnen in das gekochte Huhn, das mir der Engel gebracht hatte, genauso gierig, wie einer meiner Urväter im Zwielicht der Neandertaler Nacht einen Wisent zerlegt haben mochte.

«Was tun Sie da? Man darf doch bei diesem Durchfall kein Fleisch essen!» flüsterte Sofja Petrowna Meschlauk, die auch hier meine Nachbarin war. Sie glaubte, Hungerdiät sei das einzig wirksame Mittel gegen unsere Diarrhöe. Aber ich verließ mich auf den Engel, der gesagt hatte: «Der Durchfall ist eine Folge des Vitaminmangels. Sie müssen alles essen.» Und noch mehr verließ ich mich auf die Stimme meines gequälten, aber im Grunde unverwüstlich gesunden jungen Körpers. Und der schrie, der brüllte, der verlangte: Nahrung!!!

Was veranlaßte Doktor Klimenko, mich nicht nur über einen Monat im Krankenhaus zu behalten, damit ich mich vom Transport erholte, sondern mich obendrein noch täglich mit von zu Haus mitgebrachten kalorienreichen Lebensmitteln zu versorgen? – Ich weiß es nicht. Vielleicht interessierte sie sich als Ärztin dafür, wie weit es möglich war, eine Halbtote wieder ins Leben zurückzuholen. Denn später sagte sie mir mehrmals: «Als Ihr Transport mit der ‹Dschurma› ankam, waren Sie der hoffnungsloseste Fall unter allen Todeskandidaten. Ich hätte nie für möglich gehalten, daß die Zacher, die Meschlauk und die Antonowa sterben und daß Sie überleben würden ...»

Gewiß, es ist möglich, daß es in erster Linie berufliches Interesse war. Aber damit ließ sich nicht alles erklären. Über diese Ärztin waren seltsame Gerüchte im Umlauf. Es hieß, sie habe Dutzenden von Menschen das Leben gerettet, indem sie sie länger im Krankenhaus behielt oder von der Schwerarbeit befreite oder ihnen zusätzliche Lebensmittelrationen verordnete. Ich spürte auch, daß eine persönliche Sympathie ihr Verhalten mir gegenüber bestimmte.

Wie dem auch sei, es war wie in einem Roman von Charles Dickens. Mitten unter den Bösewichten lebte ein Engel, und dieser Engel rettete mich vor dem Tode. Manchmal verdunkelten sich die klaren blauen Augen der Ärztin wie unter dem Schatten eines Leides. Dann hatte man den Eindruck, daß es weniger wie bei Dickens war, sondern eher wie bei Dostojewskij, und daß Angelina durch ihr Verhalten vielleicht die Tätigkeit ihres Mannes, den sie liebte, sühnen wollte.

Ein Tag nach dem anderen verging. Sofja Petrowna Meschlauk starb schon bald. Sie verhungerte. Sie wollte nicht auf die Ärztin hören und weigerte sich, zu essen, was man ihr gab.

«Was stellen Sie sich vor!» pflegte sie, die selbst auf dem Totenbett die Allüren einer hochgestellten Persönlicheit nicht aufgab, zu sagen. «Was stellen Sie sich vor, Doktor, ich habe eine Kur in Oslo bei Professor X gemacht und in Paris bei Professor Y, und ich weiß ganz genau, daß nur strenge Diät mich retten kann.»

Mit wahrer Engelsgeduld setzte ihr Angelina auseinander, daß es in Kolyma ganz besondere Krankheiten gibt, die sich wesentlich von denen unterschieden, an denen man in Oslo oder in Paris erkrankt. Aber Sofja Petrowna lächelte nur nachsichtig.

Sie hatte einen ruhigen Tod. Sie wachte einfach eines Morgens nicht mehr auf. Und dann starb Maria Zacher. Vor ihrem Tod vergaß sie plötzlich die wenigen russischen Wörter, die sie kannte. Sie wußte nicht einmal mehr, wie ‹Wasser› auf russisch heißt. In jenen Tagen durfte ich zum erstenmal wieder aufstehen, und da die anderen in unserem Saal Maria nicht verstehen konnten, ist sie in meinen Armen gestorben.

Ihr Ende war so ‹literarisch›, daß die Kritiker einem Autor, der einen solchen Tod beschriebe, den Vorwurf der Übertreibung machen würden. Aber es trug sich wirklich so zu. Maria lag da, nur Haut und Knochen. Ihr Körper zeichnete sich kaum unter der Decke ab. Ihr scharfgeschnittenes Gesicht wirkte jetzt spitz und hart. Die Nase, das Kinn, die Konturen der blauen Lippen, alles erinnerte an gotische Schrift. Aber in diesem geisterhaften Gesicht lebten die großen braunen Augen, brennende Augen voller Gedanken und Leid. Bis zum letzten Atemzug lebte Maria ein starkes inneres Leben. Die sterbende Anhängerin Thälmanns dachte über Fragen der kommunistischen Bewegung nach.

«Ob ich jetzt noch Russisch lesen könnte? Was meinst du, warum habe ich plötzlich alle russischen Vokabeln vergessen?»

«Das liegt wahrscheinlich an einer Durchblutungsstörung des Gehirns. Später wirst du dich wieder an alles erinnern ...»

Wenige Minuten vor ihrem Tod sagte sie ein antifaschistisches Gedicht auf, ich glaube, von Erich Weinert. Ich erinnere mich an den Refrain: «Der Marxismus ist nicht tot ...»

Als sie diese Worte gesprochen hatte, berührte sie meine Hand mit ihren eiskalten abgemagerten Fingern und sagte: «Aber wir sind tot!» Und dann starb sie.

Täglich starben Menschen von unserem und von anderen Transporten, von neuen und von früheren. Aber das konnte die mächtige Freude an dem wiedergeschenkten Leben, die wir, die Genesenden, empfanden, nicht trüben. Leben um jeden Preis ... Und jeder Tag brachte jetzt irgendeine Freude. Der Durchfall hörte schließlich ganz auf. Man nahm plötzlich zwei Kilo zu. Man bekam etwas Farbe, und der Appetit wurde immer größer. Ich fand heraus, daß man sich hier durch Arbeit zusätzlich Lebensmittel verdienen konnte.

«Kannst du sticken?» fragt mich geheimnisvoll die Krankenpflegerin Sonjka, eine Kriminelle.

«Natürlich», antworte ich überzeugt und versuche, mich an längst vergangene Zeiten zu erinnern, an Kreuzstich und an die Handarbeitsstunden in der Vorbereitungsklasse des Gymnasiums.

«Dann mußt du mir dieses Muster für einen Kissenbezug sticken. Dafür bekommst du von mir Zucker, Butter und Weißbrot ...»

Auf dem Kissen war ein großer Strauß prächtiger Rosen vorgezeichnet, umwunden von einem Spruchband: «Schlafe süß, Grischa, Sonjka liebt dich.»

Von da an war meine Zeit im Krankenhaus mit ‹schöpferischer Arbeit› ausgefüllt. Die Rosen gerieten wunderbar. Sonjka war sehr zufrieden und legte mir jeden Tag irgend etwas Eßbares auf den Nachttisch. Auf meine Fragen, woher sie die Sachen habe, lachte sie laut und pfiff durch die Zähne.

«Ihr Politischen seid zu blöde! Sei ruhig, halt den Mund, mäste dich und laß dir Speck auf den Rippen wachsen!»

Aber Grischa hatte offenbar keinen Anlaß, süß zu schlafen. Denn eines Tages bat mich Sonjka, seinen Namen über den Rosen wieder herauszutrennen.

«Du sollst hier statt ‹Grischa› ‹Wasek› sticken, hast du verstanden?» sagte sie, blitzte mich aus ihren schräggestellten Augen an und legte auf meinen Nachttisch ein Stück Krakauer Wurst.

So war ich dank einer Laune von Sonjkas Herz zwei Tage länger mit Arbeit versehen.

Die Kriminellen, die mit uns zusammen im Krankenhaus lagen, waren hier in der Minderheit und verhielten sich deshalb sehr viel ruhiger als auf der ‹Dschurma›. Die Umgebung stimmte sie sentimental, und sie erzählten jeden Abend Geschichten aus ihrem Leben, in denen der Vater bald General, bald Staatsanwalt war. Sie erfanden die unerhörtesten Liebes- und Diebesabenteuer, die allerdings auch von einer ziemlich dürftigen Phantasie zeugten. Von uns wollten sie immer wieder ‹irgendeine Liebesgeschichte› hören oder Gedichte von Jessenin.

Eines dieser Mädchen, die freche und schöne Tamara, traf sich heimlich mit einem leibhaftigen Ostap Bender[72]. Einmal war ich zufällig im Korridor, als er sie besuchte.

«Nimm dich zusammen», sagte Tamara zärtlich. «Du siehst doch, da steht eine Frau. Eine wirklich gebildete. Eine Achtundfünfzigerin.»

«Entschuldigen Sie, Madame», sagte Ostap Bender mit einem unüberhörbaren Odessaer Akzent und zeigte eine Menge goldener Zähne. «Entschuldigen Sie. Ich verehre die Gelehrten sehr. Meiner inneren Bestimmung nach bin ich selbst Korrespondierendes Mitglied der Akademie der Wissenschaften. Ich habe hier nur keine Gelegenheit, meinem Beruf nachzugehen.»

«Was haben Sie denn für einen Beruf?»

«Stahlschränke. Höchste Qualifikation. Haben Sie noch nie von mir gehört? In unserer Sprache sagt man: Bärenknacker...»

«In Leningrad kennt ihn jeder», fügte Tamara stolz hinzu.

Angelina hat Arseninjektionen verschrieben, und ich gehe auf wie ein Hefeteig.

«Ein Opferkalb», witzelte Lisa Scheweljowa, vor der Verhaftung persönliche Sekretärin von Jelena Stassowa. «Wozu diese Aufpäppelung? Wenn man hier entlassen wird, kommt man sofort wieder zur Arbeit. Innerhalb einer Woche sind Sie wieder eine Leiche, wie auf der ‹Dschurma›... Angelinas Wohltätigkeit ist nichts wert. Man macht sich nur falsche Hoffnungen...»

«Bei uns, bei den Kriminellen, gibt es ein Sprichwort», mischte Tamara sich ein. «Stirb du heute und ich – morgen!»

«Die Wahrheit liegt in der Mitte», sagte versöhnlich die gescheite Ljusja Ogandschanjan, «zwischen dem kannibalischen ‹Stirb du heute› und Lisas düsterem Pessimismus. Es gibt da ein Gedicht von Selwinskij über einen Gauner: ‹Heute haben Sie Ihre Chance verpaßt, Madame La Mort! Adieu, bis zum nächstenmal!› Und beim nächstenmal wird vielleicht der große Zufall die Regie übernehmen, so daß wir durch die Verzögerung doch etwas gewonnen haben. Und das ist schon viel wert...»

Als ich ins Frauenlager gebracht wurde, in die Baracke 8 der ‹Tjursaks›, war meine erste Empfindung – Scham. Ich schämte mich beim Anblick der blauen Gesichter, der erfrorenen Nasen, Wangen, Finger, beim Anblick der hungrigen Augen meiner Genossinnen, die an diesem späten Novemberabend gerade von ihren Arbeitsstellen zurückgekommen waren. Ich sah nach den beiden Monaten im Krankenhaus so ganz anders aus als sie. Ich war rund, gut ernährt, frisch. Ich kam mir vor wie eine Verräterin.

Nach dem Krankenhaus, wo jeder sein eigenes Bett hatte, wo die Fußböden sauber und die Räume frisch gelüftet waren, wirkte unsere Baracke 8 auf mich wie eine Höhle von Tieren. Sie war baufällig und schief, hatte zweistöckige durchgehende Pritschen, die Ecken waren vereist und in der Mitte stand ein riesiger Kanonenofen. Um diesen Ofen herum hingen Mäntel, Fußlappen und Strümpfe zum Trocknen und verpesteten die Luft.

«Na, von der Kur zurück?» fragte Nadja Fedorowitsch giftig. Als alte Kämpferin der Opposition war sie schon dreiunddreißig verurteilt worden und verachtete zutiefst die ‹Nachhut von 1937›.

Die Arbeit, zu der ich am nächsten Morgen eingeteilt werde, wird mit dem wohlklingenden Wort ‹Melioration› bezeichnet. Wir verlassen das Lager mit dem ersten Arbeitstrupp noch bei völliger Dunkelheit. Wir marschieren ungefähr fünf Kilometer in Fünferreihen, unter dem Schreien der Wachen und dem Fluchen der Kriminellen, die für irgendwelche Vergehen unserer Brigade zugeteilt wurden. Dann erreichen wir ein Wind und Wetter ausgesetztes Gelände, wo unser Brigadier – der Kriminelle Sjenka, ein gieriger, widerlicher Bursche, der in aller Offenheit eine erstklassige gesteppte Hose gegen eine ‹Stunde ohne Reue› bietet – Spitzhaken und Schaufeln an uns verteilt. Bis ein Uhr mittags müssen wir damit den ewigen Frostboden Kolymas bearbeiten.

Ich kann mich nicht mehr daran erinnern, und vielleicht habe ich es auch nie gewußt, ob diese ‹Melioration› irgendeinen vernünftigen Sinn hatte. Ich erinnere mich nur an den feurigen Wind bei 40 Grad Kälte, an das ungeheure Gewicht der Spitzhacke und an das rasende, unregelmäßige Herzklopfen. Um ein Uhr Rückweg zum Mittagessen. Wieder versinken wir bei unserem Marsch im Schnee, kommen aus dem Tritt und erregen dadurch den Zorn der Wachen. Im Lager erwartet uns das ersehnte Stück Brot, der Eintopf und vor allem eine halbstündige ‹Pause›. Wir scharen uns um den Ofen, um Wärme zu tanken, wenigstens für den halben Weg. Dann wieder Spitzhacke und Schaufel bis zum späten Abend.

Zum Schluß das ‹Vermessen› der bearbeiteten Erde und die unbeschreiblichen Fluchtiraden unseres Brigadiers Sjenka. Wie kann er seine Vollzugsmeldung erstatten, wenn diese trägen Gestalten nicht einmal dreißig Prozent des Solls schaffen! Und endlich die Nacht, die schweren Träume und das qualvolle Warten auf das Signal zum Aufstehen: ein Schlag mit dem Hammer gegen ein Stück Schiene.

Es war der Winter 1939/40. Irgend jemand von uns hatte eine alte, aber noch nicht ganz veraltete Ausgabe der *Prawda* aufgetrieben. Abends vor dem Schlafengehen gab es in der Baracke eine Sensation. Diese Ausgabe enthielt nämlich den ungekürzten Text einer Hitlerrede. Mit einem wohlwollenden Kommentar. In der ersten Spalte war ein Bild: ‹W. M. Molotow empfängt Joachim von Ribbentrop›.

«Ein wunderbares Familienfoto», sagt Katja Rotmistrowoskaja, während sie auf die obere Pritsche klettert.

Katja ist unvorsichtig. Wir haben ihr schon oft gesagt, daß bei uns bedauerlicherweise Leute aufgetaucht sind, die sich auffallend für unsere abendlichen Gespräche in der Baracke interessieren.

(Ein halbes Jahr später wird Katja diese Unvorsichtigkeit mit dem Leben bezahlen müssen. Sie wird für ‹antisowjetische Agitation in der Baracke› erschossen werden.)

Nach zehn Tagen ‹Melioration› hatte ich wieder offene Stellen am Bein. Mit erstaunlicher Geschwindigkeit verwandelte ich mich wieder in einen ‹Todeskandidaten›. Jetzt fiel ich unter der Menge der Gefangenen nicht mehr auf. Angelinas Bemühungen waren vergeblich gewesen.

Sonntags wird nicht gearbeitet. Wir waschen und flicken unsere Lumpen und machen Besuche in den anderen Baracken, wo die Häftlinge mit den leichteren Artikeln und den milderen Strafen untergebracht sind. Keine ‹Tjursaks›. In diesen Baracken riecht es häuslich nach gebratenem Fisch, den man irgendwo außerhalb des Lagers aufgetrieben hat. Dort gibt es richtige Schlafstellen auf den Pritschen, die mit eigenen karierten Decken zugedeckt sind, und über den Kopfkissen liegen Zierdeckchen aus Mull mit Hohlsaumstickereien. Die Bewohnerinnen dieser Baracken arbeiten zum größten Teil in geschlossenen Räumen, in Wäschereien, Bädern, Krankenhäusern. Sie haben eine normale Hautfarbe, und ihr Gesichtsausdruck ist interessiert und wach.

Ich habe mich mit den Bewohnerinnen der Baracke 7 angefreundet. Ich besuche sie jeden Sonntag. Dort wohnt die Künstlertruppe unseres Lagers. Die Sängerin Wengerowa tritt als Solistin auf. Die ehemaligen Tänzerinnen ziehen ihre Mäntel und Fußlappen aus und streifen Ballettröckchen über, um vor der ersten Reihe – vor der Lagerleitung – ihre Kunst vorzuführen. Es gibt auch einen Chor. An einem Sonntag erlebe ich zufällig ein solches Konzert. Ich höre, wie dreißig Frauen, die man von ihren Kindern getrennt hat und die nichts über das Schicksal ihrer Waisen wissen, gefühlvoll singen, die Hände vor der Brust gekreuzt, als wiegten sie ein Kind im Arm:

«Schlaf, meine Freude, schlaf, mein Kind...
Wir haben besiegt die Nacht und den Wind,
Der Feind wird deine Freude nicht trüben,
Schlaf, mein Kindchen, schlaf ein...»

Der Leiter der KWTsch (Abteilung für Kultur und Erziehung) äußert sich lobend über die Arbeit des Chors.

In der Mitte der Baracke, auf einer Pritsche dicht neben dem Ofen, lebt ein achtzigjähriges ‹Relikt des zaristischen Imperiums›, die Fürstin Urussowa. Nach dem Konzert sagt sie: «Als die alten Juden in die babylonische Gefangenschaft kamen, befahl man ihnen, Harfe zu spielen. Aber sie hängten ihre Harfen an die Wände und sagten: ‹Wir werden arbeiten, spielen – nie!›»

Sie schüttelt ihren fast kahlen Kopf und fügt hinzu: «Sie haben keine ‹Abteilung für Kultur und Erziehung› gehabt... Aber es waren auch andere Menschen...»

In der Baracke 7 bekam ich gelegentlich Neuigkeiten zu hören, sogenannte ‹Latrinenparolen›, unbestätigte Gerüchte. In unserer Baracke 8 interessierte man sich nicht mehr für Neuigkeiten.

«Bald soll ein großer Transport in die Taiga abgehen... Nach Elgen... Das ist eine Sowchose... Strafversetzung...»

«Es muß jeden Tag ein großer ‹Ehefrauentransport› aus Tomsk ankommen. Sie fallen unter den Artikel ‹Familienangehörige› und brauchten bisher nicht zu arbeiten. Wie im Gefängnis. Jetzt werden auch sie arbeiten müssen.»

«In die Taiga werden sie die Tjursaks schicken...»

Man mußte sich ständig vor Augen halten, daß der morgige Tag noch schlimmer werden konnte, so schwer der heutige schon war. Jeden Abend beim Schlafengehen mußte man dem Schicksal danken, daß man den Tag lebend überstanden hatte.

«Heute haben Sie Ihre Chance verpaßt, Madame La Mort...»

Leichte Arbeit

Gleich nachdem der ‹Ehefrauentransport› im Transitlager von Magadan eingetroffen war, schenkte mir die Ärztin Marija Nimzewizkaja aus Kasan eine hübsche Strickjacke, die sie dank ihres Berufes hatte behalten dürfen. So sehr war sie beeindruckt von meinem Skorbut und von meinem armseligen Aussehen.

Wir saßen auf der unteren Pritsche in unserer Baracke und zählten die Namen unserer Freunde und Bekannten auf. Die Aufzählung wurde von einer Art Standardkommentar begleitet: erschossen ... zehn Jahre ... verschollen ...

Zwischendurch strich mir die Ärztin weinend über das Haar, während ich wie verzaubert mit der geschenkten Jacke spielte. Das farbige Muster und die bunten Knöpfe hypnotisierten mich.

«Ich bin sehr mager geworden. Sie wird mir zu weit sein», sagte ich, ohne darüber nachzudenken, wie diese Jacke zu meiner übrigen Garderobe ‹paßte›: zu den Fußlappen, dem graubraun gestreiften Gefängnisrock und der abgetragenen, überall geflickten Steppjacke.

Ein leises Geräusch und die Rufe der Häftlinge kündigten das Erscheinen unserer Oberkolonnenführerin Werka an. Mit einem scharfen Blick fixierte Werka die Jacke in meinen Händen.

«Die ist dir natürlich zu weit! Außerdem, wo willst du sie anziehen? Bei der Arbeit mit der Spitzhacke?»

Werkas erfahrene Hände griffen nach dem feinen Gewebe und knüllten es zusammen. Die Wolle zeigte keine Falten.

«Echt. Laß mich mal anprobieren ...»

«Selbstverständlich, selbstverständlich, Werotschka, bitte, probieren Sie sie an», wiederholte die Ärztin Marija immer wieder und drückte mir dabei fest die Hand. Sie wußte nur zu gut, welche Macht eine Kolonnenführerin hatte.

Mit einer lässigen Geste ließ Werka die Jacke unter ihrem Wolltuch verschwinden.

«Trauern Sie ihr nicht nach, Schenjetschka», redete Marija mir beschwichtigend zu, «diese Jacke wird Ihnen vielleicht das Leben retten. Natürlich gibt es unter den Kolonnenführern Typen, die etwas nehmen, ohne einem dafür etwas zu geben, aber ich habe gehört, daß diese Werka alles, was sie von einem bekommt, mit mindestens vierzehn Tagen leichter Arbeit honoriert. Und für Sie ist es jetzt, nach dem Krankenhaus und in diesem Zustand, sehr wichtig, daß Sie nicht diese verfluchten Erdarbeiten verrichten müssen. Vielleicht läßt in der Zwischenzeit der Frost etwas nach.»

Schon bei der nächsten Arbeitszuteilung bewahrheitete sich, was Marija vermutet hatte. Wir standen wie immer, völlig erfroren, in Fünferreihen und warteten, daß wir aufgerufen wurden. Es war fünf Uhr morgens. Weder an dem dunklen Himmel noch in der dichten unbeweglichen Luft war ein Anzeichen der nahen Morgendämmerung zu erkennen. Eilig, bemüht, Schritt zu halten, marschierte ich in meiner Fünferreihe zum Tor. Plötzlich spürte ich, daß Werka mich aufmerksam ansah. In ihrem gutsitzenden Schafspelz und mit dem Wolltuch stand sie da, eine Liste in der Hand, von einer ganzen Schar von Helfern umgeben.

«Los, los», rief sie alle zwei, drei Sekunden und lächelte dazwischen kokett den Wachsoldaten zu.

Hin und wieder hielt Werka eine Reihe an und holte irgendeine vernummte geschlechtslose Gestalt heraus.

«Nach links auf die Seite!» rief sie, und jedem, der so angerufen wurde, stockte der Herzschlag.

Dieses ‹Aussortieren› konnte Gutes oder Böses bedeuten. Man konnte zum Beispiel mit dem nächsten Transport in die Taiga geschickt werden. Dagegen war die Arbeit mit der Spitzhacke und unser Lager in Magadan geradezu ein Paradies. Aber man konnte auch auf einen der so heißersehnten Arbeitsplätze ‹im geschlossenen Raum› abkommandiert werden, wo die Schwellungen an den Füßen zurückgingen, wo man ‹Freie› treffen und ihnen vielleicht einen Brief zustecken konnte, wo man sich durch ‹Schwarzarbeit› ein Stück Brot oder sogar eine Schüssel Suppe verdienen konnte.

«Auf die Seite! Nach links!» kommandierte Werka, als ich an ihr vorbeischwankte. Die geschenkte Jacke aus Kasan war für mich der Hasenpelz von Grinjow.[73]

Ich traute meinen Ohren nicht, als am Schluß der Arbeitszuteilung die bereits ermüdete Werka mir im Vorbeigehen lässig zurief: «Du gehst mit den anderen ins Hotel ... Dein Brigadier ist Anka Polosowa.»

Ein Hotel für ‹Freie›. Das war einer jener sagenhaften Plätze, wohin man nur die ‹Bytowiki› schickte und die für uns, die Politischen, ewig unerreichbar waren. Ein glückliches Arkadien, wo die Strafgefangenen nach dem Putzen die Wäsche der Gäste waschen konnten und dafür Brot oder sogar Zucker bekamen.

Wirklich, Werka war bestechlich, aber nach strengen Prinzipien. Wenn sie etwas genommen hatte, bezahlte sie auch ehrlich dafür. Nicht alle handelten so.

Im Jahre 1940 befand sich das Hotel von Magadan in einer großen grauen Baracke. Nur zwei Zimmer waren von Familien bewohnt: es handelte sich um mittlere Angestellte bei der Lagerverwaltung, deren Wohnungen noch nicht fertigggestellt waren. Die anderen Bewohner gehörten zu den Pionieren von Kolyma: versoffene Expedienten von den Goldminen, Rückfällige, die sich in Magadan die Zeit zwischen der abgesessenen und der nächsten Strafhaft vertrieben, und sogar einige Zauberkünstler, die sich hier, während der Haft, falsche Papiere hatten verschaffen können.

Die Zimmer waren überfüllt. Und auch die Flure: hier hausten, zu zweit auf einem Feldbett und manchmal nur auf Matratzen, die auf dem Boden lagen, die unbescholtenen Menschen ‹vom Kontinent›. Die meisten waren Geologen, die 1937, für zwei, drei Jahre ins Lager gekommen und jetzt, nach dem ‹liberalen Frühjahr› 1939, entlassen worden waren. Sie warteten hier auf den Frühling, um mit dem ersten Dampfer in die Heimat zurückzukehren.

«Hört zu! Bis drei müßt ihr saubermachen. Nach drei könnt ihr tun, was ihr wollt ... Bis zum Schlafengehen ... Nur nicht ausreißen, verstanden? Und wenn ihr ausreißt, müßt ihr selbst den Kopf hinhalten – ich weiß von nichts», sagte Anka Polosowa zu ihrer Brigade, die aus fünf Kriminellen und mir bestand.

Anka selbst hatte einen angenehmen und sehr soliden Artikel: ‹SWE› (Sozial-schädliches Element). Ein Grenzfall zwischen Politischen und Kriminellen. Und dieser Artikel berechtigte sie, den wichtigen Posten einer Putzfrauenbrigadierin im Hotel einzunehmen.

«So, ich gehe jetzt und fülle die Scheine aus», fügte sie hinzu.

«Geh nur zu deinen Scheinen», brummte Maruska-Krasjutschka heiser. «Er kann es ja kaum erwarten! Ihm quellen schon die Augen hervor ... Gleich kriegt er einen Koller ...»

Tatsächlich, der Verwalter des Hotels, ein stämmiger Kaukasier, mit einem markanten Kinn und stark vorstehenden Augen, mit dem Anka schon seit einem ganzen Monat die ‹Scheine ausfüllte›, erwartete sie in der Tür seines Zimmers.

«Gleich, mein Lieber, ich komme», rief ihm Anka mit einer unerwartet zärtlichen Stimme zu. «Ja, noch etwas, Mädchen! Wir haben heute eine Neue, eine Achtundfünfzigerin ... Sie ist ganz vom Fleisch gefallen ... mit einem Wort, ein ‹Tjursak›. Ihr sollt sie nicht piesacken ... Zeigt ihr lieber, wie das hier vor sich geht. Wie heißt du? Schenja? Also gut! Halte dich an Maruska-Krasjutschka. Zeig ihr alles, Marija. Alles klar? Ich muß noch meine Scheine ausfüllen. Ich komme, Aschotik, Kindchen!»

«Ein schönes Kindchen!» brummte Maruska-Krasjutschka wieder und sah uns mit ihren verträumten blauen Augen an. «Er ist leichter unter die Erde zu bringen als satt zu kriegen, er frißt wie ein Stier ... Man kriegt für die beiden nie genug zusammen ...»

Am Abend sah ich, wie nach einem ungeschriebenen Gesetz die privilegierte Brigade die Hälfte ihrer Nebeneinnahmen als Tribut ablieferte, um den Stier Aschotik und seine zärtliche Geliebte, die Brigadierin Anka Polosowa, zufriedenzustellen.

Die Arbeit bestand im Scheuern ungestrichener, schmutziger Dielen. Mit Eimer und Scheuertuch bewaffnet, stellte ich mich bei einem Kessel an, wo ein Häftling, ein alter Mann, jeder von uns der Reihe nach einen halben Eimer kochendes Wasser gab. Der Eimer mußte mit Schnee aufgefüllt werden.

Der Alte schielte mehrere Male unter seinen buschigen Augenbrauen zu mir herüber und erriet sofort den Artikel und mein Strafmaß.

«Tjursak, nicht wahr? So, so ... Du solltest deine Fußlappen lieber ausziehen. Sonst werden sie sich im Wasser auflösen. Hört mal her, ihr könntet doch der Frau ein Paar Schuhe zum Arbeiten geben. Ihr habt genug, ich weiß es doch ...»

«Kann sie haben, Großväterchen, mach dir keine Sorgen! He, Schenka, zieh deine Latschen aus. Du kannst meine Überschuhe haben», sagte gutmütig die von Kopf bis Fuß tätowierte Elvira und streifte die abgetragenen Männergaloschen ab, in denen sie herumschlurfte.

«Vielen Dank, Elvira! Und Sie?»

«Oh, Leute, ich platze! Sie hat ‹Sie› zu mir gesagt! Wie geht es Ihnen, Madame? Besuchen Sie mich doch mal, auf meiner Pritsche, abends ... Wir trinken zusammen heißes Wasser und plaudern über Bücher ... Sind das Spinner, diese Politischen ... Um mich brauchen Sie sich keine Sorgen zu machen. Ich werde dem ersten besten Gast die Schuhe ausziehen. Ich laufe bestimmt nicht barfuß herum», schnatterte Elvira und kratzte sich dabei mit der Geschicklichkeit eines Affen am rechten Fuß, auf den die Mahnung tätowiert war: «Vergiß deine alte Mutter nicht.»

Ich ging als letzte hinaus, und der alte Heizer hielt mich zurück. «Wir wollen uns bekannt machen. Ich sehe, Sie sind eine Politische. Wie sind Sie hierhergekommen? Wahrscheinlich der Gesundheit wegen, Sie sind zurückgestellt, nicht wahr? Ich bin auch ein ‹antisowjetischer Agitator›. Achtundfünfzig/Zehn. Aus Leningrad, aus den Kirow-Werken. Jetzt bin ich hier untergekommen, weil sie mich auch zurückgestellt haben. Meine ganzen Eingeweide gehen auseinander. Nach dem Bürgerkrieg bin ich mehrmals operiert worden. Und dann, nach dem Straßenbau und nach den Goldminen, sind innen alle Nähte geplatzt. Jetzt haben sie sich erbarmt und mich hierher, in die Wärme, gesteckt. Ich bin ja auch schon weit über sechzig. Aber es geht ja nicht um mich. Ich möchte Sie warnen. Sie sind ein junges Mädchen, und das ist hier nicht der richtige Ort für Sie.»

«Ich verstehe. Ich bin schon über dreißig. Ich bin nur so abgemagert, daß ich wie ein Mädchen aussehe.»

«Das ist egal, Sie sind noch jung. Und Sie passen nicht hierher. Ich kenne die Menschen. Also hören Sie: Sie dürfen zu niemandem ins Zimmer gehen. Keinen Schritt. Vor Aschotik nehmen Sie sich besonders in acht. Wenn Sie etwas verdienen wollen, dann nur bei den Frauen. Hier wohnen zwei Familien. Wenn Sie mit Ihren Dielen fertig sind, kommen Sie wieder zu mir. Ich werde Sie zu der einen Frau hinbringen. Erst gestern hat sie mich nach einem Mädchen gefragt, zum Wäschewaschen. Sie ist zwar geizig, dieses Teufelsweib, aber man wird bei ihr wenigstens satt. Außerdem können Sie sich bei denen, die im Flur wohnen, etwas verdienen. Das sind unsere Leute, Rehabilitierte. Die haben selbst nicht viel, sind auch Außenseiter. Jeder hat seine zwei, drei Jahre auf dem Buckel ... Aber die teilen das letzte Stück mit den anderen. Und sie brauchen dringend jemanden, der ihnen die Wäsche wäscht ...»

Die Kriminellen waren mit ihrer Arbeit zwei Stunden früher fertig als ich. Alle in langen Hosen unter bunten, seltsam geschnittenen Kleidern, alle mit tief in die Stirn gezogenen, auf typische Weise gebundenen Kopftüchern, tobten sie jetzt durch das ganze Gebäude und erfüllten es mit Gekreisch, Gelächter und unflätigen Reden.

Das war nicht böse gemeint. Im Grunde waren sie friedlich, sogar freundlich. Aber sie waren gewohnt, jeden Gedanken mit Hilfe der drei, vier eindeutigen Verben und den davon abgeleiteten Formen auszudrücken.

«Diese Amöben!» meinte der Heizer gutmütig, als er mir den Eimer zum zweitenmal mit kochendem Wasser füllte. «Sie kennen keine anderen Ausdrücke. Die reinsten Einzeller. Und dabei gibt es nette Mädchen darunter. Sie hätten bloß von Kind an in die richtigen Hände kommen müssen. Ja, ja, so haben wir in unserem Land gelebt und nicht einmal geahnt, wieviel Unterwelt es bei uns gibt.»

Es war keine schwere Arbeit, die Dielen zu scheuern, auch wenn mir vor Hunger und von der ungewohnten gebückten Haltung schwindlig wurde. Besonders leicht kam mir das Scheuern vor, wenn ich an die Außenarbeiten dachte, vor allem an die ‹Melioration›: die schwere Spitzhacke, die ohne jede Aussicht auf Erfolg auf die ewig gefrorene Erde fällt, der wütende, brennende Frost, der unter die fadenscheinige Steppjacke dringt. Dagegen geht die Arbeit hier wirklich leicht von der Hand. Hier hat man ein Dach über dem Kopf, und es ist warm. Auch das heiße Wasser ist eine Wohltat für die geschwollenen Hände. Dennoch könnte man heulen, wenn man sieht, wie die kommenden und gehenden Gäste die frisch gescheuerten Dielen wieder mit schmutzigen Spuren bedecken.

«He du! Du bist wohl übergeschnappt?»

Elvira hatte inzwischen einen himbeerfarbenen geblümten Kimono angezogen, sich grell geschminkt und sah mir nun ehrlich erstaunt bei der Arbeit zu. «Kinder, kommt mal her und seht euch diese Verrückte an! Wie die hier scheuert! Was glaubst du denn, bist du bei deiner Schwiegermutter zu Besuch und willst ihr zeigen, wie fleißig du bist?»

«Und du, gröl nicht so herum. Zeig ihr lieber, wie man es macht! Sie ist ein ‹Tjursak›... Und den ‹Tjursaks› haben sie den letzten Tropfen Blut ausgesogen...»

Maruska-Krasjutschka sprach mit der tiefen Stimme einer Säuferin, aber der Blick ihrer blauen Augen war erstaunlich verträumt.

«Weißt du was, Schenka», sagte sie und zupfte mich am Ärmel. «Paß auf. Punkt eins: Einen schwarzen Köter kann man nicht weiß waschen. Punkt zwei: Du mußt als erstes an dich denken und nicht für den Chef arbeiten. Und Punkt drei: Jetzt mußt du lernen, wie man es macht...»

Maruska schüttete mit einer blitzschnellen Bewegung das Wasser über den Fußboden und verteilte es in breiten Bahnen über die schmutzigen Dielen.

«Hauptsache, es geht schnell, und Aschotik sieht, daß hier geputzt wurde. Jetzt ab in den Kesselraum, Tee trinken! Auf meine Rechnung! Mir hat ein ‹Freier› ein Stück Weißbrot gegeben.»

Unbeschreibliche, paradiesische Seligkeit – man sitzt am warmen Kessel, trinkt aus dem Becher des alten Heizers das fast siedende Wasser, knabbert an einem Stück Zucker und beißt hin und wieder von Maruskas Weißbrot ab.

Solodicha war eine recht impulsive Dame.

«Die da? Die kann sich ja kaum auf den Beinen halten... ein richtiger Todeskandidat. Wie soll die mit dem Haufen Wäsche fertig werden! Ich habe seit einem Monat nicht gewaschen.»

«Jeder fällt vom Fleisch, wenn man ihn hungern und mit der Spitzhacke arbeiten läßt», antwortete der Alte unerschütterlich. «Dafür ist sie brav. Und nicht teuer.»

Ich habe die Wäsche fast liebevoll sortiert. Dieser Augenblick war, glaube ich, ein Höhepunkt, ein feierliches Ereignis in meinem Gefängnis- und Lagerleben. Zum erstenmal nach drei Jahren verdiente ich selbständig und durch eigene Initiative mein Brot. Außerdem war ich überzeugt, daß diese Arbeit einen Sinn hatte. Es war eine vernünftige Aufgabe, diesen verschmierten Kindern, die in den mit schmutzigem Geschirr und Plunder vollgestopften Zimmerecken herumwuselten, saubere Kleider anzuziehen.

«Du hast doch keine ansteckende Krankheit?» fragte Solodicha und musterte mich kritisch. «Du bist so mager...»

«Nein, Skorbut ist nicht ansteckend. Das kommt vom Hungern...»

«Schon recht! Ich gehe gleich einkaufen. Dann wollen wir zu Mittag essen.»

Bevor Solodicha einkaufen ging, flüsterte sie ihrem Ältesten, einem zehnjährigen Jungen, etwas ins Ohr und deutete mit den Augen auf mich. Aber kaum war die Mutter gegangen, lief der Junge auf den Flur hinaus, drehte sich noch einmal um und rief seinem sechsjährigen Schwesterchen zu: «Paß auf, daß sie uns nichts klaut! Ich hab keine Lust mehr ...»

Julija, die in Jaroslawl meine Zellengenossin gewesen war, hatte mit Recht gemeint, daß ich, wenn ich nur hundert Gramm vollwertige Nahrung bekäme, sofort ein Kilo zunehmen würde.

Schon nach einer Woche Arbeit im Hotel war ich kaum wiederzuerkennen.

«Siehst du, wie schnell du bei meiner Kost Speck angesetzt hast», sagt Solodicha fast gutmütig und füllt mir noch etwas von der üppig gebutterten Grütze auf.

Im Laufe dieser einen Woche räumte ich auch die undurchdringlichsten Winkel in ihrem Zimmer auf, und sie wußte das zu schätzen, besonders nachdem sie sich überzeugt hatte, daß nichts abhanden kam.

«Du siehst eigentlich ganz gut aus ... Mit solchen Augen wirst du wohl nicht lange Putzfrau bei mir bleiben. Frauen sind in Magadan Mangelware. Und hier im Hotel gibt es genug Schakale.»

Ich versuche Solodicha in ihrer Sprache zu erklären, daß ich eine ‹ehrbare› bin.

«Schon gut», sagt sie beifällig, «aber du solltest noch ein bißchen zunehmen, und dann werden wir einen tüchtigen Mann für dich suchen. Hier gibt es sogar Expedienten von den Goldminen, Butter, Zucker, Weißbrot! Und mit Geld sind sie auch nicht knauserig ...»

Abends, wenn ich in die Baracke 8 für Politische zurückkomme, mache ich die verschiedenen Typen aus dem Gasthaus nach. Alle lachen, und auch ich nehme dann Solodichas Bemühungen, mich so teuer wie möglich an einen Expedienten zu verkaufen, allein von der humorvollen Seite.

Aber eines Tages, während ich die Dielen im Korridor scheure (ich erledige das jetzt im Handumdrehen, nach Maruskas Methode, um mehr Zeit für Solodicha herauszuschlagen), bekomme ich plötzlich einen derben Schlag unterhalb des Rückens. Eine heisere, versoffene Stimme krächzt: «Gehen wir ... Versuchen wir's mal ... du kriegst einen Hunderter!»

Bisher interessierte mich die Frage der Prostitution entweder als soziales Problem (im Zusammenhang mit dem Anwachsen der Arbeitslosigkeit in den USA) oder als Thema in der Kunst (Alice Koonen[74] unter einer im Wind schwankenden, trüben Laterne). Selbst in den bösesten Albträumen meiner Gefängnisnächte im Butyrki und in Jaroslawl sind mir solche Worte und Gesten nicht begegnet, wie sie nun mir galten ... Mir!

Der Affekt ist so stark, daß ich die ausführlichen Instruktionen, die der alte Heizer mir für solche Fälle gegeben hat, vergesse («Hau ihm eine in die Fresse und jage ihn zum Teufel, in seiner eigenen Sprache!»). Statt dessen bricht es aus mir hervor:

«Sie Lump! Wie können Sie es wagen!»

Das frostverbrannte, braune, sich schälende Gesicht meines ‹Kunden› verzieht sich zu einem breiten Grinsen. Er schiebt seine Mütze in den Nacken. «Sieh mal an! Was für hübsche Augen! Hübsch ... Artikel achtundfünfzig, nicht wahr? Komm mit, ich geb dir zweihundert ...»

Die blaugefrorenen Pranken mit den krummen Fingern strekken sich wieder nach mir aus.

«Machen Sie, daß Sie fortkommen», schreie ich und greife nach dem Eimer, «ich schütte Ihnen das Wasser ins Gesicht ...»

Und plötzlich packt eine Hand (Lederärmel) meinen Pithecanthropus wie eine junge Katze im Nacken, gibt ihm einen kräftigen Fußtritt (fester Filzstiefel), so daß er in die entgegengesetzte Ecke fliegt, wo er eine endlose Fluchkanonade losläßt.

Der Mann, der mich gerettet hat, war Rudolf Kruminsch, einer von den rehabilitierten Flurbewohnern, der soeben aus zweijähriger Haft entlassen worden war.

Mit dieser Episode begann meine Freundschaft mit den Flurbewohnern, die auf das erste Schiff nach dem Winter warteten. Jetzt beeilte ich mich, auch bei Solodicha, um wenigstens eine knappe Stunde in diesem Teil des Flurs zuzubringen, ehe wir in das Lager zurückgeführt wurden. Ich wusch Wäsche, nähte Knöpfe an, spülte Becher und Teller.

Eine Oase in der Wüste. Menschliche Gesichter. Gespräche über das, was uns alle bewegt. Absolutes gegenseitiges Vertrauen. Keiner von ihnen schreckt davor zurück, meine Briefe mit der normalen Post aufzugeben.

«Schenja, Sie sollten die Knöpfe an diesem Ledermantel nicht so fest annähen», sagt der Geologe Zechanowskij spöttisch, den man während der Untersuchungshaft so geschlagen hat, daß er einen unheilbaren Husten davontrug. «Im Ernst, machen Sie sich keine Mühe, er schneidet sie sowieso jeden Abend mit dem Taschenmesser wieder ab.»

Er meint den Ledermantel meines Beschützers Rudolf Kruminsch.

Man hat Rudolf vorübergehend bis zum Frühjahr zur Arbeit in die Verwaltung geholt. Deshalb ist er, im Gegensatz zu den anderen, auffallend gut gekleidet.

Der gute Rudolf! Und ich habe mir schon überlegt, warum die Knöpfe so oft abreißen. Dabei tut er es nur, um einen Vorwand zu haben, mir ein paar Bonbons oder ein Stück Zucker in die Tasche zu stecken.

Sein energisches blasses Gesicht läuft rot an.

«Du bist ein großes Schwein!» knurrt er Zechanowskij an, mit einem starken deutschen Akzent.

Ich sprang jetzt morgens ohne das übliche schmerzliche Gefühl von meiner Pritsche auf. Ich wartete mit Ungeduld auf die Arbeitszuteilung und atmete jedesmal erleichtert auf, wenn ich das Lagertor hinter mir hatte. Ohne hinter Elvira und Maruska zurückzubleiben, lief ich durch die Straßen des in der Morgendämmerung fröstelnden, in blauen Dunst gehüllten Magadan, um so schnell wie möglich in das Hotel zu kommen. In dieser Arche Noah wurde von den Kriminellen, den Expedienten, den Dirnen und der kümmerlichen ‹Oberschicht› von Kolyma gesoffen, gestohlen, gehurt und geflucht, aber auf mich warteten dort die guten Gesichter meiner Genossen, denen es gelungen war, dem Schlund des Drachens zu entkommen. Dank ihrer selbstlosen Fürsorge war ich jetzt nicht nur satt, sondern auch meine Seele war getröstet und erwärmt.

Ich vermied es, daran zu denken, daß dieser glückliche Zustand bald ein Ende haben könnte. Deshalb brach für mich an jenem klirrenden Dezembermorgen die Welt zusammen, als ich, während ich in meiner Fünferreihe an Werka vorbeimarschierte, ihren Befehl hörte, der mir galt: «Zur Seite! Links!»

Aus.

Aus. Dagegen war nichts einzuwenden: ein Monat Arbeit im Hotel war kein schlechter Preis für eine Wolljacke mit bunten Knöpfen.

«Zurück in die Baracke! Morgen zum allgemeinen Arbeitsplatz.»

Bis zum Abend lag ich unbeweglich in der leeren Baracke. Der scharfe bohrende Schmerz, den ich in meinem Herzen spürte, kam nicht von dem Gedanken an die rostige Spitzhacke und an die schneidende Kälte auf der Baustelle. Schlimmer war der Gedanke daran, daß ich meine neuen Freunde, die Rehabilitierten aus dem Flur im Hotel, nicht wiedersehen würde, daß ich die von Hustenanfällen unterbrochenen Witze von Zechanowskij nicht mehr hören und die sorgfälig mit dem Taschenmesser abgeschnittenen Knöpfe von Rudolfs Ledermantel nicht mehr annähen sollte.

Abends, kurz bevor die ‹Tjursaks› zurückkehrten, wurde die Tür der Baracke aufgerissen, und in den Schwaden der starren weißen Luft, die die Baracke auf einmal erfüllte, erkannte ich die eleganten Filzstiefel der Brigadierin Anka Polosowa.

«Pst...» flüsterte Anka und blickte sich nach allen Seiten um. «Du sollst vor allem den Kopf nicht hängen lassen! Sie haben dich nicht vergessen, deine Freunde... Hier hast du ein Päckchen von dem mit dem Ledermantel. Alles wie es sich gehört: Zucker, Butter, Weißbrot... Und auch noch Geld... Halt die Hand auf... Das ist das Wichtigste...»

Anka holte aus der Tasche ihrer funkelnagelneuen kokett geschnittenen Steppjacke ein Päckchen verknüllter Papierscheine. «Das ist für Werka... Damit sie dich nicht auf den allgemeinen Arbeitsplatz schickt... In das Hotel wirst du allerdings nicht mehr zurückkommen... Sie hat einen Anschnauzer gekriegt, weil sie eine Politische zu den ‹Freien› geschickt hat. Aber sie wird sich schon etwas ausdenken, damit du nicht die schwere Arbeit...»

«Woher kommt dieses Geld?»

«Von deinen Verehrern... Zuerst haben sie sich geschlagene zwei Stunden gestritten, wie man dich retten soll... ob das anständig ist oder nicht anständig... Dann haben sie gesammelt. Und sie haben gesagt, du mußt es annehmen. In deiner Lage sind alle Mittel recht. Sonst bist du verloren...»

Werka – ein wahres Genie der Lagerstrategie und -taktik – stellte mich diesmal bei der Arbeitszuteilung zurück, um mir eine Arbeit im Männerlager zuzuweisen. Nachdem sie von der Lagerleitung einen Rüffel hatte einstecken müssen, weil ich, ein reißendes Tier, ein ‹Tjursak›, allen Vorschriften zum Trotz einen ganzen Monat lang ohne Bewachung gearbeitet hatte, wußte sie es jetzt so einzurichten, daß ich von einer Zone des Lagers in die andere kam. Aber es war wieder eine Arbeit für Kriminelle. Ich sollte als Küchenmädchen in der Kantine des Männerlagers arbeiten. Dort war es feucht, aber man hatte ein Dach über dem Kopf. Überlegungen, ob Bestechung hier im Lager gerechtfertigt war oder nicht, brauchte ich nicht anzustellen. Anka selbst steckte das Geld der Kolonnenführerin zu.

Zu der Sonderabteilung des Männerlagers, in die ich geschickt wurde, gehörten die ‹Todeskandidaten›, die von den verschiedenen Transporten zurückgeblieben waren. Diese lebenden Skelette arbeiteten außerhalb des Lagers, bei der Kommunalbehörde, schaufelten Schnee auf den Straßen von Magadan und leerten die Müllgruben.

Die Kantine dieser Abteilung unterstand einem Krim-Tataren, der Achmed hieß. Sein hübsches Gesicht, mit Augen wie Oliven, sah listig und verschmitzt aus. Seine Haltung, seine Bewegungen, seine Art zu sprechen, erinnerten an den gerissenen Diener aus einer klassischen Schelmenkomödie. Vor seiner Verhaftung war er auch Koch gewesen oder, wie er zu sagen pflegte, ‹Tschif-Koch›. Den ganzen Tag machte er sich in seiner Küche zu schaffen, trällerte vor sich hin und begleitete sich selbst mit Messergeklapper. Er war ein solcher Gauner, daß er es fertigbrachte, für sich und seine nächste Umgebung aus der Lagerverpflegung abwechslungsreiche Mahlzeiten zusammenzustellen, auf Kosten der ‹Todeskandidaten›, die er schamlos bestahl.

Das Frauenproblem machte in diesem Teil des Männerlagers den gut ernährten, satten und frechen ‹Pinseln› sehr zu schaffen. Die zwei oder drei kriminellen Frauen, die hier die Fußböden scheuerten, waren sehr begehrt und wurden mit ihren Aufgaben kaum fertig, obwohl sie das gestohlene Fleisch in riesigen Stükken herunterschlangen.

Das Nebeneinander der raubtierhaften ‹Pinsel› und der vielen schwankenden, gespenstischen Gestalten der ‹Todeskandidaten› machte meine neue Umgebung zu einem unheimlichen Ort, und am ersten Tag konnte ich kaum die Tränen zurückhalten, als mir klarwurde, daß ich hier wie ein Tier in der Falle saß und daß es mir kaum gelingen würde, mich auch nur wenige Tage über Wasser zu halten.

Mein Erscheinen (eine Frau, eine Politische!) war eine Sensation. Ich kam mit der ersten Arbeitsbrigade gegen sechs Uhr morgens an und wartete niedergeschlagen und mutlos darauf, daß Achmed, der selbstherrliche Gebieter über das Essen, aus seinem Gemach herauskam. Die Kantinen- und Küchenbaracke stank nach Eintopf aus Hafer und grünem Kohl. Ich saß wie eine zum Tode Verurteilte da, umgeben von einem Rudel von Kolonnenführern, Ältesten und Diensthabenden, die sich mit schmierigem Lächeln ganz offen darüber stritten, wer mich als erster bekommen sollte.

Nein, aus dieser Wolfshöhle muß ich fliehen. Lieber wieder auf die allgemeine Arbeitsstelle. Ich blicke mich traurig um, in der Hoffnung, einen Beschützer zu finden wie Rudolf. Aber hier gehören alle der privilegierten Schicht der Kriminellen an: Banditen, Diebe, Gewohnheitsverbrecher.

«So, und jetzt haut ab!» ertönt plötzlich Achmeds hohe durchdringende Stimme. «Welcher Abteilung ist dieses Weib zugeteilt? Der Kantine ... Und gibt es in der Kantine einen Chef oder nicht? Also, was habt ihr hier zu suchen?»

Achmed ist empört. Er betrachtet mich als sein gesetzmäßiges Eigentum. Er sieht mich abschätzend an. Dann legt er mir, tänzelnd und trällernd, eine märchenhafte Gabe zu Füßen: eine Schüssel voller Pfannkuchen. Offiziell backt man sie als Ansporn für die besten Arbeiter unter den ‹Todeskandidaten›, in Wirklichkeit aber für das Rudel der Privilegierten.

Man muß mit den Wölfen heulen. Ich werde es mit einer List versuchen ... Ich überrumple Achmed und setze zur Selbstverteidigung eine Waffe ein, mit der er nicht rechnen konnte. Ich mobilisiere mein Gedächtnis und bringe ein paar ganz ordentlich gebaute Sätze auf tatarisch zustande: Ich sei aus Kasan. Ich sei sozusagen eine Tatarin. Er müsse mich wie eine Schwester behandeln und mich beschützen. Ich sei ein ‹Tjursak›, entkräftet, ausgemergelt. Ich sei überzeugt, Achmed-Aga werde sie alle davonjagen, diese ...

Achmed hat schon lange nicht mehr den Klang seiner Muttersprache gehört. Etwas Menschliches blitzt plötzlich in seinen Olivenaugen auf.

«Muselman-Chatyn? Hol's der Teufel! Ist das ein glücklicher Zufall! Du bist entkräftet, sagst du? Dich werden wir bald wieder hinkriegen! Bitte! Achmed-Aga kann eine ganze Woche warten. Du kannst in Ruhe arbeiten, dich satt essen, keiner wird dich auch nur mit dem Finger anrühren. Iß Pfannkuchen! Achmed-Aga hat für die Mageren nichts übrig ...»

Eine Woche ... Nun, das ist immerhin ein Aufschub. In dieser Zeit wird der ständige stechende Schmerz im Herzen vielleicht vergehen. Dann kann ich wieder auf die Arbeitsstelle gehen.

«Iß, nimm schön zu.» Achmed hält mir ein Stück gekochtes Fleisch hin. «Iß dich satt und nimm die Arbeit nicht so ernst ... Die Arbeit ist kein Bär, sie wird nicht in den Wald davonrennen. Laß den andern sich für dich anstrengen. Das ist ein richtiges Arbeitstier ...»

Ich drehe mich um. Der Blechbottich zum Geschirrspülen ist in der Mitte geteilt. Davor steht ein Mann, der rasch und exakt wie eine Maschine arbeitet. Ein Mann in mittleren Jahren, mit einem intelligenten Gesicht, dunklen Bartstoppeln, die Lippen fest aufeinandergepreßt, die Ohrenmütze tief in die Stirn gezogen. Ununterbrochen fliegen Schüsseln, leichte, scheppernde Blechnäpfe, aus dem Fensterchen in der Wand direkt in den Bottich. Zuerst kommen sie in das schmutzige Wasser, wo die Speisereste abgespült werden, dann in das saubere, zum Nachspülen. Danach werden die Näpfe übereinander gestapelt und durch das Fensterchen geschoben. Von dort kommen sie auf den Tisch, wo sie mit Eintopf gefüllt und verteilt werden. Natürlich gibt es kein fließendes Wasser. Der Geschirrwäscher muß alle zehn bis fünfzehn Minuten zwei Eimer nehmen und in den Hof hinausgehen, um heißes Wasser aus dem Kessel zu holen.

Es fällt einem sofort auf, wie sorgfältig dieser düstere Mann seiner Arbeit nachgeht. Gar nicht wie es sonst im Lager üblich ist. Mit geschickten und raschen Bewegungen dreht er die zahllosen Schüsseln im Wasser. Seltsam ist auch, daß er kein ‹Todeskandidat› ist. Er sieht ganz gesund aus. Wie kommt es, daß er den Goldminen entronnen ist und hier eine Arbeit tut, die sonst von Frauen verrichtet wird?

«Taub!» erklärt mir Achmed, als er merkt, daß ich den Mann beobachte. «Stocktaub. Man könnte mit Kanonen schießen... Sie haben ihn zurückgestellt. Er ist durch alle Kommissionen gegangen. Ein Wolgadeutscher. Jetzt kann er hier für zwei arbeiten! Du kommst an den sauberen Bottich zum Nachspülen. Laß dir ja nicht einfallen, Wasser zu holen. Das soll er tun. Du sollst nur essen und zunehmen. Wir werden uns schon einig werden... Du brauchst dich vor keinem zu fürchten...» und er zwinkert mir vielsagend zu.

«Ist er taubstumm?»

«Nein, nein, nur taub. Er murmelt die ganze Zeit irgendwas vor sich hin, in seiner Sprache...»

Aus dem Gemurmel des Tauben höre ich deutlich das Wort ‹Verfluchter› heraus, womit er Achmed meint. Ich stelle mich an die andere Seite des Bottichs und mache mich an die Arbeit. Die Arbeit ist gar nicht so leicht, wie es aussieht. Die Näpfe fliegen ununterbrochen ins Wasser, und ich muß unzählige Male die gleiche kreisende Handbewegung wiederholen. Nach zwei Stunden sind die Schultern und der Nacken verkrampft. Selbstverständlich möchte ich unter keinen Umständen von den Vergünstigungen, die Achmed mir zugestanden hat, Gebrauch machen und will das Wasser selbst holen. Aber mein Nebenmann nimmt mir mit einer energischen Bewegung die Eimer aus der Hand und brummt auf deutsch: «Verfluchter Truthahn, jetzt muß er auch noch eine Frau quälen...» Er wirft unserem ‹Tschif-Koch› zornige Blicke zu.

Die Tage am Bottich zogen sich dahin. Sogar im Traum sah ich die schmutzigen Näpfe auf mich zufliegen. Die ‹Todeskandidaten› arbeiteten und aßen in mehreren Schichten. Deshalb war die Kantine fast ununterbrochen geöffnet. In den Stoßzeiten war das Tempo unerträglich. Man konnte sich zwischendurch nicht einmal aufrichten. Man konnte keine Sekunde die Augen von dem Bottich heben. Der ekelhafte klebrige Geruch des Eintopfs haftete an meinen Händen, an meinen Sachen, an der Steppjacke. Durch das kochendheiße Wasser war ich ständig schweißgebadet, und durch die Tür hinter mir, die jeden Augenblick aufgerissen wurde, strömte eisige Luft herein. Ich bekam einen starken Husten und konnte nachts nicht einschlafen.

Aber wenn Achmed mir manchmal aus Mitleid jemanden zur Ablösung schickte und ich in der Kantine die Näpfe einsammeln mußte, war es noch schlimmer. Der Anblick dieses Raumes und der Essenden war unbeschreiblich. Die Sitzplätze reichten nicht aus, viele aßen im Stehen an dem großen runden Eisenofen. Ihre Hände zitterten. Der Gestank der dampfenden, in der Ofenwärme trocknenden Fußlappen überdeckte noch den Geruch des Eintopfs.

Ach, wie zitterten diese knochigen, schwarzen, erfrorenen Finger, die den Napf umklammerten... Die ganze Baracke dröhnte unter obszönen Flüchen, unter bellendem Gehuste und Gekrächze und unter dem Geklapper der Löffel. Am schlimmsten war es, die Witze der Todeskandidaten mitanzuhören: «Zum Wohl! Gebe Gott, daß es nicht das letzte Mal ist!» So prosteten sie sich zu, bevor sie das Glas Kräuterextrakt austranken, der in der Ecke der Baracke als Vorbeugungsmittel gegen Skorbut ausgegeben wurde.

Achmed-Aga war ein Verfechter der Hygiene und des Komforts. Deshalb hingen vor den schiefen, mit Eisblumen bedeckten Fenstern der Baracke Papiergardinen mit verschiedenen ausgeschnittenen Mustern. Vor einiger Zeit hatte er in Zusammenarbeit mit der Sanitätsabteilung sogar einen Waschtisch aufgestellt und darüber ein kunstvoll gemaltes Plakat gehängt: «Wascht euch die Hände – und mit dem Skorbut ist es zu Ende.» Aber bald hörte man wieder auf, das Waschbecken mit Wasser zu füllen, da alle Versuche, die Hände der ‹Todeskandidaten› sauberzukriegen, vergeblich waren. Das Plakat jedoch blieb.

Die Privilegierten speisten in der Küche in einem abgeteilten Winkel. Bis in unsere Spülecke drangen die wunderbaren Duftwolken von echter Fleischsuppe und den berühmten in Sonnenblumenöl gebackenen Pfannkuchen. Am ersten Tag wollte Achmed mich zum Essen holen, aber ich beschwor ihn unter Tränen, mich bei dem Tauben zu lassen. «Ich habe Angst vor ihnen», sagte ich ehrlich, weil ich mich tatsächlich in dieser vom Pithecanthropus beherrschten Welt fürchtete.

Achmed sah in dieser Weigerung ein Zeichen muselmanischer Zurückhaltung und erklärte dem Kolonnenführer und dem Ältesten sehr anschaulich, daß eine Frau aus Kasan niemals eine Dirne werden könne, im Gegensatz zu den Frauen aus Moskau zum Beispiel.

Natürlich, hätte man anständig und konsequent sein wollen, so hätte man auf diese Pfannkuchen aus gestohlenem Mehl, das eigentlich zum Eindicken des Eintopfs bestimmt war, verzichten müssen. Aber einen solchen Sieg konnte ich in meinem Kampf gegen den Hunger nicht erringen. Ich tröstete mich mit ziemlich fragwürdigen Spitzfindigkeiten, die darauf hinausliefen, daß Achmed den ‹Todeskandidaten› ja sowieso nichts davon gegeben hätte. Ich trug also mein Essen in unsere Spülecke und stellte es dort auf eine umgekippte Kiste, auf der eine Zeitung ausgebreitet war und große Brotstücke lagen, die mein Kollege geschnitten hatte.

Dann setzten wir uns einander gegenüber auf die Hocker und löffelten die Suppe aus derselben Schüssel, wobei wir sorgfältig darauf achteten, daß jeder der Reihe nach ein Stück Hirschfleisch bekam. Gerade wegen dieser Fleischstückchen konnten wir uns nicht entschließen, die Suppe auf zwei Schüsseln zu verteilen. Ekel oder die Angst, man könnte sich anstecken, kannten wir schon lange nicht mehr.

Im übrigen spürte ich, daß ich einen Menschen vor mir hatte, der in jeder Beziehung sauber war. Schon vom zweiten Tag an bestand zwischen uns ein stummes Einverständnis. Ich war gerührt und belustigt darüber, wie er mich in dieser Welt als Dame behandelte. Er half mir in meinen Mantel, als sei es ein echter Seal. Er stand auf, wenn ich stand, und ließ mich als erste durch die Tür gehen.

Der Taube sprach oft halblaut vor sich hin. Natürlich auf deutsch.

Er war gewohnt, daß seine Reden für alle anderen nur ein sinnloses und unverständliches Gemurmel waren. Deshalb machte er sich nichts daraus, seine Gedanken laut auszusprechen. Bald wurde mir klar, daß ich einen strenggläubigen Katholiken aus einer patriarchalischen Bauernfamilie vor mir hatte. Mit mir verständigte er sich nur durch Gesten und Blicke. Er ahnte nicht, daß ich Deutsch verstand.

Das war mir irgendwie peinlich. Ich kam mir vor, als lauschte ich. Hätte er gewußt, daß ich ihn verstand, würde er manches nicht gesagt haben. Und so schrieb ich eines Tages auf ein Stück Zeitungspapier auf deutsch: «Ich verstehe alles, was Sie sagen. Sie sollen das wissen.»

Helmut (an diesem Tag sagte er mir, wie er hieß) wurde ganz aufgeregt. Er sah mich lange mit feuchten Augen an, küßte mir dann meine vom Spülwasser gequollene und nach Eintopf stinkende Hand und brachte die Überzeugung zum Ausdruck, daß die «gnädige Frau» das Gehörte niemals mißbrauchen werde. Er könne das an meinem Gesicht ablesen.

Bald ereignete sich ein Zwischenfall, der Helmuts Zuneigung zu mir noch vertiefte. Es war ein für mich sehr dramatischer Zwischenfall, der mich vorübergehend das Leben und das große Entsetzen wieder mit jener Schärfe wahrnehmen ließ, die durch den ständigen Kampf ums Dasein im Lager abgestumpft war.

Eines Morgens kam in unserer ‹Sonderabteilung› ein Transport aus der Taiga an. Es waren Menschen, die in den Goldminen zugrunde gerichtet worden waren, eine noch atmende menschliche Schlacke, die zu der Arbeit im Stollen nicht mehr taugte. Auf dem Transport starben sie dahin wie die ... Ich hätte beinahe geschrieben: «wie die Fliegen», aber es wäre treffender zu sagen, die Fliegen sterben wie die ‹Todeskandidaten› von Kolyma. Diese Menschen wurden hier in Magadan noch einmal ‹sortiert›: ein Teil blieb hier, die meisten wurden weitergeschickt, zum Beispiel in das Taskanskij-Kombinat, wo sie der edlen Aufgabe der Erschließung des hohen Nordens durch ‹leichte Arbeit› noch weiter dienen konnten, bevor sie in die bessere Welt eingingen. Später erfuhr ich, daß diese leichten Arbeiten darin bestanden, daß man zwölf Stunden täglich bei 50 Grad unter Null in der Taiga Zweige hakken mußte, ein Rohstoff für das Nahrungsmittel-Kombinat.

Wie immer, wenn ein solcher Transport ankam, hatten wir in der Küche und in der Kantine Hochbetrieb. Man mußte in kürzester Zeit die Männer mit Eintopf versorgen, die Brotrationen verteilen und Berge von Blechnäpfen spülen. Ich arbeitete, ohne von meinem Bottich aufzublicken, als plötzlich im Fensterchen ein Kopf erschien, um den, über der Mütze, noch ein schmutziges Handtuch gewickelt war.

«Wer ist hier aus Kasan?» fragte der Mann krächzend.

Ich fuhr zusammen. Unzählige entsetzliche Vermutungen jagten mir durch den Kopf. Vielleicht liegt unter diesen Menschen mein Mann im Sterben. Vielleicht hat einer unserer Freunde diesen Mann geschickt. Aber wer?

«Wir haben bei uns einen ‹Todeskandidaten›. Einen von euch ... aus Kasan ... Er ist fast hinüber. Er wird sterben, ehe es Nacht wird. Eben hörte er, daß hier eine Frau aus Kasan arbeitet. Er hat mich geschickt. Er möchte Brot haben. Er möchte sich vor dem Tod noch einmal richtig sattessen. Vielleicht können Sie ihm eine Ration geben. Sie sind doch in der Küche ...»

Seine Stimme zitterte plötzlich vor glühendem Neid gemischt mit demütiger Bewunderung gegenüber denen, die es verstanden hatten, sich eine solche Schlüsselposition im Leben zu schaffen. In der Küche!

«Er hat versprochen, mir für meine Mühe die Hälfte abzugeben», fuhr er fort und wischte sich mit dem schmutzstarrenden Mantelärmel den Schweiß und die Wassertropfen ab, die aus dem Bottich hochgespritzt waren.

«Hier, nehmen Sie», sagte ich und hielt ihm meine eigene Ration hin. «Grüßen Sie ihn. Warten Sie! Wer ist es denn? Wie heißt er?»

«Major Jelschin. Er hat in Kasan beim NKWD gearbeitet.»

Das Brot fiel mir aus der Hand. Major Jelschin! Vor mir erschien in Großaufnahme, wie auf der Leinwand, das behagliche Arbeitszimmer mit dem großen Fenster auf den ‹Schwarzen See›. In meinen Ohren klangen die samtenen Töne seiner Stimme: «Sie sollten vor der Partei abrüsten! ... Sie sind ein emotioneller Charakter ... Sie sind der falschen Romantik dieser verderbten Verschwörung verfallen ...» Er! Er, der meine ‹Verbrechen› unter den tödlichen Paragraphen acht gestellt hatte! Er, der mich zu dem schrecklichen Tier ‹Tjursak› gemacht hatte. Angenommen, er wäre wirklich nicht in der Lage gewesen, mich laufenzulassen, um nicht selbst in die Speichen dieses ‹Rades der Geschichte› zu geraten, so hätte er mir ohne weiteres – das stand in seiner Macht – nicht die zehn, sondern nur fünf Jahre Strafhaft geben können ... Er brauchte mir nicht das Kainsmal ‹Terror› aufzudrücken, sondern hätte sich auf die ‹antisowjetische Agitation› beschränken können, die immer noch eine Chance zum Überleben offen ließ. Und seine belegten Brote! Wie konnte man je diese Scheiben von französischem Weißbrot vergessen und den zartrosa, duftenden Schinken, mit dem sie belegt waren. Er stellte diese Brote vor mich hin – vor die ausgehungerte Gefangene aus dem Keller –, um mich zu versuchen: «Unterschreiben Sie, und greifen Sie zu!»

«Sie haben ihn gekannt? Man sagt, er war keiner von den Schlimmen. Die anderen vom NKWD hat man alle in den Gruben um die Ecke gebracht. An ihm hat sich niemand gerächt. Alle sagen, er sei keiner von den ganz Schlimmen gewesen. Nun, jetzt ist es ja egal, diese Nacht wird er bestimmt nicht überleben. Ich kenne das. Ich habe es oft genug gesehen. Die Zähne werden plötzlich lang und ragen aus dem Mund hervor... Das ist das Ende...»

In den tiefliegenden Augen des Boten flackert plötzlich Angst auf: sollte ihm die Brotration, von der ihm die Hälfte versprochen ist, jetzt doch entgehen?

Die langen Zähne... Als ich das hörte, zögerte ich nicht länger. Die langen, vom Skorbut gelockerten Zähne, die trockenen Lippen darüber. Ich hatte es bei der sterbenden Tanja gesehen, meiner Freundin auf dem Transport.

«Hier ist das Brot. Geben Sie es ihm... Warten Sie, aber Sie müssen ihm sagen, daß dieses Brot von mir ist! Merken Sie sich meinen Namen, und sagen Sie es ihm...»

Meine Knie wurden weich. Ich mußte mich auf die umgekippte Kiste setzen, die uns als Tisch diente.

«Was ist los?» fragte Helmut beunruhigt und hielt mir einen Bleistift und ein Stück Papier hin.

«Der Mann, für den das Brot ist, war mein Untersuchungsrichter.»

«Oh...»

Die folgenden Tage waren für mich eine schreckliche Qual. Der Transport ging weiter, und ich habe nie erfahren, ob Jelschin gestorben ist, dieser elegante Offizier, dessen Funktion darin bestand, seine Opfer mit Zuckerbrot zu locken, während die anderen sie mit der Peitsche traktierten. Aber ich war unglücklich über mich selbst. Wie hatte ich mich zu solch kleinlicher Rachsucht erniedrigen können! Warum mußte ich darauf bestehen, daß ihm mein Name genannt wurde, warum habe ich ihm dadurch den letzten Bissen Brot in seinem Leben vergällt? Welche Niedertracht! Sind wir nicht quitt in dieser Hölle, ist hier nicht alles und allen vergolten? Die Rechnung ist beglichen. Sein Tod war der Schlußstrich. Was für ein Tod!

Aber während ich mich mit solchen Gedanken plagte, machte der Taube aus der Episode einen Mythos. «Sie werden am Leben bleiben, hören Sie?» flüsterte er mir während der Arbeit auf deutsch zu. «Sie werden herauskommen. Denn Sie haben Ihr Brot mit Ihrem Feind geteilt. Ich bin Ihr Freund auf ewig. Ich bin bereit, für Sie mein Leben hinzugeben.»

Leider bekam Helmut schon bald Gelegenheit, zu beweisen, wie ernst seine Worte gemeint waren.

Die sieben Tage, die Achmed-Aga mir gewährt hatte, damit ich mich mästete, waren um. Immer häufiger spürte ich seinen gierigen Blick. Und als er eines Morgens, stolz wie ein Pfau, mir einen großen Angoraschal überreichte (die ‹Pinsel› verschafften sich solche Dinge aus der Desinfektionskammer, wo man die Neuangekommenen unter dem Vorwand, ihre Sachen müßten desinfiziert werden, ausplünderte), wußte ich, daß meine Stunde geschlagen hatte. Jetzt mußte ich zurück auf die allgemeine Arbeitsstelle.

«Nein, nein, danke. Ich brauche dieses Tuch nicht. Ich habe eins vom Lager, es ist schön warm.»

Achmed preßte die Lippen zusammen, und sein Mund sah plötzlich wie eine Falle aus.

«Ich weiß, du hast Kultur ... Ich habe gehört, wenn man Kultur hat, dann geht es nicht so schnell. Achmed hat gewartet. Er hat dich gefüttert. Heute Kultur, morgen Kultur ... Sag, wie lange geht das noch, diese Kultur?»

Er ließ mich verärgert stehen. Aber nach einer Stunde befahl er mir, zu ihm in die Vorratskammer zu kommen.

«Hol dir neue Scheuerlappen ...»

Ich hatte Achmed schon seit langem um einen neuen Scheuerlappen gebeten. Es war also ein geschickter Vorwand. Ich fürchtete mich vor der dunklen Kammer. Nein, er wird es nicht wagen. Hier sind überall Menschen, man hört alles. Ich werde schreien, wenn er ... Aber für alle Fälle kritzelte ich eilig auf ein Stück Papier: «Achmed hat mich in die Kammer gerufen. Passen Sie auf!» Ich gab den Zettel Helmut. Er nickte beruhigend mit dem Kopf, und seine tiefliegenden Augen glommen fanatisch.

Unter der Decke der Kammer hing eine Birne, die ein schwaches rötliches Licht verbreitete. Achmed lagerte wie ein satter Padischah auf den Säcken mit Lumpen.

«Du willst also kein Tuch? Dann nimm das!»

Es war eine lange Kette aus billig glitzernden Glaskugeln, die er siegesbewußt durch die Finger gleiten ließ. Offensichtlich entsprach diese Herrlichkeit den Wünschen, die in seinem Herzen, dem Herzen eines Chefkochs, blühten, und er hielt die Sache für so gut wie abgemacht. Meine Weigerung, dieses Geschenk anzunehmen, machte aus ihm einen Neandertaler. Ich rüttelte an der Tür. Sie war abgeschlossen. Ich schrie. Der zur Falle zusammengepreßte Mund, die wie zwei Kohlen glühenden Augen kamen auf mich zu.

Plötzlich zitterte die dünne Brettertür, sie quietschte und kippte nach vorn. Noch ein Stoß und ... Helmut lag vor mir, auf der eingedrückten Tür. Man hätte meinen können, er sei von einer Woge des Zorns angetrieben worden: sein Gesicht glühte vor Erregung, er sah aus wie ein verwundeter Gladiator oder wie ein mittelalterlicher Jäger, der gerade einen Eber erlegt hat...

Eine Sekunde Schweigen, dann ein Ausbruch deutscher und tatarischer Verwünschungen. Achmed ging übrigens bald zum Russischen über.

«Ich will es euch zeigen, ihr Hundesöhne! Ihr habt euch wohl gefunden? Du glaubst wohl, der Taube ist besser als Achmed. Ich gehe auf der Stelle zum Kolonnenführer ... Ich werde euch beide rausschmeißen. Ihr kommt beide zum Straßenbau! Ihr werdet einen Transport erleben, daß ihr hinterher eure Knochen zählen könnt!»

Aber unser Chefkoch mußte seine ‹blutige Rache› um einige Stunden verschieben. Ein Lagerältester kam atemlos angelaufen und kündigte einen riesigen ‹Rückkehrertransport› von den Goldminen an: «Schnell! Sofort zur Essenausgabe! Die verrecken einfach, und man ist für alles verantwortlich. Was? Die beiden sollen weggeschickt werden? Was fällt dir ein! An die Arbeit, los! In einer halben Stunde müssen alle verpflegt sein!»

Achmed rannte durch die Küche.

«Der Taube soll allein spülen!» kommandierte er. «Keine Tuchfühlung mehr. Du kommst zur Essenausgabe! Du sollst dich zum Abschied noch ein bißchen anstrengen!»

Ich stehe an der Durchreiche, schöpfe mit einer gleichmäßigen Bewegung den Eintopf aus dem Kessel und händige jedem dieser phantastischen Wesen, die der Reihe nach an mir vorüberziehen, einen vollen Napf aus. Es sind Gestalten mit schwarzen, erfrorenen, entzündeten Wangen und Nasen, mit zahnlosen, blutenden Kiefern, mit Säcken über den Mänteln und Lappen um den Köpfen. Woher kommen sie? Aus der Urnacht? Aus einem Traum von Goya?

Apokalyptisches Entsetzen überfällt mich. Aber ich rühre und rühre den Eintopf um, als hoffte ich, er könnte dadurch dicker werden, er könnte sie satt machen.

Einer nach dem anderen – die schwarze Schlange hat kein Ende. Sie nehmen mit ihren steifen Fingern den Napf, stellen ihn an den Rand des langen, aus rohen Brettern zusammengezimmerten Tisches und essen ... Sie essen diesen Eintopf mit einer Andacht, als wären sie beim Abendmahl, als sei in diesem Essen das ganze Geheimnis des Weiterlebens enthalten.

Plötzlich bückt sich einer von ihnen zu meinem Fensterchen und bittet: «So heiß wie möglich, wenn es geht. Damit man den Leib warm kriegt ...»

«Es ist ja ganz heiß! Lassen Sie sich's gut bekommen, Genosse!» sage ich weinend. Und dann höre ich, wie er laut ruft: «Brüderchen! Da ist ja eine Frau! Mitka! Komm her, hier ist eine Frau, wirklich! Herrgott! Seit drei Jahren habe ich keine Stschi[75] aus Frauenhänden bekommen ...»

Nein, das ist nicht Achmed, das ist nicht der Chefkoch von der Krim ... Das ist ein Bauer, ein einfacher russischer Bauer. Ein Familienvater, der drei Jahre lang in einer grauenhaften Goldmine in Kolyma das Leben eines geschlechtslosen Arbeitstiers geführt hat. In den Goldbergwerken bekommen sie jahrelang keine Frau zu sehen. Und als er diesen Napf aus meiner Hand entgegennahm, wurde in ihm ein menschliches Empfinden geweckt, das schon lange erloschen schien.

«Gib mir noch etwas, Täubchen!» bittet er mich ein paar Minuten später, von der anderen Seite kommend. «Du bist eine gute Frau! Sag mir doch etwas, mit deiner freundlichen Frauenstimme, damit man wenigstens hört, wie es einmal gewesen ist ...»

Er streckt mir seine Schüssel entgegen, die Hand ist riesengroß, und früher muß sie sehr stark gewesen sein. Die Hand eines Akkerbauern, die Hand eines Steinmetz mit einem großen schwarzen Daumennagel.

«Danke, meine Liebe, möge Gott dir helfen, daß du deine Kinder wiedersiehst!»

Ich muß mich plötzlich nach vorn zum Fensterchen beugen. Ich nehme seinen Kopf in meine Hände und küsse ihn auf den zahnlosen, von stachligen Borsten überwucherten Mund.

Am nächsten Morgen wiederholte Werka sehr häufig die unheimliche Formel: «Nach links! Auf die Seite!» Ein großer Transport von ‹Tjursaks› wurde zusammengestellt. Ich war eine der ersten. Ich weiß nicht, ob der rachsüchtige Achmed-Aga seine Hand im Spiel gehabt hat. Wahrscheinlich stand ich ohnehin auf der Liste für den Transport nach der berüchtigten Sowchose Elgen, mitten in der Taiga, vor der man die meiste Angst hatte und wo man früher oder später doch landete.

Ich habe gerade noch Zeit, ein Zettelchen für Helmut zu schreiben und es jemandem zuzustecken, der zur ‹Sonderabteilung› abkommandiert wurde. Ob er es bekommen hat und wie das weitere Schicksal dieses ritterlichen Geschirrwäschers war, der meinetwegen das rettende Dach über dem Kopf aufs Spiel setzte – ich habe es nie erfahren.

Elgen heißt auf jakutisch ‹Toter›

Meiner Mutter schrieb ich nach wie vor optimistische Briefe. «Du weißt doch, wie gern ich reise, und ich freue mich jetzt, daß wir von Wladiwostok aus noch weiterfahren werden...» So begann der Brief, den ich ihr aus dem Transitlager mit der normalen Post hatte schicken können. Und auch aus Magadan schickte ich ihr, mit Hilfe meiner Freunde aus dem Hotel, möglichst beruhigende Beschreibungen der Natur des Nordens, die jedesmal mit der Vermutung schlossen, daß unser Weg noch nicht zu Ende sei.

Und sie, die Ärmste, antwortete mir: «Ich sehe mir wieder und wieder die Landkarte an und frage mich: wohin kann man da noch weiterreisen...»

An diese Worte meiner Mutter mußte ich während unserer Fahrt von Magadan nach Elgen immer wieder denken. Tatsächlich, es sah so aus, als wäre die Welt zu Ende, aber wir fuhren und fuhren, besser gesagt, wir wurden gefahren, auf offenen Lastwagen, halb erfroren und zusammengepfercht wie das Vieh auf dem Weg zum Schlachthof. Und es sah so aus, als hätte diese Schneewüste, als hätten diese Zuckerhüte der Vulkankegel nie ein Ende.

Wie immer tauschten wir am Anfang der Fahrt noch irgendwelche literarischen Assoziationen aus. Jemand erwähnte Jack London, den Weißen Zahn und Alaska. Aber sehr bald verstummten wir, erstarrt vor Kälte und in dem Bewußtsein, daß nun Wirklichkeit wurde, wovor wir uns alle gefürchtet hatten: daß man uns nach Elgen brachte. Das hatte während der acht Monate in Magadan wie ein Damoklesschwert über uns geschwebt.

Es war der 4. April, aber es waren noch immer vierzig Grad unter Null, und es wehte ein leichter Wind. Der nahende Frühling kündigte sich nur durch die blendende Pracht der Schneefelder und durch das vielfarbige Lichtspiel der Sonnenstrahlen an. Man konnte kein Auge von diesem Schauspiel wenden. Ach, damals haben wir noch nicht gewußt, daß das Wort ‹blendend› in diesem Fall buchstäblich aufzufassen, daß diese märchenhafte Schönheit tückisch war und daß die vom Schnee reflektierten ultravioletten Strahlen tatsächlich zur Erblindung führen konnten. Die brennenden Augenschmerzen und die Bindehautentzündungen standen uns noch bevor.

Das Gefühl, ‹am Rande der Welt› zu sein, in völliger Abgeschiedenheit von der menschlichen Zivilisation, verließ uns während der ganzen Fahrt keinen Augenblick. Wir waren sehr niedergeschlagen.

«Wirklich, ich würde mich nicht wundern, wenn hinter diesem Hügel gleich ein Mammut auftauchte», flüstert meine Nachbarin zähneklappernd und versucht, sich wie eine Schnecke zusammenzuziehen.

Ich sage nichts dazu. Ja, ein Mammut. Auch ich habe den Eindruck, daß wir uns nicht nur von unseren Städten, sondern auch von unserer Epoche immer weiter entfernen und uns zurückbewegen in die Eiszeit.

Dichte Nebelschwaden hingen über Elgen, als unser Lastwagen die Hauptstraße erreichte, an der das einstöckige Holzhaus der Sowchos-Verwaltung lag. Es war gerade Mittagspause, und lange Reihen von ‹Arbeitern› zogen, von Soldaten bewacht, an uns vorüber in Richtung des Lagers. Die weißgegerbten Halbpelze der Wachsoldaten hoben sich von dem dichten Grau ab. Alle ‹Arbeiter› drehten sich wie auf Kommando nach uns um. Und auch wir erwachten aus der Erstarrung und blickten forschend in die Gesichter unserer neuen Kameraden.

«Es hieß doch, in Elgen gäbe es nur Frauen. Aber das sind doch ... Was meinst du? Das sind doch Männer, nicht wahr?»

«Hm ... Es sieht fast so aus. Übrigens ...»

Zuerst machen wir uns übereinander lustig. Soweit ist es mit uns gekommen: wir können nicht mehr einen Mann von einer Frau unterscheiden. Ha, eine Frau! Ha! Doch nicht! Wie Tschitschikow über Pljuschkin [76] ... Aber je genauer wir uns die vorbeiziehenden Arbeitskolonnen ansehen, desto weniger ist uns zum Lachen zumute. Ja, sie sind geschlechtslos, diese Arbeitssklaven in ihren gesteppten Hosen, mit den zerlumpten Fußlappen, den tief ins Gesicht gezogenen Ohrenmützen, mit den ziegelroten, von schwarzen Frostbeulen bedeckten Gesichtern, die bis zu den Augen in undefinierbare Lumpen gehüllt sind.

Diese Entdeckung ist niederschmetternd. In manchen Augen,

die, wie es schien, seit langem und endgültig ausgetrocknet waren, stehen jetzt die Tränen. Das also erwartet uns hier. In Elgen werden wir, die wir bereits unseren Beruf, die Zugehörigkeit zur Partei, das Bürgerrecht und unsere Familie verloren haben, auch noch unser Geschlecht verlieren. Morgen werden wir uns in die gespenstischen Kolonnen dieser seltsamen Wesen einreihen, die jetzt an unseren Lastwagen vorüberziehen, durch den knirschenden Schnee.

«Elgen heißt auf jakutisch ‹Toter›», erklärt uns eine von den Rückfälligen, die unserem Transport zugewiesen wurden. Sie war schon einmal hier, ist wie durch ein Wunder nach Magadan zurückgekommen und dort wieder ‹reingefallen›, wegen einer Liebesgeschichte mit einem ‹Freien›. Sie zeigt uns den Wirtschaftshof, den Pferdehof, den in einiger Entfernung sichtbaren Milchhof – die zuversichtlichen, lebensvollen Bezeichnungen stehen in keinem Verhältnis zu dem Gesamteindruck dieser Landschaft, und wir nehmen sie gar nicht zur Kenntnis. Aber die Erklärung: ‹Elgen heißt auf jakutisch Toter›, setzt sich in unserem Bewußtsein fest. Die Jakuten haben den richtigen Namen gefunden.

Jetzt kommen wir in das Lager. Stacheldraht, in regelmäßigen Abständen Wachttürme, ein knarrendes Tor, das gierig nach uns zu schnappen scheint. Reihen niedriger, mit schadhafter Dachpappe gedeckter Baracken. Eine langgestreckte Gemeinschaftslatrine mit Bergen von versteinertem Kot.

Und doch freuen wir uns, daß wir endlich angekommen sind. Immerhin, man hat ein Dach über dem Kopf. Die starre Rauchsäule über unserer Baracke wirkt vertrauenerweckend, wohnlich. Allmählich läßt das Gefühl der unerträglichen Hilflosigkeit und des Ausgeliefertseins nach, das uns alle während der eisigen Fahrt durch die blendende prähistorische Taiga beherrschte.

Und nun stehen wir eng aneinandergeschmiegt um den glühenden Eisenofen mit dem großen, beruhigend summenden Wasserkessel darauf. Es riecht nach trocknenden Fußlappen und nach geröstetem Brot. Eine menschliche Behausung ... Langsam streifen wir unsere Lumpen ab und umklammern mit unseren steifen Fingern, die sich wie Glasstäbe anfühlen, die gerade ausgeteilte Brotration.

In diesem wirklich schweren Augenblick sandte uns das Schicksal einen jener Menschen, die wahrscheinlich nur dazu geboren werden, andere zu trösten. Es war die Barackenälteste, Marija Sergejewna Dogadkina, eine einfache, flinke, dunkelhaarige Frau von etwa fünfzig Jahren, mit dem Tonfall einer Moskauer Hostienbäckerin, für den sich schon Puschkin begeisterte. Sie dachte nicht daran, uns besonders freundlich zu empfangen. Im Gegenteil, sie hatte unentwegt etwas an uns auszusetzen.

«Macht man so etwa die Tür zu?» rief sie und tauchte in der dichten frostigen Nebelwolke unter, die sich an der Barackentür ballte. Und unter ihren Händen ließ sich die verzogene und vereiste Tür wieder richtig schließen, und die Wärme blieb drinnen.

«Trocknet man so seine Sachen? Man knüllt sie doch nicht so zusammen ... Deine Mutter hat es dir nicht richtig beigebracht», belehrte sie eine andere, nahm ihr die Lumpen weg, schüttelte sie mit einer geschickten Bewegung glatt und hängte sie am Ofen auf die Leine, wo nichts mehr Platz zu haben schien.

«Warum schlingst du dein Brot in so großen Bissen herunter wie eine Möwe? So kannst du doch nicht satt werden! Du fällst ja darüber her wie über einen Todfeind. Gib her, ich werde es dir ein wenig rösten ...» Marija Sergejewna steckte eine Brotscheibe auf einen speziell zu diesem Zweck angefertigen eisernen Spieß, hielt ihn mit einer raschen Bewegung an den glühenden Ofen und gab der Besitzerin das frischgeröstete heiße Stück zurück, das den heiligen Duft von frischgebackenem Brot verströmte.

«Siehst du, so wird man schon eher satt ...»

Sie huschte durch die Baracke, gab jedem etwas von ihrer Erfahrung, von ihrer Zeit und Kraft, fand für jeden ein forderndes und zugleich wohlwollendes mütterliches Wort. Und schon hatten wir alle das Gefühl, wir seien zu Gast bei Marija Sergejewna. Die Wohnung unserer lieben Gastgeberin war mehr als bescheiden, und sie hatte uns auch nicht viel anzubieten. Aber dafür wußten wir alle, daß es von Herzen kam. Und sie machte gar nicht den Eindruck eines Häftlings (obwohl sie nach einem gewichtigen Artikel verurteilt worden war – wegen antisowjetischer Agitation), so mütterlich waren ihre Blicke und Bewegungen, alle darauf gerichtet, zu helfen und das Leben anderer leichter und erträglicher zu machen.

«Ich habe seit dem frühen Morgen auf euch gewartet und genügend Schnee aufgetaut. Das Wasser schmeckt wunderbar, trinkt, soviel ihr wollt, wärmt euch auf. Wir haben hier keine Becher, aber dort oben auf dem Brett stehen Konservendosen. Holt euch welche. Um die Toilette braucht ihr euch auch keine Sorgen zu machen. Nachts braucht ihr nicht hinauszugehen. Ihr habt genug mit den Zähnen geklappert. Dort in der Ecke habe ich einen großen Eimer aufgestellt. Morgen früh werde ich ihn hinaustragen. Die Aufseher werden es nicht merken. Ihr sollt den Kopf nicht hängen lassen ... Elgen, immer wieder Elgen ... Es wird nichts so heiß gegessen, wie es gekocht wird. Ich bin bald drei Jahre hier, und ich lebe immer noch. Schlaft jetzt. Der Morgen ist weiser als der Abend. Es ist schon spät. Der Schlaf steht an den Betten, und der Traum zieht durch das Haus ...»

Ich zittere vor Freude. Das sind Worte aus dem Liedchen, mit dem unsere Njanja Fima den kleinen Wasja in den Schlaf wiegte. Jetzt schlafe ich auf der oberen Pritsche mit einem seltsamen Gefühl der Ruhe und dem Gedanken an die Beständigkeit des häuslichen Herdes ein. Noch im Einschlafen höre ich, wie Marija Sergejewna den Boden fegt und mit den Eimern klappert. Und wie durch ein Wunder gelingt es ihr, die Baracke von Elgen in eine russische Bauernhütte zu verwandeln. In eine schmutzige arme Hütte, in der die Schaben an den Wänden rascheln, wo es aber nach Häuslichkeit und frischgebackenem Brot duftet und wo gegen Abend der Traum umgeht. Ich gebe mich der süßen Gewalt des Schlafes hin. Ich höre Njanja Fimas Stimme, die meinen Jüngsten in den Schlaf wiegt:

Wo der Traum ihn finden wird,
Dort wird er ihn betten.

Erst am nächsten Morgen überfällt uns wieder die grausame Wirklichkeit. Und wieder hört man das Wort: ‹Transport›. Wie? Soll das heißen, daß es von hier noch weitergehen kann? Natürlich! Nach Mylga! Das ist die Strafkolonie von Elgen. Und außerdem gibt es noch die Iswestkowaja, die Strafkolonie von Mylga. Und das Holzfällen? Es gibt unzählige Orte in der Taiga, gegen die diese Baracke ein wahres Schloß ist! Und im Sommer die Heuernte. Zwischen den Sümpfen ... Aber wer weiß, ob wir das noch erleben werden ...

Marija Sergejewna gehört nicht zu denen, die einem Märchen erzählen. Alles wird beim Namen genannt. Man soll nicht den Kopf in den Sand stecken. Aber überall gibt es gute Menschen. Man kann auch das Holzfällen überstehen. Nicht alle Brigadiere sind wilde Tiere. Es gibt auch anständige unter ihnen ...

«Ihr habt ja wirklich ungünstige Artikel ... Tjursak ... Schlimmer als die ‹KRTD›, wie man sagt. Macht nichts, es wird schon alles werden. Man wird sich an euch gewöhnen. Zuerst hat man die ‹KRTD› auch ganz kurz gehalten, und jetzt ist eine von ihnen sogar Leiterin der Badeanstalt geworden.»

Das stimmte. Wir waren nach Elgen in die Strafkolonie nicht wegen irgendeines Vergehens gekommen, sondern wegen unserer ‹Artikel›, weil wir ‹Tjursaks› waren. Alle anderen waren aus einem bestimmten Grund hierhergebracht worden. Die meisten waren Gewohnheitsverbrecher. Und außerdem gab es hier viele ‹Ammen›.

«Aus irgendeinem Grund ist die Lagerleitung auf die Idee gekommen, hier sei ein besonders günstiger Ort für Säuglinge. Wirklich... Man hat hier sogar ein Kinderkombinat eingerichtet... Ein Lager für Häftlingskinder. Ja, Ammen gibt es hier mehr als genug... Und wer von den Säuglingen durchgehalten hat, der ist nicht mehr totzukriegen...»

‹Ammen›: das war die Sammelbezeichnung für alle gefangenen Frauen, die bei illegalen Liebesbeziehungen ertappt oder der Schwangerschaft ‹überführt› worden waren. Sie wurden streng bestraft, aber in gewissen Dingen machte man Ausnahmen, aus Humanität, wenn man so will.

Mehrere Male täglich ertönt von den Wachttürmen das Kommando: «Zum Stillen!»

Und die in Lappen eingemummten geschlechtslosen Gestalten marschieren eilig, in Fünferreihen, bewacht von den weißgegerbten Schafspelzen, in das Kinderkombinat, wo jeder ihr Baby ausgehändigt wird. Das Baby steht vor einer schwierigen Aufgabe: es soll ein paar Tropfen Milch aus der Brust einer Mutter saugen, die von der Elgen-Ration lebt und bei der Melioration arbeitet.

Meistens stellen die Lagerärzte bereits nach wenigen Wochen das ‹Ende der Laktation› fest. Die ‹Amme› wird zur Außenarbeit, zum Holzfällen oder zur Heuernte, eingeteilt, und der Säugling erkämpft sich den Platz an der Sonne mit Hilfe der Fläschchen ‹Be-Reis› und ‹Ce-Reis›. Die Gruppe der ‹Ammen› ist also fluktuierend. Sie wird ständig durch die Sünderinnen von ganz Kolyma aufgefüllt.

«Das ist echte Fürsorge für Mutter und Kind!» ruft Nina Gwiniaschwili, als sie zum erstenmal eine Gruppe ‹Ammen›, umgeben von Soldaten mit vorgehaltenen Gewehren, vorbeiziehen sieht...

Aber diese Einzelheiten über das Kinderkombinat und die Mutterfreuden auf Elgen bringen wir erst später in Erfahrung. Jetzt sind wir, nach einer kurzen Atempause in der Baracke bei Marija Sergejewna, wieder wie elektrisiert von den Gerüchten, die aus der Verwaltungs- und Planabteilung durchsickern. Dort sollen, so heißt es, Listen zusammengestellt werden für einen Transport in die Taiga zum Holzfällen. Die Meinungen darüber, wo es am schlimmsten ist, widersprechen sich. Die einen sagen, daß man es bei ‹Kilometer sieben› länger aushält als bei ‹Kilometer vierzehn› oder an der Smejka beispielsweise, weil dort die Wachen nicht so brutal sind. Andere behaupten dagegen, daß man bei ‹Kilometer sieben› die meiste Aussicht hat abzukratzen, denn die Baracken dort könne man gar nicht Baracken nennen, es sei in ihnen genauso kalt wie im Freien ...

Galja Stadnikowa wagt es, den Lagerleiter zu fragen: «Können Sie mir bitte sagen, ob ich Arbeit in meinem Fach bekommen kann? Ich bin Oberschwester und Hebamme ...»

Der Lagerleiter grinst hämisch und meint: «Für Ihre Artikel gibt es zwei Fachrichtungen: Holzfällen und Melioration.»

Ich kam nach ‹Kilometer sieben›. Es war eine gemischte Gesellschaft: unsere Gruppe ‹Tjursaks›, aber auch Alteingesessene von Elgen. Darunter sowohl Kriminelle als auch einige ‹rechtgläubige Christen› – gläubige Bäuerinnen aus dem Gebiet von Woronesch. Sie wurden zum ‹Kilometer sieben› gebracht, weil sie sich geweigert hatten, sonntags zu arbeiten.

Eine ganze Stunde warten wir vor dem Verwaltungsgebäude, weil die Lagerleitung sich nicht einig werden kann. Dort befindet sich auch der Leiter der Sanitätsabteilung, Kutscherenko, ein untersetzter Mann mit einem kupferfarbenen Gesicht. Er wird ehrerbietig mit Doktor angeredet, obwohl er, wie sich später herausstellte, nur Militärfeldscher war.

«Und wenn sie unterwegs verrecken?» fragt er so laut, daß wir jedes Wort verstehen. «Sehen Sie sich doch an, wie die Tjursaks angezogen sind ...»

Ja, wir sind schlechter angezogen als alle anderen. Den Bäuerinnen aus den Kolchosen ist es wie durch ein Wunder gelungen, ihre eigenen grobgestrickten Wolltücher zu behalten. Manche der Kriminellen haben sogar Halbpelze. Nur wir stecken von Kopf bis Fuß in Gefängniskleidung. Wir haben keinen einzigen eigenen Fetzen am Leib, unsere Fußlappen lösen sich auf, und der Schnee dringt durch die Löcher ein.

Später erfuhren wir, daß irgendwo eine Formel der offiziellen Humanität existierte: ‹Kleidung und Schuhwerk den Jahreszeiten entsprechend.› Und wenn zu bestimmten Zeiten die Zahl der Todesfälle die übliche Norm überschritt, wurden die Angestellten der Sanitätsabteilung dafür zur Verantwortung gezogen. Gerade jetzt hatte der Vertreter dieser humanen Einrichtung wieder unter solchen Schwierigkeiten zu leiden, und deshalb beanstandete er unsere Ausrüstung.

Über eine Stunde lang standen wir vor dem Tor, starr vor Kälte, und warteten auf das Ergebnis der Diskussion, während wir dem Gesang der Kriminellen zuhörten. Sie tanzten herum und grölten:

«Jeder Sabbat wird gefeiert,
In der Woche siebenmal,
Ha-ha!»

Und schließlich: Hurra! Das menschenfreundliche Prinzip hat die Oberhand behalten. Kutscherenko ist es gelungen, zu beweisen, daß unsere Kleidung und unser Schuhwerk der Jahreszeit nicht angemessen sind... Und so werden wir gefahren, auf Anhängern, die von Traktoren gezogen werden, weil andere Transportmittel nicht durchkommen zum ‹Kilometer sieben›, der abseits von dem Fahrweg liegt, tief in der fast unberührten Taiga.

Wir fahren... Wir fahren durch Senken und durch Waldbäche, wir fahren und müssen uns die Flüche der Wachen und die Unflätigkeiten der Kriminellen anhören. ‹Kilometer sieben› ist offenbar nicht mehr als eine Bezeichnung. Es ist weiter... Ohne Zweifel viel weiter. Wir sehen weder einen Menschen noch ein Tier. Nur Winter, Winter... Obwohl es April ist. April 1940.

Beim Holzfällen

Unser Brigadier, der Kriminelle Kostik, der den Spitznamen Artist hat, ist ein recht aufgeklärter Zeitgenosse. Irgendwann in seinem abwechslungsreichen Leben schlug er sich als Chargendarsteller an einer Provinzbühne durch. Damals bereicherte er seinen Wortschatz um so ausgefallene Vokabeln wie ‹Buffonade›, ‹Kulmination›, ‹Travestie›. Seine Flüche sind unnachahmlich.

Unseren Transport sieht er als eine völlig hoffnungslose Angelegenheit an. Er schreitet unsere Reihen ab wie ein Feldherr vor der Schlacht und betrachtet tiefbekümmert die abgerissenen, mit Sägen und Äxten bewaffneten Gestalten. Nun ja! Sein Privatleben wird sich wohl in Elgen abspielen müssen. Wen kann er sich hier schon aussuchen? Die Kriminellen kann er nicht ausstehen. Er ist ein Mann, der etwas auf sich hält, außerdem hat er Angst vor Geschlechtskrankheiten. Die ‹Nonnen› dagegen, die sind ja bekanntlich alle ein bißchen übergeschnappt. Und diese ‹Tjursaks› ... wer weiß, vielleicht sind auch sie einmal brauchbare Weiber gewesen. Aber jetzt ist mit ihnen nichts mehr los, richtige ‹Todeskandidaten›.. Mit einem Wort: eine Travestie...

Kostik streicht sich seine Tolle aus der Stirn und trällert vor sich hin:

«Travestie, ach Travestie,
Wo nehm ich ein Liebchen her...»

Aber dann sieht er den Leiter der Forstabteilung der Sowchose kommen und schaltet sofort auf den Produktionsplan um: «Wie soll man mit diesen Todeskandidaten das Soll erfüllen? Die reinste Antiquitätensammlung!»

Pawel Wassiljewitsch Kejsin, der Leiter der Forstabteilung, betrachtet mit dem gleichen Mißtrauen unsere schlechten, rostigen, nicht geschränkten Sägen und uns selbst. «Ein schöner Nachschub!» Dieser Mann hat auf seinem schweren Posten keinen Geschmack an sadistischen Ausschreitungen gefunden, aber er beherrscht die Kunst, Menschen als Anhängsel von Sägen und Äxten zu betrachten.

Von unseren Hütten bis zum Arbeitsplatz sind es ungefähr vier Kilometer. Wir gehen im Gänsemarsch über den weichen, von Tag zu Tag feuchter werdenden Aprilschnee. Gleich bei den ersten Schritten sind die Füße klatschnaß, und wenn am Nachmittag der Frost wieder strenger wird, vereisen die Fußlappen, und die erfrorenen Füße schmerzen bei jedem Schritt unerträglich.

Sobald Kostik mit uns allein ist, ohne Kejsin, der nur ab und zu nach uns sieht, und ohne die Wachen, die um ein Feuer herumstehen und rauchen, läßt sein Eifer nach. Seine Anweisungen zum Holzfällen gibt er auf folgende Weise: «Seht ihr den Baum da? Nein? Ihr seid ja Tranfunzeln! Er steht doch in einem Schneehaufen, seht ihr das nicht? Er muß freigetrampelt werden... So müßt ihr das machen...»

Er hat gut reden, mit seinen hohen Filzstiefeln und den über den Schäften gebauschten Hosenbeinen, eine Mode, die unter den Kriminellen als chic gilt. Als Galja und ich seine Bewegungen nachmachen und den Schnee festtrampeln wollen, haben wir sofort Schnee in unseren Fußlappen.

«Dann nimmt man eine Axt und schlägt vorn eine Kerbe. Und jetzt von beiden Seiten an die Säge und ziehen! Ihr stellt euch so dumm an, als ob ihr noch nie im Leben eine Säge gesehen hättet! Was für eine Buffonade!»

«Sie glauben doch nicht im Ernst, daß Galja und ich diesen Baum fällen können?»

«Nicht nur diesen Baum, sondern acht Festmeter, das ist euer Soll», lautet die trockene, sachliche Antwort. Sie kommt nicht von Kostik, natürlich, sondern von dem Leiter der Forstabteilung, Kejsin, der plötzlich hinter uns steht. Und Kostik, dem noch vor einigen Minuten sowohl wir als auch der Baum vollkommen gleichgültig waren, fügt mit widerwärtig heuchlerischer Stimme hinzu: «Ihr habt drei Tage Zeit, euch auf das Soll einzustellen. Drei Tage lang bleibt die Ration unabhängig von der Erfüllung des Solls. Vom vierten Tag an – Pardon, nehmen Sie sich zusammen, meine Damen... Dann geht alles nach Kategorien, entsprechend der Erfüllung des Solls. Wie man sägt, so frißt man...»

Drei Tage lang versuchten Galja und ich Unmögliches möglich zu machen. Die armen Bäume! Wie haben sie wohl gelitten, als sie von unseren ungeschickten Händen gefällt wurden! Wie sollten wir, unerfahren und halbtot, eine solche Arbeit bewältigen? Die Axt rutschte ab, feine Späne flogen uns ins Gesicht. Wir sägten krampfhaft, ungleichmäßig und beschuldigten uns im stillen gegenseitig der Ungeschicklichkeit, sprachen es aber niemals aus, weil wir wußten, daß Streit ein Luxus war, den wir uns nicht leisten konnten. Die Säge fraß sich immer wieder fest. Am schlimmsten war der Augenblick, wenn der verunstaltete Baum sich schließlich neigte, wir aber noch nicht wußten, nach welcher Seite er fallen würde. Einmal wurde Galja dabei von einem Ast am Kopf gestreift, aber unser Feldscher weigerte sich, die Wunde auch nur mit Jod zu bepinseln, und sagte nur: «Alter Trick! Sie wollen gleich am ersten Tag krank geschrieben werden!»

Aufmerksam beobachteten wir die gläubigen Bäuerinnen von Woronesch. Es kam uns wie schwarze Magie vor, wie sie arbeiteten. Wie genau und rasch schlugen sie die Kerbe! Wie ausholend und gleichmäßig waren die Bewegungen, mit denen sie die Säge führten! Wie gefügig legte sich der Baum auf die gewünschte Seite, denen zu Füßen, die seit ihrer Kindheit körperliche Arbeit gewohnt waren!

Wer weiß, wenn man uns richtig angeleitet und uns genug zu essen gegeben hätte, vielleicht hätten auch wir das uns ewig unerreichbare Soll erfüllen können. Aber zu dieser Zeit wurde unser Lagerleiter, der allgemein als menschlich galt, nach ‹Kilometer vierzehn› versetzt, und zu uns kam der Lagerleiter von dort. Dieser üble Bursche brachte mehrere Trabanten mit. Und von da an ging es um unser Leben.

«Ihr seid hier nicht zur Kur!» Mit dieser uns hinlänglich bekannten Formel begann er seine Herrschaft. «Das Soll! Verpflegung entsprechend der Arbeit! Saboteure werden bestraft!»

Er hatte eine gewisse Ähnlichkeit mit Korschunidse von Jaroslawl, obwohl sein pockennarbiges Gesicht und sein flachsblondes Haar nichts Kaukasisches hatten. Es war vielmehr die bewußte ‹Grimasse›, die er aufsetzte, wenn er mit uns sprach. Sie gab ihm diese Ähnlichkeit, die uns allen auffiel.

«Ein Bruder von Korschunidse. Und wenn kein leiblicher Bruder, dann zumindest ein Verwandter. Ein Cousin ...»

So bekam er den Spitznamen ‹Cousin›.

Morgens gegen fünf wurden wir geweckt. Alle Knochen schmerzten unerträglich. Wir hatten keine Matratzen, die durchgehenden Pritschen bestanden nicht aus Brettern, sondern aus

Rundholz und die nicht abgehobelten Astknoten bohrten sich in den Körper ein. Jeder Morgen begann mit einem Gefühl gähnender quälender Leere. Man mußte es mit übermenschlicher Anstrengung überwinden, damit man aufstand und die erste, lebenswichtige Bewegung machte – die paar Schritte zum eisernen Ofen, wo man aus dem Haufen stinkender Lumpen die eigenen Fußlappen und Fäustlinge heraussuchte. Das war gar nicht so einfach. Denn zum erstenmal seit der Überfahrt auf der ‹Dschurma› hausten wir wieder mit Kriminellen in einem Raum, was alles noch erschwerte. Für diese Mädchen war es selbstverständlich, sich fremde, bessere Fußlappen anzueignen, den besten Ofenplatz zu beanspruchen oder einem anderen eine schärfere Säge aus der Hand zu reißen. Und ‹Cousin› nahm Beschwerden nicht entgegen. Er war ausschließlich auf die Erfüllung des Solls bedacht und erklärte uns bei jeder Arbeitszuteilung und bei jeder Kontrolle anschaulich, daß Gleichmacherei nicht in Frage käme, daß er nicht bereit sei, das Brot, das dem Volk gehöre, an Staatsfeinde und Saboteure zu verschwenden, die ihr Soll nicht erfüllen wollten. Auf alle Fragen, bei denen es um die Erhaltung unseres Lebens ging, antwortete er mit der gleichen unmißverständlichen Grimasse und der kurzen Formel: «Ihr seid hier nicht zur Kur!»

So bestimmte *der große Hunger* unser Leben im Wald. Wer weiß, vielleicht hätte Kostik, der ‹Artist›, Mitleid mit uns gehabt und uns gelegentlich ein paar Prozent mehr aufgeschrieben. Aber ‹Cousin› ging mit großer, fast wissenschaftlicher Akribie vor. Er kontrollierte persönlich, ob seine Trabanten uns auch von den Feuern vertrieben und ob sie die Arbeit der Brigadiere beaufsichtigten. Und wenn Kostik mit einem langen Metermaß unsere Tagesleistungen ausmessen wollte, stand hinter ihm ein Soldat, und Kostik konnte, auch wenn er gewollt hätte, nichts für uns tun.

«Achtzehn Prozent, das ist heute eure ganze Kulmination», verkündete Kostik mit finsterer Miene und malte diese Zahl neben meinen und Galjas Namen, wobei er zu dem Soldaten hinschielte.

Nachdem wir die kleine Scheibe Brot, die unserer Leistung entsprach, in Empfang genommen hatten, marschierten wir in den Wald zurück und fielen buchstäblich vor Schwäche um, ehe wir unseren Arbeitsplatz erreichten. Dennoch teilten wir dieses Stück Brot in zwei Teile. Die eine Hälfte aßen wir morgens, mit heißem Wasser, die zweite im Wald, mit etwas Schnee.

«Eine Scheibe Brot mit Schnee sättigt mehr als trockenes Brot, nicht wahr, Galja?»

«Bestimmt ...»

In der ersten Woche dieser Hungerzeit konnten wir noch scherzen. Zum Beispiel hatten wir uns folgendes Spiel ausgedacht. Wir kommen von der Arbeit zurück und können kaum unsere Beine bewegen, zusammengefallene Gestalten mit braunen, sich schälenden Gesichtern, in unvorstellbare Lumpen gehüllt. Und dabei verfassen wir eine ‹Chronik der großen Welt›, so wie ein Boulevardblatt der kapitalistischen Welt die Vergnügungen einer privilegierten Gesellschaftsschicht beschreibt: «In einer fröhlichen Kavalkade kehrten die Damen von dem Picknick im Walde zurück, zu dem sie am Morgen von Schloß Elgen in einem Tal der Toskana (Elgen lag im Toskanskij-Bezirk) aufgebrochen waren ... Die wohlklingenden hellen Stimmen der Damen belebten die schattigen Winkel des gepflegten Parkes. Besonders auffallend war das elegante Reitkleid, mit dem die russische Fürstin Stadnikowa überraschte. (Die Flicken an den gesteppten Hosen von Galja Stadnikowa übertrafen wirklich alle Vorstellungen.) Der Kopfputz der Baronesse von Aksenburg (eine Zusammensetzung aus meinem Namen), eine Kreation, die von einem Paquin-Modell inspiriert wurde, wird aller Voraussicht nach das Vorbild für die Mode der kommenden Frühjahrssaison werden ... Im Schloß erwartete die Damen ein erlesenes Mahl mit frischen Hummern, das unter Aufsicht des aufmerksamen und erfahrenen Majordomus Cousin de Korschunidse serviert wurde ...»

So seltsam es auch scheint, aber solche harmlosen Plaudereien halfen uns über die ersten Hungertage hinweg, sie trösteten uns, bestätigten unser Selbstbewußtsein und ließen uns glauben, daß wir immer noch Menschen seien.

Doch bald verging uns das Lachen. ‹Cousin› setzte eine neue Waffe gegen uns ein. Jetzt galt Nichterfüllung des Solls als Sabotage und wurde nicht mit Essensentzug, sondern auch mit Strafzelle bestraft. Man führte uns (fast alle ‹Tjursaks› erfüllten das Soll nicht und konnten es gar nicht erfüllen) von der Arbeit nicht in die Baracke, sondern direkt in die Strafzelle.

Diese Einrichtung ist schwer zu beschreiben. Eine ungeheizte Hütte, die am meisten Ähnlichkeit mit einer Latrine hatte, da niemand zur Verrichtung natürlicher Bedürfnisse herausgelassen wurde und ein Kübel nicht vorhanden war. Fast die ganze Nacht mußten wir stehen, denn auf den drei zusammengenagelten Rundhölzern, die die Pritschen ersetzten, konnten wir nur abwechselnd sitzen. Hier wurden wir gegen acht Uhr abends, von der Arbeit durchnäßt und hungrig, hineingetrieben und morgens um fünf wieder herausgelassen – zur Arbeitszuteilung, und dann ging es wieder zum Holzfällen in den Wald.

Dieses Mal, so schien es, gab es kein Entrinnen mehr, kein Entrinnen von dem uns auf den Fersen folgenden Tod. Noch einen Augenblick – und er wird uns einholen ... Unsere Kräfte lassen schon nach ... Jedenfalls habe ich, als ich mein verschleiertes Spiegelbild in einer Scherbe sah, die Galja gefunden hatte, die Worte von Marina Zwetajewa wiederholt:

Ich kann mich so, wie ich bin, nicht lieben,
Ich kann mit mir, so wie ich bin, nicht leben ...

Das bin doch nicht ich! Galja widersprach mir nicht. Sie tröstete mich nicht. Sie sah mich mit trockenen Augen an und sagte: «Wenn er nur den Kleinen nicht im Stich läßt ...»

Sie meinte ihren Mann. Er hatte Glück gehabt, er war nicht verhaftet worden.

Die Rettung kommt unverhofft

Anfangs versuchten wir, uns aus eigener Kraft zu retten. Das heißt, die Idee kam eigentlich von Kostik, dem Artisten, der offensichtlich trotz allem kein böses Herz hatte.

«Ihr seid wohl am Ende?» fragte er eines Tages mich und Galja, als der Wachsoldat nicht da war. «Ihr geht langsam drauf, ihr liegt wie ein Käfer auf dem Rücken und zappelt mit den Beinen in der Luft. Und das war eure *mise en scène*, stimmt's?»

«Aber was sollen wir denn machen, Brigadier? Geben Sie uns doch einen Rat...»

«Man muß die Ohren steif halten. Kolyma steht auf drei Walen: Schiebung, Fluch und Pfusch. Da muß man sich entscheiden, mit welchem Wal man es am besten kann», sagte Kostik geheimnisvoll.

Aber das war nur eine theoretische Einführung. Die praktische Lektion erhielten wir von unserer Leidensgenossin Polina Melnikowa. Sie gehörte zu den wenigen, die wie durch ein Wunder das Soll erfüllten. Sie arbeitete allein, mit einem Fuchsschwanz. Eines Tages lagen unsere Arbeitsplätze dicht beieinander.

«Sieh mal», sagte Galja zu mir, «wie ein Gogol-Denkmal.»

«Ja, wirklich sehr ähnlich.»

Zusammengesunken, in ihre Lumpen gehüllt, saß sie bereits länger als eine Stunde auf dem vereisten Baumstamm. Die Säge und die Axt lagen neben ihr.

«Wie erfüllt sie eigentlich das Soll, wenn sie hier so herumsitzt?»

Es stellte sich heraus, daß Polina ihr Soll bereits erfüllt hatte. Als wir sie mit Fragen in die Enge trieben, erklärte sie uns, wobei sie sich ängstlich umsah, ihre Technik: «Hier liegt doch überall das aufgestapelte Holz, die alten Stapel, die von unseren Vorgängern aufgeschichtet wurden. Kein Mensch hat sie gezählt, niemand weiß, wie viele es sind...»

«Na und? Man sieht doch auf den ersten Blick, daß das kein frischgefälltes Holz ist...»

«Was ist denn eigentlich der Unterschied? Doch nur, daß die Schnittflächen nachgedunkelt sind. Man braucht nur von jedem Stamm eine dünne Scheibe abzusägen und hat den allerfrischesten Schnitt. Dann braucht man den Stapel nur noch umzuschichten, und das Soll ist erfüllt...»

Diese Verfahren nannten wir später ‹garnieren›. Wir atmeten auf. Wir variierten Polinas Verfahren: zuerst begannen wir den Stapel mit ‹eigenen›, von uns gefällten Bäumen und ließen einige Stämme unzersägt liegen, um eifriges Arbeiten vorzutäuschen. Dann schleppten wir die Stämme von den alten Stapeln heran und schichteten sie auf, nachdem wir von jedem eine dünne Scheibe abgesägt hatten. So entschieden wir uns für den dritten Wal von Kolyma – den Pfusch. Der Wahrheit zuliebe muß ich hinzufügen, daß wir keine Gewissensbisse hatten. Ich weiß nicht, ob sich Kostik über den Grund unserer Produktionssteigerung im klaren war, gesagt hat er jedenfalls nichts.

Die Atempause nahm plötzlich ein Ende. Noch hatten wir uns mit Hilfe der vollen, hundertprozentigen Ration nicht von der Strafzelle erholt, als zu uns, zum ‹Kilometer sieben›, Traktoren heranrollten, um das geschlagene Holz abzufahren. Innerhalb von drei Tagen waren unsere ‹Reserven› für die Sollerfüllung erschöpft.

‹Cousin› war außer sich, als er sah, daß unsere Leistung wieder auf 18 bis 20 Prozent zurückging. Jetzt wurde uns das Pfuschen zum Verhängnis.

«Ihr habt doch die hundert Prozent geschafft! Und jetzt fangt ihr wieder mit Sabotage an. Ich werde euch in der Strafzelle verfaulen lassen!»

Auf meinem achtzehn lange Jahre währenden ‹Leidensweg› habe ich dem Tod oft in die Augen gesehen. Dennoch konnte ich mich nicht daran gewöhnen. Jedesmal – eisiges Entsetzen und krampfhaftes Suchen nach einem Ausweg. Und jedesmal fand mein unverwüstlicher gesunder Organismus eine Möglichkeit, das kaum noch flackernde Leben zu erhalten. Die Hauptsache aber war, daß jedesmal verschiedene rettende Umstände zusammentrafen, was auf den ersten Blick reiner Zufall schien, in Wirklichkeit aber wohl gesetzmäßige Offenbarung des *großen Guten* war, das trotz allem die Welt regiert.

Diesmal brachten die Rettung vor dem unbarmherzigen Tod

in den Wäldern von Elgen zunächst ... Preiselbeeren. Ja, wirklich, diese sauren, herben Beeren des Nordens. Es waren auch nicht Preiselbeeren, wie wir sie hier kennen, Preiselbeeren, die im Spätsommer reif werden. Diese Preiselbeeren kamen unter dem Schnee hervor, sie stammten noch aus dem vergangenen Jahr, sie hatten einen langen Schlaf unter der dicken Schneedecke zehn langer Wintermonate geschlafen und wurden jetzt von der behutsamen blassen Hand des Frühlings von Kolyma freigelegt.

Es war schon im Mai, als ich eines Tages beim Entästen einer eben von uns gefällten Lärche mich bückte und zum erstenmal auf der dampfenden, aufgetauten Erde, direkt neben dem frischen Baumstumpf, diese vollendet schöne Schöpfung der Natur entdeckte – einen unter dem Schnee wohlerhaltenen Zweig mit Preiselbeeren. Fünf, sechs Beeren, so dunkelrot, fast schwarz, so zart, daß das Herz bei ihrem Anblick vor Freude schmerzte. Wie alles Schöne, das seinen Höhepunkt überschritten hat, zerfielen auch sie bei der leichtesten Berührung. Man konnte sie nicht pflücken, sie zergingen unter den Fingern. Aber man konnte sich auf den Bauch legen und sie direkt vom Stengel mit den ausgedorrten rissigen Lippen abpflücken, sie vorsichtig mit der Zunge am Gaumen zerdrücken, jede einzeln genießend. Der Geschmack war unbeschreiblich. Es war wie bei altem Wein, ‹je älter, desto besser›. Ihr Geschmack ließ sich mit der herben Säure der üblichen Preiselbeeren überhaupt nicht vergleichen. Hier war die Süße und der berauschende Duft überstandener Leiden, des überwundenen Winters. Welche Entdeckung! Die ersten Zweige pflückte ich allein ab, erst als ich den dritten fand, regte sich in mir der Mensch, und ich rief: «Galja, Galja, laß die Axt liegen, komm her! Sieh dir das an ... Hier wachsen die traumgoldenen Trauben.»

Ich erinnere mich ganz genau, daß ich für meinen Fund ausgerechnet diesen Ausdruck von Igor Sewerjanin[77] gebrauchte.

Von nun an gingen wir nicht mehr verzweifelt, sondern voller Hoffnung in den Wald. Wir hatten bereits festgestellt, daß die Preiselbeeren meistens an den Baumstümpfen und auf den Mooshügeln wuchsen, und wir fanden fast täglich welche. Wir waren allen Ernstes davon überzeugt und sagten es uns gegenseitig immer wieder, daß diese tägliche Gabe an ‹frischen Vitaminen› sich entscheidend auf unsere Gesundheit auswirken mußte. Wir hatten den Eindruck, daß uns seltener schwindelig wurde und daß das geschwollene blutende Zahnfleisch zu heilen begann.

Ein anderer bedeutender Kraftquell in jenem tödlichen Frühling war für uns das Beispiel seelischer Stärke, das uns die Bäuerinnen aus Woronesch gaben, die kaum lesen und schreiben konnten. In jenem Jahr war Ostern Ende April. Obwohl diese Frauen als einzige ihr Soll stets erfüllten (ohne Pfusch), obwohl nur durch sie der Produktionsplan an unserem ‹Kilometer sieben› eingehalten wurde, ließ ‹Cousin› nicht mit sich reden, als sie ihn baten, ihnen am ersten Ostertag frei zu geben.

«Wir werden Ihnen, Bürger Natschalnik, dieses Soll dreimal abliefern. Tun Sie uns nur den Gefallen ...»

«Wir erkennen keinerlei religiöse Feiertage an, und ihr solltet euch hüten, hier zu agitieren! Ab in den Wald! Und laßt euch nicht einfallen, dort zu feiern. Im Lager macht man viel zuviel Umstände mit euch, schreibt Protokolle und faßt euch mit Glacéhandschuhen an. Ich werde mit euch anders fertig werden, so wie es sich gehört ...»

Und dieser Unmensch erteilte seinen Trabanten die entsprechenden Anweisungen. Wir haben alles beobachten können. Als die Bäuerinnen sich weigerten, die Baracke zu verlassen, und immer wieder sagten: «Ostern, Ostern, es ist eine Sünde, heute zu arbeiten», wurden sie mit Gewehrkolben hinausgetrieben. Als sie auf ihrem Arbeitsplatz im Wald ankamen, stellten sie die Äxte und die Sägen ordentlich zusammen, setzten sich würdig auf die noch immer vereisten Baumstümpfe und begannen laut zu beten. Darauf befahlen ihnen die Wachen, offensichtlich auf Befehl von ‹Cousin›, die Schuhe auszuziehen und sich mit bloßen Füßen auf das mit Schmelzwasser bedeckte Eis eines kleinen Teiches zu stellen.

Ich erinnere mich, wie die alte Bolschewikin Mascha Mino mutig für die Bäuerinnen eintrat: «Was machen Sie», schrie sie die Wachen an, und ihre Stimme überschlug sich vor Zorn. «Das sind doch Bauern! Wie können Sie es wagen, sie gegen die sowjetische Regierung aufzuwiegeln! Wir werden uns beschweren! Sie werden sich eines Tages zu verantworten haben ...»

Die Antwort waren Drohungen, Flüche und einige in die Luft gefeuerte Warnschüsse. Ich weiß nicht mehr, wie lange diese Folter dauerte – eine physische für die Bäuerinnen, für uns eine seelische. Sie standen barfuß auf dem Eis und sangen ihre Gebete. Wir ließen unser Werkzeug liegen und liefen von einem Wachsoldaten zum anderen, weinten, schluchzten und versuchten, sie zu erweichen.

Die Strafzelle war in jener Nacht so überfüllt, daß man kaum

Platz zum Stehen hatte. Und trotzdem verging die Nacht wie im Flug. Wir diskutierten bis zum Morgen. Wie war das Verhalten der Bäuerinnen zu beurteilen? War das Fanatismus oder echte Standhaftigkeit bei der Verteidigung der Gewissensfreiheit? Mußte man sie für wahnsinnig halten oder sie bewundern? Und die wichtigste, die entscheidende Frage: wären auch wir fähig gewesen, so standhaft zu bleiben...?

Wir haben so heftig diskutiert, daß wir den Hunger, die Übermüdung und die übelriechende Feuchtigkeit fast vergaßen. Es ist interessant, daß keine von diesen Bäuerinnen, die stundenlang im Eiswasser gestanden hatten, hinterher krank wurde. Und am nächsten Tag erfüllten sie ihr Soll zu hundertzwanzig Prozent.

Manche von uns versuchten vergeblich, sich hilfesuchend an unseren Arzt zu wenden. Sein Verhältnis zur Medizin ließ sich am ehesten mit dem Namen ‹Pferdedoktor› kennzeichnen, wobei das nicht im übertragenen, sondern im buchstäblichen Sinn zu verstehen war: vor seiner Verhaftung hatte er als Gehilfe auf der Veterinärstation einer Sowchose gearbeitet. Solche Beispiele waren für das Gesundheitswesen in den Lagern charakteristisch.

Unser Mediziner lebte in einem gemütlichen Hüttchen, einem Anbau an dem großen Blockhaus, in dem die Wachen untergebracht waren. Die Hütte wurde ‹Ambulanz› genannt, durfte aber von niemandem von uns betreten werden. Klopfte man an die Tür, so kam der Arzt heraus und hielt dem Kranken ein Thermometer hin. Man mußte sich auf die Bank vor der ‹Ambulanz› setzen und im Freien das Fieber messen. Der Mediziner teilte ‹Cousins› Auffassung hinsichtlich der Politischen in allen Punkten. Auch er faßte uns ‹ohne Glacéhandschuhe› an, ‹so wie es sich gehört›. Man wurde nur krank geschrieben, wenn man 38 Grad Fieber oder mehr hatte. Alle anderen Krankheitssymptome waren für ihn ‹Pfusch› oder Anstellerei. Das Limit an Krankheitsfällen verbrauchte er ausschließlich für die Kriminellen, die ihn entweder mit Lebensmitteln honorierten, die sie sich bei den Wachsoldaten verdienten, oder ‹in natura› – denn unser Arzt war zwar über fünfzig, aber eine noch recht vitale Erscheinung.

Und trotzdem war es die Medizin, von der meine wirkliche Rettung kam. Das heißt, mich rettete ein inhaftierter Chirurg, Wassilij Ionowitsch Petuchow aus Leningrad, der mit dem Leiter der Sanitätsabteilung von Elgen, Kutscherenko, im Juni zu uns kam.

«Eine Kommission! Eine medizinische Untersuchung!» riefen

wir uns an diesem Tag freudig zu. Das bedeutete für manchen einen neuen Arbeitsplatz ‹im geschlossenen Raum›, für andere leichtere Außenarbeit bis zur Wiederherstellung der Gesundheit, und das wiederum hieß Rückkehr nach Elgen, das uns nun, im Vergleich zum Holzfällen, wie das gelobte Land vorkam. Man bekam dort zwei oder drei Wochen lang seine Ration und den ‹verbesserten Eintopf›, auch wenn man nicht arbeiten konnte. Aber sogar für die anderen, die hierbleiben mußten, würde es nach dem Besuch der Kommission gewisse Erleichterungen geben. Diese Kommissionen traten nicht ohne einen besonderen Grund in Aktion, sondern stets dann, wenn die Todesquote die übliche Norm überschritt und wenn die Arbeitstiere im Interesse des Produktionsplanes etwas besser behandelt werden mußten.

Und wieder hatte ich Glück. Kutscherenko, der Leiter der Sanitätsabteilung, tastete mit der Miene eines Sachverständigen meine ‹Knochen› ab und verließ dann plötzlich die Ambulanz. Ich blieb allein mit Doktor Petuchow. Einige Minuten lang sahen wir uns schweigend an. In der ‹gemütlichen Hütte› unseres ‹Mediziners› – mit der Ofenbank, den Zierkissen darauf und den fächerförmig an den Wänden befestigten ‹Kunstpostkarten› – sah ich das kluge und intelligente Gesicht eines wirklichen Arztes vor mir. Es war für mich das Signal aus der Welt der Vernunft, die ich vor einer Ewigkeit verlassen hatte.

Er nutzt den Augenblick und fragt mich leise: «Sind Sie aus Leningrad?»

«Nein. Aber in Leningrad ist jetzt mein ältester Sohn. Bei Verwandten.»

Eine Minute später stellt sich heraus, daß mein Verwandter in Leningrad, Doktor Fjodorow, ebenfalls Chirurg, ein guter Bekannter von Petuchow ist.

«Sagen Sie ... Ein Junge? Zwölf oder dreizehn? Aljoscha, nicht wahr? Ich habe ihn einmal bei Fjodorow gesehen. Anfang achtunddreißig. Kurz vor meiner Verhaftung. Ja, wirklich, er hat Ihre Augen.»

Ich lache und weine. Am liebsten würde ich diesem Unbekannten um den Hals fallen. Er ist mir in diesem Augenblick der Nächste in der Welt. Er hat meinen Aljoscha gesehen. Erst vor zwei Jahren. Und ich habe meine Kinder schon über drei Jahre nicht gesehen ...

«Ich werde Sie retten», sagt der Doktor entschlossen. «Unsinn! Natürlich ist das zu verantworten! Sehen Sie sich doch den

Arzt hier an. Sie werden den Leuten helfen können. Unseren Leuten. Sie können doch Latein? Das ist die Hauptsache. Das macht auf Kutscherenko einen ungeheuren Eindruck. Man wird Sie nach Elgen zurückholen.»

Er schrieb mich für drei Tage krank – wegen ‹Alimentarer Dystrophie›. Das war eine zauberhaft schöne Zeit: ich durfte in der leeren Baracke auf der Pritsche liegen, ein Buch in der Hand. Ja, ein Buch in der Hand. Ich bekam es von der Kriminellen Ljolka. Und sie hatte es von den Wachsoldaten bekommen. Sie hatte mich gern, und sie wußte, womit sie mir eine Freude machen konnte. Es war ein Schulbuch für die fünfte Klasse. Offensichtlich machten sie einen Fernkurs mit, die Trabanten von ‹Cousin›.

«Die Götter wohnten auf dem Olymp», las ich wieder und wieder. «Sie tranken Nektar und aßen Ambrosia ...» Welch ein Glück, einfach still zu liegen! Nicht sägen zu müssen! Zu sehen, daß die Buchstaben sich ganz wie früher zu Worten fügen. Sie tranken Nektar ... Gewiß schmeckte er wie die Preiselbeeren unter dem Schnee. Und Ambrosia? Wie schmeckt wohl Ambrosia? Wahrscheinlich so ähnlich wie Bratkartoffeln.

Gegen Abend des zweiten Tages dieser Seligkeit hörte ich das Rattern eines Traktors, der vom Lager kam.

«Mit Gepäck!»

Jetzt konnte man lernen, was Dialektik ist! Diesmal klangen diese unheildrohenden Worte wie eine Verkündigung. Wir, die Aufgerufenen, wußten, daß wir den ‹Kilometer sieben›, die Holzfällerei und ‹Cousin› verlassen würden ...

«Du kommst in das Kinderkombinat. Als Krankenschwester, zu den Kleinen», sagte mir der gutmütige junge Wachsoldat, der uns abholte. Ich wäre ihm am liebsten um den Hals gefallen.

Unterwegs löste sich der Anhänger vom Traktor, kippte um, und wir fielen in einen Bach, der noch jetzt, im Juni, eisig war. Aber was hatte das schon zu bedeuten? Ich habe Glück gehabt: ich bin wieder dem Tod entronnen.

1 «Ich bin auch ein anderer wie früher, nicht mehr unbestechlich, rein, stolz und böse...»: aus ‹*Vor dem Gericht*› von Alexander Blok (1880 bis 1921).

2 Iwan Denissowitsch *Smilga* (1892–1938), Parteifunktionär, 1927 als Anhänger Trotzkijs aus der Partei ausgeschlossen und verbannt, 1930 wiederaufgenommen, 1932 wegen parteifeindlicher Umtriebe verhaftet und später ermordet.

3 *Ilf* und *Petrow*, Pseudonym für Ilja Arnoldowitsch *Feinselberg* (1897 bis 1937) und Jewgenij Petrowitsch *Katajew* (1903–1942), zwei Schriftsteller, die gemeinsam die satirischen Romane ‹*Zwölf Stühle*› (1928) und ‹*Das goldene Kalb*› (1931) verfaßten.

4 Maljuta *Skuratow* (gest. 1572), Günstling Iwans IV., unterstützte dessen Kampf um die Machtstellung des Zaren und tat sich dabei durch besondere Grausamkeit hervor.

5 Jemeljan Michailowitsch *Jaroslawskij*, Parteiname von Minej Israilowitsch *Gubelman* (1878–1943), einer der ältesten Kämpfer der revolutionären Bewegung, Publizist und Historiker.

6 Anspielung auf Puschkins Drama ‹*Das Fest während der Pestzeit*›.

7 «Narodnaja Wolja» («Freiheit des Volkes»): revolutionäre politische Partei, die 1881 das Attentat auf Alexander II. beging.

8 Lubjanka: berüchtigtes Moskauer Gefängnis.

9 Chunchusen oder Hunghutsen (chinesisch «Rotbärte»): Nomadenstämme, die um die Jahrhundertwende im Nordosten Chinas kämpften und sich später mit den Japanern verbündeten.

10 Kaweschedinka: von KWSD (Kitajskaja Wostotschnaja Schelesnaja Doroga), ostchinesische Eisenbahnlinie, Verlängerung der Transsibirischen Bahn.

11 Luis Auguste *Blanqui* (1805–1881), französischer Kommunist, Gründer der Pariser Kommune.

12 Sergej Michailowitsch *Stepnjak-Krawtschinskij* (1851–1895), Schriftsteller und Publizist, Autor des Romans ‹*Das Häuschen am Wolgaufer*›.

13 «Privet», deutsch: «Gruß».

14 Sagidullin-stschina (wie «Oblomowstschina»): «Sagidullinerei» («Oblomowerei»).

15 Institut der Roten Dozenten (IKP), ein 1921 gegründetes Institut zur Ausbildung kommunistischer Hochschullehrer.

16 Koba, ein Parteiname Stalins.

17 Anspielung auf den Schlußsatz von Gogols ‹*Aufzeichnungen eines Wahnsinnigen*›: «Und wissen Sie, daß der Bey von Algier eine Warze hat, direkt unter der Nase?»

18 Aus der Zueignung zu ‹*Jewgenij Onjegin*› von Puschkin.

19 Alexander Iwanowitsch *Herzen* (1812–1870), bedeutender russischer Publizist und Schriftsteller, Verfasser des vieldiskutierten Romans *‹Wer ist schuld?›* (1846), emigrierte 1847 und gab von 1857–1867 in London die Zeitschrift *Kolokol* heraus.

20 «Rund und braun ...»: aus einem ukrainischen Volkslied.

21 «Die schweren Ketten werden fallen»: aus einem Gedicht von Puschkin an die Dekabristen (siehe Anm. 38): «In der Tiefe der Bergwerke von Sibirien ...»

22 Jemeljan Iwanowitsch *Pugatschow* (1747–1775), Anführer eines großen Bauern- und Kosakenaufstandes in Rußland (1773/74), der sich über das gesamte Wolga- und Uralgebiet ausbreitete.

23 Leonid Nikolajewitsch *Andrejew* (1871–1919), Schriftsteller, Autor von Erzählungen und einigen Dramen. *‹Die sieben Gehenkten / Lazarus / Judas Ischariot›* erschienen in ‹rowohlts klassiker› (15).

24 «Oktoberkind» *(Oktjabrjonok)*: erste Stufe der Jugendorganisation, Kinder im Vorschulalter, die späteren «Jungen Pioniere».

25 Der blaue Vogel aus Maurice Maeterlincks Drama *‹Der blaue Vogel›*.

26 Vera Michailowna *Inber* (geb. 1890), Dichterin, Verfasserin mehrerer Gedichtbände, 1941–1944 Kriegsberichterstatterin im belagerten Leningrad.

27 Gemeint ist nicht Madame de Pompadour, sondern *‹Pompadour und Pompadourin›* von Michail Saltykow-Stschedrin (1826–1899), eine Satire auf die Zustände in der russischen Provinz im 19. Jahrhundert.

28 Maurice Brotteaux: Romanfigur aus *‹Les dieux ont soif›* von Anatole France.

29 Bojarinja *Morosowa* (gest. 1672), Moskauer Patrizierin, die auf Befehl des Zaren enteignet und ins Kloster gesperrt wurde. Hier ist das Bild von Surikow in der Tretjakow-Galerie gemeint, auf dem die Bojarinja Morosowa mit zornig-mahnender Geste dargestellt ist.

30 Buonarottis Antwort an Giovanni Strozzi auf dessen Vierzeiler an die Statue *‹Nacht›* in der Grabkapelle der Medici. In der Übertragung von H. Nelson.

31 Anspielung auf die Worte Potjomkins an den Komödiendichter Fonwisin nach der Aufführung des *‹Landjunkers›*: «Stirb, Denis – du brauchst nicht mehr weiterzuschreiben!»

32 Tjursak: Abkürzung von «Tjuremnoje Sakljutschenije», deutsch: Gefängnishaft.

33 Stolypinsche Waggons: genannt nach Pjotr Arkadjewitsch Stolypin (1862–1911), russischer Staatsmann, von 1906–1911 Ministerpräsident und Innenminister.

34 Prinzessin *Tarakanowa* (gest. 1775), Abenteurerin, angebliche Zarentochter. Ein in Rußland beliebtes Gemälde von Flawitzkij (1830–1866) stellt sie in einem Kerker dar, bedroht von den steigenden Fluten bei der Überschwemmung Petersburgs. – *Iwan* Antonowitsch, Johann VI.

(1740–1764), als Kind 1741 von der Zarin Elisabeth Petrowna eingekerkert, nach dem gescheiterten Putsch von 1764 getötet.

35 Akyn, Volksdichter, Sänger von improvisierten Gedichten und Liedern bei den tatarischen Volksstämmen.

36 Nata *Vatschnadse* (geb. 1904), georgische Filmschauspielerin.

37 Korschunidse, Gadiaschwili; georgische Phantasienamen, abgeleitet von *korschun* (Geier) und *gad* (Schlange).

38 Dekabristen (von *dekabr*, Dezember): Teilnehmer eines mißglückten Offiziersaufstandes am 26. Dezember 1825 in Petersburg gegen die absolutistische Monarchie.

39 ‹Boule de suif›: eine Frauengestalt von Maupassant.

40 Anspielung auf die erste Zeile von Puschkins Gedicht «An die alte Amme» (1826): «Freundin meiner schweren Tage ...»

41 «O laß mich nicht den Verstand verlieren»: ein spätes Gedicht von Puschkin.

42 «Es ist mir übel, alles wankt vor meinen Augen, blutüberströmte Knaben sehe ich vor mir ...»: Boris Godunows erster großer Monolog in dem gleichnamigen Drama von Puschkin.

43 Ukrainische Phantasienamen, abgeleitet von «Pessimist» und «Optimist».

44 Ein zu jener Zeit populäres Wortspiel: Jeschowy rukawizy (Josch, der Igel) – Handschuhe aus Igelhaut. Jemanden «mit Igelhandschuhen anfassen», schlecht behandeln. Eine Redensart, zugleich eine Anspielung auf Jeschow.

45 Schlüsselburg: Festung in Petersburg, die als Gefängnis für politische Häftlinge diente.

46 Wassilij Iwanowitsch *Tschapajew* (1887–1919), ein populärer Held des Bürgerkriegs, Kommandeur der Roten Armee im Kampf gegen die Kosaken im Uralgebiet. Berühmt geworden durch den 1923 veröffentlichten und 1934 verfilmten Roman von Furmanow: ‹*Tschapajew*›. – Anka: eine Maschinengewehrschützin aus seinem Regiment.

47 Solowej-Rasbojnik («Nachtigall-Räuber»): ein «Bogatyr», ein Held aus den russischen Sagen, der durch einen einzigen Pfiff Menschen und Tiere in die Flucht schlagen konnte.

48 Russisches Sprichwort: gemeint ist die Gleichzeitigkeit des Entstehens von Stengel und Blatt bei einem Grashalm.

49 «Trauriger Dämon, Geist der Verbannung»: Anfangszeilen aus dem Poem «Der Dämon» von Lermontow.

50 «Die Weißen», die weiße Garde: die monarchistischen Gegner der Oktoberrevolution.

51 Schota *Rustaweli*, bedeutender georgischer Dichter des 12. Jahrhunderts, Verfasser des Poems «Der Held mit dem Tigerfell».

52 *Kamo*, Parteiname von Semjon *Ter-Petrosjan* (1882–1922), georgischer Kommunist, von 1901 an Führer der revolutionären konspirativen Arbeit und zahlreicher bewaffneter Aufstände.

53 Hier meint Jewgenija Ginsburg nicht «verbum finitum», sondern die Endstellung des Verbs im deutschen Satzbau.

54 «Listiger Höfling»: aus *‹Boris Godunow›* von Puschkin, viertes Bild, Worotynskij zu Schujskij.

55 *‹Auferstehung›*, Roman von L. Tolstoj.

56 «Feuchte Erde»: ein beliebtes Bild im russischen Märchen, analog zu «Mütterchen Erde».

57 «Oj, Dnipro»: ein ukrainisches Volkslied.

58 Anna *Kern* (1800–1879), eine feinsinnige Freundin Puschkins, an die er mehrere Gedichte geschrieben hat.

59 Nikolaj Alexandrowitsch *Schtschors* (1885–1919), populärer Kommandeur der Roten Garde in der Zeit des Bürgerkriegs.

60 Bruno *Jasienski* (1901–1941), polnischer Schriftsteller, lebte von 1929 an in der UdSSR.

61 Bytowiki (von byt, Lebensweise, Lebensart, auch Alltag): Bezeichnung für nicht politische Gefangene.

62 KRD, Abkürzung für Kontrrevoljuzionnaja dejatelnost: Konterrevolutionäre Tätigkeit.

63 Pescha (PSch), Abkürzung für Podosrenije w schpionasche: Spionageverdacht.

64 KRTD, Abkürzung für Kontrrevoljuzionnaja trotzkistskaja dejatelnost: Konterrevolutionäre trotzkistische Tätigkeit.

65 Tjascholyj trud: Schwerarbeit.

66 Genij Respublikanjez: Genius Republikaner.

67 USWITL, Abkürzung für Uprawlenije sewernowostotschnych isprawitelno-trudowych lagerej: Verwaltung der nordöstlichen Arbeits- und Erziehungslager.

68 Luka, ein alter Pilger in dem Drama *‹Das Nachtasyl›* von Gorkij.

69 Otorwy (von otorwat, abreißen): asoziale Elemente.

70 «Freier», «Kontrik»: Bezeichnung für politische Häftlinge im Jargon der Kriminellen.

71 Aus *‹Wind, Sand und Sterne›* von Saint-Exupéry.

72 Ostap Bender, eine Gaunergestalt in den Romanen von Ilf und Petrow.

73 Der Hasenpelz, den der junge Grinjow in Puschkins Roman *‹Die Hauptmannstochter›* einem Kosaken schenkt, rettet ihm später das Leben, als dieser Kosak sich als Pugatschow zu erkennen gibt.

74 Alice *Koonen* (geb. 1889), bekannte russische Schaupielerin.

75 Stschi: Kohlsuppe.

76 Tschitschikow: der Held in Gogols Roman *‹Die toten Seelen›*.

77 Igor Sewerjanin, Pseudonym für Igor Wassiljewitsch *Lotarjow* (1887–1941), Dichter aus der Gruppe der «Egofuturisten», emigrierte nach der Oktoberrevolution.

Swetlana Geier

Inhalt

Erster Teil

Jewgenia Ginsburg

Gratwanderung

Aus dem Russischen von Nena Schawina. Vorwort von Heinrich Böll.
Nachwort von Lew Kopelew und Raissa Orlowa. 3. Aufl., 21. Tsd. 1984.
512 Seiten. Serie Piper 293

»Ich tauche auf aus einer Lektüre, die mich für Tage in einen weit entfernten Archipel entführt hat, in den Archipel Gulag von Kolyma, am Ochotskischen Meer im nordöstlichen Sibirien gelegen, eine Strafkolonie, furchtbarer noch, als sie ein Kafka beschreiben konnte, in der zeitweilig mehrere hunderttausend politische Häftlinge gelebt, geschuftet, gelitten haben und Zehntausende umgekommen sind, hauptsächlich bei der Arbeit in Goldbergwerken. Tauche auf aus dem Kreis der Hölle, der hier in Prosa und in seiner ganzen Furchtbarkeit beschworen wird, begleitet von den Bildern des Schreckens, aber auch angerührt von den Gesten der Menschlichkeit, des Trostes, des Überlebens. Das ist kein Buch, das man einfach liest, sondern ein Stück Geschichte, in die man hineingezogen wird.«

Horst Bienek, Die Zeit

»Trotz all dieser Vorzüge ist dennoch die wichtigste Eigenschaft, die dieses wunderbare Buch auszeichnet, seine geistige und seelische Atmosphäre. Diese Atmosphäre gibt dem zeitgenössischen Leser das für den Menschen Wichtigste, das Grundlegendste zurück – die Hoffnung.«

Die Welt

»Die Helden werden durch eine wahrhaft unheile Welt getrieben, doch lassen sich diese Verdammten nicht unterkriegen – ein Beweis, daß Menschlichkeit und Liebe stärker sind als die Kräfte des Bösen.«

Süddeutsche Zeitung